亚洲视听
蓝皮书

北京师范大学亚洲与华语电影研究中心

2015

2024

张燕　周星　李锦云　主编

Asian Audiovisual
Blue Book

中国国际广播出版社

本书系 2024 年度国家社科基金艺术学一般项目"全球视域下亚洲电影交流史研究"（项目编号：24BC060）的阶段性成果。

《亚洲视听蓝皮书 2015—2024》作者情况

主 编:

张 燕 北京师范大学艺术与传媒学院教授，北京师范大学亚洲与华语电影研究中心执行主任

周 星 北京师范大学艺术与传媒学院教授，北京师范大学亚洲与华语电影研究中心主任

李锦云 河北传媒学院校长、教授，河北省文学艺术界联合会副主席

作 者:（以姓氏拼音顺序排列）

陈传瑄 北京师范大学戏剧与影视学 2020 级硕士研究生

陈佳露 北京师范大学广播电视 2022 级硕士研究生

额尔德尼其其格 内蒙古师范大学新闻传播学院讲师、博士

耿德坤 辽宁师范大学 2020 级戏剧与影视学硕士研究生

黄 琳 福建师范大学 2022 级戏剧与影视学硕士研究生

李 晗 河北科技大学影视学院讲师、博士，硕士研究生导师

李楚芃 北京师范大学戏剧与影视学 2019 级硕士研究生

李昕婕 北京师范大学戏剧与影视学 2022 级博士研究生，曾任安阳师范学院讲师

孟 硕 北京师范大学艺术与传媒学院 2023 级戏剧与影视学硕士研究生

冉与郭 北京师范大学戏剧与影视学 2020 级硕士研究生

沈 力 北京电影学院声音学院 2020 级戏剧与影视学硕士研究生，内蒙古师范大学民族学与人类学学院 2024 级民族学博士研究生

王 珊 西安工程大学"一带一路"青年电影文化交流基地办公室主任、前外交官、博士

王昌松　厦门大学马来西亚分校传媒学院院长、教授、博士研究生导师

温都日胡宝力高　内蒙古师范大学新闻传播学院讲师、博士

吴步腾　辽宁师范大学 2023 级戏剧与影视学硕士研究生

武　靖　北京师范大学广播电视 2023 级硕士研究生

徐　辉　大连工业大学艺术设计学院讲师、博士

杨宣华　北京电影学院声音学院教授、博士、硕士研究生导师，中国电影音乐研究院理论所所长

张　霖　南京师范大学文学院戏剧与影视学 2021 级博士研究生

张若琪　国家电影事业发展专项资金管理委员会办公室职员、北京师范大学艺术与传媒学院 2011 级艺术硕士研究生

张　燕　北京师范大学艺术与传媒学院教授、博士研究生导师

章文哲　福建师范大学传播学院讲师、博士

赵金波　内蒙古鸿德文理学院讲师

周　星　北京师范大学艺术与传媒学院二级教授、博士研究生导师

庄　君　辽宁师范大学影视艺术学院教授

统　筹：（以姓氏拼音顺序排列）

李昕婕　北京师范大学艺术与传媒学院戏剧与影视学 2022 级博士研究生

孟　硕　北京师范大学艺术与传媒学院戏剧与影视学 2023 级硕士研究生

目　录

第一章

中国视听产业与创作

21 世纪的中国视听产品呈现出深度媒介融合的格局。所谓深度媒介融合，不再仅仅是传统媒体与新媒体之间的内容融合与产业融合，而是在技术推动下逐渐形成的以人与人之间关系互动为基础的社会融合。媒介之间的边界变得日益模糊，以往通过传统媒体被动接收信息的观众，从消费者逐渐变为内容参与者，甚至是创作者。2005 年中国诞生了第一家专业视频网站，从此之后，中国的视频行业格局以裂变的方式发生了巨大变化。从 2008—2013 年，网络视频用户规模每年以平均 14% 的速度稳步增长。2014 年新增网民对网络视频的使用率在 50% 左右。[1] 截止到 2023 年 12 月，中国网络视听用户规模达 10.74 亿。[2] 目前，中国内地网络视听产业已经形成了 "1+3+2" 的多极格局，即中央广播电视总台（新媒体端以央视频为核心）引领，优酷、爱奇艺、腾讯视频三大长视频平台稳固基础，抖音、快手两大短视频平台并行领军，同时哔哩哔哩、芒果 TV 等特色平台持续崛起。而与此同时，媒介融合的另一个表现是多屏介质的融合，即互联网电视这种集传统媒体外形与互联网内核于一体的新媒介的普及。截止到 2022 年 12 月，互联网电视的覆盖数量已经达到 4.11 亿户，激活数量为 3.15 亿户。[3]

21 世纪的前 20 年是中国视听产业快速发展的 20 年。媒介发展迈向 "从'你是你、我是我'变成'你中有我、我中有你'，进而变成'你就是我、我就是你'" 的相 "融" 阶段。

第一节　中国视听产业创作简史及产业状况

中国视听产业的发展史分为两大部分：一是中国电视发展史；二是中国网络视听发展史。从 1958 年 5 月 1 日北京电视台创立至今，中国电视已经经历了 60 余年的发展。20 世纪 90 年代，电视一度成为媒介之王。这一时期，不论是在内容，还是在产业发展上，电视均具有独一无二的地位。21 世

---

1 中国网络视听节目服务协会发布的《2016 年中国网络视听发展研究报告》，网址参见：http://www.cnsa.cn/module/download/down.jsp?i_ID=27764&colID=1589。

2 中国网络视听节目服务协会．《中国网络视听发展研究报告（2024）》在蓉发布［EB/OL］．（2024-03-27）［2025-02-18］．https://mp.weixin.qq.com/s/MSjSUN_xZZr3J_YkD6NKcw.

3 传媒时评．《2023 中国网络视听发展研究报告》完整版来了［EB/OL］．（2023-03-30）［2025-02-18］．https://www.tvoao.com/a/214357.aspx.

纪，伴随着网络视听的发展，电视的力量日渐衰微。此时，弥漫在电视行业的一个词是媒介融合。特别是在 21 世纪的第二个十年，网络视听产品成为电视内容的重要一环。在媒介融合的大趋势下，更加深入的制播分离正在电视行业发生。因此，中国网络视听的发展史也恰恰是伴生在电视史中的。因此，在这一节，论述不是从新旧媒体各自为政的角度进行纵切，而是从时间的角度进行横切。试图在时间的演进线上，对中国视听产业的发展进行总结。

一、中国视听产业的起步期：1958—1982

1958 年 5 月 1 日，北京电视台（中央电视台前身）开始试验播出。1958 年 9 月 2 日转为正式播出。自此，中国进入视听合一的时代。1960 年召开的第七次全国广播工作会议明确提出三年内电视台的数量要增加到 50 座左右。[1] 因此，截止到 1961 年，中国已有 19 座省、市级电视台建成开播。[2] 紧接着国家进入经济困难时期。1962 年，中共中央制定了调整国民经济的"调整、巩固、充实、提高"方针，多座电视台相继关闭。到 1963 年初，全国仅保留 5 座电视台。[3] 其后，经历"文革"的低潮期。1979 年，第一次全国电视节目会议提出电视台要独立自主办节目，摆脱一直以来向电影行业"要资源"的状况。由于长期以来电视内容制作的匮乏，电视一度被称为戏剧与电影的仿制品。大量播出资源都是以电影为主，可以说是不折不扣的"微影院"。1979 年，上海电视台负责人邹凡扬起草了一份试办广告业务的报告，立即得到中共上海市委宣传部的批准。[4] 在政策的推动下，1979 年，上海电视台播出了中国电视史上的第一条商业广告。至此，中国视听草创时期的生存模式得到初步确立。到了 1980 年，电视机得到飞速普及。中国电视机的社会拥有量显著提高。[5] 截止到 1982 年，广东省有 70% 的家庭拥有了电视机。[6] 在电视普及的大浪潮下，1982 年成为中国电视发展历程中的一道分水岭。1982 年 5 月 4 日，第五届全国人民代表大会常务委员会第二十三次会议通过了《全国人民代表

1　常江.中国电视史：1958—2008［M］.北京：北京大学出版社，2018：12.
2　方汉奇.中国新闻传播史［M］.北京：中国人民大学出版社，2002：378.
3　赵玉明.中国广播电视通史［M］.北京：北京广播学院出版社，2004：266.
4　常江.中国电视史：1958—2008［M］.北京：北京大学出版社，2018：12.
5　《中国广播电视年鉴》编辑委员会.中国广播电视年鉴（1986 年）［M］.北京：中国广播电视出版社，1987：857.
6　刘炽.电视剧题材的选择及其他［Z］//电视剧研究资料选编：第 2 册（内部资料）.1984：25.

大会常务委员会关于国务院部委机构改革实施方案的决议》，决定撤销中央广播事业局，设立广播电视部。[1] 从此，在国家主流话语体系中，"电视"与"广播"有了相对平等的身份。

在中国视听的草创期，内容创作主要分为两个部分：一是电视剧创作；二是电视节目创作。

在电视剧创作方面，1958 年 6 月 15 日，北京电视台上映了第一部电视剧《一口菜饼子》（胡旭、梅邨，1958，如图 1-1 所示）。整部电视剧时长约为 30 分钟，采用直播的方式在北京电视台 60 平方米的演播室完成。早期的电视剧强调宣传教育的功能，作品大多体现了除旧迎新的主题。同时，大部分电视剧的创作集中于单本剧，直到 1981 年，王扶林导演创作的《敌营十八年》（王扶林，1981，共 9 集），使中国的电视剧创作走入了多集剧时代。到 1982 年，中国电视剧产量为每年约 300 部。尽管数量不少，但这一时期中国电视剧的创作观念相对保守。除此之外，"文革"结束后，中国加强与世界各国的交流与合作，大量的境外剧成为电视台播出的重要资源。1977 年，中国播出第一部引进的电视剧——《巧入敌后》（*Povratak of Pisanih*，1976，南斯拉夫）。1980 年，中国播出了第一部外国动画片——《铁臂阿童木》（*Astro Boy*，手冢治虫，1980，日本），共 52 集。在这一时期，译制电视剧形成了万人空巷的场面。

图 1-1　电视剧《一口菜饼子》剧照

在电视节目创作方面，电视文艺晚会出现的时间较早。1958 年 12 月 31 日，上海电视台直播的新年晚会《欢庆新年》（上海电视台，1958）成为起步较早的文艺类节目。1960 年，北京电视台开始制作社教类节目——《科学知识》（北京电视台，1960）、《医学顾问》（北京电视台，1960），成为中国电视史上最早的社教类节目。1977 年之后，专题节目如雨后春笋般破土而出。一些到今天依旧耳熟能详的节目，很多都是在这一时期诞生的，例如《为您服务》（中央电视台，1979）、《动物世界》（中央电视台，1981）、《人民子弟兵》（中央电视台，1980）等。同时，1981 年举行的全国电视新闻工作座谈会确立

1　常江.中国电视史：1958—2008［M］.北京：北京大学出版社，2018：148.

了《新闻联播》（中央电视台，1978）在宣传方面的重要地位。这次会议成为"中国电视新闻发展史上的里程碑"[1]。

这一阶段的中国视听开始慢慢地从小众精英化的奢侈品转变为以观众为核心的公共文化服务品。谈到内容与观众的关系，中国首位电视主持人沈力说："我们的节目（《为您服务》）70%以上都是观众来信，根据观众的要求设定我们的题目……我们必须放下心态，必须平等地和老百姓心对心地交流。"[2]

二、中国视听产业的发展期：1982—2005

1983年，广播电视部在北京召开了第十一次全国广播电视工作会议。这次会议启动了一项政策，即"四级办广播，四级办电视，四级混合覆盖"。所谓四级，即中央、省（自治区和直辖市）、市（地、州、盟）、县（旗）。至此，中国的视听产业进入高速发展期。截止到1988年，全国各级电视台猛增到422座。[3]高速发展的视听行业也产生了负面效应。很多地方在几乎不具备成立电视台的条件下强行上马，造成了基本节目无法生产，而产出的节目也存在同质化的问题。这些都在一定程度上造成了资源的浪费。1997年，国务院发布了《广播电视管理条例》，明确规定了国家与政府对电视节目内容的管理制度。从此，中国电视业进入"以法治化、规章化为特征的现代科学管理"[4]阶段。从1998年开始，国家对于创办电视台的审批变得十分严格。"四级办电视"的体制逐渐升格为三级。1998年，全国电视台的数量为347座，比顶峰时期的880座，下降了一半。[5]

随着视听内容的丰富，电视台的广告营业额也呈井喷式发展。1998年，国家对电视行业在内的很多事业单位减少拨款，实行自收自支。在政策的鼓励下，中国电视台开始了集团化发展的道路。1999年，中国第一家正式命名的广播电视集团——无锡广电集团成立。集团化发展有利有弊，对于内容优质的电视台来说，这无疑是一剂强心针，但对于发展观念落后的电视台来说，从这一年开始，与内容优质的电视台之间的差距逐渐拉大。同时，在这一阶段，中

国视听正大踏步地走向国外。1992年，中国第一个国际卫星电视频道：中央电视台第四套节目正式开播。中国的视听产品正在树立"大国"形象的道路上摸索。

　　这一阶段的电视剧创作表现为三大特点：精品化、通俗化、地域化。20世纪80年代末，文学改编电视剧成为精品化创作的主要形式，《四世同堂》（林汝为，1985）、《西游记》（杨洁，1986）、《红楼梦》（王扶林，1987，如图1-2所示）等都创下了不俗的收视率。同时，这些电视剧也成为整整一代人的集体记忆。进入20世纪90年代，通俗电视剧成为观众精神生活中不可缺少的一部分。《渴望》（鲁晓威，1990）、《编辑部的故事》（赵宝刚、金炎，1992）、《皇城根儿》（赵宝刚，1992）、《北京人在纽约》（郑晓龙、冯小刚，1993）等一系列作品，反映了改革开放之后普通人真实的生活态度，以及东西方文化冲击下精神观念的变化。同时，在20世纪90年代，中国电视剧初步实现了类型化创作。历史剧、文学改编剧、家庭伦理剧、都市情感剧、情景喜剧、现实题材剧都有经典作品产生，为目前中国电视剧创作建立了良好的基础。不仅如此，中国电视剧创作的地域性也初步得到了凸显。"京派"[《编辑部的故事》、《我爱我家》（英达，1993）]、"海派"[《上海一家人》（李莉，1991）、《孽债》（黄蜀芹、梁山、夏晓昀，1995）]、"岭南派"[《外来妹》（成浩，1991）]三足鼎立。

　　在电视节目内容产出上，伴随着集团化的发展，频道日趋专业化。1999年，中央电视台率先提出了"频道专业化、栏目个性化、节目精品化"的发展策略。这一发展策略对于分众化和提高收视率有着非常明显的作用。2005年，中央电视台再次提出由"频道专业化"向"专业频道品牌化转变"的策略。由原来"中心—部门—科组—栏目"组成的四级体制，变为"频道—栏目"的二级体制，制片人制度也随之建立起来。这一阶段，影响力比较大的栏目分为两类。一类是综艺类节目，另一类是新闻类节目。在综艺类节目方面，1983年第一届真正意义上的"春晚"诞生。1997年，湖南电视台开播的《快乐大本营》（湖南电视台，1997—2021）开启了中国娱乐类节目的新模型。1999年7月1日，娱乐新闻节目《中国娱乐报

图1-2　电视剧《红楼梦》剧照

道》（北京光线传媒股份有限公司，1999）由光线传媒出品完成。在新闻类节目方面，制片人制度的发展给予栏目巨大的成长空间。从20世纪90年代开始，充满理想主义的新闻类节目为中国公民化道路开启了一扇大门。《东方时空》（中央电视台，1993）、《焦点访谈》（中央电视台，1994）、《新闻调查》（中央电视台，1996）等一系列品牌新闻节目成为这一时期最受观众关注的节目。

这一阶段的中国视听产业，文化与消费并存、理想主义与商业化博弈，初步形成了丰富而有序的市场格局。

三、中国视听产业的融合期：2005—2024

2005年，在第四届全国电视台互联网站年会上，中央电视台网络宣传部主任刘连喜说："网站是电视的一部分，是电视的延伸，与电视是互补的关系。"[1] 的确，在这一年中国的网络用户数大幅增长。[2] 这一切都预示着一个新时代的到来。2014年，网络广告收入正式超越电视广告。[3] 中国传统的视听产业遭遇的困境很多，《2018年中国网络视听发展研究报告》明确指出，传统媒体机构臃肿、效率低下是影响其发展的主要因素。[4] 其实早在2004年，国家广播电影电视总局就在全国广播影视工作会议上宣布不再批准组建事业单位性质的广电集团。因为兼并与联合带来的弊端是，广电集团陷入事业单位与企业的暧昧状态中，管理实现了断层，内容生产积极性不高。为了摆脱这种尴尬的处境，集团化宣布暂停的同时，制播分离的实践也在有条不紊地进行中。在2005年前后，电视剧领域已经完全实现制播分离。2008年左右，国内的娱乐节目、专题节目也实现了部分的制播分离。截止到2024年，随着网络自制节目质量的提升，大量节目采取"网台同步""先网后台"的多种播放模式。由此，经过这19年的发展，中国视听产业真正实现了产业上媒介融合与内容上制播分离的双轨并行模式。

在电视剧创作上，《奋斗》（赵宝刚、王迎，2007）、《何以笙箫默》（刘俊

---

1 沈忠阳.浙江电视网站何去何从：第四届全国电视台互联网站年会的启示［J］.视听纵横，2005（6）：86-88.

2 信息产业部.《第十八次中国互联网络发展状况统计报告》发布［EB/OL］.（2006-07-20）［2025-02-18］.https://www.gov.cn/gzdt/2006/07/20/content_341293.htm.

3 周勇，倪乐融.拐点与抉择：中国电视业发展的历史逻辑与现实进路［J］.现代传播（中国传媒大学学报），2019，41（9）：84.

4 中国网络视听节目服务协会发布的《2018年中国网络视听发展研究报告》，网址参见：http://www.cnsa.cn/module/download/down.jsp?i_ID=27768&colID=1589.

杰、马薇薇，2015）、《流金岁月》（沈严，2020）等电视剧推出了一系列明星，成功带动了新的文化潮流。与此同时，抽象现实主义电视剧也有极大的市场占有率。《家有儿女》（林丛，2005—2007）、《武林外传》（尚敬，2006）、《太子妃升职记》（侣皓吉吉，2015）、《东北插班生》（彭宇，2022）等展现了互联网文化对于传统文字语言的改写，对传统的消解成了这些电视剧的主要特色。

在节目内容创作上，泛娱乐化正在迅速蔓延。从2004年开始，选秀类节目成为年轻人心目中长盛不衰的节目形态，如《2004超级女声》（湖南电视台，2004）、《星光大道》（中央电视台，2004）等。与此同时，社教类节目也体现了与传统文化结合的典雅特质，如《百家讲坛》（中央电视台，2001）、《朗读者》（中央电视台，2017）等。

经过19年的发展，网络视听产品已经能够与传统媒体视听产品平分秋色。在观众眼中，这两种产品的出品方并没有产品内容的质量重要。也就是说，在未来决定一家媒体命运的是对于观众审美的熟知及内容的创新。

第二节　2015—2024年中国视听产业重要现象

2014年，习近平总书记在文艺工作座谈会上提出："要适应形势发展，抓好网络文艺创作生产，加强正面引导力度。"[1] 2015年，《中共中央关于繁荣发展社会主义文艺的意见》中再度强调"网络文艺充满活力，发展潜力巨大……促进传统文艺与网络文艺创新性融合……促进优秀作品多渠道传输、多平台展示、多终端推送。"[2] 2018年，习近平总书记在全国宣传思想工作会议上再次强调："我们必须科学认识网络传播规律，提高用网治网水平，使互联网这个最大变量变成事业发展的最大增量。"[3] 2015—2024年是网络视听产业全面超越传统视听产业的9年。网络视频用户规模从2015年的4.61亿暴增到2023年的

---

1 习近平. 在文艺工作座谈会上的讲话［N］. 光明日报，2015-10-15（1）.
2 中共中央关于繁荣发展社会主义文艺的意见［N］. 人民日报，2015-10-20（2）.
3 张洋. 举旗帜聚民心育新人兴文化展形象 更好完成新形势下宣传思想工作使命任务［N］. 人民日报，2018-08-23（1）.

10.74 亿。短视频用户规模仅 2020 年 6—12 月即新增 5549 万。[1] 同时，传统的广告模式已经被会员付费业务超越。仅 2018 年，爱奇艺会员服务营收就达到 106 亿元，同期广告营收仅为 93 亿元。中国视听产业逐渐形成了网络视听产业主流化运营，传统视听产业多元化发展的新局面。

一、2015—2024 年中国视听产业发展概况

1. 中国传统视听产业媒介融合的努力

2016 年 3 月，在第 24 届中国国际广播电视信息网络展览会主题报告会上，国家新闻出版广电总局副局长田进指出，传统网络视听产业在未来要做到"四个着力"："着力实施深度融合战略，打造'新视听'；着力推动广播影视供给侧结构性改革，为打造新型主流媒体培育和激发新动能；着力推动科技创新与应用，让科技创新成为推动广电转型升级的强大引擎；着力构建适应新视听产业发展与应用、管理与服务的技术体系，带动广电全面转型升级。"[2] 随着国家政策的引导，各个电视台纷纷建立起网络电视台。根据中国网络视听节目服务协会 2016 年的数据显示，在以传统视听为基础建立的网络电视台中，芒果 TV、央视网（www.cctv.com）、新蓝网这三大网络广播电视台的用户访问量位居各网络电视台前列，处在第一阵营。

湖南广播影视集团从 2014 年开始停止向商业视频网站售卖内容版权。集团下属的所有自制内容只在以芒果 TV 为平台的网络视频、互联网电视、IPTV、手机电视上传播。芒果 TV 的品牌影响力逐步提升。湖南广播影视集团的部署是建立强大的视听平台。因此，芒果 TV 中既能找到传统视听制作的产品，如《超级女声》，又可以看到网络自制节目，如《完美假期》（湖南电视台，2015）等。台网共振，互为补充，因此从媒介融合的发展成熟度上，湖南广播影视集团拔得头筹。与湖南广播影视集团的娱乐产品平台计划不同的是，央视网更侧重于重大事件的联动报道。例如，在"9·3 阅兵"新媒体报道中，央视新媒体视频直播收视次数为 1.2 亿。[3] 创下了 2016 年度视频直播在

1　中国网络视听节目服务协会发布的《2021 中国网络视听发展研究报告》，网址参见：http://www.cnsa.cn/attach/0/2112271351275360.pdf。

2　杨骁．田进：加快融合创新，推动广电全面转型升级［EB/OL］.（2016-03-25）［2025-02-18］. http://gbdsj.gxzf.gov.cn/wzk/xyfx/t2905264.shtml.

3　中国网络视听节目服务协会发布的《2016 年中国网络视听发展研究报告》，网址参见：http://www.cnsa.cn/module/download/down.jsp?i_ID=27764&colID=1589。

线人数最高纪录。同时，央视网专注使用多种新技术进行多元化报道，VR 虚拟现实、移动直播、大数据等拓宽了网络内容的视听维度，创造了更新锐的报道角度，增加了视听产品的可看性。新蓝网则依托浙江广播电视集团雄厚的自制内容与技术，使得用户访问量排在网络广播电视台的第三位，同处第一阵营。

2. 中国网络视听产业的发展

目前，商业网络视听平台中爱奇艺、优酷、腾讯视频三足鼎立。经过多年的发展，这三家平台已经建立起全产业化生态结构。这类平台有三个特征：一是涉足领域广泛，包括网络文学、网络影视、网络动漫、网络游戏、网络音乐等；二是以 IP 为核心，IP 开发往往以网络文学、网络漫画为孵化器，然后开发成为游戏、影视作品，最后变现为文创产品。三是与线下活动相结合。

经过近几年的发展，网络视听产业资本呈现出理性化趋势，创作日益呈现出精品化的特征。网络视听内容质量的提升离不开国家政策的规范化管理和商业网络视听平台强有力的举措。从 2010 年 7 月开始，国家版权局、公安部、工业和信息化部每年都会开展打击网络侵权盗版的专项治理活动——"剑网行动"。仅 2021 年 1—6 月，"剑网行动"就删除侵权盗版链接 61.83 万条，收缴侵权盗版网站（App）245 个，查处网络侵权盗版案件 445 件，推动网络视频、网络直播、电子商务等相关网络服务商清理各类侵权链接 846.75 万条，主要短视频平台清理涉东京奥运会赛事节目短视频侵权链接 8.04 万条。通过十余年的清缴，网络市场得到净化。除了版权上的严控，对于内容制作的尺度，国家也有一定要求。2018 年，国家广播电视总局发布了《关于进一步规范网络视听节目传播秩序的通知》，这份文件中很明确地指出"坚决禁止非法抓取、剪拼改编视听节目的行为……不能断章取义、恶搞炒作。不能做'标题党'，以低俗创意吸引点击"。也是在这一年，国家广播电视总局发布了《关于进一步加强广播电视和网络视听文艺节目管理的通知》。该通知强调："各广播电视播出机构和网络视听节目服务机构要从讲政治的高度深刻认识追星炒星、泛娱乐化等问题的严重危害……每个节目全部嘉宾总片酬不得超过节目总成本的 40%……加强收视率（点击率）调查数据使用管理，坚决打击收视率（点击率）造假行为。"在国家政策下，爱奇艺于 2018 年 9 月 3 日向全球宣布关闭全站前台播放量。2019 年 1 月 18 日，优酷也关闭其全站前台播放量。这一举措将之前唯点击量是从的现状打破，取而代之的是采用综合用户讨论度、互动量、多维播放指标等呈现视频热度。这一举措对净化中国网络视听行业有着重要的意义与作用。

二、2015—2024 年中国视听产业重要现象

1. 粉丝文化与网络乱象

由于 IP 开发在整个网络视听平台起到了基础作用，IP+ 流量明星的方式成了视听内容创作的核心。这一点特别体现在网络电视剧的创作上，在国家广播电视总局监管中心发布的《2018 网络原创节目发展分析报告》中显示，有超过 58.2% 的被调查者称自己是网络文学的"原著粉"，会更倾向于观看相关 IP 的视听产品。[1]

同时，随着 IP 视听产品爆红的流量明星成为产业链条中流动性极快的一颗颗"螺丝钉"。这些明星的热度不再仅仅依靠作品，而是通过与粉丝之间的亲密互动完成。因此，明星的命运通常与粉丝的喜爱程度连在一起。因为这种特殊的关系，所以明星在面对粉丝时表现得相对弱势。同样，在遇到粉丝之间互相攻击的特殊情况下，通常流量明星会表现得更加沉默，从而丧失了偶像应该具有的社会功能，造成粉丝文化与网络暴力混杂的乱象。

2. 用户多元化和兼容性并存

从传统视听产业的发展来看，传统媒体的收视率主要依靠老年观众的拉动。但是随着网络视听产品内容质量的提升，很多传统媒体也开始向商业视频网站购买其自制的节目资源。内容的倒灌势必会使传统媒体的视听节目在未来呈现出更加年轻化的趋势。同时还看到，老年人对于网络的依赖性亦在变强。2021 年，短视频应用在老年群体加速渗透，使用率已经达到81.8%。[2]

"小镇青年"是这几年经常提到的一个名词。"小镇青年"主要指"四线及以下城市的年轻用户群体"[3]。从 2018 年开始，用户下沉成为网络视听行业关

1　三川汇文化科技 . 2018 年网络原创节目发展分析报告（网络剧篇）［EB/OL］.（2019-01-11）［2025-02-18］. https://www.sohu.com/a/288432756_152615.

2　中国网络视听节目服务协会发布的《2021 中国网络视听发展研究报告》，网址参见：http://www.cnsa.cn/attach/0/2112271351275360.pdf。

3　中国文联网络文艺传播中心 . 中国网络文艺发展研究报告（2018~2019）［M］. 北京：社会科学文献出版社，2019：234.

注的一个主要现象。据统计，2019 年，73% 的短视频用户为 18—40 岁的青年人，其中"小镇青年"占比达到 49%。网络视听产品正在成为"小镇青年"的主要文化娱乐方式。随着短视频自制内容的产生，这些"小镇青年"正在形成新的文化圈层。他们正在从文化的外围不断冲击文化的核心，形成新的文化现象。从"小镇青年"身上，我们看到他们通过媒介重新确认自我身份的努力。他们用这种方式在资源相对匮乏的地区，改写自我身份，形成新的身份认同。

3. 危机事件加速产业融合

2020 年，一场波及全世界的新冠疫情加速了中国视听产业的融合。2020 年，贺岁档院线电影《囧妈》（徐峥，2020）的出品方欢喜传媒（Huanxi Media Group Limited）以 6.3 亿元的价格将该片的版权卖给字节跳动（ByteDance）。2020 年春节期间，观众可以通过字节跳动旗下的抖音、西瓜视频、火山视频在线观看电影。事实上，字节跳动涉足长视频一直是其未来的布局之一。《囧妈》的上线只是其未来规划的一次试水。同时，2020 年开始，抖音、快手、哔哩哔哩（bilibili）等 App 分别各自发力，抢占线上电影放映市场。通过涉足电影这一主流文化的市场，2020 年短视频公司的发力点集中在对于内容主流化的打造上。回归主流成为 2020 年中国视听产业的一个风向标。2020 年，院线电影的线上收益已经达到总收益的 21%。[1]

逆向来看，中国传统视听产业仍然在危机事件中寻找媒介融合新的发展。

图 1-3　综艺节目《欢乐喜剧人　第六季》剧照

新冠疫情期间，一些头部主播完成了多场公益直播，并取得了不错的成果。同时，中国传统视听行业在内容创作中大量使用云录制的方式。通过录制现场的多屏互动，初步实现了现场同步评论、打分、投票，以及嘉宾互动等多个环节。例如，由东方卫视打造的综艺节目《欢乐喜剧人　第六季》（施嘉宁，2020，如图 1-3 所示）就是在这种崭新的环境下完成录制

1　中国网络视听节目服务协会发布的《2021 中国网络视听发展研究报告》，网址参见：http://www.cnsa.cn/attach/0/2112271351275360.pdf。

的。随着 5G 信号的普及，新旧媒体的互帮互助呈现出更加多样化的姿态。

4. 文化出海反哺产业发展

2019 年 8 月，国家广播电视总局印发《关于推动广播电视和网络视听产业高质量发展的意见》的通知（简称《意见》）。《意见》指出："加大电视剧、纪录片等作品海外推广力度，实施'视听中国—公共外交'播映工程，讲好中国故事、传播好中国声音。大力实施'走出去内容产品创作扶持计划'，通过创新研发、创作引导、中外合拍等方式，打造更多展现中国价值、符合国际表达的电视剧、动画片、纪录片等内容作品。"[1] 在国际上讲好中国故事，成为未来中国视听产业的又一个责任。

2023 年，在法国秋季戛纳电视节上，由国家广播电视总局打造的 350 平方米的"中国联合展台"上有多部展现当代中国风貌的视听作品，例如，电视剧《三体》（杨磊，2023）、《繁华似锦》（崔亮，2023），纪录片《零碳之路》（张晗、黄明媛，2023），动画片《小鸡彩虹》（雷涛，2019）、《中国奇谭》（陈廖宇，2023），综艺节目《中国梦之声·我们的歌　第五季》（东方卫视，2023）等受到强烈关注。此外，在这次电视节上，还举办了中国原创节目主题论坛，参展企业包括中国国际电视总公司、腾讯视频、哔哩哔哩、成都广播电视台、华策影视等广电机构、新媒体平台。

随着中国网络视听产业的蓬勃发展，自制产品的文化输出也成为目前产业发展中的一个重点。2018 年，爱奇艺自制的电视剧《延禧攻略》（惠楷栋、温德光，2018）登陆全球 70 多个国家，打破了油管（YouTube）平台华语剧集最高观看纪录。2020 年，爱奇艺自制的综艺节目《青春有你　第二季》（陈刚、曹薇、吴寒，2020，如图 1-4 所示）登顶菲律宾、泰国推特（Twitter）趋势热搜榜榜首。爱奇艺视听产品的海外拓展，展现了网络视听平台内容制作的灵活性。其内容可以通过非常便捷的网络手段同步收看，还可以通过网友的反馈实时调整节目走向。网络视听产品的海外拓展帮助外国人多维度地认识了中国文化，为当代中国的形象建立提供了更丰富的角度。目前，文化的海外拓展仅处于起步探索阶段，但是可以预测在未来，文化的海外拓展的成功经验将有力地带动国内相关内容的发展，进而从外向内地推动中国视听产业的规模化和产业化发展。

1　规划财务司.总局印发《关于推动广播电视和网络视听产业高质量发展的意见》的通知［EB/OL］.（2019-08-19）［2025-02-18］. http://www.nrta.gov.cn/art/2019/8/19/art_113_47132.html.

图1-4 综艺节目《青春有你 第二季》剧照

第三节 2015—2024 年中国视听内容创作概况

几乎都是在 2014 年，网络电视剧、网络综艺、网络电影开始以一个明确的概念出现在大众视野。但是，在 2014 年，网络视听产品不论从内容品质还是数量上都处于弱势。在大众审美视野中，网络视听产品并没有进入主流领域。随着网民数量的暴增及网络使用习惯的培养，网民的整体素质较之前有了大幅度提升。经过九年的发展，网络视听产品逐渐走向精品化，特别突出的是网络电视剧与网络综艺形成了高速发展的态势，逐渐与传统视听产品共同占据市场，形成多样化互补发展的格局。网络电影虽然增速没有十分明显，但其广阔的创作空间却给了很多年轻导演以新的机会。正因如此，韩杰、赵非等知名导演纷纷试水，传统视听内容的创作人才正大量涌入网络视听内容领域，形成新的创作风潮。除了传统形式的内容创作，网络也提供了更多其他形式创作的可能性，比如竖屏剧、互动剧等。技术与内容的同步进化，成为目前中国视听内容总体的发展趋势。

一、2015—2024 年中国电视剧创作概况

1. 网络电视剧迅猛崛起，质量不断提升

2014 年被称为"网络剧"元年。[1] 经过几年的发展，2020 年各大视频平

1　中国文联网络文艺传播中心 . 中国网络文艺发展研究报告（2018~2019）[M]. 北京：社会科学文献出版社，2019：70.

台上线的网络电视剧数量为 310 部。[1] 网络电视剧最早发轫于网民的独立视频制作内容（UGC）。最为人熟知的是网络短片《一个馒头引发的血案》（胡戈，2005）。在这一阶段，对经典内容的恶搞和对网民的迎合成为创作的主要目标。这些散兵作战的短片并没有引起所有人的重视，并且在内容创作上一直没有摆脱网络语言的束缚。这种现状一直持续到 2014 年。2014 年 1 月，国家出台了《关于进一步完善网络剧、微电影等网络视听节目管理的补充通知》。这份通知明确了自制视频上传实名制，以及网站需要自查自审网络剧、在播出前取得相应的备案号等政策。

政策的变化为网络电视剧的规范化创作提供了良好的基础。因此，2015年爆款网络电视剧《太子妃升职记》获得了点击量和口碑的双赢。尽管这部网络电视剧还带有早期网络短片中的恶搞色彩，但整体风格已经向标准化剧集和精美化制作迈进了一步。2016 年，电视剧行业的一件大事是，多部电视剧选择在卫视与网络平台同步播出，并创造了相当好的成绩。特别是电视剧《老九门》（梁胜权、何澍培、黄俊文，2016，如图 1-5 所示），在登录爱奇艺网站的第一个月创下了点击量破 40 亿的好成绩。截止到 2016 年 9 月 27 日，《老九门》已经成为网络史上首部点击量破百亿的电视剧。[2] 从 2017 年开始，网络电视剧进入大制作和精品化创作阶段。2018 年的《如懿传》（汪俊，2018）、《延禧攻略》成为当年年度的现象级产品，先网后台的播出模式书写了网络电视剧的新时代。2020 年，爱奇艺开创了场景剧模式，"迷雾剧场"锻造了一批悬疑经典网络电视剧，呈现出整体性、品牌化运营的特点。2024 年，爱奇艺与中央广播电视总台联合出品的电视剧《我的阿勒泰》（滕丛丛，2024）入围第七届戛纳国际电视剧节最佳长剧集竞赛单元。

图 1-5　电视剧《老九门》剧照

---

1 中国网络视听节目服务协会发布的《2021 中国网络视听发展研究报告》，网址参见：http://www.cnsa.cn/attach/0/2112271351275360.pdf。

2 张智华 .2016 年中国电视剧热点现象述评［J］.民族艺术研究，2017，30（1）：177-183.

第一章　015
中国视听产业与创作

2. 短剧集成为主流，导流剧共享IP

2020年4月6日，由爱奇艺与正午阳光联合出品的短剧集网络电视剧《我是余欢水》（孙墨龙，2020）播出。这部电视剧仅12集，每集时长44分钟。尽管剧集数量不多，但每集中的反转丰富，形成了紧凑的节奏，再加之剧集中黑色幽默的风格，获得了极高的播放热度。从国家广播电视总局监管中心的数据来看，2017年以后短剧集上线的比率均超过50%。因此，短剧集已经成为电视剧制作公司布局发展的热门。

IP概念日益强化。2020年元旦，由陈思诚监制的网络电视剧《唐人街探案》（柯汶利、戴墨、姚文逸、来牧宽，2020）登录爱奇艺网站。这部电视剧与前两部院线电影《唐人街探案》（陈思诚，2015、2018）属于同一套IP。网络电视剧《唐人街探案》选择在电影放映前播出，成为名副其实的导流剧。不过遗憾的是，受到新冠疫情影响，《唐人街探案3》（陈思诚，2021）的档期改为2021年3月，导流效果不明显，但这次IP联动制作的思路展示出一个崭新的IP共享模型。

3. 题材创作多样化，现实主义与古装题材纵深化发展

电视剧题材众多，但"目前（2008—2018）不同平台题材分布差异明显，上星频道古装题材更占优势，地面频道现实主义题材更受青睐"[1]。现实主义题材与古装题材并驾齐驱，并逐渐呈现出纵深化发展的趋势。现象级的电视剧多出现在这两种题材中。以2017年为例，现实主义题材电视剧《我的前半生》（沈严，2017）是目前为止东方卫视收视率最高的电视剧。古装题材电视剧《大军师司马懿之军师联盟》（张永新，2017）获得第31届电视剧飞天奖最佳电视剧奖。

同时，在题材上，献礼电视剧也成为创作的新风向。2015年，抗日战争胜利70周年献礼电视剧《伪装者》（李雪，2015）；2018年，改革开放40周年献礼电视剧《大江大河》（孔笙、黄伟，2018）；2019年，建国70周年献礼电视剧《新世界》（徐兵，2020）；2020年，抗美援朝70周年献礼电视剧《跨过鸭绿江》（董亚春、马跃千、黄楠、姜威，2020）；2021年，建党100周年献礼电视剧《觉醒年代》（张永新，2021）。这些电视剧在创作上具有很强的历史价值，对于传达主流价值观起到了非常重要的作用。

---

1 李威.2008—2018：国产热播电视剧的题材变迁与融合突破［J］.视听界，2019（4）：84.

二、2015—2024 年中国综艺节目创作概况

1. 网络综艺节目类型多样，精品化制作成为趋势

2014 年是网络综艺的自制"元年"。[1] 从这一年开始，各大视频网站纷纷试水，网络综艺节目呈现出井喷式增长。仅 2018 年一年时间，上线的网络综艺节目的总期数就比 2017 年增长了 217%。[2] 同时，网络综艺节目的类型丰富，囊括了真人秀类（如《奇遇人生》，赵琦，2018）、访谈脱口秀类（如《奇葩说　第五季》，李梦颖、花子卉，2018）、音乐类（如《乐队的夏天　第一季》，李楠楠、王雪、陈雨璇，2019）、互动娱乐类（如《青春有你》）等。根据中国网络视听节目服务协会 2021 年的报告预测，访谈及脱口秀类、竞技选拔类依旧在未来的市场广大，在所有调查者中收看意愿占比高达 38.4% 和 36%。[3]

同时，视频网站的自制网络综艺节目在质量上已经能够比肩上星卫视的综艺节目。目前，腾讯视频、爱奇艺、优酷、芒果 TV 在所有综艺节目的线上播放量呈现出四足鼎立的局面。

2. 综艺节目吸收亚文化元素，社会评价呈两极化

亚文化本来是反叛的代名词。20 世纪 80 年代后期，亚文化与消费文化纠缠在一起，渐渐丧失了抵抗的精神，成为迎合主流文化的一种文化形态。因此，在 20 世纪末到 21 世纪初，西方学术界提出了"后亚文化"理论。他们认为，"后亚文化"时代改变了亚文化与主流文化之间二元对立的格局，"它表现为一种意志……一种希望，或者一种留恋，而不是对现实的描绘"[4]。

2017 年开始，比较小众的说唱与街舞成为真人秀节目竞赛的主要内容。2017 年 6 月 24 日，由爱奇艺自制的网络综艺节目《中国有嘻哈》（车澈，2017）在上线 4 小时内，播放量即超过 1 亿。这档爆款节目，体现了年轻观众对亚文化的狂热，形成了一种崭新的媒介仪式。随后，因参赛选手负面新闻频

1　中国文联网络文艺传播中心 . 中国网络文艺发展研究报告（2018 ~ 2019）［M］. 北京：社会科学文献出版社，2019：89.

2　三川汇文化科技 . 2018 年网络原创节目发展分析报告（网络剧篇）［EB/OL］.（2019-01-11）［2025-02-18］. https://www.sohu.com/a/288432756_152615.

3　中国网络视听节目服务协会发布的《2021 中国网络视听发展研究报告》，网址参见：http://www.cnsa.cn/attach/0/2112271351275360.pdf.

4　阿尔都塞 . 保卫马克思［M］. 顾良，译 . 北京：商务印书馆，2006：230.

图1-6 综艺节目
《这！就是街舞
第二季》剧照

出。2018年，爱奇艺等网站迅速掉转船头，将传统意义上的亚文化推向了后亚文化。这一年，经过重新打造，爱奇艺制作的《中国新说唱 2018》（车澈，2018）、优酷制作的《这！就是街舞 第一季》（陆伟，2018）均进入本年度网络综艺节目的十强。2019年，《这！就是街舞 第二季》（如图1-6所示）于传统媒体综艺节目的综合榜单中，亦冲入前十。可以这样说，后亚文化正在以悄无声息的方式成为综艺节目中具有潜力的一种表达方式。

3. "慢综艺"受到关注，文化类综艺节目成为综艺节目品质的代名词

综艺节目的形成与人类的游戏意识息息相关。荷兰社会学家约翰·赫伊津哈（Johan Huizinga）强调，"游戏与竞赛在本质上是同一的"[1]。因此，以竞赛为主的综艺节目满足了观众游戏的潜在需求。竞赛成为综艺节目创作的一个主要出发点。但是随着这类节目的增多，以及城市工作节奏的加快，多元化的需求逐渐凸显，对于田园牧歌生活的想象成为各种需求中最为迫切的。因此，从2017年开始，湖南卫视首先将视角转向了乡村，制作了全国第一档"慢综艺"节目《向往的生活 第一季》（王征宇，2017）。2018年与2019年，腾讯视频紧随其后制作了两档"慢综艺"节目《奇遇人生 第一季》和《我们是真正的朋友 第一季》（李睿，2019）。这两档节目与《向往的生活》稍有差别，并不局限于乡村生活，而是突出人与人在旅行与相遇中真实的情感交流。特别是《奇遇人生》，其关注点除了明星，也着眼于普通人的生活，以记录的方式展现明星与普通人之间朴实的情感，具有独特的节目深度。因此，通过"慢综艺"，更多的观众发现综艺节目中的真实同样也具有深刻的一面。这是综艺节目经过20年的发展，重新寻找到的新的价值。

同时，文化类综艺节目的兴起与发展也十分值得关注。2016年，由黑龙江卫视制作完成的《见字如面 第一季》（关正文，2016），通过明星阅读历史书信，展现了中国文化中人与人之间淳朴的情丝与绝佳的文采。这档节目经

---

1 赫伊津哈.游戏的人：文化的游戏要素研究［M］.傅存良，译.北京：北京大学出版社，2014：57.

过这些年发展，目前已经完成五季且收视率不俗。2017年开始，中央广播电视总台制作的《朗读者》以名人朗读经典文学作品为内容，展示了文学作品深度的精神内涵，获得了一致好评。同一年，由中央广播电视总台制作的另一档节目《国家宝藏 第一季》（于蕾，2017）也成为该类型节目中的典范。这档节目以国宝文物为出发点，通过国宝守护人的讲述见证国家璀璨的历史文化，对于传承中国传统文化起到了非常重要的作用。2023年，由爱奇艺制作完成的《登场了！北京中轴线》（周聪，2023）通过虚拟技术复现历史故事，展现了北京文化的深层内涵，实现了综艺节目在技术手法上的创新。

三、2015—2024年中国网络电影创作概况

1. 爆款缺乏，创作类型相对集中

根据中国网络视听节目服务协会的报告显示，在用户付费视频的消费意愿中，独播网络电影占比62.2%，排名仅次于影院热播新片，位居第二位。从2014—2018年，网络电影的增长数量一直相对稳健。从2018年开始，网络电影的年增长开始呈现下降趋势。根据统计，2018年新上线网络电影1526部，较2017年下降31%。[1] 下降最多的为恐怖、惊悚题材，靠猎奇赢得播放量的时代告一段落。2020年，由于新冠疫情，线下影院受到极大冲击，这为网络电影的发展开启了大门。在2020年上新的网络电影中，共79部影片分账破千万，同比增加41部；千万级影片票房规模13.9亿元，同比增长125%。[2] 动作类型电影的有效播放量遥遥领先，占比为41.5%。2023年，由于微短剧市场的开拓，上线的网络电影同比2022年下降了36.8%。[3]

从2015—2024年这一阶段的创作来看，类型是多样的，但也是集中的。院线电影涉及的题材网络电影也多有尝试，但主要还是以情感［如"北京女子图鉴"系列（陈静、寒松筠、周鉴葵，2019—2020）］、喜剧［如《二龙湖疯狂代驾》（马驰，2018）］、悬疑［如"大蛇"系列（林珍钊、2019—2023）］、动作［如"最后的武林"系列（霍穗强，2017—2018）］几大类型为创作核

1　三川汇文化科技 . 2018年网络原创节目发展分析报告（网络剧篇）［EB/OL］.（2019-01-11）［2025-02-18］. https://www.sohu.com/a/288432756_152615.

2　中国网络视听节目服务协会发布的《2021中国网络视听发展研究报告》，网址参见：http://www.cnsa.cn/attach/0/2112271351275360.pdf.

3　康宁 . 市场下行、续集乏力与精品稀缺：2023年度网络电影发展综述［J］. 现代视听，2024（1）：41.

心。除此之外，超现实题材［如《灵魂摆渡·黄泉》（巨兴茂，2018）］、武侠题材［如"四大名捕"系列（项秋良、项河生，2018—2019）］等借助 IP 的力量也成为创作的热点。但目前来看，尽管创作题材上网络电影与院线电影相差无几，但在制作手法上还是会因为经费有限而产生制作粗糙的问题。因此，网络电影从质量上仍属于差强人意的状态。

2. 地域化创作明显，北上与南下同时寻找突破

网络电影目前创作的地域化趋势比较明显。东北网络电影以二人转演员为创作核心，以东北喜剧作为创作载体，具有非常强大的粉丝基础。东北网络电影中分账过千万的"二龙湖"系列的主创在 2020 年初南下参加东方卫视的综艺节目《欢乐喜剧人　第六季》的录制，为他们当年的网络电视剧《二龙湖爱情故事 2020》（张浩，2020）的播出打下了很好的基础。东北网络电影团队比其他创作团队更懂得 IP 运营，因此无论在口碑还是在内容制作上都走在前端。

除此之外，香港地区网络电影占据了多元类型的创作领域。他们将香港高票房的电影类型移植到网络电影创作中，形成了旧 IP+ 类型片的创作轨迹。院线电影中的"孙悟空""济公""黄飞鸿""僵尸"等著名角色，都频频出现在网络电影的制作过程中。同时，香港网络电影也邀请 TVB 的演员扮演其中的角色，形成了一系列陌生而熟悉的影像，如《齐天大圣·万妖之城》（项秋良、项河生，2018）、《济公之神龙再现》（林子聪，2019）、《新僵尸先生 2》（刘观伟，2018）等。

3. 剧集化制作成为趋势

2018 年开始，网络电影中开始频频出现顶流 IP。"鬼吹灯"系列（朴成淑、陈聚力、项秋良、项河生、林珍钏、罗乐，2018—2024）、"法医秦明"系列（史岳、回子捷、卫立洲、2018—2024）、《四大名捕》等网络电影的出现，为其获得更大的产业链提供了良好的平台。同时，围绕着 IP，网络电影开始建立剧集化的创作模式。剧集化创作通过 2—3 部同 IP 的电影创作合集，讲述一个完整的故事。通过剧集化创作，网络电影能够最大化地使用 IP 价值。以 2018 年上线的网络电影"罪途"系列（马小刚，2018）为例，该系列电影分为三部，每部平均片长为 70 分钟。第一部在腾讯视频平台的播放量高达 1.8 亿人次。[1] 不

---

1 中国文联网络文艺传播中心 . 中国网络文艺发展研究报告（2018~2019）［M］. 北京：社会科学文献出版社，2019：119.

过，从整体观众的反馈来看，剧集化制作的问题本身在于高开低走。剧本的薄弱使得观众很难在第一部之后还能够继续关注，播放量往往呈断崖式下滑。

四、2015—2024 年中国其他视听产品创作概况

1. 短视频蓬勃发展，横跨多种文化体系

短视频目前已经成为最具有商业价值的视听新产品。2018 年 9 月，淘宝（Taobao）推出短视频平台"鹿刻"。这个平台提供了"看视频的过程中产生消费"的新模式。2017 年，网络红人李子柒开始组建团队。2018 年，李子柒制作的美食短视频获得 YouTube 银牌奖。2019 年，《人民日报》刊发文章《筑牢民族复兴的精神支撑》，文章中称赞她"传播中国文化，讲好中国故事，活出中国人的精彩和自信"[1]。通过短视频传播，李子柒的个人品牌形成了受到网民认可的产业链条。目前，以李子柒为品牌的淘宝旗舰店粉丝已达近 700 万。李子柒既为短视频用户展示了田园牧歌式的中国传统文化，又为未来新农村产品的销售打开了新的思路。《中国网络视听发展研究报告（2024）》显示，"七成以上用户因看短视频 / 直播购买商品，超四成用户认为短视频 / 直播已成为主要消费渠道"[2]。目前，通过抖音、快手等短视频平台进行电商销售已经成为新农村建设的一条新路。通过这种基层网络的互动，大众文化得到了有效传播。

2. 竖屏影像前景可期，微短剧崭露头角

人和影像在未来的可能性是什么？ 2017 年，一种新的观看视频的方式产生了。这一年，腾讯视频出品了竖屏人物专访节目《和陌生人说话　第一季》（季业，2017）；优酷出品了竖屏资讯节目《辣报　第一季》（优酷，2017）；爱奇艺出品了竖屏短剧《生活对我下手了　第一季》（乌日娜、李亚飞，2018）。竖屏影像打破了人们传统的观看习惯。随着审美习惯的变化，人们的视觉心理也发生改变。竖屏影像不仅减少了翻转视频的复杂性，而且让观看者对视频中的角色和人物产生更多的认同感。马丁·海德格尔（Martin Heidegger）曾说："从本质上看来，世界图像并非意指一幅关于世界的图像，

1　任平.筑牢民族复兴的精神支撑［N］.人民日报，2019-12-30（4）.
2　中国网络视听节目服务协会.《中国网络视听发展研究报告（2024）》在蓉发布［EB/OL］.（2024-03-27）［2025-02-18］. https://mp.weixin.qq.com/s/MSjSUN_xZZr3J_YkD6NKcw.

而是指世界被把握为图像了。"[1] 在这个人与人之间关系逐渐疏离的时代，竖屏影像用紧凑的构图形成了更为私人化的观赏角度。

在新影像类型中，发展最快的当数微短剧。2020 年，《国家广播电视总局办公厅关于网络影视剧中微短剧内容审核有关问题的通知》将网络微短剧定义为网络影视剧中单集时长不足 10 分钟的剧集作品。2023 年，微短剧呈现井喷的态势。在这一年，"中国微短剧市场规模达到 373.9 亿元，相较 2022 年增长了 267%"[2]。"经常观看微短剧用户占比达 39.9%，仅次于电视剧／网络剧和电影／网络电影。其中，31.9% 的用户曾为微短剧内容付费。"[3] 微短剧的发展，也带动了主流文化和周边文化产业的发展。2024 年 3 月，浙江省杭州市余杭区推出支持网络微短剧产业发展财政政策实施细则，提出设立 2 亿元网络微短剧发展基金。目前，微短剧的发展背后缺乏相应的制度体系。这就造成了一部微短剧中设置过多的付费点，用户陷入沉没成本的怪圈。同时，大量资本的涌入使得微短剧的制作水准参差不齐。这些都是未来微短剧发展需要解决的问题。

3. 科技赋能创作，AIGC 带来行业新变革

2018 年，美国奈飞公司制作完成了互动电影《黑镜：潘达斯奈基》(大卫·斯雷德，2018)。这部电影的出品对于影视界的震撼是前所未有的。在未来，是否能够实现人与剧情的互动呢？ 2019 年，中国头部视频网站也投入互动剧的实验与生产中。多部互动剧在这一年涌现出来。因此，这一年也被称为"中国互动影视创作元年"。互动剧《他的微笑》(邱晧洲，2019) 由爱奇艺、灵河文化联合出品，采用了"分支剧情"方式设置了 21 个选择节点和 17 种结局，将经纪公司助理造星的整个过程在爱情的故事模型中展现出来。2020 年，腾讯视频紧随其后制作了互动剧《龙岭迷窟之最后的搬山道人》(王子，2020)。这部互动剧以探险为主题，主角经过不同路径的选择可产生六种结局。不过，尽管形式新颖又辅助以游戏的方式，互动剧目前仍然大众认知率不高。同时，因为互动剧制作缺乏专业人才，所以产量也非常有限。尽管目前互动剧的发展困难重重，但仍是未来值得期待的一种崭新的视听产品。

随着全球 AIGC 技术的快速迭代，中国的网络视听已经进入"数智赋能，融合演进，虚实共生"的阶段。2024 年第十一届中国网络视听大会提出了

---

1 海德格尔. 海德格尔选集（下）[M].孙周兴，译.上海：上海三联书店，1996：899.
2 胡泳，刘纯懿.微短剧之维：媒介图谱、影像范式与文化腹语 [J].新闻与写作，2024（5）：81.
3 中国网络视听节目服务协会.《中国网络视听发展研究报告（2024）》在蓉发布 [EB/OL].（2024-03-27）[2025-02-18].https://mp.weixin.qq.com/s/MSjSUN_xZZr3J_YkD6NKcw.

"想象力＋算力＝现代创造力"的议题。此次大会发布的《中国虚拟数字人影响力指数报告》指出，2023年度使用"'数字人、虚拟人'相关企业达99.3万余家，其中年度新增相关企业41.7万余家"[1]。目前，已经有多家媒体平台融合AIGC技术制作节目。在2024年湖南卫视出品的真人秀节目《我们仨》中，AI导演"爱芒"能够配合嘉宾，参与设计综艺互动环节。科技的发展拓宽了视听节目制作的想象空间，提升了节目的制作效率。但目前，AIGC技术尚不成熟，进入制作的核心领域还需时日。

第四节　2015—2024年中国代表性视听内容分析

这一阶段的作品现象级与新形态并存，呈现出百花争艳的局面。从制作水准上来看，电视剧由于早早地就开始实行制播分离，公司化运营比较成熟。因此，网络平台的出现只能对电视剧的播出起到助力作用。在综艺节目制作上，头部卫视依然实力强劲并能够与头部视频网站平分秋色。同时，头部卫视还可以在传统媒体和网络电视台进行双平台播出，优势更加明显。网络电影无论在数量还是质量上都无法与院线电影抗衡，好作品缺乏。短视频市场增值迅猛，但质量驳杂，现在仍处在动荡期。微短剧异军突起，成为下一阶段的主要赛道。下面仅从综艺节目、微短剧两大类别中各选出一部代表作进行分析。

一、《向往的生活》：空间想象与真实表达的乌托邦

《向往的生活》（如图1-7所示）是由湖南卫视、浙江合心传媒2017年联合推出的一档"慢综艺"节目。节目宗旨是用守拙归园田的方式舒缓当代城市人的精神压力。目前节目已经播出七季，固定班底为黄磊、何炅。每一季会选择中国的某一个乡村，邀请明星客人住家参观和一起劳动。通过这档节目，明星展示了真实的自

图1-7　综艺节目《向往的生活　第七季》剧照

1　《影视制作》杂志编辑部.新质生产力驱动网络视听新未来：第十一届中国网络视听大会热点直击［J］.影视制作，2024，30（4）：43.

我，并且通过体验乡间生活，使人情之美在节目中得到充分体现。

为什么要制作"慢综艺"？"慢综艺"满足了城市中产阶级对于真实自我的一种追求，是一种宣泄城市焦虑的方式。"慢综艺"弱化了竞猜和游戏环节，试图让观众在舒缓的节奏中体会生活的质感。为什么要立足乡村空间？费孝通先生在《乡土中国》（费孝通，2012）中描述，中国是人情社会，中国人与土地之间的关系密不可分。城市生活割裂了中国文化传统中土地与人的关系，因为文化的断裂，迷失感也随之增加，所以，乡村其实代表了中国人心中对于家园的想象。而把酒话桑麻的群体生活则满足了城市中产阶级对于乌托邦的想象，成为一个真实而浪漫的场所。

这档节目除了利用乡村空间形成对于城市的对冲之外，仍然结合了目前一线综艺节目中的诸多元素，比如明星、美食等。美食，目前已经成为诸多"慢综艺"节目中的一个重要元素，比如《中餐厅》（刘利辉、王恬，2017—2024）。在中国传统文化中，美食既能够满足口腹之欲，也是交流情感的一个介质。如何将生活过得有滋有味是中国人对于生活的至高要求。在《向往的生活》中，不仅有关于烹制美食、享受美食的过程，还有种植美食的过程。这些都反映了城市中产阶级试图与美食及其生产者重新建立关系的诉求。同时，这些也有效地抑制了消费文化对于大众的控制，抛开了消费层次的差别，形成了节目中相对平等的饮食观。

与其他综艺节目不同的是，《向往的生活》每一期节目都有一个相对完整的主题，并且不同的主题中选择的明星也各有侧重。观众通过《向往的生活》可以了解到明星真实的劳动、协作，以及他们对待世界的态度与看法。将明星普通化处理，体现了这档节目剥离人格面具的初心。

《向往的生活》也代表着一众传统媒体面对新媒介环境的态度。目前，在网络视频的阵营中，地方卫视仅有芒果 TV 能够处于第一阵营的位置。芒果TV 的节目内容代表着未来地方卫视发展的方向。尽管"慢综艺"并不能够产生爆款的效果，但在"慢综艺"身上却体现了传统电视媒体精耕细作和主动探索文化提升的决心和能力。也正因为如此，《向往的生活》开播七季以来收视率与播放量都居于前列。

二、《大王别慌张》：元现代主义叙事与职场生态的隐喻性表达

云合数据（Enlightent）2024 年第一季度的数据显示，微短剧《大王别慌张》（金哲勇，2024，如图 1-8 所示）每集 30 天有效播放量全网第一。[1] 这套

---

1 云合数据：https://www.enlightent.cn/。

微短剧由爱奇艺出品，于2024年2月24
日上线，播出平台为爱奇艺小逗剧场。小
逗剧场是2022年第一季度爱奇艺推出的
全新喜剧剧场，旨在满足年轻人对于喜剧
的追求。微短剧《大王别慌张》共14集，
每集20分钟，讲述了熊猫小仙玲玲误打
误撞进入花脖子山被错认成大王并带领妖
寨做大做强的喜剧故事。

图1-8 微短剧《大
王别慌张》剧照

　　《大王别慌张》的大部分演员出自爱
奇艺自制综艺《一年一度喜剧大赛》（王雪、陈雨璇、周宗政，2021—2022）。
因此，爱奇艺将《大王别慌张》定位为《一年一度喜剧大赛》的衍生剧集。从
爱奇艺的布局来看，微短剧不仅是内容产品，还是未来产业链条中非常重要的
一环。也正因为如此，爱奇艺更加重视微短剧的内容制作质量。从目前微短剧
市场的整体情况来看，虽然空间巨大，但爆品缺乏。因此，爱奇艺抓住微短剧
发展的契机，制作完成了《大王别慌张》。

　　这部剧集虽然使用了荒诞的喜剧叙事，但整体还是构建在《西游记》的
故事框架之下。因此，观看这部剧集会带给观众一种既熟悉又陌生的感觉。为
了满足年轻人的观看需求，这部剧集将古典名著进行了解构，把现代职场中的
重重问题与花脖子山的重建进行了融合，形成了一种拼贴的视觉观感。这部剧
集不仅具有后现代的解构性，还保留了主流且传统的价值观念，比如爱、集体
等。这种"在典型的现代承诺和明显的后现代解构之间摆荡"[1]的状态，被荷兰
文化理论家蒂莫修斯·弗牟伦（Timotheus Vermeule）和罗宾·范·登·埃克
（Robin van den Akker）定义为"元现代主义"（Metamodernism）。

　　微短剧作为最新的数字产品，其本身就具有"文化计算化"的特征。因
此，观众其实在观看过程中既不是消费故事，也不是消费世界观，而是"消费
更深层的部分，也就是特定文化的整体数据库"[2]。它通过互文式的拉扯，在不
破坏各自体系的基础上重新构筑了一个新的现实。在这部短剧中，既能够看到
源于神话的上古人物，也能够看到使用科技手段和现代话语体系的沟通方式。

1 王昕.绝对不可能的可能：元现代主义科幻电影的叙事特点与美学实践［J］.当代电影，2024
（5）：41.
2 东浩纪.动物化的后现代：御宅族如何影响日本社会［M］.褚炫初，译，台北：大艺出版大鸿艺
术股份有限公司，2012：82.

因此，在《大王别慌张》中呈现出的现代职场人的精神面貌其实是"在支离破碎的后现代文化景观中，元现代艺术以'彻底的'、多重的解构实现了对理想和希望的重构"[1]。这种重构形成了一个没有参数与坐标系存在的地方，塑造了一种新的文化想象。这也是这部微短剧真正的价值所在。

补充资料：

一、2015—2024 年度中国内地综艺节目排行前十名

排名	2015[2]	2016[3]	2017[4]	2018[5]	2019[6]
1	《奔跑吧兄弟》	《奔跑吧兄弟》	《奔跑吧兄弟》	《奔跑吧兄弟》	《王牌对王牌》
2	《中国好声音》	《极限挑战》	《快乐大本营》	《创造 101》	《极限挑战》
3	《爸爸回来了》	《中国好声音》	《极限挑战》	《明日之子》	《向往的生活》
4	《欢乐喜剧人》	《挑战者联盟》	《爸爸去哪儿》	《王牌对王牌》	《奔跑吧兄弟》
5	《我是歌手》	《欢乐喜剧人》	《欢乐喜剧人》	《中餐厅》	《创造营 2019》
6	《极限挑战》	《王牌对王牌》	《王牌对王牌》	《我就是演员》	《中餐厅》
7	《爸爸去哪儿》	《最强大脑》	《天天向上》	《偶像练习生》	《这！就是街舞》
8	《最强大脑》	《金星秀》	《最强大脑》	《放开我北鼻》	《中国新说唱》
9	《中国梦想秀》	《暴走大事件》	《歌手》	《热血街舞团》	《乐队的夏天》
10	《我们相爱吧》	《我们的法则》	《非诚勿扰》	《中国新说唱》	《明日之子》

排名	2020[7]	2021[8]	2022[9]	2023[10]	
1	《王牌对王牌》	《萌探探探案》	《奔跑吧兄弟》	《哈哈哈哈哈》	
2	《青春有你》	《青春有你》	《王牌对王牌》	《乘风 2023》	
3	《奔跑吧兄弟》	《一年一度喜剧大赛》	《乘风破浪》	《大侦探》	

1　王昕.绝对不可能的可能：元现代主义科幻电影的叙事特点与美学实践［J］.当代电影，2024（5）：46.

2　美兰德媒体策略咨询（CMMR）视频大数据."台网商"互动开启综艺大片时代：2015 年国内综艺节目年度盘点：［EB/OL］.（2016-01-20）［2025-02-18］. https://mp.weixin.qq.com/s/rME-FIq6TaQbMpuHin_NXA.

3　中国网络视听节目服务协会发布的《2016 年中国网络视听发展研究报告》，网址参见：http://www.cnsa.cn/module/download/down.jsp?i_ID=27764&colID=1589。

4　中国网络视听节目服务协会发布的《2016 年中国网络视听发展研究报告》，网址参见：http://www.cnsa.cn/module/download/down.jsp?i_ID=27764&colID=1589。

5　云合数据：https://www.enlightent.cn/。

6　云合数据：https://www.enlightent.cn/。

7　云合数据：https://www.enlightent.cn/。

8　云合数据：https://www.enlightent.cn/。

9　云合数据：https://www.enlightent.cn/。

10　云合数据：https://www.enlightent.cn/。

排名	2020	2021	2022	2023	
4	《极限挑战》	《做家务的男人》	《一年一度喜剧大赛》	《种地吧》	
5	《朋友请听好》	《我的小尾巴》	《萌探探探案》	《披荆斩棘》	
6	《快乐大本营》	《奇异剧本鲨》	《中国说唱巅峰对决》	《中国说唱巅峰对决 2023》	
7	《创造营 2020》	《最后的赢家》	《极限挑战》	《萌探探探案》	
8	《哈哈哈哈哈》	《舞蹈生》	《密室大逃脱》	《五十公里桃花坞》	
9	《欢乐喜剧人》	《爆裂舞台》	《披荆斩棘》	《现在就出发》	
10	《这！就是街舞》	《机智的恋爱》	《向往的生活》	《心动的信号》	

二、2015—2024 年度中国内地电视剧排行前十名

排名	2015[1]	2016[2]	2017[3]	2018[4]	2019[5]
1	《琅琊榜》	《遇见王沥川》	《白鹿原》	《延禧攻略》	《都挺好》
2	《伪装者》	《小别离》	《风筝》	《香蜜沉沉烬如霜》	《亲爱的，热爱的》
3	《平凡的世界》	《好家伙》	《人民的名义》	《如懿传》	《封神演义》
4	《虎妈猫爸》	《欢乐颂》	《琅琊榜之风起长林》	《扶摇》	《破冰行动》
5	《为了一句话》	《三八线》	《鸡毛飞上天》	《你和我的倾城时光》	《小女花不弃》
6	《长安三怪探》	《如果蜗牛有爱情》	《大军师司马懿之军师联盟》	《凉生我们可不可以不忧伤》	《小欢喜》
7	《长大》	《海棠依旧》	《大秦帝国之崛起》	《谈判官》	《庆余年》
8	《花千骨》	《风云年代》	《绝密 543》	《猎毒人》	《少年派》
9	《何以笙箫默》	《父亲的身份》	《射雕英雄传》	《三生三世十里桃花》	《陈情令》
10	《草帽警察》	《安居》	《一树桃花开》	《恋爱先生》	《招摇》
排名	2020[6]	2021[7]	2022[8]	2023[9]	
1	《庆余年》	《赘婿》	《卿卿日常》	《狂飙》	

---

1 司若.中国影视舆情与风控报告（2016）[M].北京：社会科学文献出版社，2016：488.

2 司若.中国影视产业发展报告（2017）[M].北京：社会科学文献出版社，2017：450.

3 司若.中国影视产业发展报告（2018）[M].北京：社会科学文献出版社，2018：328.

4 云合数据：https://www.enlightent.cn/。

5 云合数据：https://www.enlightent.cn/。

6 云合数据：https://www.enlightent.cn/。

7 云合数据：https://www.enlightent.cn/。

8 云合数据：https://www.enlightent.cn/。

9 云合数据：https://www.enlightent.cn/。

排名	2020	2021	2022	2023	
2	《爱情公寓5》	《扫黑风暴》	《猎罪图鉴》	《长相思第一季》	
3	《锦衣之下》	《爱上特种兵》	《人世间》	《长月烬明》	
4	《三十而已》	《你是我的城池营垒》	《苍兰诀》	《长风渡》	
5	《新世界》	《斗罗大陆》	《开端》	《莲花楼》	
6	《安家》	《司藤》	《星汉灿烂》	《宁安如梦》	
7	《幸福，触手可及！》	《你是我的荣耀》	《风吹半夏》	《一念关山》	
8	《完美关系》	《有翡》	《罚罪》	《他是谁》	
9	《三生三世枕上书》	《突围》	《特战荣耀》	《云之羽》	
10	《精英律师》	《锦心似玉》	《梦华录》	《归路》	

三、2015—2024 年度中国内地网络电影排行前十名

排名	2015[1]	2016[2]	2017[3]	2018[4]	2019[5]
1	《山炮进城》	《山炮进城2》	《24 小时脱单日记》	《大蛇》	《鬼吹灯之巫峡棺山》
2	《二龙湖浩哥之狂暴之路》	《老九门番外之二月花开》	《绝命循环》	《灵魂摆渡·黄泉》	《水怪》
3	《道士出山3：外星古墓上》	《四平青年之浩哥大战古惑仔》	《探灵笔录》	《齐天大圣·万妖之城》	《陈翔六点半之重楼别》
4	《二龙湖浩哥之风云再起》	《超能太监2之黄金右手》	《绝色蛊师》	《狄仁杰之夺命天眼》	《至尊先生》
5	《赌神归来》	《我的极品女神》	《我的朋友圈》	《陈翔六点半之铁头无敌》	《三重威胁之跨国大营救》
6	《道士出山2：伏魔军团》	《仙班校园》	《茅山邪道之引魂煞》	《济公之神龙再现》	《陈情令之生魂》
7	《道士出山3：外星古墓下》	《盲少爷的小女仆》	《魔游纪1：盘古之心》	《二龙湖疯狂代驾》	《横行霸道》
8	《道士出山》	《血战铜锣湾2》	《斗战胜佛》	《济公之英雄归位》	《新封神姜子牙》
9	《捉妖记》	《二龙湖浩哥之狂暴之路》	《超级小郎中之降龙戒》	《新僵尸先生2》	《齐天大圣之大闹龙宫》

---

1 唐绪军.中国新媒体发展报告 NO.8（2017）［M］.北京：社会科学文献出版社，2017：290-291.
2 唐绪军.中国新媒体发展报告 NO.8（2017）［M］.北京：社会科学文献出版社，2017：290-291.
3 司若.中国影视产业发展报告（2018）［M］.北京：社会科学文献出版社，2018：403.
4 爱奇艺、优酷数据。
5 云合数据：https://www.enlightent.cn/。

排名	2015	2016	2017	2018	2019
10	《道士降魔》	《不良女警》	《网红是怎样倒下的》	《黄飞鸿之南北英雄》	《新封神之哪吒闹海》

排名	2020[1]	2021[2]	2022[3]	2023[4]	
1	《肥龙过江》	《兴安岭猎人传说》	《阴阳镇怪谈》	《奇门遁甲2》	
2	《奇门遁甲》	《无间风暴》	《大蛇3：龙蛇之战》	《零号追杀》	
3	《倩女幽魂：人间情》	《浴血无名川》	《开棺》	《狙击之王：暗杀》	
4	《鬼吹灯之龙岭迷窟》	《硬汉枪神》	《张三丰》	《穷兄富弟》	
5	《狙击手》	《鬼吹灯之黄皮子坟》	《亮剑：决战鬼哭谷》	《三线轮洄》	
6	《征途》	《白蛇：情劫》	《恶到必除》	《金爆行动》	
7	《怪物先生》	《重启之蛇骨佛蜕》	《东北告别天团》	《纸人回魂》	
8	《鬼吹灯之湘西密藏》	《新逃学威龙》	《老九门之青山海棠》	《抬头见喜》	
9	《龙虎山张天师》	《四平警事之尖峰时刻》	《龙云镇怪谈》	《东北警察故事2》	
10	《辛弃疾1162》	《鬼吹灯之黄皮幽冢》	《猎毒者》	《无间之战》	

（李晗　撰稿）

1　云合数据：https://www.enlightent.cn/。

2　云合数据：https://www.enlightent.cn/。

3　云合数据：https://www.enlightent.cn/。

4　康宁.市场下行、续集乏力与精品稀缺：2023年度网络电影发展综述［J］.现代视听，2024（1）：41.

第二章

韩国视听产业与创作

韩国视听产业起步于 20 世纪 60 年代，至今已走过 60 余年的发展历程。在起步初期，韩国视听产业受到技术水平、国家政局等诸多因素的掣肘，呈现出发展滞后、成长缓慢的态势。然而，随着韩国国家政局的稳定、"文化立国"政策的确立等诸多利好因素的出现，韩国视听的发展逐步逆转了暂时滞后的局面，实现了产业规模的扩大、内容质量的进步和国际影响力的提升。尤其是 21 世纪以来，以电视剧和综艺节目为代表的视听内容逐渐走出国门，风靡亚洲，成为韩国文化出海国际的重要载体和韩国国际形象提升的重要名片。

从产业发展的角度来看，韩国视听产业由弱转强的华丽蜕变离不开国家政策与资金的扶持、摄制技术的进步和提升。从内容创作的角度来看，韩国视听影响力崛起的关键是对本土文化的充分挖掘和对外来优秀经验的积极吸收。这些重要的发展策略，不仅带领韩国视听产品完成了艺术水准的跃迁，带动韩国文化产业整体不断繁荣壮大，也为亚洲乃至世界各国的视听产业发展提供了难能可贵的借鉴。

第一节　韩国视听产业创作简史及产业状况

韩国视听产业的发展，经历了相对漫长的起伏发展的过程。1961 年 12 月 31 日，韩国广播公司（KBS，Korean Broadcasting System）电视频道正式开播，加上已运行 33 年的广播系统，韩国本土的广播电视业初具雏形。

20 世纪 60—70 年代，随着电视机的普及，以及各大公营电视台和私营电视台相继成立，整个视听产业迅速蓬勃发展，出现了风格各异的电视节目和题材多元的电视剧。受政府政策的影响，韩国视听产业的管控环境也由宽松变得严苛。随着 1978 年韩国政府解除紧急措施，视听创作得以发展。因政局动荡，韩国在 20 世纪 80 年代被迫进入国营电视台垄断时期。在政府干预娱乐业的高压下，会面临强制停播结果的视听产业创作大大受限，整个产业几乎进入停滞不前的阶段，仅有极个别的突破作品。20 世纪 90 年代，随着韩国军事独裁政府瓦解，整个电视行业具有了更自由的创作环境，并且在民选政府的支持下，独立制片公司、有线电视和地方台也纷纷出现，导致各台开始收视率的竞争。在"文化立国"战略的引导下，韩国先后制定了《国民政府的新文化政策》（1998）、《文化产业发展五年计划》、《文化产业振兴基本法》（1999

年)、《文化产业发展推进计划》、《21世纪文化产业的设想》(2000)[1]等发展规划纲领性文件。1999年,韩国推出针对电视行业进行监管的法律《广播法》,并于2000年正式实施,促使广播电视产业的全面发展升级。2001年,韩国政府成立了专门的文化产业振兴机构,进一步推动了21世纪初的韩剧文化输出。同时,互联网、新媒体的发展加速了韩国视听产业进入融媒体时代,外资如Netflix(奈飞)的加入使市场变得更加广阔,视听创作内容和方式愈趋国际化、多元化,涌现了大量经典、现象级作品,也加速了文化输出的步伐,韩国文化现已成为全球熟知的潮流文化之一。

至今,韩国放送通信委员会(Korea Communications Commission,即KCC)已有自己的一套针对广播电视产业及其相关产业划分标准,其中广播电视产业类被划分为地面广播电视业、有线电视业、卫星广播电视业、广播节目制作及供给业、其他广播业。值得一提的是,尽管韩国三大台之间相互竞争,但又达成共识,即共同维护共有的龙头地位,导致其他有线电视台只能尽量争取其他市场份额。

一、20世纪60—70年代:电视产业公、私营并存形成良性创作竞争

由于韩国战后政体的特殊性,韩国广播产业早期的发展状况与国内的政治形势密切相关。1961年,朴正熙建立独裁政权,此时,韩国广播产业正逐步从朝鲜战争的重创中复苏,节目形态逐渐变得丰富多样。朴正熙政府意识到了广播等媒介的积极宣教作用,遂对媒体行业采取了相对宽松的管控措施,允许私人开办报社与广播公司。朴正熙还向韩国民众承诺要送给大家一份礼物——"让电视进入普通家庭"[2]。

此前,由美国公司KORCAD创立的商业电视台HLKZ-TV,已于1956年在韩国开播,韩国本土已具备一定的电视观众基础。但在彼时,还没有韩国本土的资本或组织主动涉猎电视公司的创办和电视节目的制作,真正意义上的韩国电视产业仍未形成。1961年,因经营不善等诸多问题,HLKZ-TV被韩国政府收购。1961年12月,韩国历史上首个公营广播电视台KBS成立,并在HLKZ-TV原有呼号的基础上开始进行电视节目放送,韩国电视产业的发展自此正式开始。在成立初期,KBS的主要放送内容是引进外国

---

1 牛林杰.韩国文化国际化战略的三种模式[J].人民论坛·学术前沿,2016(10):28-33.
2 郭镇之.韩国广播电视的发展历程:叙述与分析[J].中国广播电视学刊,2001(8):61-64.

第二章　033
韩国视听产业与创作

电影和自制娱乐节目。由于缺乏实践经验与具体借鉴对象，彼时娱乐节目形态尚未成形，多是对于广播节目的效仿，且时常出现开播一两集就停播的状况。随后，私营电视台 DTV（Dongyang Bangsong，东洋电视台，后更名为 Tongyang Broadcasting Company，即 TBC）和 MBC（Munhwa Broadcasting Corporation，即韩国文化广播公司）分别于 1964 年 [1] 和 1969 年开播。韩国电视产业形成了公营与私营并存、三个电视台"三足鼎立"的局面，各电视台之间关于收视率的良性竞争由此拉开序幕。

为了吸引观众及节约制作成本，各大电视台开始减少对昂贵的外国影片的引进数量，转而加强自制力度，也因而创作出了更能吸引本土观众眼球的电视剧和电视节目。在这一时期，电视节目在形式和内容上都有了显著提升。TBC 引进了最新的影像设备，并推出了一系列优秀的自制节目，其中最具代表性的是音乐歌舞类节目 Show Show Show（黄正泰，1964）。MBC 的搞笑类节目《夫妇万岁》（Long Live Husband and Wife/ 부부만세，金庆泰等，1970）也获得了极高的人气。而作为公营电视台的 KBS 则主动承担了更多文化传承与社会教育的公共责任，相较于其他两个电视台而言，KBS 推出的电视节目在娱乐性上略逊一筹，但其具有更浓厚的科教意义和人文关怀色彩，如《百万人知识竞答》（Quiz for Millions of People/ 백만인의퀴즈，李相益、金秀雄等，1967）、《温暖美好的家》（Our Happy Home/ 즐거운우리집，严福英、郑裕一等，1964）等。

这一阶段，电视剧也风靡起来，电视剧创作的题材类型亦趋于多元，内容也逐渐丰富。1969 年，MBC 播出了日日剧（周一到周五每天都播出的电视剧）《青蛙丈夫》（Frog Husband，表在顺，1969），该剧因其对于两性关系的大胆表现和对大男子主义的拥护态度引起了极大的社会争议，但也在争议中创下了当时最高的收视纪录。TBC 自制历史剧《娘娘》（Madam，高成元，1970）则将视角转向了女性，描绘了在动荡历史时期一位传统韩国女性的一生，引起了女性观众的强烈共鸣。《娘娘》收视率的大获成功改变了电视剧在电视节目中的地位，各个电视台都相继加大对于电视剧的制作投入力度和播放比例。随后，在 KBS 播出的《旅途》（Journey，李南燮，1972），

1　7 日开局 첫民間放送局 東洋텔레비죤首个民间电视台"东洋电视台"7 日开播［N/OL］. 东亚日报，1964-12-05（5）［2025-02-18］. https://newslibrary.naver.com/viewer/index.naver?articleId=1964 120500209205015&editNo=2&printCount=1&publishDate=1964-12-05&officeId=00020&pageNo=5&printNo=13268&publishType=00020.

在 MBC 播出的《搜查班长》（*Chief Inspector*，李延宪等，1971）、《继母》（*Stepmother*，朴哲，1972）等作品都是该时期优秀电视剧创作的代表。

在电视产业蓬勃发展的同时，韩国的电视机普及率也在飞速提升。SGB 尼尔森媒体调查的数据显示，1969—1970 年，韩国国内电视机台数由 22 万台增加至 38 万台。到 1972 年，韩国电视机台数已突破 90 万台，户均普及率攀升至 15%。

1972 年，朴正熙建立大韩民国第四共和国，开始对韩国进行更加严苛的军事化独裁统治。除了对经济采取更加严格的管控，朴正熙政府还加强对广播电视和报纸的干预，明令禁止广播、电视、报刊上出现批评政府的内容。1973 年 2 月，朴正熙政府重新修订了《放送法》，要求各个电视公司"至少30% 的广播电视节目时间用于文化和教育节目，广告时间不得多于 10%"[1]，并对所有的电视节目进行播前审查。从此，韩国电视产业进入管控最为严格的时期。

虽然受到政府的严格控制，但各大电视台之间相互竞争的局面也未被打破，公营与私营电视台的角逐仍在持续。当时的电视放送中，新闻节目和文化教育节目的占比高达 60%。娱乐类节目数量明显减少，且内容千篇一律，电视剧的创作受到极大的限制。这样的状况一直持续到 1978 年韩国政府解除紧急措施。在政府对电视产业的监管政策放松后，电视的创作环境才得以暂时缓和。

二、20 世纪 80 年代：公营广电垄断与零星创作突破

20 世纪 80 年代，政局变动再度影响了韩国电视业的发展。1979 年朴正熙遇刺，全斗焕发动政变夺取了军权。1980 年 5 月 18 日，光州事件爆发，政府下令全国戒严，并开始对电视台和报社进行整顿，多名记者被扣押。1980 年 8 月，韩国广播协会开始对韩国的广播电视业进行改革。TBC 等五家电视台被并入 KBS 旗下，受韩国文化信息部的直接管控；MBC 和全国其他 21 家电视公司实行联营，65% 的股份被 KBS 收购。从此，私营广播电视公司消失，在韩国电视业中持续了 17 年之久的"公私营并存体系"瓦解，韩国电视业的发展被国家垄断。

在政府的高压政策之下，公营电视台制作播出的电视节目呈现出明显的

1　郭镇之.韩国广播电视的发展历程：叙述与分析［J］.中国广播电视学刊，2001（8）：61-64.

"去娱乐化"倾向，电视综艺节目的发展受到牵制，但仍然出现了部分优秀的节目，KBS 制作的《寻找离散家族》（*Finding Dispersed Families*，崔钟健等，1983，如图 2-1 所示）就是其中之一。《寻找离散家族》是一档直播节目，专为在战争时和家庭离散的人们寻找亲人，以感人至深的亲情牵动了全国观众的情绪，在播出时引起了极大轰动。

面对如此紧张的创作环境，电视剧创作者只好另辟蹊径，从形式上寻找突破和出路。1987 年，MBC 制作的电视剧《火鸟》（*Fire Bird*，金汉荣）开创了"迷你电视剧"的先河。这种新的电视剧形态一改长篇连续剧冗长的故事情节和繁杂的制作流程，很快就受到观众和电视台的欢迎。随后，MBC 还制作了《沙城》（*Sand Castle*，郭永范，1988）等其他迷你剧作品。在这一时期，电视技术的革新也对电视产业影响颇大。彩色电视机的出现从视觉上丰富了电视画面，在一定程度上弥补了电视节目在题材和内容上受到严格管控的缺憾，使得电视对民众始终保持着吸引力。因此，产业体系上的变动和内容创作上的受限并没有影响电视在韩国家庭中普及的脚步。到了 20 世纪 80 年代末期，韩国电视机总量已增至 790 万台，平均每家每户都拥有一台。

三、20 世纪 90 年代：政策放开与视听产业多方位综合发展

20 世纪 80 年代末，韩国政府独裁时代结束，新政府放开创作限制，以及电视机已被普及的社会条件，共同推动了 20 世纪 90 年代韩国视听产业呈现出迅猛发展的态势。受政策鼓励，民营台、独立制片公司、有线电视台和地方台纷纷出现，青春偶像剧、家庭伦理剧、歌谣类音乐节目进入观众视野。1998 年，韩国政府确立"文化立国"战略思想后，大批相关项目和计划开启，促使韩国视听产业的全面发展升级。

1. 民营台、独立制片公司、有线电视台和地方台纷纷出现

1988 年，韩国广播电视行业的创作有了更自由的环境，主要体现在政府针对民营电视台及有线电视台出台的鼓励政策。在 20 世纪 90 年代初，KBS 受电视法修改的影响，规模有所缩小，对频道和节目设置都进行了调整。同

时，民营的首尔放送，即 SBS 株式会社[1]（Seoul Broadcasting System，2000年更名为首尔广播公司）横空出世，标志着国营和民营电视台并存竞争体制再次复活。SBS 后来成为最年轻的"韩国三大电视台"，也是现在韩国国内唯一覆盖全国网络的民营无线电视台。1990 年，由韩国教育部监督的国营教育电视台 EBS 开播，前身是 KBS 于 1981 年开始专门播出教育节目的教育频道（KBS 3TV）及广播频率（KBS 3FM），成为一个有特定目标群众、为教育服务、节目内容有针对性的电视台，至今深受韩国乃至海内外青少年及儿童观众的喜爱。

20 世纪 90 年代是韩国独立制片公司的萌芽发展期。1991 年，韩国开始推行制播分离改革，着意打破电视市场寡头垄断的局面，同时韩国政府积极扶持独立制片商，意在培育本土独立制作公司。到 1997 年，独立制作公司的数量已经破百。广播电视节目的外包制作节目放送比例也逐渐上升，"以地面广播电视行业为例，外包制作比例已经占到总播出节目时间的 35%"[2]。根据 1999 年通过的《文化产业振兴基本法》及其他相关条例，政府对独立制作公司的节目前期制作在资金上予以支持，形式包括基金贷款、专项财政贷款等，资助额度为 3 亿—10 亿韩元。除了立法保障，政府还通过制定政策保障独立制作公司的发展，从而让韩剧由"制播一体"走向"制播分离"，以规避传统制作模式的弊端。

除了独立制片公司多元化，有线电视台和地方台也纷纷出现。1995年，韩国政府引入综合有线电视，通过收费电视平台可以收看的频道日渐增多。与此同时，韩国首批地方电视台：釜山广播公司（PSB）、大邱广播公司（TBC）、光州广播公司（KBC）、大田广播公司（TJB）开播，目的是促进当地文化和经济的发展。1997 年，第二批私营地方电视台：蔚山广播公司（UBC）、全州广播公司（JTV）、清州广播公司（CJB）开播。此外，地方台江原电视台（GTB）和济州自由国际城市广播公司（JIBS）分别于 2001 年和 2002 年开播。这些地方电视台节目的 70% 是 SBS 送出的内容，30% 播出各个地方的相关内容。

有线电视台和私营地方电视台的成立，使得节目种类更加多样化、亲民化，并能够对当地的社会性热点、公共事件可以进行深度跟踪报道。同时，不

1 SBS 株式会社，现首尔广播公司（주식회사 SBS，주식회사 에스비에스）：前称首尔放送（서울방송서울방송，于 2000 年改为目前的名称），成立于 1990 年。
2 姜锡一，赵五星.韩国文化产业［M］.北京：外语教学与研究出版社，2009：36.

论是民生类节目还是娱乐节目，都更具当地人文特色，便于观众接收和理解，以满足不同年龄阶段人民的文娱需求。至此，韩国电视产业不再由 KBS 和 MBC 两个主流电视台分羹，各电视台、各频道、各节目为了收视率也开始了激烈竞争。

2. 青春偶像剧、家庭伦理剧、歌谣类音乐节目进入观众视野

1992 年，MBC 开播青春偶像剧《嫉妒》（Jealous，李承烈），这个备受追捧的剧种由此进入观众的视野。随后，MBC 仍延续该风格的创作思路，制作了《爱的火花》（Love in Your Bosom，李振石，1994）、《星梦奇缘》（Star in My Heart，李昌翰、李振石，1997）等多部脍炙人口的偶像剧。这些剧除了是由当时的年轻男女偶像演员出演，还讲述了童话般梦幻的浪漫爱情故事，深受年轻观众的喜爱。更受中老年观众群体喜爱的是家庭伦理剧，如 KBS 出品的《澡堂老板家的男人们》（郑乙永，1995）讲述了一个家族三代人的生活故事，并且加入了喜剧元素，长达 81 集。该剧不仅人物角色贴近生活，语言通俗生动，还极具韩国人文特色和生活气息，易于观众接受和理解。偶像剧和家庭剧在 20 世纪 90 年代中后期逐渐发展成熟，并成为韩国文化输出的主力军，输出地区主要是有相似文化背景的东亚文化圈及周边国家。1997 年，由 MBC 出品的《爱情是什么》（What Is Love，朴哲，1991）被中央电视台（CCTV）引进播出，成为中国观众最早熟知的韩剧。

作为公营放映电视台，KBS 和 MBC 的节目注重公共教育价值与娱乐价值之间的平衡。除了妇孺皆知的热播剧，还制作了许多其他种类的精品节目。MBC 的时事节目《PD 手册》（PD Note Book，宋一俊等）在 1990 年首播，主要从 PD 的角度对热点时事进行挖掘和分析，开启了时事解读的全新视角。年轻的 SBS 在成立的第二年，推出了音乐节目《人气歌谣》（Inkigayo，郑益成等，1991），主要是演唱当下的流行歌曲。该节目自开播以来就国民度极高，至今仍在播出。1998 年，KBS 2TV 推出一档直播形式的周播音乐类节目《音乐银行》（Music Bank，申秀晶、李政旭等），可谓"韩国音乐的风向指标"，成为歌手宣传新歌期间必参加的节目之一。这个节目开创了自己的"打歌"规则，观众可以在观看节目后根据节目组要求的电话、投票明信片、现场观众投票等方式进行投票，选出每场节目的冠军单曲。随着时代的发展，计票算法也有所变化，网络上的音源下载量也成为考核的重要标准之一。更重要的是，投票的观众还会被根据年龄分为不同的年龄层，从而分析各个年龄阶段的歌谣喜好特征。可以说，《人气歌谣》《音乐银行》这两个节目成了此类音乐节目的原型和模板，在海内外影响深远。

1999 年，Mnet 有线电视台主办了韩国首个 MV 颁奖典礼——Mnet 视频音乐大赏，成为后来全球知名的 Mnet 亚洲音乐大奖[1]（MAMA）前身，是亚洲最大规模的音乐类颁奖盛典，也是韩国音乐尤其是 K-POP 走向世界的重要途径之一。

3. "文化立国"战略思想下的政策推进及相关机构建立

1997 年亚洲爆发金融危机，让韩国政府意识到传统经济模式的脆弱性，于是果断地对经济发展结构进行了调整，把文化产业作为 21 世纪国家经济的战略性支柱产业。

1998 年，金大中提出"21 世纪韩国的立国之本，是高新技术和文化产业"。同年，韩国政府明确了"文化立国"的国家战略，把开拓国际市场作为战略目标，决定分阶段、战略性地开拓韩国市场。1998 年，"广播电视产业振兴计划"开始实行，能够提供制作基础、一站式服务的广播电视制作中心和广播电视投资工会组成[2]。这为韩国视听产业发展提供了更多的机会和保障，比如资金成本、工作人员权益等。

与此同时，20 世纪 90 年代中期，韩剧出口的傲人成绩着实打下了坚实基础，也给了政府希望，间接推动政府颁布了"文化出口"的相关政策。随之，在短短几年的时间，韩国先后制定了《文化产业发展 5 年计划》《21 世纪文化产业设想》《文化产业发展推进计划》《电影产业振兴综合计划》等发展规划。1999 年，韩国推出针对电视行业进行监管的法律《广播法》，并于 2000 年正式实施，促使广播电视产业的全面发展升级。在 2001 年，政府还成立了专门的文化产业振兴机构，现有韩国文化产业振兴院[3]（KOCCA）积极制定文化产业相关政策，推进人才培养事业，全程大力支援专业 CT 项目企划、研发与商业化。韩国文化产业振兴院还支援数字化广播影像事业，扩充文化娱乐创作素材，开展数字化娱乐事业等。可见其重视程度，以及跻身世界 5 大文化内容生产强国的决心。

1999 年 2 月制定的《文化产业振兴基本法》对"文化产业"和"文化

1　该奖项经过多次更名，2009 年正式更名为大家熟知的"Mnet 亚洲音乐大奖"（Mnet Asian Music Awards），简称 MAMA。

2　姜锡一，赵五星 . 韩国文化产业［M］. 北京：外语教学与研究出版社，2009：36.

3　韩国文化产业振兴院（Korea Creative Content Agency，KOCCA）：成立于 2001 年 8 月，目标是通过文化内容出口的产业化、构筑综合支援体系实现文化内容生产强国。根据《文化产业振兴基本法》第 31 条规定，由韩国广播影像产业振兴院、韩国游戏产业振兴院、文化产业中心、韩国软件振兴院、数字化文化产业团于 2009 年 5 月 7 日合并而成。

产品"两个词语进行了概念界定，并在之后与时俱进地对其进行修订。所指的"文化产业"，不仅包含了北美产业分类体系里的"产业分类第51条"[1]内容，还包括了广播业（不包括互联网），其中就有电视、有线电视和其他收费节目[2]。普华永道[3]则认为韩国的"文化产业"实为"娱乐和媒体产业"，包括电影、电视、唱片等产业群[4]。由此可见，视听产业在20余年前就在韩国的国家发展战略及文化产业中扮演着重要角色。

四、21世纪：融媒体时代和视听产业成熟期

进入21世纪，韩国视听产业进入了全球领先的第一梯队，技术上紧跟时代发展和国际化趋势，以三大台为首逐渐形成了自成体系的综艺制作、电视剧制播制度，现已进入成熟期。

1. 紧跟数字化与国际化发展趋势

2001年"数字时代广播电视产业振兴计划"启动，此后，关于外包制作水平强化、专业设备人员培养等措施陆续实行。不过数据显示，尽管到2005年成本规模超过1亿韩元的独立制作公司占总数（416家）的63%，但却有49.8%的公司在4年间（2002—2005）从未供应过作品[5]。韩国政府在2002年1月对《文化产业振兴基本法》全文进行第一次修订时，特别增加了"数字文化内容"，并第一次提到了"多媒体"这一术语。可以说，韩国政府对于广播电视产业发展的关注紧跟数字时代的步伐，对广播和通信融合有着迫切的需求。2004年修订版《广播电视法》出台，2005年卫星数字多媒体广播开播。

KBS WORLD作为针对国外的广播电视频道在2003年7月1日开播，覆盖73个国家，既有电视节目，也有广播节目，使用有线电视、IPTV、卫星电视接收，成为韩国对外文化交流的一张名片。2006年，同隶属于韩国CJ集团旗下CJ E&M（CJ Entertainment and Media）的Mnet（CJ Mnet）、tvN（Total Variety Network）开播，一个是网络商业频道，另一个是有线电视综合娱乐频道，这也是CJ向全球输出韩国流行文化的重要平台。尤其是

1　该条为信息业。
2　姜锡一，赵五星.韩国文化产业［M］.北京：外语教学与研究出版社，2009：1.
3　普华永道（PricewaterhouseCoopers，简称PwC）：美国产业动向分析机构。
4　姜锡一，赵五星.韩国文化产业［M］.北京：外语教学与研究出版社，2009：1.
5　姜锡一，赵五星.韩国文化产业［M］.北京：外语教学与研究出版社，2009：37.

CJ Media 与 FOX 国际频道特别合办的 tvN Asia（2012 年改名为 Channel M Asia）是一个面向全亚洲的频道，其配有中文字幕，便于华语观众更加直观地感受、了解韩国文化。2011 年 12 月 1 日，综合编成频道四社 JTBC[1]（前身为 TBC）、Channel A、TV Chosun（TV 朝鲜）、MBN 每日放送开播，以上区别于三大电视台的无线电视播放，采用的是有线、卫星、宽带等方式进行全国播放。这得益于 2008 年韩国国会通过《电视广播法》等相关法令的增修，曾在 1980 年被全斗焕政府以"言论统废合"为由强行停播的东洋广播公司复播，JTBC 以 4220 亿韩元投入资金成为韩国传媒产业历史上投资规模第一大株式会社。

2. 三大台早期综艺代表作

作为韩国文化代表及韩国视听产业重要类别的韩国综艺节目，虽然早在 20 世纪已有节目具备一定的综艺感，像 SBS 在开播之初就设立了很多娱乐类节目，比如，歌谣类节目《人气歌谣》，但到 21 世纪韩国综艺才开始形成自己的体系。

SBS 分别在 2003 年和 2004 年推出的竞技类综艺 X-MAN（赵孝政、张赫宰，2003）和游戏类的《情书》（Love Letter，孔熙哲）。这两个初代综艺节目都以摄影棚内拍摄为主，具有极高的国民度。《情书》原是 SBS 为了配合神话组合宣传第 7 张专辑而为其量身打造的团体综艺节目，由现在的"综艺主持专业户"姜虎东担任主持人。三年间，该节目经历了三次改版，形式稍有变动，但其卡司阵容即使放在今天，也仍能赚取眼球，保持话题度。《情书》在 2004 年刚推出时收视率高达 25%，创韩综节目收视新高。通过该节目能够看出韩国综艺人对于"CP"这个概念的敏锐度，男女明星配对互动总是能够自带话题，引发讨论度，是确保收视率的一剂良药。

尽管 KBS 始终是公营性质，但此时也开始跳出原有的刻板框架，尝试不同的节目类型创作。不过其节目风格与 SBS 相比还是正统、保守许多，比如益智类问答节目谈话类节目 Happy Together（朴敏贞等）、《明星金钟》（Star Golden Bell，郑熙燮等）、《逃离危机 No.1》（Crisis Escape No.1，郑熙燮等），分别在 2001 年、2004 年、2005 年推出，节目内容和智力问答、公益推广、安全常识普及等正向价值观有关，具有知识教育意义，"明星挑战"元素的加入也增加了可看性。经过几年的发展和升级，KBS 在 2007 年推出户外综

1　J 代表《中央日报》，TBC 则代表韩国国内最早也是最高水平的民营电台——东洋广播公司。

艺《两天一夜》（*Two Days, One Night*，罗暎锡）一度拥有超 40% 的平均收视率，跃升为亚洲收视率第一的综艺。同时，节目中明星去过的地方都会成为旅游热区，一定程度上艺人和节目的热度也带动了当地的旅游业发展及人文特色宣传。

而作为国营民营共同运作的 MBC 具有主流媒体的资源优势，相比 KBS 有更加自由的创作空间。MBC 在 2003 年推出了游戏比赛类综艺节目《万元的幸福》（*Happiness Ltd*，李承恩）：一个星期内跟拍两个艺人，谁花的钱最少就可以助其父母免费旅游。还有在 2004 年首播的明星谈话类节目《来玩吧》（*Come to Play*，金宥坤），通过主持人刘在石和艺人们进行轻松的谈话（带有一定的脱口秀性质），了解艺人的生活。横向比较同时期三大台的综艺节目，MBC 的节目制作理念是和现如今的综艺概念最贴合的，具有挑战性和生活化两大特点。

韩综发展至今，形式以搞笑、游戏、竞技、谈话、歌谣为主，可以根据拍摄地点分为棚内、棚外节目，一般有 1—6 名 MC（主持人），常有刚回归的需要"打歌"的歌手、艺人团体和为影视剧做宣传的演员来做嘉宾。

3. 电视剧制播体系逐渐成形

韩国电视剧集种类名称主要是根据播出日期进行分类（见表 2-1）。在韩国，日、月、火、水、木、金、土分别代表周日至周六，各台以此来命名剧种，现在主要有月火剧、水木剧、金土剧、金曜剧、周末剧（土日剧）、日日剧和晨间剧。月火剧是每周一、二晚分别播一集的电视剧；水木剧是在每周三、四晚分别播出一集的电视剧；金土剧是每周五、六晚分别播出一集的电视剧；金曜剧是每周五连播两集的电视剧；周末剧顾名思义，就是在周末的两天晚上放送的剧集；除了常见的周末连续剧，还有周末特别企划剧与大河历史剧[1]。以上几种剧种的每集时长为 45 分钟至 1 小时不等。日日剧则是每个工作日都播出的剧集，又名带状剧，在晚饭后播出；晨间剧则是在每个工作日的早间档（七点到八点）播出，这两种每集时长约 30 分钟。除以上分类方式，还有迷你剧、情景剧等经典剧种穿插播出。迷你剧一般只有 16—20 集，每集 1 小时左右，通常在夜间播出，剧情紧凑，深受年轻观众的欢迎。

1　一种由 KBS 策划的剧集，指长篇历史电视连续剧。

表 2-1 韩剧剧种时段分布表

播出时间	星期一（月曜日）	星期二（火曜日）	星期三（水曜日）	星期四（木曜日）	星期五（金曜日）	星期六（土曜日）	星期日（日曜日）
晨间	晨间剧					周末剧（连续剧、特别企划剧、大河历史剧等）	
日间	日日剧 / 情景剧						
晚间	月火剧		水木剧		金曜剧		

　　韩剧都很重视对传统文化的继承，比如《商道》（*Sangdo*，李炳勋，2001），不仅集数多达 50 集，每集时长还为 1 小时左右。其中，每个人物的行为举止设置都符合当时的礼仪规范，包括更换服饰、鞋子等细节也会被呈现出来，服化道制作精良，具有一定的文献价值，以及向大众普及历史文化"寓教于乐"的教育功能。

　　进入 21 世纪以来，韩剧的拍摄机制变成了"边拍边播"，主要是为了获取更高的收视率，主创团队可以根据收视、评论调整剧情和结局走向，保证作品符合观众的期待视域。一般在开播前，编剧只需要写出前四集的完整剧本，然后在剧情梗概上根据观众反馈进行调整。早在 2009 年，热播古装剧《善德女王》（*Queen Secondeok*，朴弘均、金根弘）中原本善德女王是唯一的女主角，但因为观众更喜欢善德女王最大的敌对人物美室，所以美室的戏份被逐渐加重。观众的反馈既能使某个角色的戏份增加，也能影响一部剧进行删改，甚至会导致一部剧在拍摄期间被停止拍摄、禁止播出，尤其是随着大众对于讲述历史的电视剧敏感度的提高和互联网信息的便利化，这个现象在近年出现的频率增加。比如，《夫妻的世界》（*The World of the Married*，毛完日，2020）、《虽然是精神病但没关系》（*It's Okay to Not Be Okay*，朴信宇，2020）都因为观众反馈剧情尺度过大、暴力镜头过多而在后期进行了修改。JTBC 新企划的时代剧《雪滴花》（*Snowdrop*，赵贤卓，2021）被民众以歪曲历史、美化间谍等为由抵制，甚至引发了在青瓦台官网上超十万人参与的停止拍摄的请愿。

　　这样的制作模式虽然能更大限度地满足观众需求，但也会导致工作人员的工作强度加大，需要随时待命，甚至整个团队会熬通宵赶工，还可能出现拍一些镜头后就马上把素材送到剪辑室的情况。这也导致很多韩剧的片尾别具一格，不是播放下集预告，而是播一些拍摄花絮或者前情提要，因为很有可能编剧那时也没确定下集的具体故事内容。如果收视率不佳或有其他变故，很可能中途更换编剧或缩减电视剧的集数。

　　和韩国电影一样，韩国电视节目也以分级制度替代了曾经的政府审查制度。从 2002 年起，韩国电视剧被分为 5 个观看等级，分别是 7 岁、12 岁、15

岁、19岁、所有人，每一部电视剧的等级会在片头短片中显示，为观众提供正确的引导。

4. 流媒体平台的崛起带动视听内容生产的转型

流媒体（Streaming media）平台是指能够通过互联网在线收看视听内容的平台，它是网络音频技术与通信技术相结合的重要产物。在互联网普及程度不高、传统电视、广播视听内容仍然是观众首选的情况下，流媒体平台通常只被作为视听影像流通和播放的次要途径。但近年来，在 4G、5G 等通信技术的不断发展、互联网经济的崛起、新冠疫情对传统影视行业带来的冲击等多重因素的影响下，流媒体平台在全世界范围内逐渐成了观众首选的视听观影途径。同时，流媒体平台的功能也不再局限于视听内容的流通和传播，而是拓展到了视听内容的生产与制作中，成为全球视听产业中重要的生产主体。由流媒体平台生产的视听内容通常不再经由分销商、转播商进行打包出售，而是直接由流媒体平台提供给用户[1]。因此，流媒体平台用户的普及和创作能力的崛起为传统的视听行业带来了不可忽视的影响。

对于韩国而言亦是如此。2012 年，韩国最大的门户网站 Naver 推出了流媒体平台 Naver TVcast，并从 2013 年开始尝试网络视听内容的生产和制作，早期推出了《放学后福不福》（郑净化，2013）、《恋爱细胞》（金勇完，2014）、《后遗症》（金阳希，2014）等网络剧作品，但因为缺乏制作经验、经费缺少等都反响平平，没有引起过多的关注。2015 年，韩国本土社交平台 Kakao Talk 也推出了流媒体平台 Kakao TV。2016 年，美国流媒体平台 Netflix 正式进驻韩国市场，Netflix 的加入对韩国的视听产业产生了较大的影响。首先，Netflix 与著名导演奉俊昊合作了电影《玉子》（*Okja*，2017），打开了韩国市场，随后又开始和韩国本土头部电视台合作，陆续买下《秘密森林》（*Stranger*，安吉镐，2017）、《机智的监狱生活》（*Prison Playbook*，申元浩，2017）等多部制作精良的韩剧版权。2019 年，Netflix 正式开始投资生产韩语剧集，并陆续推出了《王国》（*Kingdom*，金成勋，2019）、《鱿鱼游戏》（*Squid Game*，黄东赫，2021，如图 2-2 所示）、《僵尸校园》（*All of Us Are Dead*，李在奎，2022）、《黑暗荣耀》（*The Glory*，安吉镐，2022）等爆款佳作。Netflix 在韩国市场上的成功对本土平台造成了不小的冲击。2023 年，韩国应用软件分析服务商 Wiseapp Retail Goods 发布了关于韩国流媒体应用程序

1　张燕，赖缨 . 网飞在韩国参与式传播的影视实践与探索［J］. 当代电影，2022（10）：80-89.

的使用调查，调查结果显示，韩国流媒体用户数量已突破 3000万人。其中，Netflix 的用户数量为 1156 万人，以压倒性的优势超越了其他本土流媒体平台，逐渐形成垄断之势。[1]

图 2-2　网剧《鱿鱼游戏》剧照

这样的情形激发了本土流媒体平台的忧患意识，倒逼韩国视听产业整体转型和革新。事实上，从 2019 年开始，韩国本土电视台与流媒体平台就已经开始陆续发力，积极应对来势汹汹的外资平台。2019 年，韩国通信公司 SK 和韩国三大公营电视台展开合作，联手打造了流媒体平台 Wavve。Wavve 平台直接接入三大公营电视台的视听内容，在内容基础上拥有先天的优势。此外，SK 公司也为 Wavve 平台的剧集和综艺节目的开发制作提供了充足的资金和技术支持。2020 年，韩国电子商务公司 Coupang 推出了流媒体平台 Coupang Play，该平台主攻体育赛事的转播，与其他平台形成差异化的特质，并以经济实惠的订阅价格吸引了数量可观的用户群体。2022 年，通信公司 KT 旗下的流媒体平台 Seezn 宣布并入 CJ 娱乐旗下的流媒体平台 Tving，二者合力形成韩国最大的本土流媒体平台，整合既有的资金、技术与人才资源，在积极参与本土市场竞争的同时，积极进行着海外市场版图的扩张。此外，Naver TV、Kakao TV 等平台也在不断聚合自身的资源，加大对视听内容生产的投入，以维持平台的用户数量和用户黏性。在多方的持续努力之下，韩国本土流媒体平台的用户数量也在逐渐回升。2024 年 4 月，韩国本土流媒体平台 Wavve、Coupang Play、Tving 的活跃用户数量总和达到了 1057 万，占流媒体平台活跃用户数量的 67%，同比上涨 21 个百分点[2]。可见，韩国流媒体视听版图逐步形成了本土平台与外资平台势均力敌、携手并进的稳定局面。

1　李政芸. 调查：韩国 OTT 应用程序用户量超 3000 万［EB/OL］.（2023-05-20）［2025-02-18］. https://cn.yna.co.kr/view/ACK20230518002000881.
2　韩联社. 韩国本土 OTT 应用程序用户占比超过国外 OTT［EB/OL］.（2024-04-25）［2025-02-18］. https://cn.yna.co.kr/view/ACK20240425001600881.

第二节　2015—2024 年韩国视听产业重要现象

2015—2024 年，韩国的视听产业在多个方面实现了较大的突破。从产业规模来看，韩国广播影像产业[1]销售总额实现了大幅提升，从 2015 年的 160463 亿韩元[2]上升至 2022 年的 261047 亿韩元[3]。在国际影响力方面，随着《王国》《鱿鱼游戏》《黑暗荣耀》等作品火遍全球，以电视剧和综艺节目为代表的 K-Content 成为韩国文化走向世界的新标签。2015—2022 年，韩国广播影像产业的出口额从 4.78 亿美元攀升至 9.48 亿美元。尽管受新冠疫情等多重因素的影响，韩国广播影像产业的发展速度从 2020 年开始呈现出放缓的趋势，增长速率从 2015 年的 40% 降至 2022 年的 8.9%，但总体来看，韩国视听产业始终保持着稳中向好的积极发展态势。

具体而言，外资流媒体平台的进驻，以充足的资金投入和国际性的视野强力推动着韩国网络视听行业飞速发展。本土视听平台和娱乐公司的持续创新，也催生了更具有韩流特质的代表性视听内容。在此基础上，不同平台的视听内容之间也实现了经验互鉴、互通有无，产业融合的脚步加快。而 5G 技术的飞速发展也持续影响着传统视听领域，为韩流视听产业整体的转型带来了关键契机和更多元的可能性。

一、外资入局：带动网络视听生产的突飞猛进

进入 21 世纪之后，韩国本土的电视视听产业已经形成了 SBS、KBS、MBC 三大国营电视台与 tvN、JTBC、Mnet 等其他私营电视台之间良性竞争、相互促进的多元格局。然而，在 2015—2024 年，越来越多的外资流媒体平台、本土流媒体平台，以及大型娱乐公司加入了视听内容的生产与创作过程中，成为韩国视听生产的新锐力量。

1　韩国广播影像产业的销售额包括地面波广播、有线电视、卫星电视、广播电视频道节目供应业、互联网影像供应业，以及广播影像独立制造商的销量。
2　韩国文化产业振兴院发布的《2016 年韩国广播影像产业白皮书》，网址参见：https://www.kocca.kr。
3　韩国文化产业振兴院发布的《2023 年韩国广播影像产业白皮书》，网址参见：https://www.kocca.kr。

在韩国视听产业中，网络视听是增长最迅速的领域。不同于销售额规模正在减少的广播和电视市场，从 2015 年开始，网络视听内容的年销售额保持着高速增长的状态。2015 年，韩国网络视听内容的销售额为 19087 亿韩元，在广播视听市场中占比 11.6%[1]，而在 2022 年，网络视听内容的销售总额达到了 48945 亿韩元，市场占比提升至 21.8%[2]。

网络视听产业的飞速增长，毫无疑问得益于流媒体视听平台的蓬勃发展，其中，外资流媒体平台起到了至关重要的作用。2016 年，Netflix 进驻韩国。一开始，Netflix 通过购买版权的形式，将《秘密森林》《机智的监狱生活》《阳光先生》等多部制作精良的韩剧都送入其平台进行播放，以吸引本土观众，打开韩国市场。2019 年，Netfilx 正式开始独立投资，开展韩语剧集和综艺节目的制作。其首部作品《王国》获得了相当大的成功。该剧以融合东西方文化的制作思路打造看点，在韩国海内外收获了高口碑和高收视。随后，Netflix 采取跟韩国本土电视台合作和独立投资并行的方式，先后推出《爱的迫降》（*Love's Crash Landing*，李政孝，2019）、《机智的医生生活》（*Hospital Playlist*，申元浩，2020）、《甜蜜家园》（*Sweet Home*，李应福，2020）、《少年法庭》（*Juvenile Justice*，洪忠灿，2022）等多部剧集，以及《单身即地狱》（*Single's Inferno*，金在元、金娜见，2022）、《韩国 NO.1》（*Korea No.1*，郑孝敏、金仁植，2022）、《海妖的呼唤：火之岛生存战》（*Siren: Survive the Island*，李恩京等，2023）等综艺节目，都引起了不俗的反响。2021 年，由 Netflix 独立投资制作的韩剧《鱿鱼游戏》在全球爆火，成为 Netflix 历史上收看人数最多的非英语剧集。《鱿鱼游戏》的成功极大地鼓舞了 Netflix 在韩语内容上的投资和创作。Netflix 官方表示，在 2023 年往后的四年中，将投资 25 亿美元用于制作韩国剧集、电影和综艺真人秀节目，并引入 XR（Extended Reality 扩展现实）和 VP（Virtual Production 虚拟制作）等技术，提高韩语视听内容的制作水平。

同样，Disney+ 也在 2021 年进驻韩国市场，并于 2022 年投资制作了首部韩语剧集《警校菜鸟》（너와 나의 경찰수업），随后又陆续推出《赌命为王》（*Big Bet*，姜允成，2022）、《超异能族》（*Moving*，朴仁载、朴允书，2023）、《杀人者的购物中心》（*A Shop for Killers*，李权、卢圭烨，2024）等剧集和《韩星地带：逃脱任务》（*The Zone: Survival Mission*，赵孝政，2022）、《粉红

1　韩国文化产业振兴院发布的《2016 广播影像产业白皮书》，网址参见：https://www.kocca.kr/。
2　韩国文化产业振兴院发布的《2023 广播影像产业白皮书》，网址参见：https://www.kocca.kr/。

谎言》（*Pink Lie*，金仁荷，2022）等综艺节目。

以 Netflix 为代表的外资流媒体平台给韩国的视听产业生态带来了较大的影响，对上游的韩国影视内容生产形成了倒逼态势，进而全方位影响了韩国影视生产领域的内容选题、制作团队、产业生态等[1]，从多个方面推动了韩国视听内容的制作水平和国际影响力的提升。

二、本土发力：整合既有资源进行差异化内容生产

在流媒体平台视听生产崛起的同时，韩国本土流媒体平台也不甘示弱，Tving、Wavve 和 Coupang Play 三大平台各自发力，充分整合本土的资源优势，展开了更贴合韩国社会语境的视听创作。其中，Tving 的作品表现最为突出，该平台制作的《柔美的细胞小将》（*Yumi's Cells*，李尚烨，2021）、《酒鬼都市女人们》（*Work Later, Drunk Now*，金正植，2021）等剧集都改编自有一定粉丝基础的韩国漫画作品，贴合韩国的年轻观众，尤其是女性观众群体的心理状态，因此受到广泛喜爱，并且都推出了续集作品。而《女高推理班》（*Girls' high School Mystery Class*，郑中渊、林秀景，2021）、《换乘恋爱》（*Exchange*，李真妹，2021）等综艺节目也由于精准把握了当下观众的喜好，成为备受欢迎的爆款。

同样，韩国本土的各大娱乐公司也加入了视听内容的生产行列。SM、HYbE、JYP 等娱乐公司充分动用自身丰富的偶像资源，与电视台、流媒体平台展开合作，通过制作迷你剧、综艺节目、纪录片等内容的方式，全方位地打造艺人形象、维持艺人曝光度。而电视频道、流媒体平台也利用人气偶像的粉丝效应打通用户圈层，提升用户黏性，丰富其视听内容。如 2015 年，韩国娱乐公司 SM 就联合互联网公司 LINE 制作了迷你网剧《我的邻居是 EXO》（*EXO Next Door*，李权，2015）。该剧在亚洲多个国家和地区的线上平台同时播出，凭借偶像团体 EXO 的超高人气，成为韩国首部点击率破千万的网络剧。而后，WINNER、防弹少年团、SEVENTEEN 等多个偶像团体纷纷与 JTBC、tvN 等电视台合作，共同展开团队综艺的制作。而 BLACKPINK、TWICE、NCT、Red Velvet 等偶像团体则背靠娱乐公司自有的视听生产资源，将其自制的团队综艺通过 Naver TV、Wavve 等韩国本土的流媒体平台播出。

此外，为了应对新冠疫情造成的线下演艺活动停摆，韩国两大娱乐公

---

1 马瑞洁，魏东慧 . 流媒体平台的垄断危机与反垄断治理：从奈飞在韩国的扩张谈起［J］. 现代视听，2023（12）：14-21.

司——SM 和 JYP 合作推出了独立的流媒体平台 BeYond LIVE（如图 2-3 所示），专注于为全世界观众提供在线演唱会直播服务。随后，BeYond LIVE 平台通过逐步完善付费机制形成资金回路、开展更多元的演艺活动稳固粉丝群体、联动 YouTube 等大型平台突破既有的受众圈层的方式，推动"演唱会直播"形式迅速在全球韩流粉丝群体中普及。尽管随着新冠疫情形势的缓和，韩国逐渐放松限制，恢复了大规模的线下演艺活动，但"线上演唱会"这一新的观演形式及其运作平台 BeYond LIVE，仍然被作为韩国文化向外输出、娱乐公司实现收益转化的重要手段保留了下来，并且受到世界各地韩流粉丝群体的喜爱。如今，除了进行演唱会直播，BeYond LIVE 还提供偶像见面会等多种视听内容的直播和回放服务，韩流音乐演艺也因此逐渐成为 K-Content 的重要组成部分。

图 2-3　BeYond LIVE 平台演唱会直播剧照

　　本土平台和娱乐公司等主体的不断发力，将带动韩国视听产业更充分地整合既有资源，发挥自身优势，展开差异化创作，打造出更具"韩国特质"的视听内容。

三、全产业开发：视听内容的媒介融合与跨界发展

　　在电视视听内容创作模式趋于固定，网络视听飞速发展的过程中，韩国视听创作产业出现了明显的媒介融合趋势。早在 2015 年，由 MBC 制作的综艺《我的小电视》（*My Little Television*，朴振京、李在石，2015）就将电视

节目与互联网直播技术进行了充分结合，该节目以明星们的网络直播为主要内容。利用直播技术革新丰富传统电视媒介的节目内容，并且通过电视平台，对未被广泛接受的网络直播技术进行了有力推广。随后，"网络直播"这一形式被越来越多的综艺节目所采用，*Super TV*（全明铉，2018）、《新西游记第八季》（*New Journey to the West Season 8*，罗暎锡，2020）等节目都多次将"网络直播"作为嘉宾的任务，以游戏的形式融合两种媒介的优势，实现互通有无。

除了不同技术平台之间的跨界融合，近年来，韩国视听产业在内容层面也掀起了跨界融合的风潮，这主要表现在电视剧和综艺节目之间。2015年，由申元浩导演的电视剧作品《请回答1988》（*Reply 1988*，申元浩，2015）在tvN播出，引起了强烈反响。完播之后，为了延续剧集创下的超高人气，tvN再度邀请剧中的主要演员一同前往非洲拍摄了旅行综艺《花样青春：非洲篇》（*Youth Over Flowers: Africa*，罗暎锡，2016）。该节目也收获了意料之内的成功，很好地延续了《请回答1988》的高人气和话题度。随后，同样出自申元浩之手的剧集《机智的医生生活》也在完播之后，进行了衍生综艺《机智的山村生活》（*Three Meals a Day: Doctors*，罗暎锡，2021）的制作。而《顶楼》（*The Penthouse: War in Life*，朱东民，2020）、《酒鬼都市女人们》等话题之作也都纷纷效仿这样的模式，邀请剧集的主要演员参与衍生综艺节目的制作，以延续作品的人气，实现热度转化。这些综艺节目在制作过程中，仍会有意保留与剧集内容相关的元素或设定，从本质上来说，是在假借着"综艺"的情境，持续进行剧集角色的扮演，对剧集内容进行跨媒介延伸。综艺节目因此成为帮助剧集延续热度、满足粉丝需求的重要"售后服务"形式，其创作理念、形式边界也得到拓展。

此外，越来越多的视听节目都在不断地跨界探索，发掘"屏幕之外"的多重可能性。2015年7月，JTBC电视台制作的语言类节目《非首脑会谈》（*Non-Summit*，尹贤俊等，2014）被改编成了漫画，登录PIKCAST、Naver TV Cast等韩国本土网络平台。JTBC还表示，有意对《魔女狩猎》（마녀사냥/*Witch Hunt*，蔡成旭等，2013）、《拜托了冰箱》（*Please Take Care of My Refrigerator*，李昌宇等，2014）等人气综艺都进行漫画改编。而"新西游记"系列节目更是将综艺节目的全产业开发做到了极致。该节目不仅围绕其主线节目为每个演出人员都衍生出了专属的个人综艺，还不断地开发着其他类型的文化产品，如专属的音乐单曲*Pat Pat*、IP卡通形象及实体衍生周边等。如今，"新西游记"系列节目已经不单单是一档备受欢迎的现象级综艺节目，而是逐渐成为横跨多种媒介、涉及多个产业的重要流行文化IP。

四、技术赋能：5G 带动视听产业的多维革新

作为通信技术强国，韩国对于 5G 技术的开发和应用走在世界前列。2014年，韩国三星电子率先宣布展开 5G 技术的开发。2019 年，韩国正式宣布开始为 5G 用户办理入网手续，成为首个实现 5G 商用的国家 [1]。

5G 技术的发展首先影响的是传统电视和广播行业。早在 2018 年，韩国通信公司 SK 就开始与 SBS、KBS、MBC 三大电视台合作，联合开发基于 5G 和 4K 技术的直播系统，并以体育赛事和其他大型活动的实时转播试点，逐步推动 5G 技术在电视视听领域的应用。依托 5G 通信无延迟、高速传输的特性，转播能将延时误差控制在毫秒以内，实现最大限度的同步播出。因此，5G 技术很快就被视听领域接纳，并逐渐普及到多个视听平台中。2019 年 3 月，SBS 电视台的新闻节目 *Morning Wide* 开始通过 5G 进行直播，成为韩国第一个利用 5G 技术进行直播的节目。2019 年 5 月，SK 公司与韩国本土流媒体平台 Oksusu 合作，利用 5G 对韩国职业高尔夫锦标赛进行了直播，并在直播基础上推出了特别节目 *SK Telecom Open 2019*。而后，棒球、电竞等其他体育赛事和偶像演艺等活动也都纷纷搭载 5G 技术，以达成实时同步直播的效果。

除了以高传输速度达成直播的实时共享，5G 与 VR/AR 等技术的结合也大有可为。5G 的高速率能有效提升全景视频的分辨率和码率，一定程度上解决了现阶段 VR/AR 技术中的时延漏洞，从而提供更清晰、流畅的观看体验。韩国各大通信运营商在围绕 5G 技术展开谋篇布局时，涉及大量的对虚拟现实技术的设计和应用。因此，各大运营商在提供 5G 服务时，也在大力进行 VR 眼镜等可穿戴观看设备的推广，以便其用户更好地享受与 5G 相关的新兴视听服务。如通信公司 KT 推出的 5G 应用程序 GiGA Live TV，就为其用户提供了大量的 VR 体育、音乐、综艺、戏剧节目和游戏内容。而通信公司 LGU⁺ 则将 VR 技术与偶像文化充分结合，在其推出的 5G 应用 U+DIVE 中，为用户提供与偶像明星在虚拟现实场景中进行交流的服务。SK 公司围绕 5G 布局了全面的视听娱乐体系，不仅为其用户提供丰富的 VR 视听内容，还提供 AR 拍摄服务，鼓励用户自主生产新的视听影像。这些以 5G 为基础的新功能，不仅直接改变了观众对视听内容的使用方式和使用场景，而且潜移默化地影响着观众的视觉习惯和媒介使用习惯。在未来，由 5G 引领的虚拟现实、增强现实等技

1　殷乐.日韩 5G 发展在广电领域的应用［J］.中国广播电视学刊，2020（6）：24-27.

术必将渗透技术发展和日常生活的方方面面，也势必会带动韩国视听生产的转型，引领整个视听行业的革命。

第三节　2015—2024 年韩国视听内容创作概况

2015 年以来，韩国视听内容创作数量不断增长，作品质量保持稳定，内容创新度逐渐加强，几乎每年都有现象级的作品涌现。尤其是在 2019 年以后，流媒体平台内容生产崛起，为韩国视听产业引入了更新锐的技术眼光和更国际化的创制思路，打开了视听创作更广阔的版图，使之呈现出兼收并蓄、百花齐放的多元格局。在此基础上，以韩剧、韩综为代表的韩国视听内容不仅呈现出题材内容的丰富和艺术水准的跃升，而且在全球市场中不断提升着影响力和话语权。

一、影视剧集的多维发展

一直以来，韩剧都是韩国文化输出的主力军。韩剧风靡亚洲的背后，有精湛的制作技术、独特的创意思路和丰富的人才资源作为支撑。而 2015 年之后的韩剧创作，在保留了上述长项的同时，还融入了更国际化、包容性的眼光和更具人文意识的现实化表达。这些特质带领韩国影视剧集不断从横向拓展着内容题材，从纵向加深着思想深度，从而实现了多维度的发展和进步。

1. 电视剧集：以现实取向彰显人文色彩

尽管《蓝色生死恋》等代表性作品曾一度在亚洲地区掀起万人空巷、争相追捧的风潮，但韩剧还是因其高度同质化的俊男美女恋爱故事和脱离实际、过度煽情的创作定式而受到一定的诟病。纵观近年来的韩剧创作，这样的创作取向已一去不复返，取而代之的是众多影射社会现实、寄托人文情怀、具有思想深度的剧集作品。尤其是由 SBS、JTBC、tvN 等电视台制作的剧集，不仅充分关注现实议题、从真实事件中取材，还显示出了浓厚的人文关怀色彩。

例如，在 OCN 制作的《特殊失踪专案组：失踪的黑色 M》（*Missing Noir M*，李胜英，2015），tvN 制作的《秘密森林》、*Live*（金奎泰，2018），JTBC 制作的《辅佐官：改变世界的人们》（*The Aide: People Make the World Go Round*，郭政焕，2019），MBC 制作的《检法男女》（*Partners for Justice*，卢道哲，2018）等电视剧作品中，不乏大量取材于现实的内容，以强烈的批判性和反思性完成了对社会阴暗面的揭露和对现实境遇的反思。

而 SBS 制作的《被告人》（*Innocent Defendant*，赵英光、郑东允，2017）、tvN 播出的《虽然是精神病但没关系》（朴信宇，2020）、ENA 电视台制作的《非常律师禹英禑》（*Extraordinary Attorney Woo*，刘仁植，2022）等剧集则将目光聚焦于精神病患者、孤独症患者等社会边缘群体，以细腻温柔的笔触刻画出饱满、立体的真实边缘人物形象，打破了以往对此类人群的刻板化甚至污名化的印象，引导观众展开对其生存境遇的关注。

随着韩国女性意识的觉醒和平权运动的兴起，大量反映女性独立思想、展现女性发展诉求的剧集涌现出来。JTBC 制作的《浪漫的体质》（*Be Melodramatic*，李炳宪、金惠英，2019）、tvN 制作的《请输入搜索词：WWW》（*Search: WWW*，郑志贤，2019）等作品以青年女性的职场奋斗为主线，全方位刻画了女性在能力、情感及精神上的成长。同样由 JTBC 制作的《医生车智淑》（*Doctor Cha*，金大镇、金正旭，2023）等作品更是关注了中年女性的自我意识觉醒，通过全职家庭主妇重回职场的故事，展开对于家庭分工、母职身份等多重女性困境的深入思考和探讨。

面对老龄化的社会现实，tvN 还制作了两部聚焦"银发群体"的剧集：《我亲爱的朋友们》（*Dear My Friends*，2016）和《世上最美丽的离别》（*The Most Beautiful Goodbye*，2017）。这两部作品都由著名导演洪忠灿（Hong Jong-chan）执导、卢熙京（Noh Hee-kyung）编剧，展开对老年生活状态和心理世界的细腻描绘。在以真挚的友情、动人的亲情治愈人心的同时，也在社会层面掀起了关于养老问题的讨论，带动着社会整体对于老年人的精神关怀、福利政策等多个方面的关注。

同时，韩剧创作传统中重视家庭伦理、重视情感表达和微观细节打造等优势依然得到了很好的延续和保留。除了上述诸多针砭时弊、反映现实的批判之作，仍然有许多注重情感的渲染表达、带有韩国传统文化气质的作品。其中最具代表性的当数著名电视剧导演申元浩和金牌编剧李祐汀合作完成的"请回答"系列[1]。该系列剧集在温馨的家庭生活和甜蜜懵懂的恋爱情节中寄托了对青春的怀念，以怀旧、复古的画风和内容再次引爆韩剧的热潮，不仅在韩国本土创造了 21.6% 的收视率，打破了自 1995 年以来，韩国有线电视台的最高收视纪录，而且在亚洲地区引起了广泛讨论和关注，不断更新外国观

---

1 分别是《请回答 1997》（*Reply 1997*，申元浩，2012）、《请回答 1994》（*Reply 1994*，申元浩，2013）、《请回答 1988》（*Reply 1998*，申元浩，2015）。

众对于韩剧的认知和印象。

2. 网络剧集：以创新表达拓宽题材类型

相较于电视剧集，流媒体平台上的网络剧集有更宽松的审查机制和更自由的创作氛围，因而得以触及更多元的主题。在 Netflix 进驻以前，韩国本土视频网站 Naver TV 就推出过部分网剧作品。其中，最受欢迎的当数《暧昧男子》（*The Boy Next Door*，崔哉玩，2017）、《兄弟今天也很和睦》（*We Are Peaceful Brothers*，孙胜熙，2017），以及《大势的百合》（*Lily Fever*，尹成浩，2015）等。这些剧对于多元性别议题的表述仍然相对保守，较少直接点破同性恋身份或有大尺度戏份，大多带有情景喜剧和校园剧的元素，主打甜蜜浪漫的氛围，并凭借貌美的演员、引人遐想的剧情，在韩国本土收获了较高的点击量。随后，《你的目光所及之处》（*Where Your Eyes Linger*，黄大瑟，2020）、《语义错误》（*Semantic Error*，金秀正，2022）等作品都更直接地涉及了 LGBT+ 群体的情感表达和真实处境。2024 年，Tving 还推出了探讨两性情感与婚姻困境的剧集《好久没做》（*Long Time No Sex*，全高云、任大炯，2024），以大胆直接的处理和对两性关系的犀利探讨赢得了良好的口碑。

此外，由 Netflix 制作的"王国"系列、《僵尸校园》、《甜蜜家园》、《末日愚者》（*Goodbye Earth*，金镇民，2024），Tving 制作的《怪异》（*Monstrous*，张建宰，2022）、《放学后战争活动》（*Duty After School*，成容日，2023）都在灾难类型的框架之下，涉及末世、丧尸等以往韩剧中鲜见的元素，填补了韩剧在该题材领域中的空缺。而 Netflix 制作的《鱿鱼游戏》、《炸鸡块奇遇记》（*Chicken Nugget*，李炳宪，2024），Tving 制作的《死期将至》（*Death's Game*，河秉勋，2023），Disney+ 制作的《超异能族》等剧集也将好莱坞电影中常见的超级英雄、死而复生等超脱现实的奇幻设定与韩国本土的饮食文化、流行文化元素相结合，迸发出了令人惊喜的表现效果，受到全球范围内观众的喜爱。

网络剧集的创新探索，带领韩剧扩充了未曾涉及的题材版图。尽管丧尸、超级英雄等元素的加入，在一定程度上让渡了传统的"韩剧气质"，使得这些作品带有明显的迎合海外观众的倾向，但也正是因为这些具有国际普适性元素的加入，才使得以韩剧为代表的 K-Content 在国际市场上受到越来越多的关注和青睐，从而为韩国视听内容的海外输出打开了重要通道。

3. 改编翻拍：以知名海外作品为基点本土化表达

在电视剧集和网络剧集的发展齐头并进的背景下，韩剧收视率的强竞争性也让各大电视台放眼海外的优秀剧作，并从其他国家的作品中汲取灵感和经验。尤其是随着近年来中国国产剧质量渐佳、精品剧频出、海外知名度的提升，韩剧也开始充分借鉴中国的优质剧集，中国国产剧与韩剧之间单向输出的关系被逐渐打破。

事实上，早在此前，韩国就对《命中注定我爱你》（陈铭章，2008）、《我可能不会爱你》（翟友宁，2011）等大热的中国台湾偶像剧集进行过翻拍改编[1]，但因为本土化程度欠缺，这几部作品都反响平平，表现差强人意。从2016年开始，韩剧翻拍中国电视剧的数量逐年上升，且题材更加开放，不再局限于单一的青春偶像剧。如2016年SBS将中国电视剧《步步惊心》（李国立，2011）翻拍为《步步惊心·丽》（*Moon Lovers: Scarlet Heart Ryeo*，金奎泰，2016），取得了较大成功。韩方还表示，有意对《三十而已》（张晓波，2020）、《沉默的真相》（陈奕甫，2020）等多部优秀中国国产剧集进行翻拍。

此外，近年来还有诸多高口碑的电视剧集是来自对英剧、西班牙剧的翻拍。如2018年ONC制作的电视剧《火星生活》（*Life On Mars*，李政孝，2018）翻拍自同名英剧（*Life on Mars*，约翰·亚历山大等，2006），2020年JTBC推出的剧集《夫妻的世界》也翻拍自英国电视剧《福斯特医生》（*Doctor Forest*，汤姆·沃恩，2015）。同样，流媒体平台的剧集生产也在充分借鉴着优秀的外来作品。如Coupang Play制作的《某一天》（*One Ordinary Day*，李明佑，2021）翻拍自英国剧集《司法正义》（*Criminal Justice*，奥图·巴瑟赫斯特等，2008），Netflix制作的《纸钞屋》（종이의집，2022）则改编自同名西班牙剧（*La Casa de Papel*，阿莱克斯·皮纳等，2017）。

在广泛向外国优秀作品取材、丰富本土创作的同时，韩剧始终坚持外来元素与本土化表达相结合的创作原则，在既有的叙事框架中充分融入韩国社会的现实背景和文化表达，这是翻拍/改编的剧集始终能焕发独特魅力、收获观众认可的重要原因。

二、综艺节目的传承与创新

随着制作技术的进步与观众需求的增加，韩国综艺节目的内容创作也在进行着持续创新与开拓。传统综艺节目尝试从舞美背景、摄影技术等层面进行革

---

1 翻拍后的剧集分别是《命运一样爱着你》（*Fated to Love You*，李东允、金熙媛，2014，改编自《命中注定我爱你》）、《爱你的时间》（*The Time We Were Not in Love*，赵秀沅，2015，改编自《我可能不会爱你》）。

新，"慢综艺""恋爱综艺""偶像选秀综艺"等节目形式的流行和突破也为韩国综艺版图增添了新色彩。总而言之，"类型丰富多样，传统与创新并行"是近年来韩国综艺创作的重要特色。

1. 音乐歌谣类节目的长盛不衰

音乐歌谣类综艺节目在韩国有着很长的历史渊源，在20世纪60年代，音乐歌谣类节目 Show Show Show 曾受到观众广泛的追捧和喜爱，一度成为TBC电视的当家之作。而近年来，比起对大众歌迷的吸引，音乐歌谣类节目更加受到韩流偶像团体粉丝的青睐。

韩国现共有六个固定的音乐歌谣类节目，分别是SBS制作的《人气歌谣》、The Show（李明恩等，2014），MBC制作的 Show Champion（金南熙等，2012）、《Show! 音乐中心》（Show! Music Core，卢时勇等，2005），Mnet制作的 M! Countdown（申裕善等，2004），KBS制作的《音乐银行》。这些节目从每周二到每周日轮流播出，为韩国的歌手艺人、偶像组合提供了重要的宣传舞台。每当韩流偶像们发布新专辑时，都会前往这些音乐节目进行"打歌"，通过现场唱跳表演的方式，为粉丝们呈现自己的音乐作品和舞台表演，粉丝也可以通过现场、互联网投票等多种投票方式来支持自己的偶像。随着互联网音乐软件的流行，各大音乐节目也开始和 Melon、Genie、Spotify 等音乐软件进行联动，综合各个歌曲的收听量、粉丝现场投票等因素评选出每周的音乐表演第一名。偶像团体在音乐歌谣类节目上的表现，已经成为其实力与人气的重要证明。

作为 K-pop 的重要推广途径，各大音乐节目制作团队始终在为了呈现出更好的舞台效果而不断努力，从舞台的美术布景、服装造型到摄影、录音等各个方面都下足了功夫。在音乐节目中，摄影师常常需要跟随歌手的舞步一起移动，配合舞美、音效等进行实时拍摄，节目中常会出现类似于音乐电影中"一镜到底"效果的舞台视频，极大地提升了演出的视觉效果。同时，为了让更多的观众看到这些表演，推动 K-pop 流行音乐走向世界，各大音乐节目也开始与互联网视频平台联动，将各个偶像组合的舞台表演、单人直拍等多形式的视频内容上传到 YouTube、Naver 等平台上，以便世界各地的粉丝和观众欣赏观看。

2. "慢综艺"节目的兴起

"慢综艺"是近几年在韩国兴起的一种新综艺形式——以情景体验为主题创作节目，往往会与美食、旅行等主题相结合。比起传统综艺节目，"慢综艺"节目中游戏闯关环节设置少，且难度小、竞技性弱，甚至很多时候，"慢综艺"的主要内容就是让综艺演员们回归最质朴的生活状态，如自己生火做饭、享受美食、悠闲生活，罗暎锡导演自 2014 年起制作的节目"三时三餐"系列和《孝利家民宿》（*Hyori's Bed and Breakfast*，郑孝敏，2017）就是近年来最具有代表性的"慢综艺"作品。

"慢综艺"最大的特点就是生活化与细节化。在整体剪辑上，"慢综艺"遵循"线性叙事"，通过近似纪录片的手法，以舒缓的叙事节奏真实、完整地展现综艺演员的日常生活状态。《孝利家民宿》、《三时三餐　渔村篇》（*Three Meals a Day: Fishing Village*，罗暎锡，2015）等节目的主要内容都是平淡的生活场景，参演嘉宾们一起打扫屋子、做饭洗碗、聊天休息，鲜有游戏环节设置，也没有刻意制造的戏剧性效果。同样，"慢综艺"对细节的呈现也较为考究。在《花样青春：非洲篇》、《尹食堂》（罗暎锡、李真姝，2017）、《街头美食斗士》（*Street Food Fighter*，朴熙妍，2018）等节目中，美食制作与品鉴、风光浏览是最重要的节目内容。制作组在拍摄过程中，十分注重对于美食制作过程、当地风土人情等细节的记录，通常都以大量的篇幅进行呈现。

"慢综艺"是对韩国传统以游戏、竞猜为主的综艺节目的一大突破，它看似缺失了以往竞技类综艺中刺激、搞笑的元素，但却在平淡中流露出了悠闲、精致的生活美感。在快节奏生活时代记录"慢生活"，呼吁观众回归生活本质、关注生活状态，以温馨质朴的节目内容感染着观众、治愈着观众。同时，"慢综艺"也对韩国的家常美食、乡村生活和自然风光等多样化的本土文化资源展开了细腻的挖掘和刻画，巧妙地达成了对韩国本土文化的宣传推广。

3. 恋爱综艺节目的变迁

恋爱类综艺是韩国综艺节目中比较新奇的形式。2004—2006 年 SBS 推出的综艺节目《情书》以"男女明星速配"的形式开启了韩国恋爱类综艺的先河。2008 年，MBC 制作的《我们结婚了》（*We Got Married*，宣惠润、朴昌勋，2008），则以"假想结婚"为卖点，将恋爱类综艺节目推上了巅峰，引起了亚洲地区观众的广泛关注和追捧。而 2017 年 tvN 制作的综艺节目《新婚日记》（*Newlyweds Diary*，罗暎锡、李宇亨，2017）则将韩国传统的恋爱类综艺引向了新的方向。

《情书》和《我们结婚了》等早期恋爱综艺实际上是偶像明星进行恋爱剧本扮演，和传统的偶像剧没有本质上的区别。而《新婚日记》则打破了这种假想和设计，以现实生活中的明星夫妇为拍摄对象，通过跟拍的形式来展现新婚夫妇甜蜜的生活状况。《新婚日记》比起以往的恋爱类综艺，最大的特点就是真实。节目中不仅仅有甜蜜的恋爱场景，也记录了明星夫妇在真实的生活中面临的摩擦与争吵。比起童话式的爱情想象，《新婚日记》更客观地展现出了婚姻和爱情的真实样貌。不论是对于正在经营感情关系的青年男女，还是对于爱情充满期待的青少年观众，都是更为正向的引导。

此外，*Heart Signal Season 2*（李振民等，2018）、《换乘恋爱》、《恋爱兄妹》（*My Sibling's Romance*，李真妹，2024）等综艺一反传统的"王子与公主"的明星爱情模式，转而开始关注素人的恋爱情况。这些节目通常分为"素人恋爱现场"和"明星演播室点评"两个不同的场景，采取素人与明星相结合的方式，兼顾了对普通人恋爱现实的呈现和对明星效应的利用。Netflix 制作的《单身即地狱》还将"恋爱综艺"与"探险综艺"结合起来，大胆突破了传统恋爱综艺的框架，展开全新的尝试。可见，近年来恋爱综艺节目已经不再拘泥于对于传统恋爱关系的呈现，而是在既有元素的基础上逐渐加入比赛、竞猜、脱口秀等多种内容，以更加多样的形式突破固有圈层，吸引不同的受众群体。

4. 选秀类综艺节目的造星力量

从 2016 年开始，偶像选拔类综艺节目逐渐兴起，选秀类综艺节目成为打造韩流偶像的重要力量。由 Mnet 制作的选秀综艺 *PROUDCE101*（安俊英，2016，如图 2-4 所示）引起了巨大轰动。该节目集结了来自不同公司的 100 多位练习生，经过三个月的封闭训练，最终选拔出 11 名优秀的选手组成偶像团体，展开为期两年的团体活动。经过四季的录制，"PRODUCE"系列节目形成一套从偶像的选拔、培养到宣发完备的体系，也打造出了 I.O.I、WANNA ONE、IZ*ONE 等人气韩流偶像组合，增强了韩流偶像文化在世界范围的影响力。但在 2019 年，由于票数造假的丑闻，"PRODUCE"系列节目被迫终止了后续制作，并解散了在第四季中新成立的组合 X1。除去 Mnet 电视台，各大娱乐公司也在推出自己的选秀节目。著名娱乐公司 YG Entertainment 在 2018 年推出了选秀节目《YG 宝石盒》（*Yg Treasure Box*，梁铉锡），并将节目优胜选手组合成了男团 TREASURE。大势韩流偶像组合防弹少年团的所属公司 HYBE 和 CJE&M 于 2020 年合作推出了选秀节目 *I-LAND*（金信英，郑民硕），为该公司的偶像组合储备人才。

此外，选秀类节目不仅没有局限于选拔传统的唱跳新秀，还将眼光转向了其他音乐类型。如 2017 年 Mnet 电视台推出了面向青年的嘻哈音乐选秀节目《高校 Rapper》（*High School Rapper*，黄圣浩、全智贤等），2019 年 JTBC 电视台推出的音乐选秀节目《超级乐队》（*Super Band*，金亨中等），将嘻哈音乐、摇滚乐、古典乐等对于韩国观众来说相对小众的音乐类型引入了大众视野，不仅丰富了选秀节目的样式，也为韩流音乐的创作选拔出了难得的新生力量。而 *MR.Trot*（孙智瑟等，2020）等节目则将受中老年观众群体喜爱的韩国民歌演唱与选秀比赛相结合，在引发中老年观众群体热情的同时，推动了韩流偶像文化向高年龄层蔓延，掀起了全民"追星"风潮。

图 2-4　综艺节目 *PRODUCE101*　第二季剧照

第四节　2015—2024 年韩国代表性视听内容分析

近年来韩剧类型呈现多元化创作趋势，尤其是跳脱出单纯"娱乐大众"的创作主旨，加入了编导们对于社会和人性的反思，切合本土当下的关注话题和舆论导向，并且视听语言和文化表达都在向成熟的韩影工业靠拢。以《新西游记》为代表的韩综在近几年不断转型，不断完成跨平台创作与 IP 衍生，为亚洲乃至世界各国综艺节目的创意生产和产业开发提供了宝贵的经验借鉴。

一、奈飞韩剧的现象级打造和题材杂糅

奈飞的加入一方面带来韩剧本土市场不可比拟的资金、流量，让韩剧市场得以坐拥全球观众基础，另一方面则在短短 5 年内（2019—2024）迅速开辟

出一套趋同的创作道路，这虽有利于韩剧工业化发展，但对于未来的创作也是一把双刃剑。

1. 主题紧扣社会热度话题

随着韩剧的不断转型，近年来涌现了大量根据真实事件改编或来自新闻事件的剧作，积极地对国民现状和社会心理进行观照，在剧情中解构政府丑闻或社会问题或请愿运动等，隐含了创作者对于社会困境的思考与呼吁。其中，最具有代表性的是"秘密森林"系列两季作品，大胆地探讨了韩国当局政府和政治体系，以其精巧的剧作结构和精湛的演员演技，成为近年间最具戏剧张力和现实表现力的电视剧佳作。

除此之外，备受韩国社会关注的校园霸凌也成为重要的创作题材。在奈飞平台创下长达 5 周于非英语系列收视冠军的《黑暗荣耀》由《秘密森林》的导演安吉镐执导，《孤单又灿烂的神——鬼怪》（*The Lonely and Great God*，李应福，2016）的编剧金银淑执笔，宋慧乔强势回归担当女主。这个主创阵容就自带流量。该剧除了聚焦校园霸凌的社会问题，更多的笔墨是放在女主角在受尽欺辱后是如何计划和实施复仇的。故事开头着重刻画女主在校园时期被霸凌的悲惨和历经磨难终于开启复仇之路的艰辛，为的就是让观众快速和女主共情。而最后女主能凭一己之力，在阶级固化和贫富差距的社会背景下，挑战作为社会地位和财富实力均远高于她的施暴者，也成了韩国观众的情绪出口。由于第一季收视火爆，奈飞迅速续订第二季并制作播出。

和韩国电影题材趋于杂糅一样，韩剧也呈现相同的趋势。《黑暗荣耀》有着古早韩剧"玛丽苏"的内核，比如，偶遇了同有复仇计划的男主，两个人互相扶持和帮助，彼此相爱却又极限拉扯。这些都成为复仇主题的调味品，也能让观众忽略这些早已过时的韩剧创作套路。

2. 网络漫画改编成创作新趋势

《杀人者的难堪》（*A Killer Paradox*，李昌熙，2024）是 2024 年最具代表性的爆款韩剧，上线 2 天便拿下奈飞 11 个地区的收视冠军。剧集改编自同名网络漫画，以"罪与罚"为主题。讲述了一个普通大学生意外成为连环杀手后，与一名铁面刑警展开一场刺激的追逐游戏的故事。双男主设定加上不断反转的剧情，使得整部剧观赏性极强。

同样改编自热门网络漫画的还有《地狱公使》（*Hellbound*，延相昊，2021）、《甜蜜家园》、《僵尸校园》。《地狱公使》由《釜山行》《地狱》的导演延相昊执导。讲述了突然出现的地狱使者将人们判入地狱的超自然现象、在混乱中成立的宗教组织，以及试图揭开事件真相的人们交织在一起的故事。《甜蜜家园》讲述了在末日降临后，居民与象征人心欲望的怪物展开殊死搏斗的故事。该剧分别在 2023 年和 2024 年播出了第二季和第三季。《僵尸校园》巧妙地将僵尸题材与校园背景相结合，上线第一天，即获全球 25 个地区 Netflix 热门排行榜冠军。开播一周，即在 46 个地区取得排行榜第一名的收视成绩。

这几部剧的共同特点是漫画原作人气高，有更强的观众黏性，开播前也更好地增加了话题度。题材和内容上与传统韩剧大相径庭，尤其是末日题材和僵尸题材的加入突破了都市剧的创作局限，融入了科幻色彩。

3. 限制级的视听冲击

奈飞韩剧作品里最具代表性的《鱿鱼游戏》是奈飞现象级原创韩剧作品，上线四周就有 1.4 亿全球用户观看，打破了奈飞的观看纪录。"生死游戏"的剧情设置及对人性黑暗的刻画，成功地使该剧在全球掀起热潮，成为奈飞非英语系列全球点播冠军，并保持长达 9 周。《鱿鱼游戏》中出现了大量血腥和暴力的镜头，惊悚元素是最抓人眼球的特征。第一季的成功使得《鱿鱼游戏》接连续订两季，第二季已于 2024 年播出，第三季拟定于 2025 年播出。因其火爆流量和游戏性，衍生出品了《鱿鱼游戏：挑战赛》（*Squid Game: The Challenge*，2023）。

奈飞作为流媒体平台更加推动了限制级韩剧的创作和播放，僵尸题材不再属于院线电影，也成为近几年韩剧创作的重心之一。《王国》第一季的成功助其续订了 2020 年播出的第二季和预计在 2024 年播出的第三季。《僵尸校园》剧集的僵尸漫画原作《极度恐慌》与《甜蜜家园》、《生命中的每一个瞬间》并称为"韩国三大僵尸漫画 IP"。这两部剧的共同特点就是僵尸题材与其他题材的杂糅，前者是与古装，后者是与校园。这都突破了传统韩剧的创作，并成为成功的尝试。

二、《新西游记》及其衍生综艺节目

《新西游记》是由韩国金牌制作人罗暎锡制作的旅行类综艺。该节目首播于 2015 年，至今已制作了八季。在长达六年的拍摄与播出过程中，《新西游记》的编创团队摸索出了一套成熟的创作模式，形成了独具特色的"新西游记式"搞笑和治愈风格，并且以《新西游记》的主要演出人员为中心，陆续衍生出了《花样青春 Winner 篇》（*Youth Over Flowers: Australia*，罗暎锡、申孝静，2017）、《姜食堂》（*Kang's Kitchen*，罗暎锡，2017）、《麻浦帅小伙》

（*Mapohipster*，罗暎锡、朴贤勇，2020）等综艺节目。在《新西游记》的播出时间里，韩国视听产业发生了从以电视视听为中心到以流媒体视听为主导的转向，而《新西游记》也在这场变革中不断改变着自身的内容题材、创作风格和播出平台，并逐渐受到越来越多的关注和喜爱，甚至在亚洲多个地区引起了较大的热议。

1.跨平台的创作：从网络综艺到电视综艺再到网络综艺

《新西游记》的第一季于2015年首播。首播时，该节目的主要演出人员姜虎东、李寿根、殷志源等人分别因个人税务、家庭变故等问题，面临着公众舆论的压力和演艺事业的瓶颈。因此，《新西游记》没有选择在电视平台播出，而是转向了韩国本土网络视频平台NAVER TV。这一无奈之举让《新西游记》成为韩国第一部仅通过网络平台播出的综艺节目，开创了韩国互联网综艺节目的先河。在首播之时，制作团队将节目剪辑成了十分钟一集的短综艺，以碎片化的形式来配合互联网用户的媒介使用习惯。但《新西游记》的网络播出情况远超预期，开播一个月后，网络收看量突破了4200万。网络平台的成功使得制作组和电视台都收获了信心。2016年4月《新西游记》被召回电视平台，经重新剪辑后在韩国的付费电视频道tvN正式播出。这个原本只准备拍摄一季的节目也因此得以保留。从2017年开始以正式的电视节目形式继续制作，并保持着超高的国民关注度，成为tvN电视台的王牌节目之一。

《新西游记》播出时期正值韩国流媒体平台视听内容生产的崛起。在此背景之下，《新西游记》制作组也在不断调整自身的制播形式，以适应不断变化的市场环境和观众需求。2019年，制作组在YouTube平台上开设了官方账号"Channel十五夜"，将之作为《新西游记》综艺节目的网上宣传途径，以扩大节目的影响力。随后《去冰岛的三餐》（*Three Meals a Day: Three Meals in Iceland*，罗暎锡、申孝静，2019）、《煮面男》（*The Ramyeonator*，罗暎锡、梁正宇，2019）、《麻浦帅小伙》等衍生节目，选择了电视频道与网络平台联动的形式，在电视频道播出精编版，完整版转至网络平台播放。2021年制作的《春季露营》（*Spring Camp*，罗暎锡、朴贤勇，2021）等节目更是直接选择了登录Tving等韩国本土的流媒体平台，不再通过电视频道播出。在这个过程中，制作组对于网络综艺的认知在不断转变。《新西游记》网络版本的时长，也从一开始每集仅10分钟左右，到后续平均长度超40分钟。可以看出，网络综艺不再是退而求其次的备用选择，而是成了更能匹配当下观众需求的节目形式。也正是这种灵活变动的制播形式、愈发精准的平台定位和不断丰富的节目内容造就了《新西游记》的备受追捧和长盛不衰。

2. 多元题材与 IP 开发

《新西游记》很好地继承了 20 世纪 60—70 年代韩国综艺节目中的搞笑娱乐传统，"娱乐性强"是这一节目的最大特色。在《新西游记》中，综艺演员需要穿上特制的服装，装扮成各式各样的动漫人物，夸张的妆容和浮夸的服饰让综艺演员褪去了明星、偶像的光环，呈现出令人忍俊不禁的视觉效果，配合着巧妙的游戏和竞猜环节设置，一同构成喜剧效果的重要来源。

但《新西游记》（如图 2-5 所示）的衍生节目却没有止步于传统的无厘头搞笑，而是涉猎了更丰富的题材和更多元的风格。如 2020 年 2 月开始播出的微综艺《麻浦帅小伙》以服装和时尚为主题，通过服装搭配游戏的形式来展现年轻人的时尚理念和韩流服饰的魅力。《煮面男》、《李食堂》（*Lee's Kitchen Alone*，罗暎锡、梁正宇，2020）这两档节目从韩国的日常饮食入手，详细介绍了韩国的国民食物"拉面"的各式吃法，以及多种韩式家常菜的做法。《肩膀舞要跳到什么时候》（*Things That Make Me Groove*，罗暎锡、赵恩珍，2020）将镜头对准了韩国的"酒文化"，主要介绍韩国的餐桌礼仪与酒桌菜肴。而在《三食四餐》（*Three Meals a Day for 4 people*，罗暎锡、申孝静，2020）、《春季露营》等衍生节目中，制作组更是直接放弃了对于游戏环节的设置，让嘉宾们回归日常生活，在简单的做饭、休憩、闲聊等环节中，制造温情治愈的氛围，还原理想化的"慢生活"状态，以满足观众对于简单生活的美好想象。

图 2-5　综艺节目《新西游记》剧照

在进行多元的节目风格的探索之余，《新西游记》制作组还广泛地尝试推出综艺主题音乐作品、文创周边等多种跨媒介内容。制作组有意识地将《新西游记》作为一个 IP 进行全方位地打造和运营。从《新西游记》第一季开始，节目组就设计了一个卡通的吉祥物"神妙汉"，而在后续的衍生节目中，由"神妙汉"这一初始的形象，不断地衍生出其他的卡通形象。这些卡通形象在综艺节目中除了起到丰富综艺节目的游戏情境设定、串联叙事的作用，还在节目之外充分地发挥出宣传效果。以"神妙汉"为代表的系列卡通形象受到了观众的广泛喜爱，被设计成了玩偶、水杯等实体衍生品，进行着周边的贩卖。

综合各方面来看，《新西游记》及其系列节目都堪称近年来韩国综艺的集大成者。它们巧妙圆融地将传统电视卫视与新兴网络平台的媒介特性结合在一起，将视听创作与实体产业开发结合在一起，代表着韩国电视综艺节目的顶尖制作水平、丰富内容格局和多元开发思路。尽管因为主要演出人员应征入伍等的影响，《新西游记》现已暂时停播，但《新西游记》所形成的综艺节目创作思路和综艺 IP 运营经验，却深深地影响着韩国综艺节目的创作生产，并为世界各国的综艺品牌化运营、全产业化发展提供了重要的借鉴价值。

补充资料：

一、2015—2024 年韩国百想艺术大赏"最佳影视剧集"奖

年份	名称	导演	编剧	首播时间	类型	播出平台
2024	《恋人》（My Dearest）	金成龙、李韩俊等	黄振英	2023 年 8 月	古装、剧情、爱情	MBC
2023	《黑暗荣耀》（The Glory）	安吉镐	金银淑	2022 年 12 月	剧情、悬疑、惊悚	Netflix
2022	《D.P: 逃兵追缉令》（D. P: Dog Day）	韩俊熙	韩俊熙、金普通	2021 年 8 月	剧情、动作、犯罪	Netflix
2021	《怪物》（Beyond Evil）	申娜妍、崔智英	金秀珍	2021 年 2 月	悬疑、犯罪	JTBC
2020	《棒球大联盟》（Stove League）	郑东允	李新华	2019 年 12 月	剧情、运动	SBS
2019	《我的大叔》（My Mister）	金元锡	朴惠英	2018 年 3 月	剧情、家庭	tvN
2018	《母亲》（Mother）	金哲圭	郑瑞景	2018 年 1 月	剧情	tvN
2017	《我亲爱的朋友们》（Dear My Friends）	洪忠灿	卢熙京	2016 年 5 月	剧情、家庭	tvN
2016	《信号》（Signal）	金元锡	金恩熙	2016 年 1 月	刑侦、悬疑、推理	tvN
2015	《听到传闻》（Heard It Through the Grapevine）	安畔锡	郑成珠	2015 年 2 月	剧情	SBS

二、2015—2024 年韩国百想艺术大赏 "最佳综艺作品"

年份	名称	导演	首播时间	类型	播出平台
2024	《既然出生就环游世界2》（Adventure by Accident 2）	金智友、朴东彬等	2023年6月	旅行类真人秀	MBC
2023	《PSICK秀》（Psick University）	李龙柱、金民苏等	2019年4月	脱口秀	YouTube
2022	《街头女斗士》（Street Woman Fighter）	崔正南	2021年8月	街舞竞技类真人秀	M-net
2021	《闲着干嘛呢》（Play with Yoo）	金泰浩	2019年7月	生活类真人秀	MBC
2020	《民谣先生》（MR. Trot）	孙瑟智、林昭贞等	2020年1月	才艺竞技类真人秀	TV Chosun
2019	《全知干预视角》（Omniscient Interfering View）	安秀英	2018年3月	生活类真人秀	MBC
2018	《孝利家民宿》（Hyori's Bed and Breakfast）	郑孝敏	2017年6月	生活类真人秀	JTBC
2017	《我家的熊孩子》（My Little Old Boy）	郭承荣、曹素亨	2016年7月	综艺	SBS
2016	《蒙面歌王》（King of Mask Singer）	闵哲基、卢时勇	2015年4月	才艺竞技类真人秀	MBC
2015	《非首脑会谈》（Abnormal Summit）	尹贤俊	2014年7月	脱口秀	JTBC

三、2015—2024 年韩国代表性剧集

年份	作品名称	导演	编剧	类型	集数	单集片长（分钟）	出品台、播出平台
2024	《好久没做》（Long Time No Sex）	全高云、任大炯	全高云、任大炯	剧情、喜剧、爱情	6	60	Tving
2024	《背着善宰跑》（Lovely Runner）	金泰烨、尹钟浩	李时恩	爱情、奇幻	16	65	tvN&Tving
2023	《超异能族》（Moving）	朴仁载、朴允书	姜草	动作、爱情、悬疑、奇幻	20	50	Disney+
2023	《死期将至》（Death's Game）	河炳勋	河炳勋	悬疑、奇幻	8	45—64	Tving
2022	《黑暗荣耀》（The Glory）	安吉镐	金银淑	剧情、悬疑、惊悚	16	50	Netflix
2022	《非常律师禹英禑》（Extraordinary Attorney Woo）	刘仁植	文智媛	剧情、喜剧	16	70	ENA

年份	作品名称	导演	编剧	类型	集数	单集片长（分钟）	出品台、播出平台
2021	《鱿鱼游戏》（Suqid Game）	黄东赫	黄东赫	悬疑、惊悚	9	60	Netflix
	《D.P：逃兵追缉令》（D.P: Dog Day）	韩俊熙	韩俊熙、金普通	剧情、动作、犯罪	6	55	Netflix
2020	《机智的医生生活》（Hospital Playlist）	申元浩	李祐汀	剧情、医疗、喜剧	12	84	tvN
	《王国2》（Kingdom 2）	金成勋、朴仁载	金银姬	悬疑、惊悚、历史、奇幻	6	40	Netflix
2019	《棒球大联盟》（Stove League）	郑东允	李新华	剧情	16	70	SBS
	《浪漫的体质》（Be Melodramatic）	李炳宪	李炳宪	爱情	16	65	JTBC
	《检察官内传》（Diary of a Prosecutor）	李太坤	朴妍善	剧情	16	60	JTBC
2018	《我的大叔》（My Mister）	金元锡	朴惠英	剧情、家庭	16	70	tvN
	LIVE	金奎泰	卢熙京	都市、情感、警匪	18	60	tvN
2017	《世上最美丽的离别》（The Most Beautiful Goodbye）	洪忠灿	卢熙京	亲情、家庭	4	60	tvN
	《秘密森林》（Stranger）	安吉镐	李秀妍	剧情、惊悚	16	60	tvN
2016	《我亲爱的朋友们》（Dear My Friends）	洪忠灿	卢熙京	剧情、家庭	16	60	tvN
	《信号》（Signal）	金元锡	金恩熙	刑侦、悬疑、推理	16	60	tvN
2015	《请回答1988》（Reply 1988）	申元浩	李祐汀	剧情、喜剧、爱情	20	90	tvN
	《六龙飞天》（Six Flying Dragons）	申景秀	金荣昡、朴尚渊	古装	50	60	SBS

（李楚芃、冉与郭、张燕　撰稿）

第三章

日本视听产业与创作

截至 2025 年，日本广播电视开播 72 年。1953 年 2 月 1 日，日本广播协会（Japan Broadcasting Corporation，NHK）正式开始电视广播。1953 年 8 月，日本首次在地方电视台播放节目[1]。虽然电视历经波折才得以诞生，但从 1953 年开始，电视还是以较快的速度在日本普及起来。进入 21 世纪以来，新的媒介形态不断挑战传统视听媒体，以电视为代表的日本视听产业迎来了互联网这位时代宠儿带来的新挑战。

第一节　日本视听产业创作简史及产业状况（1953—2015）

以 1953 年的 NHK 为开端，日本电视节目逐步兴起的原因，首先得益于电视的传播形式便于将动荡的日本现状和世界新闻传达给日本观众。第二次世界大战后发生的许多重要社会事件，都与电视画面一起，深深地印在人们的脑海里。电视已然成为日本群众最熟悉的媒体之一，其在新闻报道、娱乐、教养、教育等广泛领域产生了巨大的影响力。1953 年到 2015 年，以日本电视为主要代表，日本视听产业大致可以分为以下四个阶段。[2]

一、第一阶段（1953—1976）：电视在日本兴起，热度初现

早期的日本电视台并没有引起日本国民太多的关注。1953 年初电视台与观众签订的服务合同仅为 866 件。1960 年观众观看电视的时间仅为 56 分钟 / 天。可见电视作为新的媒体形态并没有在日本得到大范围推广。但在 9 年后的 1962 年末，其服务合同数量已增加到 13378793 件，家庭普及率达到了 65%；1965 年观众观看电视节目的时长相较于 5 年前更是增加了近 2 小时。[3]

1. 电视满足新闻报道需求与城市中产阶级消费需要

是什么因素导致电视机需求量激增、普及速度大幅提高呢？从主观因素来看，是对于重要信息获取的需要，诸如 1959 年日本皇太子结婚和 1964 年东京奥

---

1 《鸽子的休息日》(鳩の休日) 是日本最早的电视节目，于 1953 年 8 月 28 日在日本电视台播放。
2 三矢惠子. 誕生から 60 年を経たテレビ視聴 [J]. NHK 放送文化研究所年报，2014：11-12.
3 井田美惠子. テレビと家族の 50 年："テレビ的"一家団らんの変遷 [J]. NHK 放送文化研究所年报，2004：111-144.

运会等大型活动,观众有了强烈的类似于亲临现场的观看欲望,而不再满足于报纸和广播等信息获取渠道。从客观因素来看,一方面电视机价格确实逐步下降;另一方面则与日本社会生活的变化现状紧密相关。日本社会的城市化进程导致城市人口大幅度扩张,经济水平的提高又使得城市中产阶级的数量不断增多,电视作为该时期中产阶级的生活品质和经济水平的标志,拥有电视机在很大程度上意味着步入城市中产阶级;日本城市人口的大幅度扩张也从另一方面促进了电视的需求;同时,民众的攀比心理也成为日本电视需求量增加的因素之一。

2. 益智游戏类综艺节目丰富家庭生活

电视可以同时作用于视与听,这是电视相较于报纸、广播等媒介的一大优势。据调查,观看时间为三小时左右的人群大约有四成是在三餐时段观看,其特征为以家庭为单位、就餐时获取信息。即便没有观看到电视画面,但电视机声音的存在同样可以让家庭成员了解节目内容。为此电视台特意衍生出一系列家庭电视剧、动画、歌谣等在就餐时播放,从而取得了惊人的收视率(见表3-1)。代表性的有《三首歌》(三つの歌,1951)、《我的工作是什么》(私の仕事はなんでしょう,1953)、《二十扇门》(二十の扉,1947)、《手势》(ジェスチャー,1953)等日本综艺节目,收视率近50%。《三首歌》是观众以钢琴演奏为灵感来判断能否正确地演唱歌曲,强化观众间的互动,是一档亲民综艺节目;《我的工作是什么》被称为日本猜谜节目第一号;《二十扇门》是问答综艺节目,游戏模式是观众需要根据自己提出的20个问题来推测出正确答案;《手势》是将游戏人员分为白、红两组,通过猜动作、手势等来获取游戏的胜利,这是电视早期的超人气游戏综艺。此外,益智类综艺节目也在当时极为流行,比如,TBS自1966年播出的持续22年的《上下学猜谜》和朝日电视台于1969年播出的《猜谜时间冲击》(クイズタイムショック,1969)等。

表3-1 1972—1973年日本夜间常规娱乐节目年度高收视率前10名节目

(节目最高家庭收视率)深色部分:家庭剧[1]

1972					1973				
节目名称	广播电台	星期	时间	收视率(%)	节目名称	广播电台	星期	时间	收视率(%)
《谢谢》	TBS	木	20:00	56.3	《谢谢》	TBS	木	20:00	55.2

---

1 井田美恵子.テレビと家族の50年:"テレビ的"一家団らんの変遷[J].NHK放送文化研究所年報,2004:111-144.

1972					1973				
节目名称	广播电台	星期	时间	收视率（%）	节目名称	广播电台	星期	时间	收视率（%）
《八点了！全体集合》	TBS	土	20:00	45.7	《八点了！全体集合》	TBS	土	20:00	50.5
《时间到了》	TBS	水	21:30	36.2	《立誓》	TBS	木	20:00	49.8
《明星大作战》	NET	日	19:30	34.1	《水户黄门》	TBS	月	20:00	35.4
《海螺小姐》		日	18:30	33.1	《时间到了》	TBS	水	21:30	33.4
《胆玉娘》	TBS	木	20:00	33	《海螺小姐》		日	18:30	32.8
《寒风纹次郎》		土	22:30	32.5	《明星大作战》	NET	日	19:30	32.4
《大冈越前》	TBS	月	20:00	30.6	《才艺登场了吗！？》		水	21:00	31.9
《假面骑士》	NET	土	19:30	30.1	《魔神Z》		日	19:00	29.9
《归来的奥特曼》	TBS	金	19:00	29.5	《国盗物语》	NHK	日	20:00	29.9

Video Research 关东地区 18 点以后播放的 15 分钟以上的正规节目（电影院、综合特别节目、体育节目除外）如果同一电视台有 2 个以上同名节目，则采用较高的收视率。

（"收视率 20 年" Video Research，1982 年）

益智类综艺节目不仅是为了提高日本民众的知识储备和基本素养，更是为了通过亲子共同参与的方式增添家庭幸福感和家庭成员之间的平等关系。益智类综艺节目盛行的主要原因是问题的谜底所需要的知识和修养并不是那么遥不可及，这使得所有人都能乐在其中，无论是父母还是孩子，不论成年人还是儿童，在电视机前都获得了共同思考的机会和平等回答的姿态。因此，这类节目是老少皆宜，适合全家人观看的电视节目。

益智类综艺节目的盛行奠定了日本综艺节目风格，即大众广泛参与模式，这与当时日本社会盛行并提倡的所谓学习国外民主思想不谋而合。综艺节目中这种基于平等的知识性内容的互动，正是日本社会文化、社会风气在电视节目中的显现和渗透。

3. 美剧影响日本早期家庭剧的发展

除了日本本土生产的综艺节目得到日本观众的喜爱，日本流行的电视节目还有从美国进口的家庭剧。比如，以惊慌失措的年轻夫妇和邻居们为主角展开的喜剧《我爱露西》（*I Love Lucy*，1957—1960），以及描写美国中产家庭情况的《爸爸什么都知道》(1958—1964)等。看到日本民众对此类节目的狂热喜爱,日本电视台也开始模仿美国家庭剧制作日本的电视剧[1]。《巴士街背面》(バス通り裏,1958—1962)、《妈妈来一下》(1959—1963)、《咲子小姐来一下》(1961—1963)等都很受欢迎。大量的电视剧几乎都以温情的笔触描写平凡家庭的日常生活,20世纪60年代前半期,描写大家族的家庭剧更是大受欢迎。其中都不难看到美国家庭剧的影子,《七个孙子》(7人の孙,1964—1966)、《现在的十一人》(ただいま11人,1964—1967)等作品基本遵循着塑造祖父和父亲等"家庭顶梁柱"形象、将矛盾纠纷圆满解决的制作模式,最终剧情都走向大团圆。

20世纪60年代后期到20世纪70年代前期,家庭剧迎来了全盛期。《胆玉娘》(肝っ玉かあさん,1970)和《谢谢》(ありがとう,1970)描写了在缺少丈夫、父亲等家人的"残破家庭"困境下,单亲妈妈和孩子的坚强。[2]其主要原因是日本将"家庭顶梁柱"这一符号与日本女性贴近,自然赢得了以女性为主的收视群体的喜爱,这一变化后,日本家庭剧逐步进入巅峰时代,特别是《谢谢》,最高收视率达到56.3%,被称为"妖怪节目",成为家庭剧全盛时期(20世纪70年代)最具代表性的作品,与同时期播出的《时间到了》(时间ですよ,1970)等一起成为"TBS电视剧"经典。

《谢谢》从第一季到第三季,将那个年代的家庭生活搬上荧屏,讲述了水前寺清子(すいぜんじ きよこ)和山冈久乃(Hisano Yamaoka)饰演的母亲和女儿的日常生活,以及女儿与石坂浩二之间的甜蜜爱情故事。作品收视率除了与题材、内容、女性议题、制作团队紧密相关,也与选角和演员表演关系重大,制作人坚持认为水前寺清子是母亲的不二人选,从开始构思就希望邀请水前寺清子出演,不惜在她每次来TBS录音时,都会守在卫生间门外等待,最终说服其出演主角。但从第三季开始,水前寺清子将事业重心放在了音乐上,因此第四季角色大调整,改为由京冢昌子和佐良直美饰演母女。角色变更成为收视率大幅度下降的主要原因,加之TBS政策调整等因素,《谢谢》最终以四季结束。

除此之外,《时间到了》、《寺内贯太郎一家》(てらうちかんたろういっか,1974—1975)等也受到广泛好评。《寺内贯太郎一家》(如图3-1所示)

---

1 家庭剧是指以家庭生活为中心、以家庭为重要场景、以家庭成员之间的故事为主要内容的电视剧。家庭剧被称为日本电视剧的核心,也是最受日本观众喜爱的类型之一。
2 井田美恵子.テレビと家族の50年:"テレビ的"一家団らんの変遷[J].NHK放送文化研究所年報,2004:111-144.

第三章　071
日本视听产业与创作

图 3-1　电视剧《寺内贯太郎一家》剧照

由小说家向田邦子编剧、小林亚星主演，是 1974 年第七届电视大奖赛获奖作品。该剧 1974 年在 TBS 系列的周三剧场首播，平均收视率达到了 31.3%。作品用喜剧手法描绘了昭和时代在东京的一家人充满人情味的每一天，与当时日本社会小家庭化发展的实际情况相反，电视中描写的是大家族围坐在餐桌前幸福美满的情景。向那个年代的观众展现了日本理想中的家庭环境，通过以"家庭"为中心讲述了家人们互帮互助、克服困难的美好故事。

可以说这一阶段是一家人共享电视的时代。小川文弥（Bunya Ogawa）在其著作《家庭生活和电视——思考"电视 30 年"》中说道"通过拥有电视机，当时新成立的许多家庭都得到了爱的'中心'"[1]。不难看到电视已经融入日本国民生活中，成为不可或缺的"家庭成员"。这一年代的日剧以日本大家族生活为背景，讲述其乐融融的家庭生活，符合日本国民的审美趣味，也从侧面对家庭关系产生了良性影响。

二、第二阶段（1977—1985）：电视剧渐遇低谷

20 世纪 70 年代初的日本经济飞速发展。1970 年日本黑白电视机的普及率为 90%，可以说每家每户都有电视机。据统计，当时有 21% 的人是独自收看电视，而 70% 的人是和家人一同看电视。但随着节目种类的增加，家庭中每个人渴望收看的节目类型不同，导致了"频道之争"。1979 年拥有多台电视机的日本家庭高达 52%，在 1982 年独自看电视的人达到了四成。[2] 但电视数量的激增和电视节目种类的繁多并没有带来收视率的增长，反而使日本电视在这一时期遭遇低谷。

1. 遭遇低谷的原因

电视收视时间自 1975 年达到高峰后便持续了十年的递减趋势。即便像

1　小川文弥. 家庭生活とテレビ—「テレビ 30 年」を考える—［J］. 国民生活研究，1983，23（1）：10-27.
2　井田美惠子. テレビと家族の 50 年："テレビ的"一家団らんの変遷［J］. NHK 放送文化研究所年報，2004：111-144.

《谢谢》等剧目在 20 世纪 70 年代初收获超过半数的收视率，但实际上从 20 世纪 60 年代中期到 20 世纪 70 年代中期，电视在人们心目中的地位出现了变化，人们对电视的兴趣开始减弱。虽然看电视的时间在增加，但对电视的兴趣却在下降（如图 3-2 所示）。

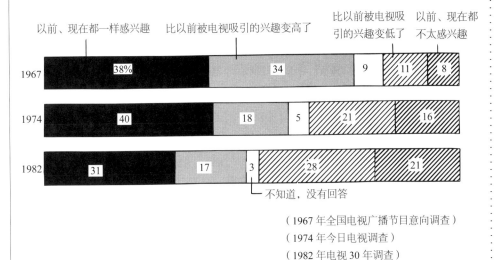

图 3-2　1967 年、1974 年、1982 年日本电视兴趣程度调研[1]

　　对电视"以前、现在都一样感兴趣"或者"比以前被电视吸引的兴趣变高了"的人数，20 世纪 60 年代中期达到 72%，到了 20 世纪 70 年代中期减少到 58%。相反，"比以前被电视吸引的兴趣变低了"或者"以前、现在都不太感兴趣"的人数从 19% 增加到 37%。这意味着收看电视已被非意识化，反而加重了电视的日常性。[2] 这种现象并不能说明日本电视的退步，仅仅是从观众角度而言，电视作为一种诞生近 20 年的媒体已经融入日本观众生活而不再具有早期新鲜感了，观众将收看电视当作日常生活的一部分。

　　此外，人们对于以娱乐为主的电视节目开始感到厌倦。20 世纪 80 年代开始，高速增长的日本经济逐步进入衰退期。各方面社会政策鼓励女性进入社会，间接导致女性受众的收视时间减少，电视收视率下降。日本群众对于当时电视台报道新闻态度的不满也是收视下降的缘由之一。

1　图片来源：井田美惠子《电视与家庭的五十年——"电视式"家庭团聚的变迁》。
2　三矢惠子. 誕生から 60 年を経たテレビ視聴［J］. NHK 放送文化研究所年报，2014：11-12.

2. "填补家庭空白的电视"与"分散家庭的电视"

电视有两种戏称，一种是"填补家庭空白的电视"，另一种是"分散家庭的电视"。对于前者，正如前文所提到的，日本养成了就餐时看电视的独特习惯，如果一边看电视一边和家人一起吃饭的话，即使彼此之间没有话题交流，正在播放的电视所引起的话题也可以填补此处的空白，让日本家庭感受到一家人团聚时的幸福感。据 1970 年、1977 年、1979 年和 1982 年的调查数据（如图 3-3 所示），分别有 71%、61%、59% 和 56% 的人愿意共享看电视的时光；数据虽逐步递减，但仍然有 50% 以上的人认为电视对于家庭具有凝聚力，可以说这时的电视是日本家庭维持关系的纽带。

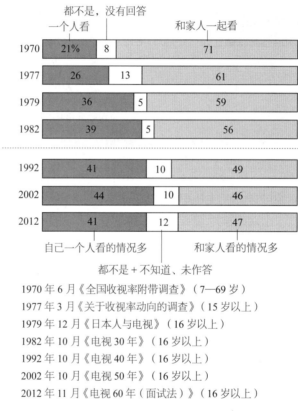

1970 年 6 月《全国收视率附带调查》（7—69 岁）
1977 年 3 月《关于收视率动向的调查》（15 岁以上）
1979 年 12 月《日本人与电视》（16 岁以上）
1982 年 10 月《电视 30 年》（16 岁以上）
1992 年 10 月《电视 40 年》（16 岁以上）
2002 年 10 月《电视 50 年》（16 岁以上）
2012 年 11 月《电视 60 年（面试法）》（16 岁以上）

图 3-3　不同时期个人视听与家庭视听变化对比 [1]

但随着家庭数量的增加，家庭成员因年龄、爱好、审美不同而产生的不同的收视习惯，逐渐导致原本给家庭带来"欢乐时光"的电视，也给家庭带来了所谓的新价值观或者说不同价值观的冲击。这也预示着后期日本"辛辣电视剧"

1　图片来源：光也惠子《诞生六十年的电视》。

的出现，及其对每个家庭的生活现状、生活方式、生活习惯带来新的思考，所以这一时期的电视被称为"分散家庭的电视"。

3. 电视剧对日本家庭关系的影响

"分散家庭的电视"对日本家庭的现状，以及家庭成员的生活方式、价值观都产生了影响，由此，直击家庭内部矛盾的"辛辣电视剧"应运而生。比如，《岸边相册》（岸辺のアルバム，1977，如图 3-4 所示）曾获第 15 届银河奖、银河奖 30 周年纪念奖。原作小说曾创造了 1976—1977

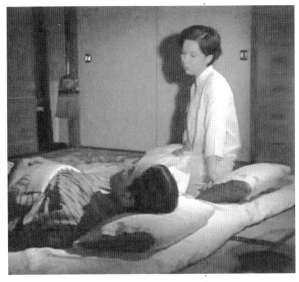

图 3-4　电视剧《岸边相册》剧照

年在东京新闻、中日新闻、北海道新闻、西日本新闻上的连载神话。作品以 1974 年多摩川水灾为背景，编剧山田太一从水灾受害者失去了家族相册这一细节中获得创作灵感，展开电视剧本最初的创作构想；而片尾则采用了纪实的新闻报道——房子因洪水轰然坍塌的画面直击观众。《岸边相册》剧名含蓄，实则充满隐喻。全家福的照片只是虚假的家庭表象，每个人都心怀鬼胎——丈夫从事东南亚色情事业、妻子暗中背叛家庭、姐姐被白人留学生强奸、弟弟和骗子女儿交往。房子的崩塌暗示了日本中产阶级家庭关系和家庭伦理的崩溃。《岸边相册》打破了以往"一家人围坐在餐桌前，最后是大团圆结局"的常例，成为一部具有革命性意义的作品，给日本电视剧文化带来了巨大冲击。

再比如，《给星期五的妻子们》（金曜日の妻たちへ，1983—1985）描写了日本家庭主妇对个人生活的反思；《回忆制造》（想い出づくり，1981，如图 3-5 所示）描写了日本单身女性对婚恋问题的诸多思考，都是"分散家庭的电视剧"。国际妇女节和妇女解放运动潜移默化地改变着以往电视剧中"贤妻良母"的女性形象，日本社会整体上提倡构建夫妻平等的和谐家庭。随着新的价值观提出，家庭中女性的角色和作为个人的生活方式等意识也影响了电视收视的变化。

图 3-5　电视剧《回忆制造》剧照

4.短剧综艺流行

20世纪80年代的短剧综艺成为主流。该综艺有两个特点:一是节目风格娱乐搞怪,以演员轻松的表演风格和观众互动交流的节目形式,实现娱乐效果;二是节目时长短,小故事一般都是10—20分钟,通常一集即完结。萩本钦一(Kin'ichi Hagimoto)认为该节目的"笑点"来自艾诺肯剧组(エノケン劇団)的《仁丹》《天井》《丸三角》等。《仁丹》讲述了嫌疑人始终无法向警察解释清楚而带来"出人意料的笑点"、《天井》通过多次重复的滑稽动作给观众带来"反复不断的笑点"、《丸三角》则是通过巧妙的机关布置带来"无法重复的笑点"。这一时期的代表作品还有《今晚最棒》(1981)、《帅气大放送!》(1976)等。

三、第三阶段(1986—2003):青春洋溢,电视剧与综艺彰显活力

20世纪80年代泡沫经济时期的日本亟须更多的社会活力和群体性文化力量,因此客观上这个时期电视剧多以年轻人为主角,剧中主人公的生活既都市又时尚,这让观众沉浸在剧中所构建的"温柔乡"中,观众的心弦随着年轻男女的恋爱进程起伏不定,当时可谓一股暖流涌入处于低谷的日本社会。

1.电视剧题材逐步多样化,青春剧占领屏幕

1985年以后的电视剧最重要的特征是不再以描写家族的爱情和争执为主题,而是将更多的笔触侧重于20多岁主人公们的恋爱故事和日常生活,因此青春洋溢的流行剧登上历史舞台。流行剧的原型是TBS的《长不齐的苹果们》(ふぞろいの林檎たち,1983),该剧以某个虚构的四流大学为舞台,描写了在学历、爱情、前途一片漆黑的情况下,年轻人努力奋斗的故事,反映了当时社会随处可见的学历歧视现象。这是编剧山田太一的又一部代表作,其以黑白风景为背景,将苹果抛向一边的开场影像成为很多恶搞作品的鼻祖。而奠定这一阶段电视剧基本的叙事趣味、审美倾向、影像风格的则是富士电视台的

图3-6 电视剧《东京爱情故事》剧照

《我要把你的眼睛弄脏!》(1988)、《想拥抱!》(1988)、《东京爱情故事》(東京ラブストーリー,1991,如图3-6所示)等。

另外，随着女性更多地进入社会工作，女主人公从全职主妇变成了在公司上班的单身 OL 或职业女性，电视剧的舞台也从家庭转移到了职场。之前"辛辣电视剧"提示了中老年女性的新生活方式，而现如今"潮流剧"提示了年轻女性的新恋爱和生活方式。故事的情节始终聚焦年轻主人公们的烦恼、恋爱，以及对自我生活方式的追寻。

2. 综艺复刻温情，呼应年轻人的情感需要

除了电视剧，这一阶段日本综艺也将视角锁定在了年轻人身上。为了营造早期家庭成员一起看电视的温馨氛围，日本综艺衍生出艺人围坐在一起相互讨论的综艺节目模式。例如，《上学去！》（1997）打出"营造开心学校"的口号，以调查、解决学生们的烦恼和疑问为宗旨，明星团体 V6 成员直接前往学校等地进行外景拍摄，与学生们相遇，进行了各种各样的娱乐活动。活动内容主要是以在校学生为中心，围绕校园内部环境和话题，传递学生们青春洋溢的校园生活。节目的招牌环节是学生们在学校屋顶高呼自己的想法，该环节受到电视剧《未成年》（*Miseinen*，1995）的启迪，V6 成员森田刚（Morita Go）通过放置在屋顶角的监视器画面观看了从屋顶向操场高声呼喊的孩子们的样子。对于孩子们稚嫩而又认真地主张，观众发自内心地为其感到自豪，与森田刚等人一起开怀大笑。

《爱的海》是富士电视台于 1999—2009 年播出的日本恋爱综艺节目，该节目组成四男三女的七人团队，乘坐名为"拉布拉多"的汽车在世界各地开展追逐爱情之旅。节目开始的概念是"围绕地球的无限期旅行"，除了展现前往国家、地区的风土人情，还展现了不同国家、地区的社会问题。参与者通过赠予意中人通往日本的票来表达爱意，在节目最后，讲师茂木健一郎进行恋爱讲座，解答广受热议的情感问题。在节目中，著名演员久本雅美等人与观众一起作为旁观者观看了情侣恋爱旅行的视频，与其他演员讨论其恋爱走向，与观众共同享受恋爱期心跳加速的感觉。

可以看到这一阶段日本综艺以青年为主角，深入其内心世界，呼应情感需要，意图为青年解决心理困境。这也表现了泡沫经济时期的日本国民脆弱心理的情感需要，所以不单单是电视剧，综艺节目也同样反映和迎合了观众的心理诉求。

四、第四阶段（2003—2015）：互联网发展，网络视频冲击视听产业

随着互联网的迅速普及和通信基础设施的完善，通过个人电脑、手机、游戏设备，以及以 iPad 为代表的平板终端等设备，视听受众可以随时随地看视频，其中互联网发展所提供的大数据索引，使得观众不但可以仅靠只言片语就

能搜索到自己想看的视频，而且视频网站也会根据观众日常观看习惯来推送视频。以 Hulu[1] 为代表，从 2011 年 9 月开始在日本提供服务。ABC、NBC 等美国主要电视台的高人气节目在节目播出的次日就可以在 Hulu 的网络平台上看到，每月仅需 1480 日元就可以无限制地观看好莱坞的人气电影和电视剧。终端设备支持个人电脑、具有网络功能的电视、智能手机、iPad 等。

1. 电视受到网络视频冲击

据 NHK 广播文化研究所于 2010 年 9 月进行的舆论调查来看（见表 3-2），利用电脑或手机上网的人群占比 53%，通过互联网观看视频的人数占互联网整体用户的 60%，而《日本人和电视 2015》最新调查结果显示，认为"电视是最不可或缺的媒体"的 16—19 岁的观众占比为 33%，而在 20—29 岁的观众占比为 25%。相比之下，网络具有明显优势，在 16—19 岁的观众认为"互联网是最不可或缺的媒体"的占比为 37%，20—29 岁的观众占比高达 54%，可以看到超过半数的观众将自己的票投给了网络。而 NHK 广播文化研究所于 2015 年的调查结果显示，每天接触电视（录像除外）的人比 5 年前减少了，由 84% 缩减至 79%。这个时候反过来增加的是网络的使用，使用占比由 27% 增至 38%。从数据中不难看到网络已然成为日本青年赖以生存的主要媒体。[2]

表 3-2　2010 年互联网使用情况调查 [3]

互联网使用频率（按年龄、性别）　　　　　　　　　　　　　　　　　　　　　　　　（%）

项目	全体	男						女					
		16—29 岁	30 代	40 代	50 代	60 代	70 岁以上	16—29 岁	30 代	40 代	50 代	60 代	70 岁以上
互联网用户	53	81	78	76	58	36	12	85	81	72	46	21	5
每天	28	59	51	39	28	19	5	52	44	28	19	5	2
每周大约 3—4 天	8	9	13	10	8	3	3	15	15	9	7	4	1
每周大约 1—2 天	10	10	9	18	16	9	3	15	13	21	7	4	1

1　Hulu 是美国的一个视频网站，总部设在美国加利福尼亚州洛杉矶。Hulu 从 2011 年正式登陆日本，从 2014 年开始，日本电视台旗下的 HJ 控股有限公司接管了其在日本的所有服务。因此，美国和日本的服务内容不同。

2　木村義子，関根智江，行木麻衣. テレビ視聴とメディア利用の現在～日本人とテレビ・2015 調査から～テレビ視聴とメディア利用の現在：「日本人とテレビ・2015」調査から［M］. 东京：放送研究と調査，2015：35-36.

3　执行文子的文章——《年轻人使用网络视频和对电视的意识：以中学生为例》。

项目	全体	男						女					
		16—29岁	30代	40代	50代	60代	70岁以上	16—29岁	30代	40代	50代	60代	70岁以上
每月大约1—2天	5	3	5	7	4	4	2	3	7	10	10	4	1
一年几天	2	1	1	2	2	1	0	0	2	4	3	3	0
非互联网用户	47	19	22	24	42	64	88	15	19	27	54	79	94
几乎、完全不使用	24	13	16	15	22	33	35	9	11	18	38	38	36
没有能使用的机器	23	6	6	9	20	32	54	6	8	9	16	41	58

注：在统计上显著高于整体（摘自"2010年数字广播调查"）

2.互联网短视频网站浏览量逐渐增加

以日本青年人为例，初高学生经常浏览的短视频网站（无论是电脑还是手机）集中在 YouTube 和 Niconico 动画这几个代表性网站上。其主要原因是这两个网站可以免费使用，并且提供了初高中生喜爱的视频，且数量庞大。包括"数字广播调查2010"在内的多种研究和调查也表明，YouTube 和日本本土 Niconico 动画网站比其他视频共享和发布网站更容易被使用。

那么到2015年左右，年轻人是否有在视频网站上上传自制视频的习惯呢？据调查，"上传视频"的人仅占全体回答者的3%。与"阅读评论"（39%）、"发表评论"（18%）、"观看直播"（18%）等相比，比例非常少（如图3-7所示）。对于很多初高中生来说，视频网站一般都只是用来轻松、被动地观看视频。根据"数字广播调查2010"的结果，在回答"在视频网站上发布视频或留言"的人中，在网络上观看视频的人占5%，其中16—29岁的人占10%，自己参加视频网站的人很少。

如今的日本观众不是被动地观看电视台编排播出的电视节目，而是从包括网络视频媒体在内的众多媒体中，选择自己想看的内容。观看内容的设备也更为便捷和个人化，电视、个人电脑、手机等媒介使观众有了更多选择的可能性。相比电视，青年人更喜欢以手机、iPad 为代表的移动终端，来享受其以观众为中心的视频推送和网络服务模式。已有调查表明，受众在十几岁时对媒体的亲近感，即使长大成人，也会以一定的幅度持续下去，青年人沐浴在网络的大环境中，电视、收音机等其他媒体自然会受到影响。对于这些媒体而言，这既是挑战，又或许会带来新的机遇与革命。在媒体多元化的当下，网络视频在未来的关注度将会越来越高，同时也将带来关于视听产业变革的更多思考。

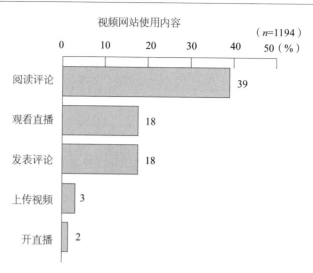

视频网站使用内容 （ *n*=1194 ）

图 3-7 2010 年视频网站使用原因调研

日本电视早期需求主要来源于新闻报道，且电视节目种类受到以美国为代表的西方观念和生活方式的冲击，以综艺节目和电视剧为代表的节目类型，虽说以日本家庭生活为主要表现对象，但其本质则为外亚西欧的节目内核，节目的文化表征与日本国民家庭生活息息相关。而 20 世纪 80 年代的电视发展则在社会变革之下陷入难题，一方面以女性为代表的受众群体步入社会导致收视率大幅度缩减；另一方面泡沫经济的社会困顿锁定了日本电视多元主题的表达，此时电视剧更多地将目光锁定在青年的奋斗生活中，宣传活跃昂扬的主基调。综艺节目也由此产生变化，节目内容更多地呈现娱乐青春等元素，以安抚泡沫经济下日本国民的脆弱心理。

第二节 2015—2024 年日本视听产业重要现象

如前所述，21 世纪以来，通信新技术和互联网新技术对视听产业产生了多方面的重大影响。一则各行业超越现有的行业框架，逐步涉入通信和互联网行业；二则现有行业被裹挟进迅猛发展的通讯和互联网领域。此外，原本的竞争对手在共同面对互联网"猛兽"的情况下走向联手或合作。"垂直整合"——通信和互联网基础行业和内容服务行业的整合，"水平整合"——内容服务商各平台之间的整合这两种整合方式成为优化资源配置、提高效率和拓展市场的利器。通信运营商和互联网运营商不断推出新的视频服务，5G 成为全球进驻智能视听时代的重要通信技术，日本亦如此。

索尼作为视听产业领军企业，通过垂直整合实现了从内容制作、硬件生产到销售服务的全方位覆盖。索尼不仅生产电视、音响等硬件产品，还涉足影视制作、音乐发行等领域，通过内部资源整合优化，从整体上提升媒介竞争力。NHK 作为日本的公共广播机构，也进行了"垂直整合"，拥有节目制作团队、广播发射设施和接收设备生产线，以确保从内容制作到传播环节的连贯性与高效性。

与之相应，"水平整合"在很大程度上增强了品牌影响力并有效降低了运营成本。日本综合电商平台——乐天近年来进行了多次"水平整合"。最典型的案例就是乐天收购视频分享平台 Viki，并与多家电视台和网络媒体建立合作关系，从而扩大其内容资源和用户基础。

总体来说，"垂直整合"和"水平整合"是日本视听产业中常见的战略手段。通过这两种整合方式，企业可以优化资源配置、提高效率和拓展市场，增强自身竞争力，以应对不断变化的市场环境。

一、电视台占据电视节目制作主体，移动服务运营商提供"三网合一"服务

进入新的媒体时代，日本电视受到以手机为代表的移动终端的挑战。电视作为"资深"媒介，是否已逐步退居历史舞台的背后，尚不可轻易定论，但手机确实在青年人中呈现出前所未有的视听活力，那么以电视为代表的传统视听媒介在未来发展历程中是保持对抗姿态坚守最后防线，还是以联合姿态与互联网共谋视听发展呢？从目前情况来看更为偏向后者。如今，电视已与互联网达成联合，每家每户的电视都能连上网络搜索自己所需求的视频，但与电视相比，手机以其便捷性等优点保持了显而易见的优势，在这个时代语境下，以电视为代表的"老牌"视听媒介与手机的对抗与联合将会带给视听产业变革更多的可能性。

根据数字电视中文网（DVBCN）[1]整理戛纳秋季电视节会刊资料形成的《纵观日本电视频道和网络内容运营商》报道，我们可以看出，包括公共电视台 NHK 及其他五家商业电视台——日本新闻网（JNN）、全日本新闻网（ANN）、TBS 电视网、东京电视网（TXN）和富士电视网（FNS）在内的地

---

1 这是一家总部位于上海的广电通信行业权威门户网站，网站源于 2002 年开办的中国数字电视论坛，2004 年 6 月网站由上海安娜谢文化传播有限公司负责正式经营。

面电视台仍然是电视节目制作的主体，移动服务运营商、各电信公司所运营的有线电视则提供付费电视、网络和电话"三网合一"服务，同时也在一定程度上参与节目制作。

除了电视台和移动服务运营商提供的视频内容，视听内容的包装销售——如 DVD 的销售额在互联网时代之前，一度领先；但是随着互联网的发展，此类视听内容的销售量持续减少。森田秀一撰写的《互联网视频调查报告 2020》（*Internet Video Research Report 2020*）[1] 显示，影像软件的销售额自 2004 年以来持续下跌（如图 3-8 所示）。2017 年、2018 年、2019 年较之前一年分别下降 9%、6%、11%，到 2019 年已经比 2004 年减少了 50% 以上；蓝光光盘自 2015 年以来也持续下跌。可以说，互联网视听内容的市场占有率在持续增长。

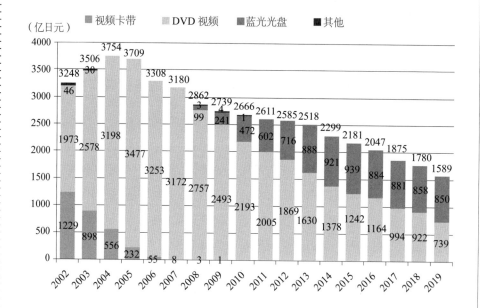

资料 1.2.1 影像软件的销售额变化

出处：日本影像软件协会"统计调查报告书"制作

图 3-8 2002—2019 年影像软件的销售金额变化

同时，Amazon Prime Video、Netflix、Hulu、YouTube、TikTok 等视频网站浏览量激增，成为主要流行的视频内容提供平台。

---

1 森田秀一.「インプレス総合研究所株式会社インプレス」,『動画配信ビジネス調査報告書 2020』[J].株式会社インプレスインプレス総合研究所, 2022: 14.

《受众视角下的新广播和通信服务——2019 年媒体使用趋势调查》[1]显示：视频发布、SNS 和新闻，以及广播利用互联网数字媒体兴盛。在可信度和利用率上，传统的大众媒体与网络类媒体相比较，连接互联网的电视逐渐增加，网络平台上的视频发布越来越多，网络新闻整体上并没有传统大众媒体的可信度高，但是其差异在于：网络信息在年轻一代中可信性越来越高；网络媒体信息发布的权威性与利用率也在青年一代中逐渐与传统媒体相接近。新闻网站应用程序的可信性为 45%，利用率为 51%；SNS 可信性为 16%，利用率高于 27%。人们在获得新闻信息时更多地信任 NHK 和报纸。

　　スパコロは（Spakoro）株式会社在 2021 年进行了日本视频网站利用占比调查（如图 3-9 所示），通过对 7241 名 10—50 岁的视频使用者进行使用率调查发现，使用率高的前三名分别是：第三名是 Netflix，第二名是 TVer，第一

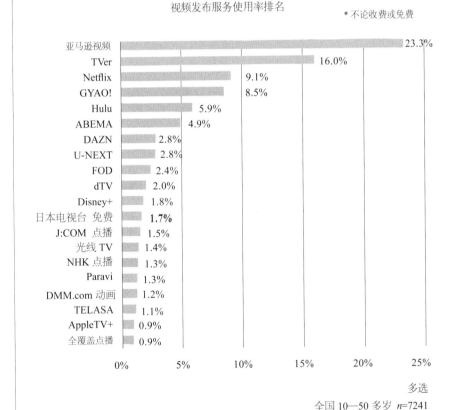

图 3-9　2021 年付费视频网站使用率调查

1　河村誠誠.ユーザーからみた新しい放送・通信サービス~ 2019 年 11 月メディア利用動向調査から~［J］.放送研究と調査，2020，70（7）：34-35.

名是竟然是 Amazon Prime Video，使用占比高达 23.3%，也就意味着五个人中就有一个人使用 Amazon Prime Video，其认知率达到 60% 以上，最高使用率曾高达 26.9%。名列三甲的视频网站对于日本网友而言，认知率差异不大，但是 Amazon Prime Video 的使用率远高于 Netflix 和 Hulu，并且，其用户流失较少。亚马逊的优势之一在于，其客户来源往往有网购、书籍阅读和音乐的老客户，而在整体的用户体验上，综合网站的特性也给客户带来了更丰富多元的服务体验，客户对于网站的黏着性相对较高。[1]

再从 NHK 广播文化研究所（NHK Broadcasting Culture Research Institute）2018 年所做的相关调查[2] 来看，50 岁以下男性、40 岁以下女性，有六成到八成使用 YouTube，但数据庞杂，难以掌握观看趋势。

二、互联网视听内容信息化演化，新媒体互动传播入住青年文化

自 2015 年以来，日本互联网视听内容经历了显著的块茎化演化过程，尤其受到新冠疫情的深刻影响，这一趋势更加显著。

1. 互联网视听内容数据化

内容多样化与细分化：随着互联网技术的快速发展，日本视听内容逐渐摆脱了传统媒体的束缚，呈现出多样化和细分化的特点。动漫、直播、短视频等多类型视频内容不断涌现，在满足不同受众需求的同时，逐步打破动画占据大主体的格局。2019 年日本动画产业总产值以 25145 亿日元达到历史最高纪录，2020 年新冠疫情初始，市场同比减少 884 亿日元（约合人民币 45 亿元），是十年来首次出现负增长态势。

2022 年后，电视台的反击虽然有力，但新的流媒体已全面侵浸动画发行领域，渐有占山为王之势。回顾动画产业 2015 年后的迅速兴盛，与互联网媒介的快速发展——二次元论坛、番剧的网络发行、短视频对动漫的宣传、移动支付对购买效率的提升有着千丝万缕的联系，日本的动画业经由互联网完成了跨媒介传播，从一种影视商品成为一种文化现象。

从平台整合与分发角度来看，各大平台纷纷加强内容整合，通过算法推荐、个性化定制等方式，将内容精准推送给目标受众。同时，社交媒体、短视

1　スパコロ公司 2021 年 3 月 18 日发布的《動画配信サービス利用率の調査》。
2　山本佳則，保高隆之. ユーザーからみた新しい放送・通信サービス～ 2018 年 11 月メディア利用動向調査の結果から～［J］. 放送研究と調査，2019，69（7）：42-43.

频平台等也成为内容分发的重要渠道，使得内容传播更加高效和广泛。这种精准推送提高了用户通过媒体寻找信息的效率，将媒体的媒介身份从需要自主地检索转变为可以自主选取所需要的信息。"信息茧房"大幅度提高了使用者对媒介的依赖程度，网络、信息以多媒介化融入使用者生活，人们依赖网络快速获取信息以适应高速率的生产强度。"信息茧房"本身带来的"沉迷"行为，在一定程度上提高了社会的生产速率，也带来更为严重的"沉迷"行为和"空虚"，趋向"赛伯朋克式后现代社会"——日本的部分高强度网民正表现出此类特征。例如 WSS playground 旗下的偶像培养冒险游戏《主播女孩重度依赖》（*Needy Girl Overdose*，2022）中的超天酱。作为一个经由游戏而广受欢迎的角色，超天酱在全世界范围内拥有大量粉丝，粉丝黏性极强。与此同时，互联网创作者大量涌现，形成了独特的创作者生态。通过互联网数据化算法，他们试图通过创作优质内容，吸引粉丝及其关注，实现个人价值和市场价值的提升。

2. 新冠疫情加速互联网视听内容增长、平台变革

新冠疫情的发生，以及人们现实生活中空间关系的变化，使得在线视听内容迅速增长。新冠疫情期间，人们的出行受限，大量时间被迫留在家中，这导致在线视听内容的需求急剧增长。人们通过互联网观看电影、电视剧、综艺节目等，以打发时间和缓解压力。在此期间，日本推动了内容创新。在新冠疫情的冲击下，传统的内容生产方式受到挑战，许多创作者开始尝试新的创作方式和题材。这使得互联网视听内容更加丰富多彩，从而满足不同受众的需求。

新冠疫情加速平台变革。为了适应新冠疫情带来的变化，各大平台纷纷加强技术创新和模式创新，以提升用户体验和服务质量，进一步推动互联网视听内容的增长和演化。在块茎化的内容生态中，受众可以更加自由地选择自己感兴趣的内容，个性化需求凸显。他们的个性化需求得到了更好的满足，也更加注重内容的品质和独特性。与此同时，社交属性增强，互联网视听内容不仅满足了受众的信息和娱乐需求，还成为一种社交方式。受众可以通过分享、评论、互动等方式与他人交流，增强了内容的社交属性。

自 2015 年以来，互联网视听内容的演化过程与受众的心理逻辑都发生了相应的变化。这些变化不仅推动了互联网视听内容的发展和创新，也为我们理解当代社会的文化现象提供了重要视角。

三、智能手机改变互联网、新媒体观看模式更加互动

根据 Statista[1] 的 *Internet Usage in Japan* 统计数据来看（如图 3-10 所示），从 2015—2019 年的智能手机普及率从 49.72% 增加到 74.53%，增长速度迅猛。而手机作为移动终端，使用的普及将更有利于互联网、新媒体视频观看习惯的形成和巩固。从年龄分层上来看（如图 3-11 所示），16—34 岁年龄段的占比远远高于其他年龄段，也远高于平均水平。互联网视频观看与分享成为青年文化的组成部分。

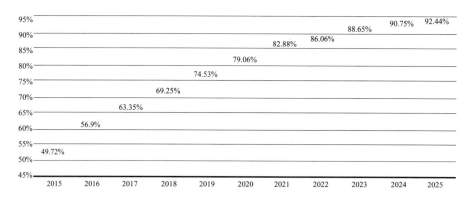

图 3-10　日本智能手机普及率预测曲线（2015—2025）

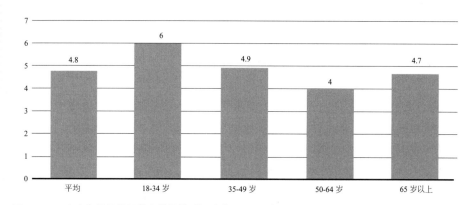

图 3-11　日本各年龄层使用数字媒体的时间（截至 2019 年 1 月）

1. 日本新媒体观看模式互动加剧

以日本本土产品 Niconico 动画为例。Niconico 动画是日本具有代表性的动画共享网站之一，创造了很多网络用语和流行文化。Niconico 动画的特征

1　全球领先的研究型数据统计公司。

是，用户可以对视频网站里播放的动画发表评论，以达成与其他用户跨越时空进行交流、通过与其他用户分享情感和想法而产生的独有的"交流性"享受交流的乐趣，即"弹幕文化"。根据维基百科数据显示，Niconico 动画截至 2015 年已有超过 4800 万人注册，付费会员超过 200 万人。2019 年会员人数有所减少，但仍保持 188 万人。Niconico 等短视频网站成为日本青年亚文化中不可或缺的组成部分。

Niconico 动画的另一大特色是其直播功能。所谓 Niconico 直播，是指用户之间同时观看实时发布的影像，相互评论交流的网络直播服务。初高中生们除了欣赏音乐、舞蹈等表演之外，还喜欢通过与主播之间的对话窥探平时看不到的私人生活，享受虚拟网络世界上的交流体验。据调查，流行于日本网络的短视频大致分为音乐、动漫、搞笑综艺、游戏、体育这五大类型。关于"音乐"的短视频，日本观众观看"岚""AKB48""EXILE""生物股长"等人气偶像、歌手的宣传视频和演唱会视频的人数占多数。在互联网平台上，粉丝摘录人气偶像和艺人出演节目的视频，重新编辑加入新内容的视频很常见。在"动漫"领域，初高中生们在网上观看的主要是个人原因错过的节目及本地区没有的节目。除此之外，网络用户通过剪辑节目的一部分视频，再加入戏谑元素，制作成动画音乐视频发布在网上，受到网友的欢迎。《爆笑红地毯》《爆笑红剧场》《娱乐之神》等热门搞笑综艺节目在视频网站上的二次播放量居高不下，游戏直播在网上也受到日本年轻人的喜爱。喜欢体育的年轻人在网上观赏过去比赛的集锦、喜欢选手的比赛等，这些极大地满足了年轻人对某一体育领域和体育明星的关注需要。

这些传播的演变具有明显的去主体特性，其传播导向中没有明显的主体内容，表现为绝对数量上的多个内容并置，组成区块由用户自主选择，并自发通过复制、再创造等不断生成新的表现内容，这种传播方式具有明显的后现代倾向。

根据日本公司スパコロ于 2021 年 3 月以 10—50 岁的 7241 名观众为对象进行的最新调查显示，使用率前五名的视频网站有 3 个为国外企业，分别为 Amazon Prime Video、Netflix 及 Hulu，其中 Amazon Prime Video 更是以 23.3% 登至榜首，也就是说每五个日本人中就有一个使用 Amazon Prime Video。[1]

1　网络来源：https://corp.supcolo.jp/video-streaming-service/。

2022 年，日本的互联网和新媒体视频观看，以及阅读愈加呈现以青年文化为主的流行趋势。在各大视频网站上，日本年轻人十分注重视频的点赞、转发及收藏。2022 年 4 月，Amazon Prime Video 直播了在埼玉超级竞技场举行的职业拳击锦标赛（WBA 和 IBF 2 团体冠军统一赛，村田凉太对阵根纳季·戈洛夫金），这场"现场拳击"成为日本视听史上的第一个直播类节目。在日本本土掀起了一场"体育直播"的风潮，备受青年群体欢迎。在进驻日本本土之前，Amazon Prime Video 已开拓了良好的海外市场，曾在英国直播英超联赛、在印度直播板球和在澳大利亚直播橄榄球，这些都大受欢迎。日本这场直播采用了"分销"模式，涉及产品、服务或内容，从制作者、拥有者到终端消费者一整个传递过程。

2022 年，日本短视频平台 TikTok（在日本被称为 TikTok 或 TikTok Japan）迅速崛起。该平台凭借其短视频、音乐和创意内容的融合，吸引了大量年轻用户。许多日本创作者开始在 TikTok 上分享自己的独特内容，包括舞蹈、美食制作、手工制作等，形成了一系列具有日本特色的短视频文化。进入 2023 年，日本的网络直播平台 Niconico（N 站）继续保持其在国内的领先地位。该平台以弹幕评论和实时互动为特色，为用户提供了与创作者和其他观众互动的机会。越来越多的青年选择在 Niconico 上发布自己的原创视频，包括动画、游戏解说、综艺娱乐等，吸引了大量的粉丝和观众。此外，在 2023 年，日本的虚拟现实（VR）和增强现实（AR）技术也开始在视频领域得到广泛应用。一些日本公司开始推出基于 VR 和 AR 技术的视频内容，为观众带来了更加沉浸式的观看体验。这些技术的应用不仅在游戏和娱乐领域得到了发展，也逐渐渗透到教育、医疗等领域。2024 年，日本的互联网和新媒体视频领域继续保持创新和发展的势头。一方面，随着 5G 技术的普及和应用，视频内容的传输速度和质量得到进一步提升，为观众带来更加流畅和高清的观看体验，尤其是青年观众；另一方面，随着人工智能和大数据技术的发展，视频平台将能够更好地理解观众的需求和喜好，推荐更加精准和个性化的内容。

在 2022—2024 年，日本的互联网和新媒体视频观看展现出了许多创新和独特的趋势，为观众带来了更加丰富多彩的视频观看体验。可见日本电视产业制作的传统节目在当下以青年为主导的视听受众群体中正在失去原有的影响力，青年观众更愿意把选择权甚至创作权掌握在自己手中，通过互联网视频享受视听选择、接触世界文化元素，甚至亲自制作、传播，引起互动。

2. 智能手机的影响持续扩大

首先，智能手机给日本受众观看模式带来了显著的冲击与改变。在网络发展初期，网民大多使用电脑上网。随着智能手机的普及，受众被迁移到智能终端，审美体验和观赏模式发生变化，呈现出去仪式化、高效化、私人化、便捷性。传统的视听文化产品，如电影、电视剧等，往往需要在固定场所观看，但智能手机的使用帮助人们随时随地观看各类内容，随时随地享受个性化视听服务。其次，智能手机提供了更多的互动和选择权。与传统模式的单向性传播不同，智能手机赋予观众主动权和选择权，可以通过弹幕、评论等与他人进行实时互动；观众还可以个性化选择观看方式和节奏，如倍速播放、跳过不感兴趣的部分、快速浏览关键情节等。

手机智能化同时推动了日本动漫产业变革，针对手机屏幕进行优化和调整，以适应观众在手机上观看的需求。一些动漫平台还推出了移动端专属的付费会员服务，提供更高清、更流畅的观看体验，以及更多的互动和社交功能。

随着人工智能的发展，智能手机开始和人类身体成为"共同体"，现代社会开始进入人机共生时代，"生命与身体"的概念逐渐超越原本的生物学义阈。随着当下智能设备普及与 AI 技术的发展，"人—机"关系已经迈入崭新的"共生"时代。技术与艺术的关系变得扑朔迷离，且二者既在许多方面融合渗透，又在一些地方掣肘颉颃。例如，数字技术对光影的控制可以让图像在清晰度与真实性方面达到"绘画"无法企及的高度，却又由于这种控制，让人们不再将图像本身认定为"真实"。"虚拟性"曾经是赫伊津哈论证"游戏"可以作为一种审美活动的理论基础，但当今的网络游戏却在这种"虚拟性"之上构建起一种基于虚拟身份的"真实社会关系"。对于人类的艺术活动来说，机器与人的关系从"依附"走向"共生"，审美的超越和审美的消逝话题并存。

综上所述，智能手机给日本视听文化产业带来了观看模式的深刻变革。它不仅改变了人们的观看习惯和方式，还推动了产业的创新和发展。未来，随着技术的进步和市场的变化，智能手机在视听文化产业中的作用和影响还将继续扩大和深化。

四、网络综艺兴起，电视台综艺节目制作尚占主流

NHK、TBS、富士电视台、日本电视台、东京电视台、朝日电视台、读卖电视台等 7 家日本电视台占据日本电视综艺节目制作主体。TBS、富士电视台、日本电视台、东京电视台等都是电视综艺节目大户，都有 25 个以上综艺节目，最多的有接近 50 个综艺节目，涉及体育、教育、音乐、美食、恋爱、旅游、知识问答、真人秀、游戏竞技，以及文化类、社会类多个类别。作为第一个播放电视节目的 NHK 的综艺节目总量相对较少，而且部分节目已经结

束。如音乐类综艺节目 *AKB48 Show!* 从 2013 年 10 月 5 日到 2019 年 3 月 24 日，*Shibuya Deep A* 从 2007 年到 2013 年，《新春 TV 放谈》从 2009—2020 年每年 1 月播放，2021 年被《新电视》取代。1990 年以来的综艺节目高收视率大户是日本电视台和富士电视台。

从维基百科（日本）提供的数据来看（表 3-3 为笔者翻译整理），2015 年之后的综艺，只有两档入榜，分别是 2015 年的《世界の果てまでイッテ Q！》（《直到世界尽头！伊特 Q！》）和 2020 年的《ポツンと一軒家》（《孤零零的一所房子》）。高收视率主要集中在 20 世纪 90 年代，约占 57%；2000—2015 年入选节目占比约 37%，2015 年之后入选的节目数量整体呈下降趋势。电视综艺相对于其他电视节目的收视竞争力在 2015—2020 年有所衰减。

表 3-3　1990—2020 年日本综艺节目收视率排名 [1]

	节目名	收视率（%）	平均收视率最高纪录	播出频道
1	《错误的头脑力量！！》（間違ったマインドパワー！！，1996）	28.18	1996 年 1—3 月	日本电视台
2	*SMAP × SMAP*（2001）	27.23	2001 年 1—3 月	富士电视台
3	《前进！电波少年》（进ぬ！电波少年，土屋敏夫，1998）	26.55	1998 年 7—9 月	日本电视台
4	《伊东家的食桌》（伊東家の食卓，2000）	26.18	2000 年 1—3 月	日本电视台
5	《投稿！特霍王国》（投稿！特ホウ王国，1995）	25.69	1995 年 1—3 月	日本电视台
6	《让我浑浑噩噩地活下去！》（散らかって生きさせて！，1994）	24.59	1994 年 1—3 月	日本电视台
7	《摄影之泉：了不起的无用知识》（写真の泉：驚くべき役に立たない知識，2003）	24.53	2003 年 7—9 月	富士电视台
8	《关口宏的东京友好乐园　第二季》（関口宏の東京フレンドパーク，1996）	24.12	1996 年 1—3 月	TBS 电视台
9	《归来！精彩歌评！》（帰る！素晴らしい曲のレビュー！，2000）	23.85	2000 年 1—3 月	日本电视台
10	《平成教育委员会》（平成教育委员会，1993）	23.83	1993 年 1—3 月	富士电视台
11	《相爱的两个人，分别的两个人》（愛し合う二人、バラバラな二人，1999）	23.68	1999 年 10—12 月	富士电视台

1　主要信息来源于日本偶像剧场网站 http://www.dorama.info，节目名为笔者翻译。

	节目名	收视率（%）	平均收视率最高纪录	播出频道
12	《TUNNELS 的托大家的福》（とんねるずのみなさんのおかげでした，マッコイ斎藤，1993）	22.75	1993 年 1—3 月	富士电视台
13	《秋刀鱼的超级电视》（秋刀魚のスーパーテレビ，1998）	22.68	1998 年 1—3 月	TBS 电视台
14	《猜谜世界展示会》（推し世界展，1992）	22.65	1992 年 1—3 月	日本电视台
15	《呜呼！玫瑰色的珍生》（アラック！バラ色の Zhensheng，1997）	22.46	1997 年 1—3 月	日本电视台
16	《跳舞吧！秋刀鱼宫殿！！》（踊る！さんま御殿！！，明石家秋刀鱼，2003）	21.79	2003 年 1—3 月	日本电视台
17	《志村大爆笑》（志村けんのだいじょうぶだぁ，志村健，1990）	21.76	1990 年 1—3 月	富士电视台
18	《整个世界都看得见！电视特搜部》（世界まる見え！テレビ特捜部，2000）	21.75	2000 年 1—3 月	日本电视台
19	《猜谜语！年龄的差距》（なぞなぞを当ててください！年齢差，1992）	21.50	1992 年 1—3 月	富士电视台
20	《艺能界超常识王决定战》（ネプリーグ，福浦与一、中村秀树，2009）	21.42	2009 年 10—12 月	富士电视台
21	《小健快乐电视》（1990）	21.28	1990 年 1—3 月	TBS 电视台
22	《巡游之夜》（パレードナイト，1996）	21.24	1996 年 1—3 月	日本电视台
23	《笑点》（しょうてん，2009）	20.91	2009 年 10—12 月	日本电视台
24	《有条不紊的法律团体》（2008）	20.66	2008 年 4—6 月	日本电视台
25	《喜剧二人组！》（お笑いコンビ！，1999）	20.65	1999 年 1—3 月	日本电视台
26	《直到世界尽头！伊特 Q！》（世界の果てまでイッテ Q！，古立善之、松本京子、加藤幸二郎，2015）	20.48	2015 年 1—3 月	日本电视台
27	《特命调查 200x》（特命リサーチ 200X，财津功，1999）	20.32	1999 年 1—3 月	日本电视台
28	《孤零零的一所房子》（ポツンと一軒家，所ジョージ、林修，2020）	20.23	2020 年 4—6 月	朝日电视台
29	《铁腕！DASH！！》（鉄腕！DASH！！，2001）	20.09	2001 年 10—12 月	日本电视台
30	《决一胜负！》（戦い抜こう！，2001）	20.01	2001 年 1—3 月	TBS 电视台

从《电视节目分类》等几篇关于电视综艺节目的分析文章中可以看出，实际上在 2015 年之前，由于经济及社会等诸多因素，电视台的整体收视率已经在下降，综艺节目也受到波及。[1]

与此同时，随着互联网的崛起，网络综艺发展迅速。从 Statista 的 *Internet Usage in Japan* 中可以看到（如图 3-12 所示），日本 2015—2019 年互联网使用量稳步增长。到 2019 年，实际数据超过 11600 万。2015—2019 的已发生数据与 2015—2025 年的预估数据相比，前一阶段的增长速度明显高于后一阶段，互联网使用的普及率在快速提高。

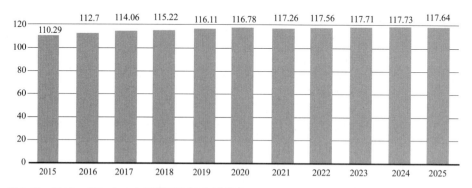

图 3-12　2015—2025 年日本互联网用户预测曲线 [2]

日本网络综艺是指由网络公司制作，主要在网络平台上播放的综艺节目。本文以 AbemaTV 为例。AbemaTV 网络电视台由日本朝日电视台和日本综合娱乐公司 Cyber Agent 联合创办，投资比例分别为 40% 和 60%，2016 年 2 月正式开播。其中，朝日电视台是传统的具有丰富节目制作经验的内容生产者，Cyber Agent 主要是负责网络平台技术支持，也进行频道的节目创新和制作。[3] 据 Cyber Agent 运营官、株式会社 AbemaTV 制作局长谷口达彦（Taniguchi Tatsuhiko）介绍，其网络综艺节目的制作经历了从直播到原创真人秀，2019 年之后进入 Package 化，或者说打包化、类别融合化的几个典型阶段。

日本的电视综艺从数量上仍然占据综艺节目主体，网络综艺次之。从内容上，不论是电视综艺还是网络综艺，内容尺度比较大，原因之一是电视台生存的广告压力（收视率直接和广告收益挂钩），这甚至关系到电视台的生存。

1　鹿岛我 . テレビ番組におけるバラエティ番組の分類：創成期［J］. 京都光華女子大学短期大学部研究紀要，2013：19-26.
2　图片来源：Statista：Internet usage in Japan。
3　陈贝贝 . 朝日电视台跨屏传播的新尝试—— Abema TV［J］. 电视研究，2019（6）：87-88.

五、动漫产业集群结构性变化，动漫文化辐射视听多领域

日本的动漫产业依旧保持日本视听产业的核心位置，但随着互联网产业的全球化发展及其对动漫产业的渗透，全球动漫产业集群方式都面临着变化。就日本动漫产业而言：一方面，小微企业和大型老牌动画企业一起，构成了产业集群创新网络的无数"节点"，知识扩散和创新行为在这些节点的连接中得以实现；另一方面，随着互联网技术和文化的扩散，日本动漫文化向视听多领域辐射面更广，辐射深度更强。

从《2019 年日本动画制作公司经营实态报告》[1]中可以看到如下数据：89.1% 的动画制作公司集中在东京都，百人以上规模的大企业占 5.9%，比如，吉卜力、小丑社及更早的东映等；20 人以下的小型企业占 66.4%。[2]因此，以东京都作为动画产业集群典型，日本的动漫产业集群在互联网技术和文化的辐射和影响下出现了新变化。复旦大学朱春阳教授从产业集群理论的角度出发，分析了"日本东京动画产业集群在网络平台影响下的结构性变化"[3]。互联网作为重要的技术变量，也面临由地理集群向虚拟集群转型的状况。

动漫在日本视听产业和视听文化中，一直占据重要地位。不论是日本国内的电视台、制作公司、电信公司或新兴的网络媒体公司还是海外落地日本的内容制作和发布平台，都将动漫作为日本视听产业收益的主要内容之一。2015年 9 月，奈飞进军日本市场，首先做的就是购买了大量的日本动画版权，而后（2019 年）开始自主制作动漫作品。打开 Netflix 界面，不论推送还是检索，在 Netflix 的日语内容中，动漫占比最高，主界面对动漫的推送也超过半数。

六、人工智能技术结构性变革，视听产业面临冲击与重构

人工智能，即 AI，是新一轮科技革命和产业变革的重要驱动力量，是一门新的技术科学。AI 在多领域范围内具有很强的附生属性，譬如，智能制造产业、自然语言生成领域，以及视听领域。在视听领域，AI 既可以是内容的生产制作者，又是传播范式上的助力者。

1　由一般社团法人日本アニメーター・演出協会（JAniCA）和实态调查プロジェクト委员会撰写发行。

2　谢枫华. 站在分岔路口的动画制作界：行业格差会越来越大吗？［EB/OL］（2019-09-26）［2025-02-18］. https://john-smith-2020.github.io/Anitama-Backup/article/d1fd2ad938b0d1fb.

3　朱春阳，曾培伦. 基于网络平台的动画产业集群创新网络再造与虚拟化转型：以美日中为例［J］. 同济大学学报（社会科学版），2020，31（105）：25-35.

人工智能技术在 2024 年的震动来自 AI 视频生成器——Sora 的问世，这标志着跨模态内容生成技术——包括文生文、文生音频、文生图像及文生视频等——蓬勃发展。AI 在艺术创意产业中的广泛应用，预示着"智能内容经济"时代的来临。这将推动内容生产、分发和消费环节涌现出更多的创新模式，为整个视听行业注入新的活力。而更重要的是，随着内容生态的新质转型，"人机共生"将实现算法与观众的实时交互，这一变革将引领世界潮流，进入一个充满想象与创意的新时代。

Sora 的出现使得 OpenAI 的估值在 10 个月内增加近两倍，或达 800 亿美元，AGI（通用人工智能）将加速到来。Sora 的出现，无疑展示了 AI 技术在视频生成领域的巨大潜力和广阔前景。在此情境中，叙事主体是算法和观众，在实时交互中，具有更强的开放性。AI 作为强劲的技术支撑，在影像生成过程中扮演了极其重要的角色。而视频的最终生成又必将是一种"虚拟现实"，在此类影像中，AI 有自己的叙事逻辑，即其在叙事上的被凸显的智能交互、即时反馈，以及随机的故事分支。

这对视听文化产业生产关系产生了巨大的效用和改变。数字平台催生视听内容的多元形式和崭新业态，同时也促成视听内容创制的多主体化。随着该业态在视听生产领域内的不断翻滚，势必将更专业、更加品牌化。

在人工智能技术的加持下，智能传播时代已然到来。作为一种前沿的信息传播媒介，其核心是人工智能技术，辅以移动互联网和智能终端的深度融合，预示着对现有传播模式的深刻变革与颠覆。人工智能成为驱动全球数字经济增长的重要引擎。它的崛起不仅引领了全球范围内的技术竞赛，也成为各国经济发展的核心动力。为了在这场激烈的竞争中占据一席之地，日本等发达国家纷纷将人工智能产业视为国家未来发展的战略重点，并出台了一系列政策进行全面布局，力求在新一轮的科技创新中掌握话语权。日本作为人工智能技术领域的佼佼者之一，尽管在过去拥有一定的影响力，但在当前却面临着诸多挑战。人工智能的崛起对日本的经济社会产生了深远影响，使其在全球竞争中的地位逐渐下滑。

针对这一现状，日本政府深入分析了全球人工智能市场的发展态势，发现当前竞争主要集中在美国和中国之间，而日本则相对滞后。为此，日本提出了"社会 5.0"建设构想，将人工智能置于这一构想的核心位置，以应对日益激烈的国际竞争。在这一目标指导下，日本政府制定并发布了《AI 战略 2019》，旨在通过综合性的人工智能发展战略，有效应对各种社会问题，从而推动国家的持续发展和进步。

人工智能技术正经历结构性变革，重构视听产业。这不仅体现在技术层面，也体现在产业模式、内容创作和用户体验等多方面。AI 的快速发展推动了视听产业的智能化升级。通过深度学习和大数据分析，AI 能够精准地理解用户需求，为视听内容提供个性化推荐；还可以参与内容创作，自动生成剧本、剪辑视频等，大大提高了生产效率。AI 在语音识别、自然语言处理等方面的应用，也使得视听内容的交互性得到了提升。然而，这种智能化升级也给视听产业带来了挑战。一方面，传统的内容生产方式和商业模式受到冲击，需要适应新的技术环境和市场需求；另一方面，随着 AI 技术的广泛应用，内容的质量和多样性也面临着考验。如何在保证效率的同时保持内容的创新和个性化，是视听产业需要思考的问题。此外，人工智能技术还促进了视听产业的跨界融合。通过与其他产业的合作，视听产业可以拓展新的应用场景和服务模式。例如，与游戏、电商等产业的结合，可以为用户提供更为丰富和便捷的视听体验。这种跨界融合不仅有助于提升视听产业的竞争力，也为整个产业的发展带来了更多的可能性。

新媒体时代，由 AI 带来的技术浪潮，席卷整个日本。日本在人工智能技术的发展变革中，曾一直走在全球前列。从早期的机器人研发，到近年来人工智能应用上的大规模推进，日本的技术创新和战略布局都为全球的人工智能发展贡献了重要力量。早期的发展为日本在人工智能领域的后续突破奠定了坚实的基础。进入 21 世纪，日本的人工智能技术得到更为迅猛的发展。日本政府积极投入，推动人工智能技术的研发和应用。原日本首相安倍晋三提出设定人工智能研发目标和产业化路线图的设想。政策和战略的出台，极大地推动了日本人工智能技术发展。本田、丰田等大型企业纷纷布局无人驾驶领域，NEC、东芝、富士通等企业也开始进行大规模 AI 研发计划。在机器人研发领域，日本继续保持其传统优势，不仅实现了人形机器人的研发，也在物联网、AI 药品开发等领域取得了显著进展。

综上所述，技术的发展变革，对传统视听行业产生了深远的冲击，重构迫在眉睫。

日本人工智能技术的发展变革对传统视听行业产生了深远影响。通过应用人工智能技术，视听内容的生产、传播和消费方式都发生了深刻变化，为行业的发展带来了新的机遇和挑战。从 20 世纪 70 年代初到 20 世纪 80 年代中期，人工智能开始了一个应用发展的时期。20 世纪 70 年代出现的专家系统模拟人类专家的知识和经验解决特定领域的问题，实现了人工智能从理论研究走向实际应用、从一般推理策略探讨转向运用专门知识的重大突破。专家系统在医疗、化学、地质等领域取得成功，推动了人工智能走入应用发展的新高潮。但随着人工智能的应用规模不断扩大，专家系统的应用领域狭窄、缺乏常识性知识、知识获取困难、推理方法单一、缺乏分布式功能、难以与现有数据库兼容等问题逐渐暴露出来。

第三节　2015—2024 年日本代表性视听内容创作

日本电视剧、网络电视剧、网络电影的生产与中国有着极大的不同。一方面，日本电视台本身提供录播功能，又有付费电视、电视互联网化等多样化选择，在面临相似内容制作的情况下，视频网站并没有成为市场的积极需要。现阶段，日本电视台本身的强大内容制作能力和电视网络的成熟程度、电视台与受众之间的稳定而多样化的消费关系，以及电视台自身的互联网化，也使得互联网视频网站从制作、版权、网络优势等多方面不具有更大的竞争力。另一方面，海外视频网站，从购买发行权到独立制作，比较早地进入日本电视剧、网络影视剧的制作领域，也是原因之一。

一、供应视听内容的主要新兴网络媒体

进入 21 世纪第一个十年的后半段，与之前大不相同的一个重要的特征就是观众使用视听内容的平台更加多样化，而新兴的网络媒体在视听产业中占比逐渐增加。

虽然 2015 年之前，网络平台已经进入受众生活，但是 2015 年之后，视频网站使用数据却持续增长，而互联网平台提供的视频资源也越来越丰富，视频网站成熟的会员制和会员数量的稳步增加，使得视听受众与互联网视频网站之间用户关系黏着度增加。在此基础上，随着更大更稳定的客户群体，视频网站有能力购买或者制作更多更丰富的视频内容，收获更好的市场前景。

通过整理代表性视频网站列表（见表 3-4），可以看到日本本土的互联网媒体一般包括电视台互联网平台或者电子商务公司、互联网公司、通信公司等建立的媒体平台；持股方既有像朝日、富士这样的老牌电视台，也有像 Avex 这样的娱乐业、媒体业巨头，或者 CyberAgent 等广告公司。日本的海外视频网站主要来自美国，包括 Amazon Prime Video、Hulu、Netflix 等，而这些公司本身也是美国本土极具市场占有率和行业竞争力的视频网站。

表 3-4　日本观众使用代表性视频网站列表 [1]

	公司名称 / 总部所在地	网址	创始人 / 股权机构	作品数量	会员费（每月）/ 免费时限	主要相关业务 / 备注
1	FOD（东京）	https://fod.fujitv.co.jp	Fuji Television Network，Inc	40000	888 日元（不含税）/14 天	视频点播 / 富士电视台的网络平台
2	dTV（东京）前身：d-VIDEO/ BeeTV	https://video.dmkt-sp.jp	Avex Broadcasting & Communications	120000	100 日元（不含税）/ 31 天	视频点播业务 / 音乐 PV、演唱会较多
3	U-NEXT（东京）	https://video.unext.jp	株式会社 U-NEXT	190000	1990 日元（不含税）/ 31 天	视频发行业务 / 作品包括电影、电视、杂志、书籍等，作品数量排名第一
4	ABEM（东京）前身：ABEMA TV	https://abema.tv	CyberAgent 和朝日电视台	—	960 日元（含税）/14 天	视频发行 / 类别丰富，电影、动画、电视剧、电视节目多样
5	DMM.COM Ltd.(东京)	https://www.dmm.com	Keishi Kameyama 1999 年建立	—	多种付费方案：2480 日元无限量或 1980 日元租借 8 张 DVD 或 CD/ 首月试用免费	电子商务和互联网公司，服务内容极为丰富，不限于视频点播、在线购物等；动漫、游戏为其特色
6	Hulu（美国费城）	https://www.hulu.jp	迪士尼公司、Comcast Corporation	70000	1026 日元（含税）	有线电视、电信和媒体娱乐公司
7	Netflix（美国洛斯加图斯）	https://www.netflix.com/browse	奈飞公司	—	多种付费方案，最低 800 日元（不含税），无免费试用期	流媒体付费视频点播；电影、电视制作、发行
8	Amazon Prime Video（美国）	https://www.amazon.co.jp/Prime-Video/b/ref=as_li_ss_tl?ie=UTF8&node=3535604051&linkCode=sl2&tag=matcha03-22&linkId=2c1c804bf90dccf34fcf4cdb8157735c&language=ja_JP（日本）	亚马逊公司（美国）	—	500 日元（含税）/30 天	发行 Amazon Studios 自己制作的电影和电视剧，以及由亚马逊拥有版权的电影和电视剧

1　数据主要来源于列表中的视频网站官网和 wikiipedia，笔者统计整理。

除此之外，如美国的 DirecTV Group、Inc（2015 年被 AT&Ts 收购）等公司在日本也有卫星电视落地。

二、电视剧集制作概况

日本的电视剧播放一般在早晨、中午和晚上三个时段。早晨的电视剧（"晨间剧"）一般 15 分钟，后文将以典型案例的方式进行阐述；中午时段电视剧一般为 30 分钟；日本电视剧的黄金时段是晚上八点到午夜，这个时段的电视剧时长一般较中午电视剧更长，通常为 50 分钟左右。因为日本电视剧一般采用周播制，即每周播放一集，所以观众在一周内每天都能看到不同的电视剧，这样观众的选择多了，电视剧创作和制作的压力就相对比较大。

2015 年以来日本电视剧制作整体趋势稳定，佳作频现。2015 年以前，电视剧的制作主体就已经发生了变化，电视台不再是电视剧的唯一制作主体；2015 年以来，互联网视听产业进一步发展，从 2015—2022 年的数据统计来看，视频网站进入电视剧制作领域已经进一步展开，而且成绩不俗。

以 Netflix 在日本的在线视频服务为例，2015 年 9 月 1 日上线，同年即推出与富士电视台联合制作的原创作品《双层公寓：都会男女》（*Terrace House: Boys & Girls in the City*，2015）、《内衣白领风云》（アンダーウェア，2015），2019 年 Netflix 移动端在日本年增加 175%，2020 年 Netflix 在日本制作的原创作品数量占其在亚洲区域制作数量的最大比例。从上述内容可见互联网媒体平台内容的供应强度，包括原创剧集和电影内容。在日本，Netflix 对剧集和电影的原创参与给日本视听内容的生产带来了国际化视野的影响。此外 Netflix 在日本的主要制作兴趣是动漫。

笔者对 2015—2022 年的日剧代表性数据进行了整理（见"本章补充资料"）。

2015—2022 年，日本电视剧的题材涉及医疗、犯罪、悬疑、青春、喜剧、校园、爱情、饮食、职场等，类别包括常见的行业剧、偶像剧、家庭剧、社会问题剧、美食剧等，不同的题材和类别中呈现出较为突出的写实风格和对社会问题的探讨。

在这一阶段，饮食剧——也被称为美食剧的表现较为亮眼。松冈锭司（Joji Matsuoka）导演的《深夜食堂》（*Midnight Diner: Tokyo Stories*，2009）从 2009 年开播，并分别于 2011 年、2014 年推出第二部和第三部；2016 年推出《深夜食堂·东京故事》第一部，2019 年再次推出《深夜食堂·东京故事》第二部；2014 年和 2016 年分别推出两部《深夜食堂》电影版。"深夜食堂"虽然不是以家庭关系为纽带连接的人与人的感情，但是一旦坐下来在一张桌子上、一个屋子里吃饭，自然也就有了"一家人"的意味，就有了放松下来进行情感交流的可能。除此之外，"深夜食堂"恰好是晚回家或者没有家的人夜晚交汇的地方。除了老板作为厨师，看似流动的人群和稳定的故事人物是凝聚这个空间的"主菜"，这些人留下来的故事是这个空间的"食材"，而他们交流与流动则是这个空间的"佐料"。这样"深夜食堂"也就有了特定的味道。当然导演松冈锭司深具洞察力的创作笔法，以及安倍夜郎原著漫画《深夜食堂》浓郁人情的故事也是该系列作品能够成功的原因。

2012 年开始的《孤独的美食家》（孤独のグルメ，2012）系列（如图 3-13 所示）也颇为成功，从 2012 年到 2022 年共推出十季。豆瓣平均评分高于 9.2 分，最高分达到 9.4 分。从制作团队中可以看到主演极为稳定，导演的接力棒逐步传递，新一阶段的导演往往在上一阶段得到锻炼，导演也成功地从沟口宪司等过渡给了井川尊史，二人在"美食家"系列中合作过多次。这部美食作品具有稳定而持久的活力。

图 3-13　电视剧《孤独的美食家》剧照

从这些极具生命力的系列作品中可以看出饮食题材的电视剧在日本的受欢迎程度。其原因多重，但其中文化心理的因素十分关键。饮食是日本及中国、韩国等东亚地区情感与家庭的重要组成部分。最简单的料理和最朴素的味道中蕴含了人与人之间的交流与情感表达。

在青春偶像剧中，校园题材、现实题材、家庭及行业题材均有所涉及，爱情仍然是最强有力的主题。2020 年大火的《将恋爱进行到底》（恋はつづくよどこまでも，2020）（如图 3-14 所示）借医疗剧的类型形态，讲述了资深医师和新手护理之间的爱情故事，充满职业魅力和性格魅力的人物、不同人物追逐梦想的主题，以及普通青年人对真爱的追求和发现都成为牵动观众的重要剧情因素，当然男女主人公及剧中人物或帅气或可爱或美丽的外貌也是此类作品必备的因素。需要提到的是该剧的编剧金子亚里纱（Arisa Kaneko）创作能力惊人，从 2015 年与他人合作编剧《主妇堕落的毁灭之路》（电影），到 2020 年共完成十余部作品，包括《绿色奇迹》《高台家的成员》《请和我的妻子结婚》《邻座的怪同学》《羊与钢的森林》等电影和电视剧《我选择了不结婚》、《奔跑的奇迹小马》（上下集电视剧）、《中学圣日记》、《东京单身男子》、《盛装恋爱有理由》。她的作品基本以青春、校园、爱情题材为主，娴熟的创作笔法和充满趣味的人物塑造使得其作品口碑良好。

图 3-14 电视剧
《将恋爱进行到
底》剧照

这类作品也呈现出关注现实的特征，比如：《我和丈夫不适配》将现实问题融入幽默笔法，坦陈夫妻生活的不协调；《坡道上的家》（坂の途中の家，2019）让一个平凡的家庭主妇因承担公民义务进入社会法律事务，直面诸多家庭案件，包括刑事案件，以这样一个母亲和女性的视角探寻一个个婚姻中的女性与女性的命运，具有比较强烈的写实性。

行业剧涉及医疗、侦破、教育、餐饮、银行、保险、娱乐业等多种多样的现实行业。根据日本数据统计公司（Ciatr）对 2021 年日本电视剧收视率进行的数据统计，2021 年日本电视剧收视率排名前十位的有三部涉及医疗题材行业剧，分别是《X 医生：外科医生大门未知子（第七季）》《TOKYO MER ～移动紧急救命室～》及《X 光室的奇迹Ⅱ》，其中《X 医生：外科医生大门未知子（第七季）》以 16.4% 的平均收视率高居 2021 日本电视剧收视率榜首。本剧立足于现实生活，反映不同时期日本民众的医疗需求。比如，第七季的故事讲述在百年难遇的疫情大变局中，天才外科女医生大门未知子不惧官僚压迫，仍紧握手术刀治病救人的故事，鲜明地刻画出疫情大时代背景下的新女性形象。除了医疗行业剧，侦破行业剧仍在收视市场占据较大比重。在 2021 年日本电视剧收视率排名前十的作品中，有四部涉及刑事侦破类电视剧，分别是《鸦色刑事组》（イチケイのカラス，2021）、《紧急审讯室 4》（緊急取調室 4，2021）、《秘密内幕～女警的反击～》（ハコヅメ ～たたかう！交番女子～，2021）和《樱之塔》（桜の塔，2021）。更值得一提的是，对 2022 年日本电视剧收视率统计，刑事侦破类行业剧《水下罪案搜查班 DCU》（Deep Crime Unit ～手錠を持ったダイバー～，2022）（如图 3-15 所示），《勿言推理》（ミステリと言う勿れ，2022）分别以 14.4% 和 12% 的收视率占据第一、

图 3-15 电视剧
《水下罪案搜查
班 DCU》剧照

二位。综上所述，行业剧仍是日本电视剧本土市场的主要收视来源。

恐怖片在日本文化和日本影视作品中较为常见，这一阶段的代表作品包

括《咒怨之始》等。而社会问题剧则往往融合了家庭、伦理、情感等诸多类型元素和内容元素，并且这一趋势将继续一定的时间，比如，《大豆田永子与三位前夫》（大豆田とわ子と三人の元夫，2021）将一个女人和三个前夫不得已绑到了一起，主人公不得不面对个人、家庭、情感、伦理、子女等多重问题。

现实题材日剧能够打动观众的原因之一在于其对现实的展现、表达、反思正是日本当下社会景况的深入反映，也是日本当下社会心理的映照。那么日剧同时能够打动中国、韩国及亚洲其他国家观众，究其深入的原因在于，日本的现实与其他地区现实的呼应，以及日本现实又常常先于其他地区的现实而发生，比如老龄化社会、御宅族年轻人、女性所遭遇的社会问题等。日本可以说是亚洲地区最早步入老龄化社会的国家，御宅族现象也是从日本诞生，并逐步蔓延至亚洲其他国家和地区。现实与情感的共鸣使日剧观众不仅仅局限在日本，在韩国、中国也有着庞大且稳定的受众群。

在这里，单独谈一下日本电视剧编剧对于电视剧的影响。如果说电视剧是编剧的艺术，那么这一点在日本电视剧行业表现尤为突出。日本电视剧编剧的高地位在行业内由来已久，其个人的特点、兴趣、专长、剧情写作风格、价值观也往往影响电视剧的创作和电视剧集的风格。

除了前文提到的金子亚里纱，一些成熟编剧和年轻编剧都呈现出明显的风格特征或者风格倾向。比如，《大豆田永子与三位前夫》的编剧正是 1991 年成功推出经典日剧《东京爱情故事》的坂元裕二（さかもと ゆうじ）。2015 年以来，他的《两个妈妈》（Mother，2010）、《最完美的离婚》（最高の離婚，2013）、《问题餐厅》（問題のあるレストラン，2015），以及极高收视率和口碑的《四重奏》（カルテット，2017）等作品使得他再次成为高质量电视剧的保证，以及高收视率的重要吸引力因素。

此外，像写出《高岭之花》（高嶺の花，2018）、《百合与直觉》（百合だのかんだの，2019）的野岛伸司，《同期的小樱》（同期のサクラ，2019）的编剧游川和彦（Kazuhiko Yukawa），《东京爱情故事 2020》（東京ラブストーリー，2020）的编剧北川亚矢子（Ayako Kitagawa）都将自己清晰的风格融入作品，成为电视剧作品的风格。野岛伸司的作品往往展现出对社会的省思，具有一定的批判精神。《高岭之花》中石原里美饰演的月岛桃是花道名门"月岛流"，她承受着各方面的"高"处不胜寒的体验。虽然作品也呈现出都市故事的风貌，但女性所面对的爱情的背叛、阶层壁垒、家族的功利需求等还是展现了日本当代都市的现实问题。野岛伸司的名字以大字体出现在仅 29 秒的预告片中，足见编剧的号召力。北川亚矢子是经典日剧《美丽人生》（ビューティフルライフ，2000）、《悠长假期》（ロングバケーション，1996）的编

剧，2015 年以来推出影视作品十余部。电视剧《约饭》（女くどき飯，2015）、电影《真白之恋》（真白の恋，2016）等作品的风格细腻、柔美，并一如既往地展现对美好爱情的期待与描绘。

图 3-16　电视剧《四重奏》剧照

高质量的日本电视剧往往贡献了很多的经典台词，而这些台词也是出自这些优秀的编剧之手。比如，《四重奏》（如图 3-16 所示）在谈到爱情与婚姻时的一系列台词：

"我想要拥有家人才去结婚。"

"可是为什么阴天就会说天气不好呢，阴天就只是阴天，和蓝天一样的好阴天"。

"——你爱你的妻子么？——当然爱她啦，虽然爱她，但是不喜欢她。"

……

那些日常场景下诞生的轻轻触动心灵的台词，其本质并不是语言的力量，而是价值观、人生观、爱情观，甚至生死观的力量。因此优秀的台词也再次印证了电视剧是编剧的艺术这句通俗的评价。

三、经久不衰的日本动漫创作，面临危机的动画制作公司

2015—2022 年，日本的动漫视听作品创作依旧保持了较为旺盛的生命力，青春情感、校园生活、科幻、犯罪是主要题材类型，经典 IP 的再生产和优秀动漫新作改编势均力敌，几乎平分市场。

2015 年的《心理测量者》（PSYCHO-PASS サイコパス）是 2012 年的同名电视动画剧集的剧场版，豆瓣评分 8.1 分，IMDb 评分 7.2；2012 年的剧集更是获得了豆瓣 9.0 分，IMDb8.2 分的成绩。该作品在 2019 年、2020 年分别推出了多个剧集和剧场版动画，豆瓣评分均 7 分以上。犯罪题材的动画是日本动画的传统之一，比如《名侦探柯南》（Case Closed，1996）等。《心理测量师》的不同在于融入了更多的科幻和动作元素，成为极具类型融合特征的成熟动漫 IP。

在 2015 年日本的影院动画中，成熟 IP 的再生产成为视听产业的重要特征。观众耳熟能详的 IP 包括"哆啦 A 梦""名侦探柯南""蜡笔小新""花与爱丽丝

杀人事件""机动战士高达""龙珠""火影忍者"等。高收视率的电视动画（包括电视播放后投放网络播放的）一旦受到欢迎就会连续推出多季，并同时推出影院版，甚至真人版。比如，《暗杀教室》2015年一经推出即大受欢迎，并于2016年推出第二季，同时推出了真人版、"毕业篇"、"修学旅行篇"等，也逐渐成为一个大热IP。2016年《海贼王》《火影忍者》《死神》位列前三，此外还有《机动战士高达》《名侦探柯南》《蜡笔小新》《你的名字》《同级生》《妖精的尾巴》《进击的巨人》《朝花夕拾》等高质量作品。《伤物语》（傷物語，2016）2016年连出两部，2017年又出一部，是西尾维新（にしお いしん）"物语系列"小说的第二部，漫画由漫画家戴源亨完成，并于2008年由讲谈社出版。

2017年，《烟花》《宣告黎明的露之歌》具有代表性，《蜡笔小新》《哆啦A梦》《名侦探柯南》又各自出一部。2017年比较特别的作品一个是《春宵苦短，少女前进吧！》（夜は短し歩けよ乙女，2017），另一个是《黑执事》（ *Book of the Atlantic* ，2017）。2018年《关于我转生变成史莱姆这档事》展现了奇幻的冒险之旅。2019年首播动漫《鬼灭之刃》（如图3-17所示）引爆日本动漫界，该动漫改编自日本漫画家吾峠呼世晴所著的同名漫画，时代背景设立在日本大正时期，讲述了主角灶门炭治郎在家人被鬼杀害的情况下，毅然决然加入鬼杀队维护世间和平的故事。此动漫将日本"鬼"文化作为故事根基，并由此延伸出对正义与邪恶、生存或死亡、亲情及友情等诸多价值观的新思考。该剧一经播出即好评如潮，在日本网友票选的"100部日本神级动漫"中以9.0分的高分位列第七位。除此之外，2020年推出的动漫电影《鬼灭之刃：无限列车篇》以404.3亿日元的票房占据2020年日本电影票房首位（第二位《我是大哥大剧场版》，票房仅为53.7亿日元）。2020年有200余部作品登陆荧屏。[1]

图3-17 动漫
《鬼灭之刃》剧照

2021年的日本动画也含有部分因新冠疫情而推迟播出或发行的2020年动画作品，有

---

1 日本历年动画作品可详见维基百科每一年的《日本动画列表》。

近300部动画作品被播出或展映。2021年在朝日电视台播出的《热带盛妆！光之美少女》（*Tropical-Rouge! Precure*，2021）、在富士电视台播出的《鬼灭之刃》都取得了良好的收视反馈，在日本电视台播出的《鲁邦三世》（*Lupin Ⅲ*，2015）亦是如此。"鬼灭之刃"系列依旧是该年的大热门作品，分别是《鬼灭之刃：无限列车篇》和《鬼灭之刃：游郭篇》，这两部作品在日本关东地区的电视收视率分别为10.000和9.200。日本全区收视率显著的是《热带盛妆！光之美少女》，该IP是经典的美少女系列，该部动画是东映动画制作的系列电视动画作品《光之美少女》的第十八部系列作品，属第十六代光之美少女。

2022年推出的电视动画《间谍×过家家》（SPY×FAMILY，2022）引起广泛关注。《进击的巨人：最终季》也是2022年在日本全区收视率显著的经典动画作品。2022年的《莉可丽丝》（*Lycoris Recoil*，2022）和《孤独摇滚！》（*Bocchi the Rock!*，2022）都有着很不错的人气和季度第一的圆盘销量，但整体影响力仍局限于宅圈，IP价值与市场规模存在上限。

2023年的日本动画正在变得越来越大众和出圈。回顾2023年的日本动画，依旧秉承着其量大、风格多元的特色，为观众带来丰富多彩的选择与体验。2024年，有多部经典动画续作面世，譬如《一拳超人　第三季》《关于我转生变成史莱姆这档事　第三季》《鬼灭之刃　第四季》《从零开始的异世界生活　第三季》《夏目友人帐　第七季》《约会大作战　第五季》《刀剑神域GGO　第二季》等。这些作品不仅在故事情节、角色塑造、画风等方面表现出色，而且具有深刻的思想内涵和独特的艺术风格，吸引了大量观众的关注和喜爱。其中，《我心中的危险　第二季》以其精湛的剧情和深刻的角色刻画连续多周蝉联榜首，成为2024年的热门作品之一。这部作品通过精心构建的故事世界和富有感染力的角色表现，成功吸引了观众的眼球，并引发了广泛的讨论和关注。此外，《指尖相触，恋恋不舍》和《迷宫饭》等作品也备受瞩目。这些作品在剧情、画风和主题等方面都有独特的创新，为观众带来了全新的观看体验。它们通过细腻的情感描绘和丰富的想象力，成功地吸引了观众的共鸣和喜爱。在新番方面，2024年也推出了多部备受期待的作品。例如，《勇气爆发》作为一部原创电视动画，以其独特的设定和精彩的剧情赢得了观众的喜爱。同时，《转生七王子的魔法全解》《老夫老妻重返青春》等作品也各具特色，为观众带来了不同的故事体验。总体来说，2024年的日本动画市场呈现出多元化、创新化和高质量的发展态势。代表性作品不断涌现，不仅满足了观众的多样化需求，也为日本动画产业的持续发展注入了新的活力。随着技术的不断进步和市场的不断拓展，相信未来日本动画市场还将继续迎来更加繁荣的发展。

除了影院动画、电视动画，首播既没有上院线也没有在电视上播放的动画作品通常被称为 OVA（Original Video Animation）动画，当然它已经不是原创动画录影带的意思了。有如此多的播放渠道和发行渠道，又有如此蓬勃的制作基础和受众基础的日本动画深受日本观众的欢迎，经久不衰。

然而，与较高质量动漫作品的持续生产和经典动漫 IP 颇为旺盛的生命力相矛盾的是动画制作公司的衰退。根据日本权威市场调查公司帝国数据银行的数据，动画制作公司 2007 年的平均收入为 12 亿 3600 万日元，而 2016 年的平均收入仅为 7 亿 9900 万日元。这表明动画制作公司的平均收入在 10 年间减少了约 4 成。[1] 在制作公司中，很少有公司能直接享受作为动画产业收益支柱的包装内容销售和持续扩大规模的视频发送服务的销售额。

除此之外，宫崎骏（みやざき はやお）导演的新作《你想活出怎样的人生》（君たちはどう生きるか，2023）也引发了热议，自 2023 年在日本本土上映后，便接连受到好评，并获得了第 96 届奥斯卡金像奖最佳动画长片奖。该片讲述了在第二次世界大战期间，日本少年——牧真人在经历母亲去世、父亲和小姨再婚后，经由一座废弃的洋楼进入异世界的故事。该片是一个将近代日本历史融入其中，且在哲学层面发起诘问的影片。

从这个意义上讲，宫崎骏的新作《你想活出怎样的人生》无疑是一部引人深思的作品，它延续了宫崎骏一贯的动画风格，同时也注入了新的思考和创意。首先，从影片的主题和内容来看，《你想活出怎样的人生》聚焦于人生观念的探讨和成长过程的理解。影片通过讲述主人公——牧真人在第二次世界大战后失去母亲，与一只会说话的苍鹭的奇特冒险旅程，引导观众去深思人生的目的和意义，以及我们如何面对生活的挑战和困难。这种对人生哲学的深度挖掘，使得影片不仅是一部动画电影，也是一部具有深刻内涵的艺术作品。其次，从影片的动画制作来看，宫崎骏的手绘动画风格仍然独具魅力。虽然采用了简单的手绘形式，但人物的表情和动作效果却比 3D 动捕更加传神生动。每一个细微的表情和动作都被精心描绘，仿佛让人置身于角色的内心世界。音效的处理也十分出色，使得观众能够亲身感受每一个声音的细微差别和情感的波动。然而，影片也存在一些不足之处。例如，旁白提及的"战争开始的第三年，母亲去世"这一情节，与实际历史事实相悖，显示出对战争认识的浅

1　岩出和也，山口翔．日本におけるアニメーション産業の現状と課題『制作現場の情報化による可能性［J］．名古屋学院大学コレクション社会科学篇，2017，54（2）：197-210．

薄与情感的淡漠。此外，影片中的一些情节和设定，如牧真人最后称牧夏子为"妈妈"的一幕，虽然意图煽情，但因缺乏说服力而显得刻意。由于这些情节的处理不够自然和流畅，影响了影片的整体观感。总的来说，《你想活出怎样的人生》是一部优缺点并存的作品，能够引发观众对人生和成长的深刻思考。

从图中（如图 3-18 所示）可以看到，2011—2015 年，动漫市场的规模确实在不断扩大。然而，与此相反的是，制作公司的业绩却增幅极其缓慢，几近停滞，而制作公司的业绩低迷并非特例。

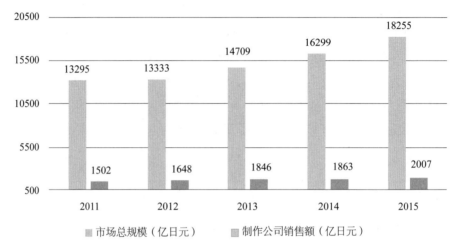

图 3-18　动漫产业的市场规模（2011—2015）

为了分散风险，制作委员会大概在 21 世纪初开始逐渐在日本的电影、动画制作领域采用如图 3-19 所示的流程。同一个作品有多个投资方分担成本和风险，商业收益根据投入资本的比例来分配。但是这样也就衍生了一个巨大的问题，尤其是在动画制作领域。因为制作委员会这种制度的收益是按照投资比例来分成的，一般来说，动画制作公司的制作能力再强也没有足够大的资本参与投资，或者被称为投资比较小的受益方，或者仅仅作为承担、承包动画制作的主体，而 DVD 等版权是其主要收益，但互联网收益往往不计在制作方能够获得的收益类别中。随着互联网平台播放量的增加，DVD 售卖减少。实际上制作公司的版权收益应该包括互联网平台购买的版权，而这一情况正在变化中，尚没有改变动画制作公司的窘境。

此外，海外公司也逐步参与日本动漫的制作与生产，如 Netflix 公司在日本市场的原创作品投入比例最大、发行平台投放最多，其互联网播放数量最大的就是动漫作品。

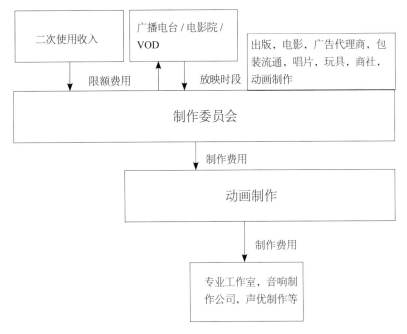

资料来源：笔者参考伊藤高史（2014），瑞穗银行（2014）作成

图 3-19　制作委员会流程缩略图

当下，日本动画行业呈现典型动漫创作能力没有降低，动漫作品欢迎度经久不衰的态势，但动画制作公司却面临资金、制作模式、商业运营等多重危机，亟待解决。

第四节　代表性视听内容"晨间剧"分析
——以《阿浅来了》为例

"晨间剧"的正式名称为"连续剧小说"，每集大约 15 分钟。在电视开播的早期阶段，只有白天和晚上的时间有节目播出。1957 年 10 月，NHK 电视台决定在早上 7—8 点播放电视节目。随着电视节目的发展和观众需求的增加，为了提高早上电视节目收视率，"晨间剧"诞生于电视节目首次播放的八年后，即 1961 年 4 月 3 日。时至今日，"晨间剧"已诞生 60 余年，播放了超过一百部作品。"晨间剧"既是日本视听娱乐生活的重要内容，又是日本社会、政治、文化的时代缩影。

一、"晨间剧"阶段划分

本书采用日本学者吉川邦夫的观点,将"晨间剧"作品划分为五个阶段[1]。

第一阶段:从《女儿和我》到《鸠子之海》。主人公多为出生于明治、大正、昭和时代的女性,讲述的是和家人一起在战争中度过战后生活的故事。

第二阶段:从《水色之时》到《小纯的应援歌》。这一阶段的剧作以新人女演员饰演的女主角为中心,描写活跃在社会舞台上的女性,即以"职业剧"和令人怀念的"时代剧"为主。

第三阶段:从《青春家族》到《明日香》。这一阶段的故事多讲述平成年间的新时代风貌、新生活方式,以及现代女性的现代生活与身姿等。

第四阶段:从《我的蓝天》到《欢迎龟来》。这一阶段的剧作以家庭生活、夫妇关系、个人的生活方式为重点,创作和制作上可以看到新探索。

第五阶段:《怪怪怪的妻子》以后。这一阶段的剧作以昭和等时代为背景,描写了获得共鸣的女性的生活方式。有很多作品都有真实的原型,关注媒体和社会,获得社会反响。

二、《阿浅来了》特色分析

《阿浅来了》(あさが来た,如图3-20所示)是2015年下半年由NHK播出的"晨间剧"系列作品。2015年9月28日播出第一集收视率达到21.2%,最后一集的收视率为27.0%,2015年12月4日达到最高收视率27.2%,播出时间的平均收视率为23.5%,打破了由2002年的"晨间剧"《樱花》创下的23.3%平均收视率的纪录,创下21世纪的最高收视率。[2]

《阿浅来了》源于真实故事,改编自古川智映子的小说《土佐堀川》,由著名编剧大森美香(おおもり みか)执笔撰写。女主角白冈浅的原型是以大阪为据点活动的实业家、教育者广冈浅子。广冈浅子出生于京都的豪商小石

图 3-20　电视剧《阿浅来了》剧照

1　二瓶瓦,齋藤建作,吉川邦夫,等.NHK连续テレビ小说と视聴者 - 朝ドラはどう见られているか[J].NHK放送文化研究所年报,2020:7-165.
2　「あさが来た」平均视聴率、朝ドラとしては今世纪最高、朝日新闻、2016年。

川三井家，是三井高益的四女儿，嫁给了大阪的豪商加岛屋一族的广冈信五郎。幕府末期到大正时期，极少有日本女性出现在社会舞台上。广冈浅子作为企业经营者从事银行、保险、矿碳行业，甚至开创了日本第一所女子大学，是日本女性企业家、社会事业家的先驱。

故事从日本安政四年开始，描写了跨越各种困难成长起来的阿浅和他的家人们为社会做出贡献的故事。剧名《あさが来た》中"あさ"写作"朝"，包含了编剧"希望本剧能成为一部'让社会变得光明'的电视剧，让清晨到来后新世界开始"的想法。[1] 作为"晨间剧"作品，《阿浅来了》对真实事件的人物姓名、企业名称等进行了改编，并在一定程度上进行了艺术性虚构。

随着日本电视剧的发展，"晨间剧"已然成为极为成熟的、具有日本文化特色的节目类型。因其独特的时间安排，日本观众将其形象地比作"闹钟"，更有甚者说出"不看晨间剧不出门"[2]的言论，不难看出作品内涵及其风格受受众喜爱的浓烈程度，"晨间剧"好似被描绘为披荆斩棘、克服困难的时代"浮世绘"。

那么在日本观众心目中地位高、艺术评价高、收视率也颇高的《阿浅来了》，究竟因何而深受好评呢？

根据《阿浅来了》的观众心理情绪调查统计，给观众带来"开朗"情绪的数据为73%，"有活力"的数据为70%、"清爽"的数据为64%……比近几年"晨间剧"作品该项数据的平均值高出10%以上。在作品的功能性印象调查数据中，"在意后续"的观众占70%，认为"收视率很高"的观众占66%，认为该剧会"成为话题"的观众占61%，认为"作品质量高"的观众占59%……比以往作品同类数据平均值高出20%左右。认为"演员阵容豪华"观众占60%，"看了会感动"观众占54%，比以往作品平均值高1成多。总体来说，《阿浅来了》给观众留下了极为美好的印象。从数据上看，确实是评价极高的"晨间剧"代表作品。

此外，根据受众群体分类调研，从性别上，女性观众比男性要多出12%且随着年龄增长，受众数量逐步增加。可以说，该剧在女性观众，以及年龄段

---

1 平成 27 年度後期連続テレビ小説「あさが来た」制作のお知らせ（NHK ドラマトピックス，2015）。
2 男が主役の作品があった「朝ドラ」豆知識（ニッポン放送，2018）。

较高的受众群体中，所获得的评价更高。[1]

　　该作品的优势主要体现在四个方面：首先是演员阵容，一位女主角由2004年进入演艺圈的南波瑠（はる）担任，另一位女主角的扮演者宫崎葵（みやざき あおい）也是童星出道，很年轻就获得了电影、电视行业认可的人气女演员；男配角则由在香港出道的藤冈靛（Dean Fujioka Tatsuo）和实力跨界男演员玉木宏（Tamaki Hiroshi）担任。出色的演员班底让该作品在首集就收获了21.2%的收视率。

　　其次是因其以实际人物为原型的艺术再创作。《阿浅来了》虽说以日本明治时代女性实业家——"一代女杰"广冈浅子为原型，但却并不苛守所谓"历史再现式电视剧"，而是对原内容进行艺术性改编，融入时代心理诉求。比如，现实中广冈浅子与丈夫结婚不久，由于浅子迟迟没有孩子，家族为了延续香火决定给丈夫纳妾。但是，在《阿浅来了》中却改写成家族内部矛盾，被家族压力裹挟下的新次郎和阿浅的夫妻感情在这个矛盾中得到了深化和加强。从观众的角度来看，极少有观众认为这种改编因其不同于现实而失去真实性。虽然这部剧故事内容的丰富程度堪比错综复杂的午间爱情剧，但相比于一成不变地复现生活事实，融入时代风貌并采取必要的叙事技巧，以满足观众的观赏习惯和期待是这部剧更能让人看得津津有味的主要原因。

　　再次是主人公的塑造。除了女主人公的成功塑造，男主人公人物形象的丰富及其成长变化也是作品受欢迎的原因之一。作品开端，新次郎作为一名新婚的丈夫，一方面能够包容性格直率、做事冲动的阿浅，另一方面却没有一家之主的责任与干劲，沉迷音乐，无所追求。对于这样的新次郎，一部分观众"有点寒心"，另一部分则看到了他作为一名绅士言谈举止的柔和，以及作为一名丈夫义无反顾地对妻子的行为。随着剧情的进展，锲而不舍地在背后默默支撑阿浅的新次郎受到更多观众的认可和喜爱。从观众统计数据中可以看到，认为"新次郎的人物形象、塑造方法不错的观众"排第二位[2]。不仅观众对新次郎这一人物充满了喜爱，表演者玉木宏更是因这一角色而获得日本电视学院赏最佳男配角。

　　最后是故事的价值观。《阿浅来了》从阿浅演说的场面展开叙事。作品

1　二瓶亙. 連続テレビ小説『あさが来た』はどのように見られたか～視聴者調査から見た特徴と成功の要因～［J］. 放送研究と調査，2016（9）：2-25.
2　二瓶亙. 連続テレビ小説『あさが来た』はどのように見られたか～視聴者調査から見た特徴と成功の要因～［J］. 放送研究と調査，2016（9）：2-25.

当时的主打宣传是"日本第一所女子大学的创立者、经营银行和保险公司的明治时代女性实业家的一生,描绘女性成功的故事"。部分观众也谈到希望"知道经营银行、女子大学、保险公司的女性是以怎样的姿态生活的""女性在遇到困难和危机时该如何应对,看《阿浅来了》很有参考价值"[1]。一开始观众对该剧的兴趣来自对广冈浅子传奇人生的好奇,特别是女性观众对于以"女强人"为主角电视剧的视听诉求。此外,本剧并没有只将故事重点放在描述女性开拓事业的艰苦历程上,而是以此为背景下,将更多的笔触放在描写女性成长、人与人的情感、人与自我的关系上。比如,剧中五代对阿浅的帮助来源于温暖的感情,而并非冰冷的商业利益。情感的出发点更能引起观众共鸣,从而产生良性的社会心理共鸣。主人公的姐姐也是剧中虚构的人物形象,姐姐的生活方式虽然与阿浅完全不同,但也同样抓住了观众的心灵,获得观众的认可。

从《阿浅来了》的分析可以看出,与传统故事不同的是,主人公通过与不同人的交往、情感关系的链接和独立自强的人生磨砺获得了内在成长,进而实现自我价值和社会价值的互动。在近代日本,历经磨难而修成正果的故事常常被认为是一种浪漫的叙事。

以《阿浅来了》为例,"晨间剧"的一大特征就是主人公绝大多数是女性。"晨间剧"中的女主人公们被描绘成开朗、勇敢、充满朝气、一心一意地活着的模样。在20世纪80年代以前的"晨间剧"中,女主人公的婚姻危机往往是故事情节的转折点,剧中的婚姻往往并不圆满,大多数作品为观众刻画出丈夫去世、单亲妈妈和子女仍顽强生活的感人故事。随着社会的发展,反映时代潮流的百余部"晨间剧"主题从作为平凡人努力生活的女性的故事,逐渐变成有自己的梦想,努力创造属于自己世界的女性故事。

"晨间剧"的时代人物塑造有典型成熟的手段,女性形象与男性形象塑造既体现了时代特征,又有着互动与影响。女性形象塑造有着共通的方式,特征之一是"坚强和温柔"作为人物和人物成长的性格基调[2]。此外,对子女关爱的父母家人、社会温暖的视线下成长起来的孩童、青年时期出现的贵人、与爱人相遇、组建家庭的幸福,都是支撑女性形象塑造的叙事因素

1 二瓶亙.連続テレビ小説『あさが来た』はどのように見られたか~視聴者調査から見た特徴と成功の要因~[J].放送研究と調査,2016(9):2-25.
2 藤宮礼子.NHK朝の連続テレビ小説が描:女性たちから見えてくるもの[J].望星,1999,30(11):64-71.

和重要情节段落[1]。那么"晨间剧"在重视对女性主人公塑造的同时，如何塑造男性人物，其方法因时代的不同又有哪些变化呢？"晨间剧"中男性形象的描写被总结为以下三点：一是男性形象具有显著的时代特征。20世纪60—70年代"晨间剧"中的男性主要表现为对他人的关心；二是20世纪80—90年代"晨间剧"中的男性则具有显著的社会地位；三是2000年以来的作品中，男性则被描绘成"妻子的得力助手"这一形象，剧中男性大多默默支持妻子工作。[2]

男性形象呈现这一变化的原因实则是两性在日本社会中角色的变化。20世纪70年代，人们都比较重视彼此间的人际关系；当时美国式理想家庭形象的家庭剧在日本掀起热潮，模仿美国甜蜜家庭模式的日本家庭剧大量出现，因而"晨间剧"中的男性大多被刻画为温暖和理想的绅士形象。到了20世纪80—90年代，女性进入社会的机会增加，"晨间剧"中的男性大多被描写为职场女性主人公身边一同帮助的得力男性，所以为了突出男性与女性的同等地位，剧中男性往往具有优渥的社会资源和地位。进入2000年以后，"晨间剧"中的男性则被描写为照顾家庭、有着优秀责任感的时代男性，包括次要的男性角色。比如，女主人公的父亲、祖父和亲戚，对女主人公打拼自己的事业表示理解，并且站在支持的立场上，他们在家庭关系中扮演着支持女主人公的角色。

这一时期，爱情或婚姻关系中的男性，即丈夫或恋人，大多在女主人公的身边，一起工作，一起生活，支持女主人公。这类男性形象不仅限于《阿浅来了》中的男主人公。比如《纯与爱》，是由游川和彦执笔剧本的原创故事，描绘了出身于宫古岛在大阪工作的女主人公，婚后勇敢地朝着梦想前进的故事。其丈夫则陪伴在身边，与她并肩奋斗。

"晨间剧"自第一部作品《女儿和我》起，已经有60年余时光，其独特的制作模式，以及内容资源已然是日本视听产业中的一大支柱。"晨间剧"不仅展现了日本的社会变革和时代潮流，更让人了解了日本家庭伦理、性别伦理，以及东亚儒家美德的情感内核。

2015—2024年，日本视听产业呈现出电视台等传统视听媒体与互联网媒体并存的状况。电视台等老牌视听媒体既受到新的媒体挑战，又在不断寻求和

---

1 村松泰子.テレビドラマの女性学［M］.東京：創拓社，1979.
2 渡邊寬，城間益里.NHK連続テレビ小説に表れる男性役割：時代的な変遷、登場人物の年代、女性主人公との関係性による差異［J］.社会心理学研究，2019，34（3）：162-175.

扩展新的发展空间，互联网媒体也呈现出海外与国内并举的局面。

日本电视台在互联网的挑战之下，面临观众流失、广告流失、效益损失的状况，纷纷快速转型，逐步拥有了成熟的网络平台，互联网成为日本电视台新媒体化、媒体融合的技术渠道。与中国不同的是，日本的电视台在互联网和移动终端的高速发展中，遭遇挑战，迅速反应，快速转型，成功地利用了互联网技术发展以原有内容制作为基础的各自的电视台互联网平台，实现跨屏传播。

与此同时，短视频领域、海外的互联网媒介成功进入日本市场。青年人的视听生活方式与互联网和手机终端紧密相关，Amazon PrimeVideo、YouTube、Hulu、TikTok 等成为青年人手机视听生活的主流。以 Netflix 为例，仅 2019 年，其在日本的增幅便达到 175%。[1]

在内容制作上，动画仍然占据日本视听产业的重要位置，电视剧的制作主体由原来的电视台变成了电视台和网络媒体，尤其是海外网络媒体。但日本电视剧的生产仍然深具市场和文化影响力，传统的电视节目不仅成为人们的视听媒介生活，也成为日常文化和日常生活的重要组成部分，比如"晨间剧"。海外互联网媒体从资本、制作和传播上都更为深入，并成为日本观众视听生活的组成部分，但海外媒体的内容制作非常注重对日本文化的了解和把握，从而使得日本观众能够更好地接受海外媒体的制作内容。

网络视听等新媒体内容的进一步渗透很大程度上改变了人们对移动终端的依赖。短视频成为青年文化的重要组成部分，短视频网站与青年人之间的文化黏着力逐步加强。

---

1 文化产业评论 . NetFlix 的亚洲进击之路［EB/OL］.（2019-04-12）［2025-02-18］. https://www. jiemian.com/article/3037646.html.

补充资料：

一、2015年代表性日剧信息表

片名	导演	编剧	主演	制片	类型	制作公司
《猫侍 第二季》	渡边武	黑木久胜	北村一辉 森宽和		治愈	猫侍制作委员会、AMG娱乐
《产科医鸿鸟》	土井裕泰、金子文纪	山本和美、坪田文	绫野刚	峠田浩	医疗	TBS
剧场版《S-最后的警官》	平野俊一、石井康晴	古家和尚	向井理 绫野刚	韩哲	剧情、犯罪	TBS
《最强的名医》第三季	本桥圭太、常广丈太	福田靖	泽村一树 高岛政伸	黑田彻也 三轮祐见子	医学	朝日电视台
《绑匪的女儿》	波多野贵文	吉本昌弘、香坂隆史 赤井三寻（原作）	渡部笃郎		悬疑	WOWOW
《下町火箭》	福泽克雄、棚泽孝义	八津弘幸、稻叶一广	阿部宽	伊与田英德 川岛龙太郎	剧情	TBS
《学校的阶梯》	南云圣一、铃木勇马	吉田智子	广濑铃 神木隆之介	伊藤响、福井雄太	青春、校园	日本电视台
《山田孝之的东京都北区赤羽》	山下敦弘、松江哲明		山田孝之		伪纪录片	东京电视台
《和歌子酒》	汤浅弘章、久万真路	吉田直树、汤浅弘章	武田梨奈 野添义弘		美食	
《相棒 第14季》	和泉圣治	舆水泰弘、神森万里江	水谷丰 反町隆史		刑侦	朝日电视台与东映株式会社

片名	导演	编剧	主演	制片	类型	制作公司
《刑警七人》	猪崎宣昭、新村良二	大石哲也	东山纪之、高岛政宏	黑田彻也、三轮祐见子	悬疑	朝日电视台、东映株式会社
《根性青蛙》	菅原伸太郎、狩山俊辅	冈田惠和	松山研一、前田敦子	伊藤响、河野英裕	喜剧、家庭、奇幻	日本电视台

二、2016年代表性日剧信息表

名字	导演	编剧	主演	制片	类型	制作公司
《逃避虽可耻但有用》	金子文纪、土井裕泰	野木亚纪子	新垣结衣	峠田浩、那须田淳	爱情、喜剧	TBS
《真田丸》	木村隆文、田中正、	三谷幸喜	堺雅人	屋敷阳太郎、吉川邦夫	历史	日本放送协会
《Doctor-X~外科医·大门未知子~4》	田村直己、松田秀知	中园美保、林诚人	米仓凉子	内山圣子	医疗剧	朝日电视台
《校阅女孩河野悦子》	佐藤东弥、小室直子	中谷麻由美、川崎伊势	石原里美、菅田将晖	西充彦、小田玲奈	喜剧	日本电视台
《请与废柴的我谈恋爱》	河邑勇人、福田亮介	吉泽智子	深田恭子、藤冈靛	阿部谦三、大西羊平	爱情	东宝、TBS
《勇者义彦与引导的七人》	福田雄一	福田雄一	山田孝之		喜剧、魔幻、冒险	东东京电视台
《深夜食堂》第四季	松冈锭司	安倍夜郎	小林薫	松冈锭司、山下敦弘	治愈系、饮食	Netflix
《侠饭~男人的美食~》	榊英雄、山口雄也	根本非宣、清水匡	生濑胜久、柄本时生	浅野太、滨谷晃一	美食	东京电视台
《孤独的美食家新春SP：严冬之北海道·旭川出差篇》	沟口宪司、井川尊史	久住昌之、谷口治郎	松重丰		剧情、喜剧、美食	东京电视台

名字	导演	编剧	主演	制片	类型	制作公司
《孤独的美食家特别篇！盛夏的东北·宫城出差篇》	沟口宪司、井川尊史	儿玉赖子、田口佳宏	松重丰、向井理		美食	东京电视台
《铁证悬案～真实之门～》	波多野贵文	濑濑敬久、吉田康弘	吉田羊、永山绚斗	冈野真纪子、近见哲平	罪案	WOWOW
《只有吉祥寺是想住的街道吗？》	菅井祐介、望月一扶	山田茜	大岛美幸、安藤七津		剧情	东京电视台
《gu·ra·me！～总理的料理人～》	常广丈太、落合正幸	蒌田新也、山冈润平	刚力彩芽	内山圣子、中川慎子	美食	朝日电视台、MMJ
《让我叫你一声岳父》	星野和成、植田尚	林宏司	远藤宪一、渡部笃郎	安藤利久、荻原崇	喜剧	Media mix Japan、关西电视台
《有喜欢的人》	金井纮、田中亮	桑村沙耶香、大北遥	桐谷美玲	藤野良太	爱情	富士电视台
《尼采老师》	福田雄一	福田雄一	间宫祥太朗、浦井健治		漫改	
《砂之塔～知道太多事的邻居》	塚原亚由子、平野俊一	池田奈津子	菅野美穗、松岛菜菜子	高桥正尚、浅野敦也	悬疑	TBS
《咕咕是一只猫2》	犬童一心	大岛弓子、高田亮	宫泽理惠、长冢圭史		剧情、治愈	WOWOW
《营业部长吉良奈津子》	河毛俊作、西浦正记	井上由美子	松岛菜菜子	牧野政、三竿玲子	职场	富士电视台
《原以为命中注定的恋爱不会发生在我身上》	波多野贵文	大岛里美	多部未华子、高桥一生		剧情、爱情	关西电视台

名字	导演	编剧	主演	制片	类型	制作公司
《The Last Cop》	猪股隆一、佐久间纪佳	佐藤友治	唐泽寿明	伊藤响、户田一也	刑侦、喜剧	hulu、日本电视台
《和歌子酒（第二季）》	久万真路、汤浅弘章	阿相久美子、里山桃花	武田梨奈、野添义弘		美食	
《相棒 第15季》	水谷丰、兼崎涼介、桥本一	奥水泰弘、神森万里江、儿玉赖子	真野胜成、奥水泰弘		剧情、推理、刑事	朝日电视台
《临床犯罪学者火村英生的推理》	佐久间纪佳、明石广人、浅见真央	吉布·奈月·玛格丽特、佐藤友治	斋藤工、洼田正孝		推理	日本电视台
《警视厅零系：生活安全科万能咨询室》	仓贯健二郎、竹村谦太郎	吉本昌弘、深泽正树	小泉孝太郎	冈部绅二、松本拓	喜剧、刑侦	东京电视台
《刑警七人（第二季）》	长谷川康、及川拓郎	真野胜成、大石哲也	东山纪之、高岛政宏	内山圣子	悬疑	朝日电视台、东映株式会社
《猫侍玉之丞江户之旅》	渡边武	黑木久胜	田中直树、山口纱弥加		喜剧	
《家政夫三田园》	七高刚、小松隆志	八津弘幸、小峰裕之	松冈昌宏	秋山贵人、内山圣子	悬疑	朝日电视台、MMJ
《卖房子的女人》	猪股隆一、佐久间纪佳	大石静	北川景子、工藤阿须加	伊藤响、小田玲奈	剧情	日本电视台

三、2017年代表性日剧信息表

名字	导演	编剧	主演	制片	类型	制作公司
《孤独的美食家第六季》	沟口宪司、井川尊史	田口佳宏、儿玉赖子	松重丰、向井理	川村庄子、吉见健士	美食	东京电视台

名字	导演	编剧	主演	制片	类型	制作公司
《和歌子酒第三季》	久万真路、汤浅弘章		武田梨奈、野添义弘		美食	
《Doctor-X~外科医·大门未知子~5》	田村直己、松田秀知	林诚人、寺田敏雄	米仓凉子	内山圣子、古贺诚一	医疗	朝日电视台
《孤独的美食家除夕特别篇》	沟口宪司、井川尊史	田口佳宏、儿玉赖子	松重丰	川村庄子、吉见健士	剧情、喜剧	东京电视台
《孤独的美食家正月SP：井之头五郎漫长的一天》	沟口宪司、井川尊史	久住昌之	松重丰	川村庄子、吉见健士	剧情、喜剧、美食	东京电视台
《女城主直虎》	渡边一贵、福井充广	森下佳子	柴崎幸	松川博敬、冈本幸江	历史	日本放送协会
《产科医鸿鸟2》	土井裕泰、山本刚义	矢岛弘一、坪田文	绫野刚	那须田淳、峠田浩	医疗	TBS
《猫忍》	渡边武	黑木久胜	大野拓朗、佐藤江梨子		剧情	
《眩：北斋之女》	加藤拓	大森美香	宫崎葵、松田龙平	Takashi Nakamura, Motohiko Sano	剧情、历史	
《脑中被放置了智能手机！》	筑昌也、根本和政	森林清静	伊藤淳史、新川优爱	铃木修、前西和成	剧情、喜剧	
《Byplayers~如果这6位名配角共同生活的话~》	松居大悟、守下敏行	松居大悟、藤木光彦	远藤宪一、大杉涟	滨谷晃一、田边勇人	悬疑、喜剧	东京电视台
《求职家族~肯定顺利~》	秋山纯、落合正幸	桥本裕志	三浦友和	黑田彻也、内山圣子	家庭	朝日电视台
《濑户内海》	濑田なつき、坂下雄一郎		高杉真宙、叶山奖之	大和健太郎、小林史宪	剧情	东京电视台

名字	导演	编剧	主演	制片	类型	制作公司
《山田孝之的戛纳电影节》	山下敦弘、松江哲明		山田孝之、芦田爱菜	大和健太郎、藤野慎也	伪纪录片	东京电视台
《新宿 SEVEN》	藤井道人、植田泰史	山田能龙、山冈润平	上田龙也	田边勇人、浅野大	悬疑、犯罪	东京电视台
《也许很突然，明天我要结婚了》	并木道子、石井祐介	山室有纪子、仓光泰子	西内玛利亚	后藤博幸、大木绫子	爱情	富士电视台
《重生合租屋》	吉田康弘	大浦光太、吉田康弘	星野源、仲里依纱		剧情、悬疑、情感	
《女囚七人》	瑠东东一郎、丰岛圭介	西荻弓绘	刚力彩芽	内山圣子	犯罪、喜剧	朝日电视台、MMJ
《架空 OL 日记》	住田崇	升野英知	升野英知		喜剧	日本读卖电视台、日本电视台
《蔚蓝海岸 10 号》	松本佳奈	尾崎英子	小林聪美、大岛优子	高野市子	温馨、冶愈	WOWOW、Hulu网站
《住住》	住田崇、大仓	升野英知、大仓	二阶堂富美、若林正恭	松冈至	剧情	
《深之料理帖》	柴田岳志、佐藤峰世	藤本有纪	黑木华	坂合厚司、山本敏彦	励志片	日本放送协会
《相棒 第 16 季》	桥本一、内片辉	栗水昌弘、太田爱	水谷丰、反町隆史		推理、刑事	朝日电视台、东映株式会社
《警视厅零零系：生活安全科万能咨询室 2》	仓贯健二郎、竹村谦太郎	吉本昌弘、深泽正树	小泉孝太郎	冈部绅二、松本拓	喜剧、刑侦	东京电视台

名字	导演	编剧	主演	制片	类型	制作公司
《刑警七人3》	及川拓郎	真野胜成、大石哲也	东山纪之、高岛政宏	内山圣子	悬疑	朝日电视台
《紧急审讯室2》	常广丈太、本桥圭太	井上由美子	天海祐希	黑田彻也、三轮祐希子	刑侦	朝日电视台
《监狱的公主大人》	金子文纪、福田亮介	宫藤官九郎	小泉今日子	金子文纪、宫崎真佐子	喜剧、犯罪	TBS

四、2018年代表性日剧信息表

名字	导演	编剧	主演	制片	类型	制作公司
《非自然死亡》	冢原亚由子、竹村谦太郎	野木亚纪子	石原里美	新井顺子、植田博树	医学、悬疑	TBS
《孤独的美食家第七季》	井川尊史、沟口宪司	田口佳宏	松重丰	川村庄子、小松幸敏	美食	东京电视台
《高岭之花》	大冢恭司、狩山俊辅	野岛伸司	石原里美	西宪彦、松原浩	爱情	日本电视台
《终结一吻》	菅原伸太郎、明石广人	泉吉弘	山崎贤人	铃木亚乃、西宪彦	悬疑、科幻、爱情	
《无法成为野兽的我们》	水田伸生、相泽淳	野木亚纪子	新垣结衣、松田龙平	西宪彦、松东京子	爱情	日本电视台
《人生删除事务所》	泷本智行、常广丈太	本多孝好、金城一纪	山田孝之、菅田将晖	山田兼司、太田雅晴	悬疑	朝日电视台
《万福》	渡边良雄、安达もじり	福田靖	安藤樱	堀之内礼二郎、真锅斋	励志	日本放送协会
《继母与女儿的蓝调》	平川雄一朗、中前勇儿	森下佳子	绫濑遥	饭田和孝、大形美佑葵	家庭、喜剧	TBS

名字	导演	编剧	主演	制片	类型	制作公司
《传奇王子》	河合勇人、千村利光	松田裕子	片寄凉太	佐藤俊之、森田美樱	校园、喜剧、爱情	日本电视台
《这本漫画真厉害！》	松江哲明	竹村武司	苍井优	藤野慎也、山本晃人	伪纪录片	东京电视台
《Oh My JUMP！少年跳跃拯救地球》	三木康一郎、青山贵洋		伊藤淳史		剧情	东京电视台
《孤独的美食家除夕 SP：京都·名古屋出差篇》	沟口宪司、井川尊史	田口佳宏、儿玉赖子	松重丰		美食	
《忘却的幸子》	山岸圣太、石井聪一	大岛里美、狗饲恭子	高畑充希	浅野太、井关勇人	美食	东京电视台
《发发可危酒店！》	猪股隆一、水野格	土田英生	岩田刚典	福士睦、福井雄太	喜剧	日本电视台
《正义之凛》	岩崎玛丽	松田裕子、松本美弥子	吉高由里子	西凭彦、加藤正俊	律政	日本电视台
《大恋爱～和忘了我的你》	金子文纪、冈本伸吾	大石静、泉泽阳子	户田惠梨香	宫崎真佐子、佐藤敦司	爱情	TBS
《铁证悬案～真实之门～第二季》	波多野贵文	吉田康弘、酒井雅秋	吉田羊、永山绚斗	冈野真纪子、近见哲平	罪案	WOWOW
《兜鹭》	和泉圣治、田村直己	古家和尚	绫野刚	中川慎子、内山圣子	商战	朝日电视台
《宫本不容易》	真利子哲也	真利子哲也	池松壮亮、柄本时生		剧情	
《乐天派》	熊坂出	熊坂出	白滨亚岚、关口 Mandy		剧情、喜剧	
「下町火箭 2」	福泽克雄、田中健太	丑尾健太郎、楮谷健	阿部宽	伊舆田英德、峠田浩	商战	TBS

名字	导演	编剧	主演	制片	类型	制作公司
《投资者Z》	泷悠辅、坂下雄一郎	土桥章宏、八代文宽	清水寻也		剧情	
《面具男》	久保田集		斋藤工		剧情	
《你已藏在我心底》	福田亮介、水田成英	吉泽智子、德尾浩司	吉冈里帆	佐藤敦司、矶山晶	爱情	TBS
《有家可归的恋人们》	平野俊一、松田礼人	大岛里美	中谷美纪	高桥正尚、中井芳彦	情感、喜剧	TBS
《啦啦队之舞》	福田亮介、金子文纪	后藤法子、德尾浩司	土屋太凤	韩哲、高山畅比古	校园、运动、青春	TBS
《家政夫三田园2》	七高刚、片山修	八津弘幸、小峰裕之	松冈昌宏	内山圣子、秋山贵人	悬疑	朝日电视台
《金装律师》	土方政人、石井祐介	池上纯哉	织田裕二	小林宙、后藤博幸	律政	富士电视台
《圣司传》	福田雄一	福田雄一	松山健一、染谷将太	山田孝之	喜剧	富士电视台
《绝对零度～未然犯罪潜入搜查～》	佐藤祐市、坡宝秀则	浜田秀哉、小山正太	泽村一树	稻叶直人、永井丽子	刑侦	富士电视台
《相棒 第17季》	桥本一、权野元、杉山泰一、片山修、内片辉	舆水泰弘、神森万里江、真野胜成、根本ノンジ、山本むつみ、森下直、金井寛、太田爱、儿玉赖子、德永富彦	水谷丰、反町隆史		刑侦	朝日电视台
《警视厅零系：生活安全科万能咨询室3》	仓贯健二郎、竹村谦太郎	吉本昌弘、深泽正树	小泉孝太郎	冈部绅二、松本拓	喜剧、刑侦	东京电视台
《不伦食堂》		金泽祐也	田中圭、安达祐实		剧情、情色	

名字	导演	编剧	主演	制片	类型	制作公司
《刑警七人4》	猪崎宣昭、新村良二	寺田敏雄	东山纪之、高岛政宏	内山圣子	悬疑	朝日电视台、东映株式会社
《大叔的爱》	瑠东东一郎、Yuki Saito	德尾浩司	田中圭	三轮祐见子、贵岛彩理	爱情、喜剧	朝日电视台
《电影少女2018》	关和亮、真壁幸纪	喜安浩平、山田能龙	西野七濑、野村周平	浅野太	爱情、科幻、喜剧	东京电视台
《BG～身边警护人～》	常广丈太、七高刚	井上由美子	木村拓哉、江口洋介	川岛诚史、秋山贵人	剧情	朝日台电视

五、2019年代表性日剧信息表

名字	导演	编剧	主演	制片	类型	制作公司
《孤独的美食家第八季》	井川尊史、北畑龙一	田口佳宏、儿玉赖子	松重丰	阿部真士、小松幸敏	美食	东京电视台
《Grand Maison东京》	塚原亚由子	黑岩勉	木村拓哉	东仲惠吾、伊与田英德	美食	TBS
《深夜食堂》第五季	松冈锭司、山下敦弘	真边克彦、向井康介	小林薰、不破万作		剧情、美食	
《东京男子图鉴》	松本佳奈	秋山龙平	竹财辉之助		剧情	
《我可能不会爱你》	熊坂出	新井友香、古贺文惠	白洲迅、足立梨花		爱情	
《和歌子酒第四季》	久万真路、汤浅弘章	阿相久美子、女里山桃花	武田梨奈		美食	
《东京自助洗衣店》		川尻惠太	片寄凉太、清水久留巳		剧情、爱情	

名字	导演	编剧	主演	制片	类型	制作公司
《卖房子的女人的逆袭》	猪股隆一、久保田充	大石静、松岛琉璃子	北川景子	西宪彦、小田玲奈	喜剧	日本电视台
《天国餐馆》	木村夏、松木彩	吉田惠里香	石原里美	濑户口克阳	喜剧	TBS
《露营物语》	横浜聪子、富永昌敬	富永昌敬、保坂大辅	三浦贵大、夏帆		剧情	
《凪的新生活》	坪井敏雄、山本刚义	大岛里美	黑木华	中井芳彦	爱情、喜剧	
《东京独身男子》	树下直美	金子亚里纱	高桥一生	横地郁英、中川慎子	爱情	
《集体降职》	平川雄一朗、田中健太	泉吉纮、江波户哲夫	福山雅治、香川照之		喜剧	
《初次恋爱那一天所读的故事》	福田亮介、吉田健	吉泽美智子	深田恭子	有贺聪	爱情	TBS
《刑警Zero》	及川拓郎、田村直己	户田山雅司、下亚由美	泽村一树	横地郁英、川岛诚史	刑侦	朝日电视台
《日本破旧民宿纪行》	藤井道人	田口佳宏、和田清人	深川麻衣、高桥和也		剧情、喜剧	
《桑道》	长岛翔	根本非羀、竹村武司	原田泰造、宅麻伸	大和田健太郎	剧情	
《警察之家》	佐藤祐市、城宝秀则	黑岩勉	高畑充希	桥本美美、芳川南	刑侦	TBS
《小说王》	水田成英	小山正太	白滨亚岚		剧情	富士电视台
《G弦上的你和我》	金子文纪、竹村谦太郎	安达奈绪子	波瑠	矶山晶、佐藤敦司	爱情	TBS
《然后，活着》	月川翔	冈田惠和	有村架纯、坂口健太郎		爱情、人生	WOWOW

名字	导演	编剧	主演	制片	类型	制作公司
《人生十字路》	内田英治	内田英治	堂嵽、古田新太	阿部真士	喜剧、犯罪	
《下町火箭：新春SP》	福泽克雄、田中健太	丑尾健太郎、稻谷健	阿部宽	伊與田英德、峠田浩	剧情、爱情、科幻	
《家政夫三田园3》	片山修、小松隆志	小峰裕之	松山昌宏、伊野尾慧		悬疑	朝日电视台
《圣哥传2》	福田雄一	福田雄一	松山健一、染谷将太	山田孝之	喜剧	
《大叔的爱第二季》	瑠东东一郎、齐藤勇贵	德尾浩司	田中圭、吉田钢太郎		喜剧、爱情、同性	
《大叔之爱第二季：辞旧迎新贺岁SP》	瑠东东一郎	德尾浩司	千叶雄大、户次重幸		喜剧、爱情、同性	
《夏洛克：未叙之章》	西谷弘、野田悠介	井上由美子	藤冈靛	太田大	悬疑、推理	富士电视台
《夏洛克：未叙之章 特别篇》	西谷弘、野田悠介	井上由美子	藤冈靛	太田大	悬疑、推理	富士电视台
《泽之料理帖SP》	柴田岳志、佐藤峰世	藤本有纪	黑木华	城谷厚司、山本敏彦	励志片	日本放送协会
《老师，你不知道吗》	椿本庆次郎、青木达也	下田悠子	马场富美加、赤楚卫二		剧情、爱情	每日放送电视台
《时效警察特别篇 刑事课·彩云真空》	大九明子	大九明子	吉冈里帆、小田切让			
《蝶之力学杀人分析班》	内片辉	穴吹一郎	木村文乃、青木崇高		剧情、悬疑	
《如果被关注那就完了》	原桂之介	吉田惠里香	冈田健史			

名字	导演	编剧	主演	制片	类型	制作公司
《东京大饭店：平古祥平摇摆的心》	山室大辅、青山贵洋	大仓	玉森裕太、朝仓亚纪		剧情	
《左撇子艾伦》	后藤庸介	根本ノンジ	神尾枫珠、池田依来沙		漫改	MBS、TBS
《时效警察特别篇 鉴识课・又来康知》	村上大树	村上大树	矶村勇斗、小手伸也			
《前男友狂》	井木道子、相泽秀幸	坪田文	新木优子、高良健吾	草谷大辅	爱情、喜剧	富士电视台
《Doctor-X～外科医・大门未知子～6》	田村直己、松田秀知	中园美保、林诚人	米仓凉子	内山圣子、古贺诚一	医疗	
《死役所》	汤浅弘章、栅泽孝义	政池洋佑、三浦希纱	松冈昌宏	山鹿达也	剧情	
《真心的符号》	深田晃司	三谷伸太朗	森崎温、土村芳		剧情、爱情	
《黑色校规》	菅原伸太郎	此元和津也	佐藤胜利	河野英裕	剧情	
《黑色校规番外篇》	菅原伸太郎	此元和津也	佐藤胜利	河野英裕	剧情	
《Nippon Noir—刑警Y的版乱—》	猪股隆一、小室直子、西村丁	武藤将吾	贺来贤人	西荒彦、福井雄太	悬疑	日本电视台
《我的事说来话长》	中岛悟、丸谷俊平、铃木勇马	金子茂树	生田斗真		喜剧	日本电视台
《毛骨悚然撞鬼经 20 周年特别篇》	稻垣吾郎、中条彩未		小田切让	横地郁英、大江达树	恐怖	
《时效警察：开始了》	三木聪、大九明子	三木聪、大九明	小田切让	横地郁英、大江达树	推理、喜剧	朝日电视台

名字	导演	编剧	主演	制片	类型	制作公司
《四分钟的金盏菊》	河野圭太、城宝秀则	樱井刚	福士苍汰	桥本芙美	爱情	TBS
《新手姐妹的双人餐桌》	守屋健太郎、汤浅弘章	関え刂香、今西祐子	山田杏奈、大友花恋		剧情	东京电视台
《同期的小樱》	明石广人、南云圭一	游川和彦	高畑充希	西荒彦、田上リサ	励志、职场	日本电视台
《相棒 第18季》	桥本一、権野元	輿水泰弘、神森万里江	水谷丰、反町隆史		刑侦	朝日电视台、东映株式会社
《正不能结婚的男人》	三宅喜重、小松隆志	尾崎将也	阿部宽	安藤和久、东城祐司	情感	富士电视台
《令和元年版:怪谈牡丹灯笼》	源孝志	源孝志	尾野真千子、柄本佑		恐怖、剧情	
《恶的波动》	内片辉、山本大辅	清水匡	古川雄辉、SUMIRE	植田春菜、北川雅一	悬疑、剧情	
《甜香》	松木创	牟田桂子、鸣田うれ葉	高冈早纪、小池彻平			
《TOP LEAGUE》	星野和成、中前勇见	篠崎绘里子	玉山铁二、池内博之		剧情	大阪电视台
《想拥抱的12个女人》	平冶慧和	山本耕史、高桥玛利润	能年玲奈、是枝裕和		剧情、爱情	
《CHEAT ~各位欺诈师请注意~》	浅典子安见悟朗	松本美弥子、山下すばる	本田翼、金子大地		剧情	日本电视台
《我是NON》	中里龙造					
《绯红》	中岛由贵、佐藤让	水桥文美江	户田惠梨香	内田ゆき、长谷知记	剧情	日本放送协会
《同一屋檐下的四个女人》	深川荣洋	吉田纪子	中谷美纪		家庭	东京电视台
《监察医朝颜》	平野真、泽田镰作	根本ノンジ	上野树里	金城绫香、菊地裕幸	医学、推理	富士电视台

名字	导演	编剧	主演	制片	类型	制作公司
《临床犯罪学者 火村英生的推理 2019 SP》	长沼诚	儿岛雄一、佐藤友治	斋藤工、洼田正孝		剧情、悬疑	
《棋盘上的向日葵》	本田隆一	黑岩勉	千叶雄大		剧情、犯罪	NHK
《主人公》	木村真人	森永直人	神尾枫珠、小野寺晃良			
《假面骑士 Zero-One》	杉原辉昭	高桥悠也	高桥文哉、鹤岛乃爱		剧情、科幻	东映株式会社、朝日电视台
《诈欺刑警》	西谷真一、村桥直树	安达奈绪子	木村文乃	须崎岳、高桥练	刑侦	
《羁绊之踏板》	猪股隆一	松田裕子	相叶雅纪、药师丸博子			
《PURE!～一日偶像署长的事件簿～》	藤原知之	蒔田光治	浜边美波、东出昌大	樱井美惠子	剧情、喜剧、悬疑	NHK
《全裸导演》	武正晴、河合勇人		山田孝之、加藤小雪		剧情、传记	Netflix
《夺爱之夏》	小松隆志、树下直美	铃木收	水野美纪		喜剧、爱情	AbemaTV
《所以，我就推你了》	保坂庆太、姜暎树	森下佳子	樱井由纪、白石圣		剧情片	NHK
《学园爆笑王》	剧团一人	德永富彦	间宫祥太朗、渡边大知		剧情、喜剧	
《不能报销!》	中岛悟、松永洋一	渡边千穗、藤平久子	多部未华子		剧情	NHK
《蝉男》	宝来忠昭、竹园元	冈田惠和	山田凉介	服部宣之、横地郁英	奇幻、爱情	朝日电视台
《警视厅零系：生活安全科万能咨询室 4》	仓贯健二郎、竹村谦太郎	吉本昌弘、深泽正树	小泉孝太郎	冈部绅二、松本拓	喜剧、刑侦	东京电视台

名字	导演	编剧	主演	制片	类型	制作公司
《不觉得讲博多话的妹子很可爱吗?》	家本正平	小山正太	冈田健史		喜剧	福冈电视台
《不伦食堂2》		金泽达也	田中圭、安达祐实		剧情、情色	
《热血街区极恶王：O篇章》	久保茂昭（总），平沼纪久	平沼纪久、增本庄一郎	川村壱马、吉野北人		动作、校园	
《两周》	本桥圭太、木内健人	山浦雅久、高桥直也	三浦春马		悬疑	关西电视台
Voice	大谷太郎、久保田充	滨田秀哉	唐泽寿明	池田健司、尾上贵洋	悬疑	日本电视台
《深夜的吧台公主》	池田千寻、古川豪	田中洋史、上野友之	木龙麻生、玄理			
《W县警的悲剧》			芦名星	森田升		BS东京台
《润一》	北原荣治、广濑奈奈子	砂田麻美	志尊淳		喜剧、音乐、奇幻	关西电视台
《被rapper咬就会变rapper》	丰岛圭介	渡部亮平	小芝风花			
《鲁邦之女》	武内英树、品田俊介	德永友一	深田恭子	稻叶直人	爱情、喜剧	
《伪装不伦》	铃木勇马、南云圣一	卫藤凛	否	加藤正俊、西宪彦	爱情	日本电视台
《刑警七人5》	兼崎涼介	寺田敏雄	东山纪之、高岛政宏	内山圣子	悬疑	朝日电视台、东映株式会社
《比赛完毕》	福泽克雄、平野俊一	丑尾健太郎	大泉洋	伊与田英德	体育	TBS

名字	导演	编剧	主演	制片	类型	制作公司
《恶毒女儿·圣洁母亲》	吉田康弘、泷本宪吾	清水友佳子、吉川凉美	寺岛忍		剧情、家庭	WOWOW
《爆炸头武士》	石田雄介	乘付雅春	贺来贤人、夏帆		喜剧	
《咖啡遇上香草》	史密斯	下田悠子	福原遥、樱田通		剧情、爱情	
《我分享了丈夫》	汤浅弘章、泷悠辅	仁志光佑、三浦希纱	小池荣子、宫田由美子	中间利彦、熊谷理惠	悬疑	
《湿淋淋侦探 水野羽衣》	草野翔吾、金井纯一	BLUE&SKY、村上大樹	大原樱子	藤野慎也	剧情、悬疑、奇幻	东京电视台
《晴～综合商社之女～》	土方政人	龙居由佳里	中谷美纪		剧情	东京电视台
《天才保姆阿银》	岩本仁志、麻生学	泉泽阳子、鸣田うた菓	大野拓朗、吉田有里		喜剧、家庭	
《亚里香与人渣》	泷悠辅	山冈润平	德永绘里、筧美和子		剧情、爱情	
《长闲之庭》	谷口正晃、山内宗信	荒井修子、大林利江子	桥本爱		剧情、爱情	NHK
《假面同窗会》	内藤瑛亮、菊地健雄	山冈润平	沟端淳平		悬疑	富士电视台、东海电视台
《百合与百觉》	加藤裕将	野岛伸司	马场富美加、小岛藤子	石塚清和	剧情、爱情	
《白色巨塔》	鹤桥康夫、常广丈大	羽原大介	冈田准一		剧情	朝日电视台
《恶党～加害者追踪调查～》	濑濑敬久	铃木谦一	东出昌大		剧情、悬疑、犯罪	WOWOW

名字	导演	编剧	主演	制片	类型	制作公司
《掉链子刑警》	山本大辅	千田学	风间俊介、大饲贵丈	河野美里	剧情、喜剧、悬疑	NHK
《都立水商! ～令和～》	山本透	森ハヤシ	龙星凉		喜剧	MBS、TBS
《假面骑士 Brain》	山口恭平	三条陆	松岛庄汰、クリス・ペプラー			
《坡道上的家》	森垣侑大	篠崎绘里子、角田光代	柴崎幸、水野美纪		剧情、悬疑、家庭、犯罪	
《别扭合租房》	ふくだももこ	阿相久美子	森川葵、中尾畅树		剧情、喜剧、爱情	
《不与傻瓜论短长》	明石广人	吹原幸太	知念侑李			日本电视台
《轮到你了》	佐久间纪佳、小室直子	福原充则	田中圭、原田知世	池田健司	悬疑推理	日本电视台
《轮到你了 番外篇 房门之内》	中茎强	高野水登	片桐仁、峰村理惠	池田健司	悬疑推理	
《我裙子去哪儿了？》	狩山俊辅、水野格、茂山佳则	加藤拓也	古田新太	池田健司、大仓宽子	校园、喜剧	日本电视台
《腐女无意间跟 Gay 告白》	盆子原诚、大嶋慧介	三浦直之	金子大地、藤野凉子		剧情	NHK
《女人们的秘密》	片冈敬司、福井充广	吉田纪子、横田理惠	长谷川京子、玄理		剧情、悬疑	
《我要准时下班》	金子文纪、竹村谦太郎	奥寺佐渡子、清水友佳子	吉高由里子	新井顺子、八尾香澄	职场	TBS

名字	导演	编剧	主演	制片	类型	制作公司
《完美世界》	三宅喜重、白木启一郎	中谷まゆみ	松坂桃李	河西秀幸	剧情、爱情	
《谋杀启事》	和泉圣治	长坂秀佳、阿加沙·克里斯蒂	泽村一树、大地真央		剧情、悬疑、犯罪	
《东京二十三区女》	长江俊和	长江俊和			剧情、恐怖	WOWOW
《电影少女-VIDEO GIRL MAI 2019-》	関利亮、真壁幸纪	喜安浩平、山田能龙	萩原利久、山下美月		剧情、科幻	
《胜券在握》	平野俊一	吉田康弘、田辺茂範	山下智久、滨田岳		剧情	
《紧急审讯室3》	常广丈太、本桥圭太	井上由美子	天海祐希	三轮祐见子	刑侦	朝日电视台
《草莓之夜SAGA》	石川淳一、山内大典	德永友一、ひかわかよ	二阶堂富美、龟梨和也	渡辺恒也、山崎淳子	刑侦	富士电视台
《白衣战士》	菅原伸太郎	梅田美嘉	中条彩未、水川麻美		剧情、喜剧	
《恋之病与野郎组》	丸谷俊平	川边优子	高桥优斗、佐藤龙我	成田仁美	校园恋爱喜剧	富士电视台

六、2020年代表性日剧信息表

名字	导演	编剧	主演	制片	类型	制作公司
《母亲》	水田伸生、长沼诚	坂元裕二	松雪泰子、芦田爱菜	次屋尚、千叶行利	剧情	日本电视台
《心动讯号》	冼恋辅、金井纯一	岸本鸭佳	古川雄辉、黑羽麻璃央		剧情、喜剧、爱情	
《将恋爱进行到底》	田中健太、福田亮介	金子亚里纱、渡边真子	上白石萌音	宫崎真佐子、矶山晶	爱情	TBS
《绝味之路》	菅井祐介、古川豪	森ハヤシ、村上大树	滨津隆之、酒井若菜		美食	

名字	导演	编剧	主演	制片	类型	制作公司
《今日的猫村小姐》	松本佳奈	藤木光彦、星余里子	松重丰		喜剧、短片、奇幻	东京电视台
《烘焙恋人》	古厩智之	阿相久美子	本假屋唯香、饭岛觉骑		美食	bilibili
《扔掉吧！安达小姐》	成濑明一、林雅贵	下田悠子、大丸明子	安达祐实、川上凛子		剧情	
《女子美食汉堡部》	本田隆一、高岛夏未	村上大树、下亚友美	筱来茉莉、大原优乃	泷山直史、坂井正德	美食、剧情	东京电视台
《银座黑猫物语》	本田隆一	山冈润平	吉泽悠、冈本夏美		剧情、爱情、奇幻	SONY 影视娱乐
《龙道双面复仇者》	城宝秀则、岩田和行	筱崎绘里子、守口悠介	玉木宏	米田孝、水野绫子	悬疑	关西电视台、富士电视台
《半泽直树 2》	福泽克雄、田中健太	丑尾健太郎	堺雅人	伊与田英德、川岛龙太郎	剧情、职场	TBS
《默默奉献的灰姑娘药师》	田中亮、相泽秀幸	黑岩勉	石原里美	野田悠介	医疗	富士电视台
《我的家政夫惊先生》	坪井敏雄、山本刚义	德尾浩司	多部未华子	岩崎爱奈	喜剧	TBS
《咒怨：诅咒之家》	三宅唱	高桥洋、一濑隆重	荒川良良、黑岛结菜		恐怖	
《青年警察：午夜跑者》	南云圣一、长沼诚	渡边雄介	中岛健人、平野紫耀	池田健司、藤村直人	剧情、悬疑、犯罪	日本电视台
《爱的距离 love 之 distance》	史密斯	伊达先生、椿本庆次郎	水川麻美、清原翔	新井顺子	剧情、爱情	
《MIU404》	冢原亚由子	野木亚纪子	绫野刚、星野源		刑侦	TBS
《Life 线上的我们》	二宫崇	山本夕力	白洲迅、乐驱			

名字	导演	编剧	主演	制片	类型	制作公司
《BG~身边警护人~2》	常广丈太、七高刚	井上由美子	木村拓哉	内山圣子、三化祐见子	动作	朝日台电视
《侦探由利麟太郎》	木村弥寿彦	小林弘利	吉川晃司	荻原崇、森井敦	推理、悬疑	关西电视台
Living	坂元裕二		广濑铃、广濑爱丽丝		剧情	NHK
《2020年五月之恋》	松永大司	冈田惠和	吉田羊、大泉洋		剧情、爱情	
《太阳不能动：日食》	羽住英一郎	吉田修一、林民夫	藤原龙也、竹内凉真		剧情	
《PIPLE~和AI的结婚生活开始了~》	酒井麻衣、沈悠辅	小寺和久	梶裕贵、威尔逊·绫香		剧情、爱情、奇幻	WOWOW
《亲爱的妮娜》	楢木野礼、中田博之	阿久津朋子、锦织伊代	冈田健史、堀田真由		剧情、爱情	
《路~台湾情特快~》	松浦善之助	田渊久美子、吉田修一	波瑠	松川博敬、土屋胜裕	剧情、爱情	NHK
《异世界居酒屋阿信~》	品川祐	品川祐、蝉川夏哉	大谷亮平、武田玲奈		剧情、奇幻	
《正是现在这时候，才要制作新剧》	渡边一贵、小野见知	森下佳子、矢岛弘一	满岛真之介、前田亚季	西村崇、柴田直之	喜剧、悬疑、奇幻	NHK
《在无爱之森呐喊：深入密林》	园子温		椎名桔平、满岛真之介		惊悚、犯罪	
《东京爱情故事》	三木康一郎、永田琴	北川亚矢子	伊藤健太郎	清水一幸、森谷雄	爱情	富士电视台
《人气女神~拉面食游记~》	星护、池泽辰也	古家和尚	铃木京香	浅野太、仓地雄大	美食、喜剧	东京电视台

续表

名字	导演	编剧	主演	制片	类型	制作公司
《M 为了心爱的人》	木下高男、麻生学	铃木收	三浦翔平、安齐歌恋	藤田晋、横地郁英	爱情	朝日电视台、AbemaTV
《派遣员的品格 2》	佐藤东弥、丸谷俊平	中园美保、山口雅俊	筱原凉子	西荒彦、栌山裕子	职场	日本电视台
《家政夫三田园 4》	片山修、小松隆志	小峰裕之	松冈昌宏		悬疑	朝日电视台
《住住 2》	住田崇	升野英知、大仓	二阶堂富美、若林正恭	松冈至	剧情	
《金装律师 2》	平野真、森胁智延	小峰裕之	织田裕二	后藤博幸、荒井俊雄	律政	富士电视台
《美食侦探明智五郎》	菅原伸太郎、水野格	田边茂范	中村伦也	西荒彦、荻野哲弘	推理、悬疑	日本电视台
《年下男友》	植田尚、小野浩司	岸本鲇佳、内田裕基	大西流星、小岛健	山崎宏太、大畑拓也	恋爱	
《出租什么都不做的人》	棚田由纪、进藤丈广	政池洋佑、本田隆朗	增田贵久	山鹿达也、稻田秀树	剧情	东京电视台
《70 岁生第一个孩子》	渡边一贵	本调有香	矢本悠马、白田麻美		剧情	
《别对映像研出手！》	英勉	高野水登、英勉	斋藤飞鸟	金森孝宏、梶原富治	校园、喜剧	《映像研》真人电视剧化作战会议
《散步去》	阿部罗秀伸	阿部罗秀伸	井浦新		喜剧	
《真不错！光源君》	小中和哉、田中谕	阿部美佳	千叶雄大	管原浩、竹内敬明	穿越、喜剧	NHK
《这段恋爱是罪过吗？》	河原瑶、林雅贵、泉泽阳子、大林利江子		新川优爱	冈本浩一、中间利彦	爱情	读卖电视台、日本电视台

续表

名字	导演	编剧	主演	制片	类型	制作公司
《花生酱三明治》	椿本庆次郎、山岸一行	下田悠子、伊达さん	矢作穗香、伊藤健太郎		剧情	MBS
《牙狼GARO -VERSUS ROAD》	绫部真弥、永江二朗	江良至、平松正树	松大航也、勇翔		动作、科幻	
《应援》	吉田照幸、松冈武大	清水友佳子、嶋田うれ葉	佳田正孝、二阶堂富美		剧情、爱情	
《粉碎不在场证明》	河合勇人、星野和成	泉结纮、神田优	滨边美波	横地郁英、浜田壮瑛	推理	朝日电视台
《绝对零度4》	石川淳一、品田俊介	滨田秀哉	泽村一树	稻叶直人、永井丽子	刑侦	富士电视台
《有村架纯的休工期》	是枝裕和、今泉力哉	篠原诚、ペヤン ズマ~キ	有村架纯、风吹淳		剧情	WOWOW
《SAMU的故事》	森淳一	三嶋龍朗、西加奈子(原作)	远藤樱、早川圣来		剧情	
《Operation Z ~日本毁灭、无需等待~》	村上正典、都筑淳一	樱井武晴、真山仁(原作)	草刈正雄、沟端淳平		剧情	
《帕累托的误算：社会福利机关调查员杀人事件》	小林圣太郎	武井彩	桥本爱		剧情、悬疑、犯罪	WOWOW
《然后，百合子就独自一人了》	杉山嘉一、下山天	杉山嘉一	玉坂蒂娜、冈本夏美		剧情、悬疑	
《湘纯纯爱组！》	内田英治、松本优作	内田英治、加藤法子	宽一郎、金子大地	石井绍良、冈田美穗		
《关注者》	蜡川实花		池田依来沙、中谷美纪		剧情	

名字	导演	编剧	主演	制片	类型	制作公司
《没有输给美国的男人～混蛋首相吉田茂～》	若松节朗	竹内健造、森下直	竹内健造、森下直		剧情、历史	
《唯有在想死的夜晚》	村尾嘉昭	加藤拓也	贺来贤人、山本舞香		剧情、喜剧	MBS、TBS
《只有我是17岁的世界》	小椋久雄	相泽友	佐野勇斗、饭丰万理江		剧情	富士电视台、优酷
《命中注定我爱你》	二宫崇、平林克理	大北遥	珑末美织、岐洲匠		爱情	
《在灰色箱中》		大北遥	久保田纱友、荻原利久			
《老爸的第二春》	后藤甫介、六车俊冶	阿部润	小泽征悦、塚地武雅		剧情	
《女高中生的虚度日常》	山本大辅、日暮谦	田边茂范、矢岛弘一	冈田结实	三轮祐见子、贵岛彩理	校园、喜剧、青春	朝日电视台、MMJ
《叶村晶：世界上最不幸的侦探》	大桥守、增田静雄	黑泽久子、木田纪生	实户佑名、间宫祥太朗		剧情、科幻	
《因某些理由住在火星》	铃木收	铃木收	广末凉子、三浦翔平	Robot	剧情、科幻	WOWOW
《班会》	小林勇贵	继田淳	山田裕贵			《班会》制作委员会、MBS
《无论生病或是健康的时候》	小室直子	桑村沙也香	藤谷太辅、奈绪		爱情	
《麒麟来了》	大原拓、一色隆司	池端俊策、岩本真耶	长谷川博己	落合将、藤井英树	剧情、历史、战争、古装	日本放送协会
《忒修斯之船》	石井康晴、松木彩	高桥麻纪	竹内凉真	渡边良介	悬疑、穿越	TBS

名字	导演	编剧	主演	制片	类型	制作公司
《行长野崎修平》	権野元	前川洋一	织田裕二		金融	WOWOW
《横沟正史短篇集2》	宇野丈良、佐藤佐吉	横沟正史	池松壮亮、坂井真纪		悬疑、犯罪	WOWOW
《行意心中的伤口》	安达もじり、松冈一史	桑原亮子	柄本佑	堀之内礼二郎、京田光广	医疗	日本放送协会
《这个男人是我人生中最大的错误》	菊地健雄、桑岛宪司	さくり限、伊泽理绘	速水重道	山崎宏太、清家优辉	爱情、喜剧	ABC
《请不要在病房里念佛》	平野俊一、冈本伸吾	吉泽智子	伊藤英明	峠田浩	医疗情感剧	TBS
《刑警与检察官：所辖与地检的24小时》	本桥圭太、及川拓郎	福田靖	桐谷健太、东出昌大	黑田彻也、服部宣之	刑侦、喜剧	朝日电视台
《10的秘密》	三宅喜重、全来忠昭	后藤法子	向井理	河西秀幸、三宅喜重	悬疑	关西电视台、富士电视台
《在不黑不白的世界，熊猫笑了》	藤光贵、松永洋一	佐藤友治、蛭田直美	清野菜名、横浜流星	冈本浩一、福田浩之	动作、悬疑	读卖电视台、日本台
《顶级手术刀-天才脑外科医生的条件》	大冢恭司、佐久间纪	林宏司	天海佑希	池田健司	医疗	日本电视台
《看到他们溆会明白》	深川荣洋	泽木宏	中山美穗、木村多江	高石明彦、井口正俊	剧情	WOWOW
《古流兄弟与四苦八苦》	山下敦弘	野木亚纪子	古馆宽治、泷藤贤一	阿部真士、滨谷晃一	喜剧	东京电视台
《午餐联谊侦探～恋爱、美食与谜团～》	菊川诚	阿相久美子	山本美月		悬疑、推理	
《圣哥传3》	福田雄一	福田雄一	松山健一、染谷将太	山田孝之	喜剧	

名字	导演	编剧	主演	制片	类型	制作公司
《摇曳露营△》	二宫崇、吉野主	北川亚矢子	藤野慎也、熊谷营一	藤野慎也、熊谷营一	喜剧	电视剧《摇曳露营△》制作委员会
《连续杀人鬼青蛙男》	熊泽尚人	真锅由纪子	工藤阿须加		犯罪、悬疑	
《Alive 癌症专科医生病历簿》	高野舞	仓光泰子	松下奈绪、木村佳乃	大田大、有贺聪	剧情	富士电视台
《下辈子我再好好过》	三木康一郎、汤浅弘章	佩安真希、馆空美	内田理央	山庵达也	喜剧	东京电视台、大映电视台
《不知为何好的事》	狩山俊辅、家本连平	大石静	吉高由里子	小田玲奈、久保田充	悬疑	日本电视台
《我从哪里来》	泷悠辅、熊坂出	高桥泉	中岛裕翔、间宫祥太朗		剧情、悬疑	
《今晚在ロ字型路》	久万真路、岩渊崇	タナカトモミ、久万真路	中村友理、浅香航大		剧情	
《最后的女人》	松田秀知	吉田纪子	藤山直美、岸部一德		剧情	
《教场》	中江功	君冢良一	木村拓哉	中江功、西坂瑞城	校园、刑事、悬疑	富士电视台
《继母与女儿之间的小休止》	平川雄一朗	森下佳子	竹野内丰、佐藤健			
《深之料理帖》	角川春树	江良至、松井香奈	松本穗香		美食	东映株式会社

七、2021 年代表性日剧信息表

名字	导演	编剧	主演	制片	类型	制作公司
《青色校警·岛田隆平》	国本雅广、白川士、高桥贵司	大石哲也、山冈润平、小岛聪一郎	藤原龙也	河西秀幸、国本雅广、高桥史典、阿部优香子	悬疑、校园	关西电视台
《哦！我的老板！恋爱随书附赠》	田中健太、山本刚义、石井康晴	田边茂范	上白石萌音	松本明子	爱情	TBS
《我家的女儿，交不到男朋友！！》	内田秀实、南云圣一	北川悦吏子	菅野美穗	小田玲奈、森雅弘、仲野尚之、加藤正俊	爱情、喜剧	NTV
《虹色病历薄》	深川荣洋	冈田惠和	高畑充希	三轮祐见子、贵岛彩理、松野千鹤子、冈美鹤	医疗	朝日电视台
《认识的妻子》	土方政人、山内大典、木村真人	桥部敦子	大仓忠义	贷川聪子	爱情、奇幻	富士电视台
《我家的故事》	金子文纪、山室大辅、福田亮介	宫藤官九郎	长濑智也	矶山晶、胜野逸未、佐藤敦司	喜剧	TBS
《Red Eyes 监视搜查组》	水野格、长沼诚、茂山佳则	酒井雅秋、福田哲平	龟梨和也	池田健司、尾上贵洋、茂山佳山	刑侦	NTV
《天国与地狱》	平川雄一朗、青山贵洋、松木彩	森下佳子	绫濑遥	渡濑晓彦、中岛启介	悬疑、犯罪	TBS
《鸦色用事组》	田中亮、星野和成、森胁智延、并木道子	滨田秀哉	竹野内丰	后藤博幸、有贺聪、桥爪骏辉、高田雄贵	律政	富士电视台

名字	导演	编剧	主演	制片	类型	制作公司
《大豆田永久子与三位前夫》	中江和仁、池田千寻、泷悠辅	坂元裕二	松隆子	佐野亚裕美	情感	富士电视台、关西电视台
《龙樱2》	福泽克雄、石井康晴、青山贵洋	李正美、小山正太、山本奈奈	阿部宽	饭田和孝、黎景恰	校园	TBS
《TOKYO MER~移动紧急救命室~》	松本彩、平野俊一、大内舞子、泉正英	黑岩勉	铃木亮平	武藤淳、渡边良介、八木亚未	医疗	TBS
《夜间医师》	关野宗纪、泽田镰作、浅间真史、野田悠介、高桥由纪	大北はるか	南波瑠	野田悠介	医疗	富士电视台
《她很漂亮》	纸谷枫、木下高男、松田裕辅	三浦希纱、清水友佳子	中岛健人、小芝风花	栽原崇、芳川茜、涩谷英史	喜剧、爱情	富士电视台、关西电视台
《秘密内幕~女警的反击~》	南云圣一、丸谷俊平、伊藤彰记、菅原伸大郎	根本ノンジ	户田惠梨香、永野芳郁	加藤正俊	剧情、喜剧、刑侦	日本电视台、AX-ON
《X光室的奇迹Ⅱ》	铃木雅之、相泽秀幸、水户祐介	大北遥	洼田正孝	中野利幸、草草谷大辅	医疗	富士电视台
《雪崩》	藤井道人、三宅喜重、山口健人		绫野刚	冈部宽子、安藤和久、笠置高弘、涩弘大	悬疑、犯罪	富士电视台、关西电视台
《只是在结婚申请书上盖了个章而已》	金子文纪、竹村谦太郎、井村太一、涩野大辉	田边茂范、おかざきさとこ	清野菜名	松本明子、那须田淳	爱情	TBS

八、2022 年代表性日剧信息表

名字	导演	编剧	主演	制片	类型	制作公司
《勿言推理》	松山博昭、品田俊介、相泽秀幸、阿部博行	相泽友子	菅田将晖	草彅谷大辅、熊谷理惠	推理	富士电视台
Dr. White	城宝秀则、河野圭太、北坊信一	小峰裕之	滨边美波	河西秀幸、小林甫	医疗	富士电视台、关西电视台
Fight Song	冈本伸吾、石井康晴、村尾嘉昭	冈田惠和	清原果耶	武田桦、岩崎爱奈	剧情	TBS
《乱来！我居然会成为社长》	猪股隆一、狩山俊辅	渡边真子	高畑充希	加藤正俊、铃木亚希乃、柳内久仁子	喜剧	NTV
《隔壁的力》	游川和彦	游川和彦	松本润	三轮祐见子、服部宣之、黑田彻也、秋山贵人、松野千鹤子	喜剧	朝日电视台
《小道消息 # 她想知道真正的 00》	石川淳一、木村真人、渊上正人	关惠理香、桥本夏、青冢美穗	黑木华	芳川清	剧情、爱情	富士电视台
《姜子变成小学生》	坪井敏雄、山本刚义、大内舞子、加藤尚树	大岛里美	堤真一	中井芳彦、益田干爱	家庭	TBS
《逃亡医 F—医者之心与复仇之意～》	大谷太郎、佐藤东弥	福原充则	成田凌	三上绘里子、荻野哲弘、藤村直人、本多繁胜	悬疑	NTV
《DCU》	田中健太、青山贵洋、宫崎阳平	青柳祐美子、小泽俊介、谷口纯一郎	阿部宽	伊与田英德等	悬疑	TBS

（庄君、耿德坤、吴步腾 撰稿）

第四章

印度视听产业与创作

第一节　印度视听产业创作简史及产业状况

印度电视产业自 20 世纪 50 年代末起步，至今已发展成一个充满活力和多元化的视听领域。自 1959 年诞生之日起，印度的视听产业便不断演进，如今已经形成了一个既包含传统电视行业，又融合新兴数字视听行业的复合型产业体系。传统电视和新兴的流媒体服务在印度赢得了极大的受众基础，它们相辅相成，共同推动着印度视听产业的繁荣。在数字基础设施日益便捷、消费者品位不断更新、本土流媒体平台引发内容创新，以及跨国流媒体平台的激烈竞争等多重因素的影响下，印度视听产业迎来了前所未有的机遇，同时也面临着巨大的挑战。

一、印度视听产业发展与创作简史

数字化时代，影视视听产业迈入了一个竞争激烈的新纪元。传统电视行业有着较为清晰的演变轨迹，以印度全球化为契机，电视已经从单一的社会发展媒介逐渐转型为兼具娱乐功能的多元化平台。电视凭借着其与家庭文化的密切联系，以及主动适应新消费环境的举措，依旧在印度视听格局中占有重要地位。此外，印度视听产业的"后来者"——流媒体产业发展态势强劲，本国流媒体平台及跨国流媒体的"混战"也进一步带动了新的视听产业格局的形成和发展。

1. 电视发展与创作简史

早期印度电视的兴起和发展，可以被视为一个逐渐融入全球化浪潮的过程。在这个过程中，新闻、连续剧、真人秀、肥皂剧、益智类节目等多样化的电视内容，不仅承载着国家使命和政府职能的一部分，而且随着全球化的深入，这些内容开始越来越多地为观众所消费，标志着电视业从公共服务向商品化转型。

全球化之前，印度电视发展缓慢，受众仅限于特定几个城市，那时的电视是一种带有政治议程性质的"发展工具"。[1]印度电视业起步于 1959 年 9 月 15

1　KUMAR N. Electronic media in the global age: a study of Indian television [J]. Transcience: a journal of global studies, 2021, 12（1）: 44-62.

日，距英国广播公司于 1936 年推出世界上第一个电视节目约 20 年。每周播出两次，主题涵盖社区健康、公民责任和权利、交通及道路安全等，之后又将主题的范围扩大到针对学校的教育倡议，电视逐步融入普通公民的日常生活，并通过对主题的选择推动社会、公民的发展。

1972 年，电视开始扩大信号覆盖范围，到 1975 年，印度的电视普及程度仍然有限，只有 7 个城市可以收看政府运营的杜达山电视台（Doordarshan，简称 DD）的电视内容。1972 年，印度电视行业迎来了创新之举，启动了一项以社区为基础的电视实验项目——Kheda 通信项目（Kheda Communication Project，简称 KCP）。该项目的电视节目内容紧密贴合当地社区的实际问题，深入探讨了酗酒、种姓歧视、选举等社会议题，旨在通过电视这一平台，引发公众对这些重要社会问题的思考和讨论。此外，KCP 项目还通过连续剧等电视内容形式，传递了计划生育、性别平等和乡村卫生等重要社会信息和价值观。这些主题的引入，不仅丰富了电视节目的内涵，也体现了电视媒体在教育和引导公众意识方面的积极作用。

20 世纪 80 年代，彩色电视开始进入印度市场，电视服务扩展到了全国范围，杜达山电视台迅速响应观众日益增长的收视需求，增加了多个电视频道，并推出了一系列广受欢迎的电视节目内容。1984 年，印度电视史上第一部肥皂剧《我们这些人》诞生。这部剧以其贴近生活的故事和鲜明的角色塑造，迅速赢得了广大观众的喜爱。在播出的 17 个月里，主演阿肖克·库马尔（Ashok Kumar）收到了超过 40 万封青年观众的来信，这些热情洋溢的信件充分证明了该剧深远的影响力和受欢迎程度。《我们这些人》的成功，不仅在于它的艺术成就，更在于它开创性地引入了商业广告模式，为印度电视行业带来了新的商业机遇。随着《我们这些人》及其商业广告模式的成功，印度电视台开始将发展重点转向商业化运作。1987 年推出了史诗连续剧《罗摩衍那》，1988 年推出了史诗神话剧《摩诃婆罗多》，这些剧作都在收视率上取得了巨大成功，成为印度电视史上的经典之作。

20 世纪 90 年代，印度电视行业迎来了历史性的转折点。1991 年，美国有线电视新闻网（CNN）将海湾战争的现场直播带入了印度家庭，让印度观众首次真切地体验到了国际电视节目的震撼与魅力。这一事件不仅拓宽了印度观众的国际视野，也标志着印度电视行业开始与世界接轨。1991 年，随着全球化时代的到来，印度政府采取了一系列新的经济政策，其中包括允许私人电视频道进入印度家庭。此举打破了杜达山电视台长期以来的市场垄断，印度的电视行业迎来了真正的快速发展时期。

印度的第一家私营电视频道 Zee TV 成立于 1992 年。随后，其他几家私营电视频道也相继创立。企业对电视业的投资日益增加，卫星电视用户也在成倍地增加。新的经济政策改变了人们的消费习惯，观众期待看到区别于此前以宣传为导向的节目。私营电视频道满足了观众的期待，推出了脱口秀、新闻频道、真人秀、体育赛事、音乐频道等新颖的内容。这些内容不仅吸引了广泛的受众群体，也推动了印度电视业的迅猛发展。此外，私营电视台也使得全球的英语娱乐内容流入了印度家庭，但是因为大多数外国节目使用的语言都是英语，所以对于印度观众来讲存在一定的语言障碍。为了解决这一问题，印度电视又推出了多个地方语言频道，如 Sun-TV、Udaya-TV、Eenadu-TV、Asianet、Raj-TV、Zee-Bangla 等。可以看出自 20 世纪 90 年代以来，随着印度的全球化进程，印度媒体经历了革命性的变化。在全球化之前，印度政府对媒体机构和内容有着绝对的控制。然而，全球化的浪潮彻底改变了这一局面。私营媒体的兴起打破了国有垄断，为印度电视行业带来了空前的活力和创新，满足了观众对于高质量、多元化节目的需求。

各种频道的出现涵盖了多样的娱乐内容，在众多的电视内容中，家庭伦理剧、史诗神话剧是印度人民十分偏爱的电视节目类型。印度第一部电视剧《我们这些人》就是家庭伦理剧，于 1984 年 7 月 7 日首播于杜达山电视台的全国台，共 154 集。故事围绕 20 世纪 80 年代一个典型的印度中产家庭展开，深入描绘了他们在日常生活中所经历的奋斗、挣扎与渴望。在电视剧的每一集末尾，知名电影演员阿肖克·库马尔会引用一些印地语俗语与观众们探讨正在进行的剧情和发生的情节。《我们这些人》是讲述家长里短的电视剧，开创了印度家庭伦理剧的先河，此后，家庭伦理剧成为印度电视剧长盛不衰的主要类型之一，长期处于收视排行榜的前列。

取材于印度古代史诗的史诗神话剧也是印度早期电视剧的主要类型之一。20 世纪 80 年代在国家电视台播出的《摩诃婆罗多》和《罗摩衍那》是这一类电视剧最早的两部代表作品。《摩诃婆罗多》由印度古代梵语史诗《摩诃婆罗多》改编而来，于 1988 年 10 月 2 日首播于国家电视台，共 94 集；《罗摩衍那》改编自印度古代两大史诗之一的《罗摩衍那》及印地语大诗人杜勒西达斯（Tulasidas）的《罗摩功行录》（Ramcaritmanas），于 1987 年 1 月 25 日首播于国家电视台，共 78 集，每集 30 分钟。其中《罗摩衍那》在 2020 年于国家电视台重播，其中 2020 年 4 月 16 日晚间在国家电视台放送的一集以 7700 万的收看人次打破了著名美剧《权力的游戏》（Game of Thrones，Alan Taylor，2011）所创下的单日内收看人次纪录。数据显示，截至 2023 年 8 月，《罗摩衍那》是印度有史以来收视率最高的电视节目，观看次数约为 7700 万次，该剧的续集《卢夫·库什》（Luv Kush，Ramanand Sagar，1988）以 1000 万次的观看次数居于第二名[1]。

值得注意的是，印度许多广受欢迎的真人秀实际上是对西方电视节目形式的本土化改编。例如，《谁想成为百万富翁》（*Kuan Benega Crorepati*，Arun Sheshkumar，2000）和《名人老板》（*Bigg Boss*，Deepak Dhar，2006）等热门电视真人秀就是分别改编自西方电视节目《谁想成为百万富翁》（*Who Wants to Be a Millionaire*，Steven Knight，1998）和《老大哥》（*Big Brother*，John de Mol，1999）。这些节目在保留原有节目核心魅力的同时，巧妙地融入了印度的文化元素和社会特色，使其更加贴近印度观众的审美习惯和价值观。为了适应不同区域观众的语言习惯，用地方语言重制电视节目的模式也越来越普遍。比如 *Kaun Banega Crorepati*（2000）是《谁想成为百万富翁》的印地语改编版，后来从印地语改编为卡纳达语、泰米尔语、马拉雅拉姆语、马拉地语等版本[2]。因此，尽管印度的电视节目在很大程度上受到了外国模式的影响和启发，但它们也在不断地进行着适应本土文化和观众品味的尝试，从而形成了具有印度特色的电视文化实践。

进入 21 世纪，尤其是 2016 年之后，随着视听内容革命的到来，印度电视业也迎来了新的发展和挑战。《印度媒体和娱乐业的机遇之窗——跨领域最大化》（*Windows of Opportunity India's Media & Entertainment Sector-Maximizing Across Segments*）[3] 报告显示，到 2025 年，电视的订阅收入仍会以 2.7% 的复合增长率增长，达到 4250 亿印度卢比，但是流媒体平台为视听内容提供了新的发展契机，挑战着传统的线性"内容霸权"模式，给传统电视业带来了压力。新冠疫情导致的居家生活极大地改变了观众的媒体消费习惯。随着流媒体服务的迅速普及，一个明显的趋势已经显现：市场和消费者对流媒体平台上丰富多样的内容选择表现出了持续增长的兴趣，这一趋势正推动着媒体消费模式的变革。流媒体平台为消费者提供了前所未有的观看体验，包括多样化的内容选择、便捷的访问方式、灵活的设备 / 媒介选择，以及相对宽松的审查政策。这些优势使得家庭成员不再需要在家庭唯一的公用设备——电视上争夺屏幕时间，每个人都可以根据自己的喜好和需求，选择不同的设备和内容，享受个性化的媒体体验。流媒体的兴起正在重塑媒体消费的格局，促使内容创作

1　https://www.statista.com/study/151557/television-entertainment-in-india/。

2　KUMAR N. Electronic media in the global age：a study of Indian television［J］. Transcience：a journal of global studies，2021，12（1）：44-62.

3　https://www.ey.com/en_in/media-entertainment/windows-of-opportunity-indias-m-e-sector-maximizing-across-segments。

者和平台提供商不断创新和优化服务，以满足消费者日益多样化的需求。

2. 流媒体创作与发展简史

流媒体是指通过互联网向用户设备传输音频和视频内容的一种技术与过程。与中国不同，印度流媒体平台的滥觞不是由新兴的互联网公司发起的，而是由本土的娱乐产业公司所推动和塑造的。印度首个独立流媒体平台是 BIGFlix，由信实娱乐公司（Reliance Entertainment）于 2008 年推出。截至 2023 年 10 月，伯恩斯坦的一份报告显示，在本土流媒体平台和跨国流媒体平台的"混战"中，Disney +Hotstar 在印度的在线视频流媒体市场占据主导地位，拥有近 3800 万用户。[1] 早在 2019 年，迪士尼的整合行动就改变了印度的媒体格局，迪士尼斥资 710 亿美元收购了竞争对手福克斯，也将其子公司星空印度传媒纳入麾下。随后，星空印度传媒与迪士尼的内容资源融合，形成 Disney + Hotstar 流媒体平台。Hotstar 通过应用程序及网站为观众提供 Star India 旗下所有节目的观看途径，凭借其丰富的本土内容优势，迅速赢得了人们广泛的认可和喜爱。此外，印度流媒体市场的版图也在经历着其他重要的变革。例如，时代互联网公司（Times Internet）成功收购了 MX Player，而 Zee5 与 Sony LIV 的合并则进一步巩固了它们在市场中的地位。这些并购和发展不仅加强了流媒体平台在竞争激烈的视听领域中的立足点，也展现了印度流媒体平台在内容创新和市场适应性方面的强劲动力。

内容质量始终是推动消费增长的核心动力。在印度这样一个多元文化交融的环境中，观众对内容的敏感度和兴趣点是不断变化的。因此，流媒体平台对印度民族内容的关注显得尤为重要，它们"不约而同"地将这种关注转化为行动。这种关注首先体现在对印度民族风格内容的自觉塑造上。以印度流媒体领先者 Hotstar 为例，其运营的 60 多个频道提供印地语和多种地区性语言服务。Disney+ 重视印度的国民运动板球节目；Sony LIV 则把目标放在了印度神话剧、时代剧上来吸引家庭用户。奈飞（Netflix）和印度本土影视公司雅什·拉吉影片公司（Yash Raj Films，简称 YRF）达成长期创意合作意愿，雅什·拉吉影片公司首席执行官阿克沙耶（Akshaye Widhani）在谈及合作时表达了极高的热情和期待："YRF 的使命是为世界创造来自印度的有趣、鼓舞人心和非凡的故事，奈飞是世界上最大的流媒体，为我们提供了在 190 多个国家讲述

1　竺道 . Netflix 解码印度流媒体市场，营收同比增长 24%［EB/OL］.（2024-01-16）［2025-02-18］. https://www.baijing.cn/article/47282.

我们的故事的机会。"[1]通过合作，YRF 将利用其在印度影视产业中的深厚底蕴和创新能力，并结合奈飞的全球影响力和广泛覆盖，共同推动印度故事走向世界。随着众多流媒体平台纷纷推出丰富的本土民族内容，涵盖电影、网络连续剧、纪录片等多种形式，越来越多的消费者开始将目光投向这些平台，以满足他们对娱乐内容的个性化需求。

二、印度视听产业状况

2024 年，在孟买举办的印度工商联合会上，一份名为《印度媒体和娱乐行业正在为未来而创新》（*India's Media & Entertainment Sector Is Innovating for the Future*）[2]的最新报告揭示了令人瞩目的行业增长数据。2023 年，印度媒体和娱乐行业的产值同比增长了 8%，达到了 2.3 万亿印度卢比（约合 279 亿美元），这一数字比 2019 年新冠疫情暴发前的水平高出了 21%。另一份名为《印度媒体和娱乐业的机遇之窗——跨领域最大化》的报告[3]显示，传统电视行业将以 10.5% 的复合年增长率持续增长，预计到 2025 年产值将达到 2.83 万亿印度卢比（约合 354 亿美元）。尽管电视行业仍然是市场中最大的细分市场，但数字媒体的增长速度最快，其地位日益巩固。安永会计师事务所印度分公司合伙人兼媒体和娱乐负责人阿希什·费尔瓦尼（Ashish Pherwani）对此趋势进行了深入分析，他指出："数字渠道的崛起预示着其将取代传统媒体的地位。"

1. 电视产业状况

科技进步正以前所未有的速度重塑我们的日常生活，新兴技术在对传统电视产业产生深远影响的同时，也为行业带来了创新的机遇和解决方案。在这一变革浪潮中，只有那些能够不断适应并利用技术来提升消费者体验的电视内容，才能在竞争激烈的市场中生存和发展。印度电视产业正是这一变革趋势的典型代表。

印度电视市场是全球最重要的电视市场之一，其家庭数量仅次于中国，居第二位。近年来，印度电视行业呈现出新的发展趋势，这些变化不仅得益于新

1　https://variety.com/2023/tv/news/netflix-yash-raj-films-partnership-railway-men-maharaj-1235723624/。

2　https://www.ey.com/en_in/news/2024/03/indian-m-e-sector-crossed-inr-2-point-3-trillion-in-2023-expected-to-reach-inr-3-point-1-trillion-by-2026-reveals-the-ficci-ey-report。

3　https://www.ey.com/en_in/media-entertainment/windows-of-opportunity-indias-m-e-sector-maximizing-across-segments。

冠疫情所带来的"时代红利"，也受到了新兴观众观看习惯的推动。

从 2015 年开始，电视的产业价值一直在稳步增长，预计到 2026 年将达到 7660 亿印度卢比，复合年增长率约为 3.2%。自 2020 年新冠疫情暴发以来，印度电视收视率经历了一段起落。2023 年的数据显示，平均每分钟收视人数降至约 1.5 万亿，相较于 2020 年的 1.7 万亿有所下降。这一变化反映了新冠疫情期间人们被迫居家隔离，导致电视收视率的短暂激增的状况。随着新冠疫情的逐步缓解和社会活动的恢复，电视收视率自然回落。尽管 2023 年的收视率较新冠疫情高峰时期有所下降，但电视在印度媒体领域的地位依然坚如磐石。电视作为印度最大的媒体平台，其广泛的覆盖力延伸至超过 5 亿家庭，这一数字足以证明电视在印度社会中的重要性和影响力。[1]

截至 2023 年 12 月，印度的娱乐内容频道格局呈现出显著的多样性，其中印地语频道以 19 个频道的数量占据主导地位，印地语市场在娱乐领域中保持着最大的市场份额，其中的领先者是印地语综合娱乐频道（STAR Plus）。紧随其后的南印度市场也展现出强劲的竞争力，泰米尔语电视频道（Sun TV）在南部市场综合娱乐内容频道中占据领先地位。印度付费电视[2]订阅量近年来呈现持续下降的趋势，这一现象主要归因于用户偏好的转变。越来越多的用户开始倾向于免费电视内容或转向流媒体平台，以及联网电视[3]提供的多样化内容。直到几年前，电视还是印度广告收入的主要贡献者，然而，新冠疫情的暴发意外地加速了数字化的进程，数字媒体市场因此实现了迅猛增长。截至 2021 年，数字广告已取代电视成为印度领先的广告媒体。

2. 流媒体产业状况

在过去的十年中，流媒体服务改变了消费娱乐的方式，人们不再依赖传统电视频道或有线电视提供商来观看内容，而是可以随时随地以自己的节奏按需访问大量内容库。流媒体在印度的快速发展受到政府的"数字印度"举措的影响。

早在 2015 年 7 月，印度总理莫迪就提出了"数字印度"的倡议，旨在通过确保数字服务、数字访问、数字包容、数字赋能和弥合数字鸿沟，将印

---

1 https://www.statista.com/topics/4852/television-market-in-india/。
2 付费电视：付费的传统电视，消费者按月或按年支付费用。
3 联网电视：CTV，能够提供传统电视服务（免费电视和付费电视），并允许接收互联网电视（流媒体）服务，是能直接连接到互联网并可以传输内容的电视或设备。

度转变为知识型经济和数字化赋能社会。[1]"数字印度"的推行降低了印度的网络接入门槛，有效促进了印度流媒体内容消费者群体的快速增长。2016年，印度电信运营商展开价格战，直接导致了移动数据价格的大幅下降，廉价流量套餐开始覆盖印度人口，移动端使用量迅速激增。奈飞和亚马逊先后进入印度市场，在引入头部英语内容精品的同时，开始面向印度市场投入制作本土内容。

印度不断发展的通信基础设施持续成为印度网民用户数量快速上升的增长动力，为流媒体提供了天然的潜在观众。印度互联网渗透率（2023年9月超过9.189亿订阅用户）、智能手机用户群（2023年智能手机用户达到5.74亿）的扩容，以及较为廉价的移动数据价格（在233个国家中排名第五，1GB数据费用为0.17美元）预示着奈飞在印度有着越来越多的潜在在线受众，甚至可以说有着全球最大的在线市场。[2]

流媒体平台的发展，一方面为印度民众带来更多视听娱乐消费的选择，另一方面则重塑了印度视听娱乐产业的生态格局。尽管流媒体对产业链各环节的影响各异，但流媒体的地位正不可逆转地日益提升，特别是在新冠疫情暴发以来，其影响力更是显著增强。相较于有线和卫星电视运营商提供的有限频道和内容，流媒体平台能够提供丰富多样的在线内容，满足不同观众的个性化需求。随着技术的不断进步和网络连通性的持续改善，流媒体服务的成本也在不断降低，这使得高质量视听内容的获取变得更加容易和经济。传统的视频分发往往受限于有限的节目安排和播放时间，观众的选择受到时间和空间的限制。例如，当一个节目正在播出时，其他节目便无法取而代之。然而，奈飞、Hotstar等流媒体分发平台打破了这些限制，它们为观众提供了几乎无限的节目选择，允许全球用户根据自己的喜好和时间安排，同时访问不同的内容。

总之，流媒体平台的发展正在引领印度视听娱乐产业的一场革命。它们通过提供更多样化的内容、更灵活的观看方式和更经济的成本，逐步改变观众的消费习惯和行业的运作模式。随着技术的不断发展和市场的进一步成熟，流媒体平台有望在未来继续推动印度视听娱乐产业的创新和繁荣。

1　https://pib.gov.in/PressReleasePage.aspx?PRID=1949092。
2　https://www.investindia.gov.in/sector/media。

第二节　2015—2024 年印度视听产业重要现象

新旧媒体同台竞争是印度视听产业格局中的显著现象。传统媒体以电视产业为代表，持续巩固其"国民"媒介的地位。而流媒体产业作为重要的一支力量，其内部也自成脉络：首先，以奈飞为代表的跨国流媒体集团将印度作为其国际市场扩充的重要市场之一，践行"国际本土化"策略，以寻求更多的印度观众认同；其次，由于印度复杂的文化、语言社会背景，印度本土的流媒体品牌也实力强劲；最后，YouTube 以其独特的流媒体传播逻辑，取得了瞩目的成就。无论是传统的电视业还是新型的流媒体平台，印度视听产业的混合景观都在不断演进，而这一变革的最终受益者，无疑是广大的观众。

一、传统电视：主流地位的延续与新趋势

传统电视在日常大众的家庭生活中仍然扮演着重要的角色，比如其功能之一就是照顾到印度边缘化地方的观众。[1]但是过去十年间，电视行业发生了巨大变化，流媒体服务的出现及发展解构着线性的观看模式，这种转变导致传统电视主动提供数字视频服务，较为明显的趋势是联网电视（Connected Television，CTV）的大规模出现。所以，电视的主流地位既依赖于其国民身份的长久书写，又依赖于主动对于数字化时代的适应。

1. 传统电视：持续性的主流地位

电视的支柱地位体现在印度电视自诞生之日起就对公众的社会文化生活产生了深远的影响，之后持续不断地实践与贯彻，与广大民众的日常生活紧密相连，形成了一种不可替代的媒介文化现象。

首先，印度电视的内容具有普适性，深入印度民众的社会和文化生活，成为人们日常生活中不可或缺的一部分，这个策略在很大程度上巩固了电视在众多视听媒体中的主流地位。例如，在印度首部电视连续剧《我们这些人》每一集的结尾，知名电影演员阿肖克·库马尔（Ashok Kumar）都会引用一些印地语俗语与观众探讨正在进行的剧情和发生的情节，如恋爱关系、社会结构、计

1　https://www.researchgate.net/publication/374854082_Indian_Television_and_the_Rise_of_the_Local。

划生育等话题；萨蒂亚吉特·雷伊（Satyajit Ray）的电视剧 *Sadgati*（Satyajit Ray，1984）深入探讨了印度种姓制度的话题；真人秀节目 *Satyamev jayate*（Satyajit Bhatkal，2012）第一季共有 13 集，一集一个主题，讨论了堕落女胎、儿童性虐待、家庭暴力、嫁妆制度、种姓制度等议题。

其次，传统电视仍然是直播活动、体育赛事和新闻报道的首选来源。传统电视的实时性及权威性使其成为那些想要了解时事并观看直播的观众的首选。体育赛事、颁奖典礼和突发新闻等内容仍然吸引了大量观众观看传统电视。其中最具代表性的内容就是体育内容。新冠疫情之后，电视收视率有所下降，只有体育内容的电视观众人数增加了，板球运动的收视率比较稳定，板球之外的运动内容收视率增加了 35%，这显示出电视体育内容强大的国民性。

最后，从内容来看：一方面，传统电视台在已有成功剧集的基础上开发衍生剧，如《这种关系叫什么》（*Yeh Rishta kya Kehlata Hai*，Romesh Kalra，2009）的衍生剧《爱的连结》（*Yeh Rishtey Hain Pyaar Ke*，Rajan Shahi，2019）从 2019 年开播以来大受欢迎，《命运的转折》（*Kumkum Bhagya*，Ismail Umarr Khan，2014）的衍生剧《星运》（*Kundali Bhagya*，Sameer Kulkarni，2017）多次上榜年度最受欢迎剧集；另一方面，印度传统电视台也在不断开发全新的剧集，如《阿乌帕玛》（*Anupamaa*，Romesh Kalra，2020）、《伊姆利》（*Imlie*，Atif Khan，2020）等，其中《阿乌帕玛》在印度电视学院奖等电视奖项中获得 9 个提名，8 项大奖。可见印度传统电视频道依然在优质内容上加大生产力度，持续发挥品牌效应，建立与维持其在观众心中的美誉度。

2. 联网电视：电视业的新趋势

电视一直是印度观众消费内容和建立联系的重要媒介，它在观众生活中扮演着不可替代的角色。尽管业界曾有过关于电视消亡的悲观论调，但这些观点忽略了传统电视在不断自我革新和适应变化的能力。电视行业正从单一的线性播放模式向更互动、更连接的形态转变，主动去适应数字化市场和新兴的受众消费习惯。随着消费者对内容选择的多样化和新体验的需求日益增长，电视数字服务迅速被采用，成为行业发展的新趋势。这种需求推动了电视行业的创新，联网电视的普及正是这一转变的明显标志。

联网电视是指直接连接到互联网并可以传输内容的电视或设备，例如智能电视、流媒体播放器设备、游戏机和支持互联网的机顶盒。在联网设备、联网门槛、5G 技术和流媒体革命的推动下，联网电视的持续崛起将成为一个长期趋势。报告显示，截至 2023 年，印度拥有联网电视机的家庭数量达到

3200 万，截至 2024 年底，联网电视覆盖了超过 4500 万户家庭[1]。联网电视增加的数字功能使电视内容在正确的时间以更具有选择性和更直观的方式传给观众。

当迎合越来越难以捉摸、要求高度互动性的观众时，传统电视正面临着挑战，而联网电视的兴起，正变得尤为关键。联网电视以其互联网连接的特性和多样化的内容覆盖，满足了消费者对点播内容的新期待，尤其是对于那些错过节目、电影或体育赛事直播的观众来说，联网电视提供了极大的便利和价值。所以，尽管我们正在目睹印度视听消费者向新兴平台内容获取的巨大转变，但传统电视仍有足够的增长空间。

二、新兴媒体：流媒体平台迅速发展

电视一直是印度最好的获取娱乐内容的渠道，但在过去的十年中，随着技术的发展、互联网技术的普及，一种新的内容交付模式应运而生，即流媒体。这种内容交付模式使印度社会实现了与传统狂欢观看相反的"休闲观看"。此外，2019 年新冠疫情的暴发间接成为印度观众涌向流媒体的"推手"。根据永安统计，2022 年印度的媒体与娱乐势头强劲，增长了 3480 亿印度卢比（19.9%），达到了 2.1 万亿印度卢比。其中"数字媒体"（Digital media）的比例稳步增长，[2] 这也表明不论是新冠疫情时期，还是新冠疫情结束之后的恢复时期，印度的流媒体发展都没有停滞，越来越多的流媒体"玩家"入局印度的流媒体市场。

除了最受欢迎的奈飞、亚马逊和 Hotstar，Sony LIV、Voot、Zee5 等流媒体玩家批量出现，免费模式的 YouTube 也在印度蓬勃发展，印度的流媒体市场逐渐丰盈，成功"无缝衔接"了线上内容的需求空间。本土流媒体和跨国流媒体集团竞争激烈，流媒体平台各自寻求发展策略来"争夺"数字视频强劲市场下的业务增长机会。

1. 以奈飞为代表的跨国流媒体平台的"国际本土化"策略

"国际本土化"是奈飞在跨国传播中的一种本地化战略，适用于大多数全球市场，是一种以政治、文化和消费者为导向的国际主义制作倾向，将充满本

---

1 https://www.groupm.com/the-changing-landscape-of-indian-television/。

2 https://www.ey.com/en_in/media-entertainment/windows-of-opportunity-indias-m-e-sector-maximizing-across-segments。

土共鸣的故事作为叙事的中心，对不同地区的文化持开放态度，倾向于通过当地熟悉的类型和叙事手法与各地区的观众建立情感上的联系和文化上的共鸣。

首先，奈飞的"国际本土化"策略通过投资在印度已经流行的内容来最大限度地降低商业风险，比如已经在印度流行的书籍、明星导演和演员。其在印度推出的第一部原创剧集《神圣游戏》（*Sacred Games*，Anurag Kashyap，2018），就改编于印度裔美国作家维克拉姆·钱德拉广受好评、风靡全球的同名小说《神圣游戏》。该剧由本土公司幻影公司（Phantom Films）制作，并邀请以拍摄犯罪剧闻名的宝莱坞导演阿努拉格·卡施亚普（Anurag Kashyap）担任总监。

其次，"国际本土化"策略通过精心嵌入政治元素，巩固了奈飞作为具有"自由表达能力"的品牌形象。这种策略的政治色彩不仅彰显了奈飞对敏感话题的勇敢探讨，也成功吸引了印度观众的兴趣和关注。以《神圣游戏》为例，这部作品深入描绘了印度历史上的重要时刻——印度总理英迪拉·甘地的暗杀事件，以及随后她的儿子拉吉夫·甘地继任总理的过程。剧中的主要人物是一位声名狼藉的黑帮成员，他在剧中使用不敬和辱骂性的语言，公然称拉吉夫·甘地为"懦夫"，这种大胆的表现形式无疑增加了剧情的冲击力。此外，《神圣游戏》还采用了真实的纪录片式镜头，这种手法不仅增强了剧情的真实感，也加剧了争议性，从而引发了政治层面的热烈讨论和强烈反响。和《神圣游戏》一样，《拉姆与莱拉》（*Goliyon Ki Raasleela Ram-leela*，Sanjay Leela，2013）大胆揭露了压制妇女、限制其生育权利的集权政权，同样引发了争议。

通过"国际本土化"策略，奈飞不仅在印度市场赢得了观众的认可，而且在全球范围内树立了其作为内容创新者和文化探索者的形象。这种策略的运用，为奈飞带来了更广泛的观众基础，也为全球观众提供了更多元化的视角和更深层次的社会讨论。

2. 以 Hotstar 为代表的本土流媒体平台的"本土国际化"策略

"本土国际化"展现了一种更深层次的本土化价值，这一策略确保内容能够完全融入当地文化环境，精心制作并呈现与本土观众的审美和品味相契合的内容。这不仅体现了流媒体服务对特定市场的深刻理解和尊重，也彰显了其在内容创作和市场布局上的深思熟虑。通过采用既全球化又本土化的框架，流媒体平台能够更好地扩展其在当地的业务，并且保持内容的全球吸引力和文化共鸣。

印度内容主管班纳吉曾表示，通过对多种语言（而不仅仅是印地语）的关注是其主要策略之一。[1]Hotstar 专注于以本国语言（印地语、泰米尔语、泰卢固语）制作原创节目。还将《老大哥》或《办公室》（*The Office*，Paul Feig，2005）等西方知名作品进行本土化改编。这些举措体现了 Hotstar 明显的区域化特征和对本土市场的深度挖掘。通过这种策略，Hotstar 成功地迎合了以印度为中心的广大观众群体，包括本土和海外的印度观众。这种改编不仅是一种文化上的融合，而且形成了一种新型的全球视野——通过本土化的视角来呈现全球化的内容。

作为跨国流媒体集团，尽管 Hotstar 拥有全球内容，但其在印度的内容策略是对本地和南亚侨民偏好的侧重，转播板球最能体现 Hotstar 的"本土国际化"策略。印度超级联赛（IPL）是世界上观众人数最多的体育联赛。自公司成立以来，板球一直是 Hotstar 战略的重点。2017 年，Hotstar 的母公司 Star India（当时归 21 世纪福克斯所有）收购了 IPL 的全球转播权。Hotstar 将其策略锚定在印度最受欢迎的体育赛事上，将本土内容纳入其全球传播的版图，创造了一个包括印度国内、海外和其他跨国观众在内的多层次市场。

Hotstar 的"本土国际化"策略展现了其对本土文化的深刻理解和对全球市场的敏锐把握。通过这种模式，Hotstar 正逐步构建起一个既具有本土特色又具有全球视野的内容生态系统，为观众带来更加丰富多元的视听体验。

3. 以 YouTube 为代表的免费流媒体平台的"民主"策略

不同于奈飞、Hotstar 这样的订阅视频点播（SVOD）流媒体平台[2]，YouTube 通过提供公平的竞争环境实现了内容创作的民主化，使来自不同背景和文化的多元化人才得以涌现，进而实现创作权利的平民化及大众化。根据牛津经济研究院的分析，YouTube 创意生态系统在 2021 年就提供了超过 750000 个全职工作岗位，YouTube 在孟买和德里设立的 YouTube Space 为创作者提供了制作设备和主题布景，从而促进大众原创内容的创作[3]。

印度拥有超过 4.62 亿 YouTube 活跃用户，是全球 YouTube 观众最多的国家。印度用户每月在 YouTube 上花费的时间约为 29 小时[4]，YouTube 作为在印度访问者数量最多的流媒体平台，其内容具有强大的包容性并且免费，通过内容获取门槛的降低，带来民主获取内容的狂欢。音乐、喜剧、电影、游戏、电

---

1 https://variety.com/2023/global/asia/disney-hotstar-india-growth-strategy-content-1235593741/。

2 订阅视频点播（SVOD）：受众按月或按年付费访问内容，通常不含广告。

3 https://www.grabon.in/indulge/tech/youtube-users-statistics/。

4 https://www.grabon.in/indulge/tech/youtube-users-statistics/。

视剧等内容，在 YouTube 上都可以看到，并且不需要付费。对比之下，SVOD 流媒体平台有着或高或低的订阅费用，其中，奈飞的订阅费用是印度流媒体运营商中最高的，尽管奈飞已经尝试通过降低订阅价格来进一步打开印度市场，但对于印度观众来说价格仍然偏高，再加上印度观众并没有良好的付费习惯，因此订阅人数并未得到显著提高。最新的 Ormax Media 流媒体观众报告显示，68.2% 的印度观众只观看免费内容，其中 39.6% 的人强烈偏好在 YouTube 和社交媒体等平台上观看视频 [1]。这意味着，在印度，免费内容具有持久的吸引力，即使在蓬勃发展的流媒体环境中也是如此。

三、殊途同归：传统电视与流媒体的整合

在娱乐产业的蓬勃发展中，争夺观众主导地位的"较量"已经迈入了新的领域——流媒体平台与传统电视之间的激烈竞争。流媒体和传统电视都在适应不断变化的媒体格局，导致两者之间的界限变得模糊。传统电视网络认识到数字平台的重要性并推出流媒体服务，以吸引越来越多从传统有线和卫星订阅中转移的观众。除此之外，流媒体平台正在探索如何整合直播内容和体育赛事，从而吸引仍然重视实时体验的观众，以及提高原创内容质量走向"内容为王"的发展路径。传统广播公司和流媒体服务之间的合作越来越普遍，创造了一个满足更广泛观众偏好的混合视听内容生态系统，未来可能会看到两种模式共存，每种模式都迎合不同的用户偏好。随着收视之争愈演愈烈，有一点是明确的：观众消费内容的方式将继续演变，其驱动力是技术及媒体互动方式的转变，最重要的是观众的消费需求，在流媒体与传统电视的"冲突"中，观众成为最终的"胜利者"，享受前所未有的内容选择。

1. 生成新的视听参与方式

随着印度数字基础设施门槛的降低，点播流媒体在线内容变得越来越便捷，用户的规模逐渐扩大。2023 年，印度流媒体用户人数的增长主要是由印度小城镇和农村地区推动的 [2]。之前被"排斥"在流媒体在线内容之外的印度农村地区的电视观众也被纳入流媒体平台的用户行列，完成了从"电视观众"到"流媒体用户"的身份转变。"用户"的关键是"使用"，即以自我为中心的接受方式，通过个性化的点播与内容互动，体验新的视听参与形式。

---

1 https://www.ormaxmedia.com/insights/stories/just-short-of-500-million.html。
2 https://www.ormaxmedia.com/insights/stories/just-short-of-500-million.html。

此外，在现代印度家庭中，这种新兴的视听参与方式也使得传统电视屏幕转变为数字屏幕。电视屏幕不再仅仅是线性内容的容纳器，而是通向充满包容性的点播内容世界的大门。高达 74% 的印度家庭已经拥抱数字浪潮[1]，印度观众的内容消费过程得到改变，曾经由有线和卫星运营商驱动的传统电视已经转变为消费者驱动的领域，通过联网电视的普及来完成与印度观众的线上连接。

不论是传统媒体还是新兴媒体，其对在线内容的共同强调从根本来讲是受众需求倒逼形塑的结果，因为在线内容有着其自身的特性——互动性、丰富性。此时的互动更多强调的是一种自我指令、偏好的传递。不论是对线性传输逻辑的介入还是通过连接网络（联网电视和流媒体），在内容目录中搜索、挑选内容，都是一种后现代社会下观众对自我身份的强调。对个人需求的强调促使不论是电视还是流媒体，都必须具有放下"内容霸权主义"的传播逻辑，主动帮助"观众"变为"用户"，完成其自我的再确定。

除了自我个性的确立，观众逐渐转向新的视听参与方式还出于在线内容具有丰富的内容库，YouTube 上的免费内容，以及具有专业性、世界品味的奈飞等流媒体既提供印度本土内容，又讲述来自世界的故事，能够更加满足用户的差异化需求。报告显示，YouTube 上以印度当地语言创作的内容在增加，包含喜剧、美食、健康、美容、乡村生活和农业等各种类型的内容[2]。此外，韩剧在印度很受欢迎，以至于德里的一家购物中心委托制作了《鱿鱼游戏》墙面艺术。万圣节期间，西班牙电视剧《纸钞屋》中的面具成为印度最受欢迎的服装之一。除此之外，印度观众还可以看到西班牙、土耳其、日本等外国剧集。

2. 满足身份认同的需求

区域语言内容是用特定区域常用的语言或方言制作的内容，谷歌和毕马威的研究显示，印度的区域语言用户数量在增长，观众或者用户更喜欢消费以母语形式呈现的内容来寻求民族身份的确认。印度的常用语言高达 23 种，这使得区域语言成为视频供应商尝试区域内容的关键条件。因此，不论是传统电视还是流媒体平台都在不断对区域内容进行多样化的尝试，寻求与不同区域的受众保持强烈的相关性，挖掘区域语言所蕴含的民族文化含义，并最终获得商业价值。

印度的大多数电视频道是通过创作具体语言环境的内容来适应区域观众

1　https://blog.mediasmart.io/rise-of-connected-tv-ott-advertising。
2　https://www.grabon.in/indulge/tech/youtube-users-statistics/。

的偏好的。例如，亚洲最大的媒体集团之一——SUN集团拥有位于印度南部的Sun TV Network，为泰米尔纳德邦、喀拉拉邦、卡纳塔克邦、安得拉邦和特伦甘纳邦等印度南部主要邦制作当地语言的内容。Sun TV Network还扩展到了其他地区，拥有30多个频道，针对不同的区域制定不同的内容。

流媒体平台正在追随电视的脚步，进行在线平台上的区域故事讲述实践，进而提升与印度区域受众建立牢固联系的能力。到2025年，互联网平台上区域性语言消费占总消费时间的比例将超过50%，超过印地语的45%，消费者越来越依赖使用区域语言来观看内容。所以，区域性流媒体玩家在卡纳塔克邦、安得拉邦、泰伦加纳邦、马哈拉施特拉邦、古吉拉特邦、喀拉拉邦和泰米尔纳德邦等市场如雨后春笋般涌现。知名平台包括aha（泰卢固语）、hoichoi（孟加拉语）、Planet Marathi（马拉地语）、Koode（马拉雅拉姆语）和City Short TV（古吉拉特语）等。更值得注意的是，区域语言还可以帮助印度观众在流媒体上观看国际内容，印度观众可以使用区域语言字幕、配音等形式观看在世界各地拍摄的故事，用区域语言进行配音和字幕设置"助长"了印度全球内容的热潮。

此外，流媒体平台的在线区域内容还可以唤起在世界各地的印度侨民的"想象身份、归属感和社区的替代方式"。Viu、ALTBalaji、奈飞和亚马逊等本地和跨国流媒体平台都已委托制作以印度区域语言制作的原创内容，从而满足非印地语和非英语的印度侨民的需求。

3. 关注青年群体的内容偏好

印度是拥有最多年轻网民的市场，三分之二的互联网用户年龄小于30岁。因此，流媒体内容更多面向的用户是印度的年轻网民，尤其是印度的"千禧一代"和"Z世代"[1]。一份名为《流媒体时代：印度青年OTT故事》（*Now Streaming: The Indian Youth OTT Story*）的报告对印度城市"千禧一代"和"Z世代"进行了研究。研究显示，新冠疫情之前，印度的年轻用户每天花费6—12小时在流媒体平台观看内容，然而在新冠疫情结束后，这一数字翻了两番[2]。基于用户规模巨大的年轻用户，以及越来越长时间的流媒体内容消费时间，制作出更加契合年轻受众的内容越来越重要。

---

1 "千禧一代"年龄为25—39岁；"Z世代"年龄为5—25岁。
2 https://images.assettype.com/afaqs/2020-09/29d6734e-75b8-44e8-a250-495637c3d0af/c2a7e479ef56b54 4ad65bd78810aef0fd4446397.pdf。

这份报告显示，对于这些印度青年用户来说，亚马逊和奈飞是他们的首要选择，其次是 Hotstar，其他流媒体平台尚未在印度年轻人中建立起显著的影响力。这些印度年轻用户最偏好三种内容类型，分别是喜剧、惊悚、动作，这也是亚马逊、奈飞、Hotstar 较为受欢迎的原因，因为 Zee5、Voot、Jio、Sony LIV 等流媒体平台关于相关类型提供的内容较少。此外，青少年题材也表现亮眼。调查显示，仅 2023 年，流媒体平台上就有青少年题材的电视剧 35 部，占据 2023 年所有印地语流媒体原创剧集的 32%，高于 2019 年的 25%。[1]这类内容契合网民中"千禧一代"的偏好，例如，奈飞上的《班级》(*Class*, Ashim Ahluwalia, 2023)。

2023 年 4 月 13 日，ORMAX MEDIA 与索尼影视电视台合作发布了一份名为《印度的英语内容：不再小众》的报告[2]，并在报告中使用"令人震惊"的词汇强调了后疫情时代流媒体平台的英语内容对印度观众的长远影响，印度城市英语内容观众群（15 岁以上）已从新冠疫情前的 1910 万人增加到 4270 万人，这一增长很大一部分原因是来自"千禧一代"这一年轻群体。该报告还强调了英语内容与印度内容的显著区别，例如富有想象力、更好的视觉特效、悬念感的情节、各季一致的质量等，符合"千禧一代"的内容接受偏好。

如今，印度的视听产业与媒体娱乐产业蓬勃发展，新旧媒体同台"混战"、多平台共同竞争，未来仍会是印度视听产业的主要格局，这既是数字媒介变更演进的必然之路，也是受众选择的结果。此外，视听产业获得了政府越来越多的重视与扶持，其规模与产值也在不断扩大与增长。根据印度贸易促进委员会（TPCI）2019 年对于印度视听产业的报告[3]，印度政府已将视听产业列为王牌服务业部门，以促进其长期的发展与发挥其最大的潜力。

第三节　2015—2024 年印度视听内容创作概况

2015—2024 年，印度视听产业的发展势头良好，根据印度工商业联合会和安永会计师事务所（FICCI-EY）的报告，印度媒体与娱乐行业的规模在

1　https://www.ormaxmedia.com/insights/stories/the-golden-triangle-decoding-young-adult-content-on-ott.html。

2　https://www.ormaxmedia.com/insights/stories/english-content-in-india-no-longer-niche.html。

3　https://www.tpci.in/indiabusinesstrade/blogs/indian-audio-visual-industry-all-the-worlds-a-stage/。

2023 年超过了 2.3 万亿印度卢比，预计到 2026 年将达到 3.1 万亿印度卢比 [1]。在视听内容创作领域，印度正经历着一场多元化和创新化的变革。一方面，传统电视台保持其强势地位，继续制作出广受欢迎的电视剧和综艺节目；另一方面，随着网络视频平台的兴起和普及，印度视听产业迎来了新的发展机遇，网络剧、网络真人秀、短视频等新型网络视听节目应运而生，这些节目以其新颖的形式和内容，迅速在观众中赢得了广泛好评。总体来看，印度近十年的视听内容呈现出内容多元、形式创新、观照现实、海内外融合等重要特征。

一、印度电视剧及网络剧的现状及发展

1. 电视剧现状及发展

2023 年度娱乐财政报告显示，电视产业价值在印度媒体和娱乐行业中占比最高 [2]。2023 年，印度电视行业的订阅和广告收入加起来约为 6960 亿印度卢比。据估计，电视行业产业总值到 2026 年将达到 7660 亿印度卢比，复合年增长率约为 3.2% [3]。可见，电视仍然是印度家庭的中心。

（1）爱情、家庭伦理题材占据主流

与对标于青年群体的网络剧相比，电视剧的主要受众为年龄较大的传统电视观众，而日间肥皂剧的主要目标群体是家庭妇女，基于这一目标人群，印度电视剧在题材上大多是以爱情及家庭伦理为主题。

印度爱情题材剧以爱情、婚姻故事为中心，受众广泛。如《我会死在这份爱中》（*Ishq Mein Marjawan*，Kushal Zaveri，2017）虽然加入了奇幻、惊悚元素，但其最重要的主线依然是男女主角之间的爱情故事；肥皂剧《这种关系叫什么》（*Yeh Rishta Kya Kehlata Hai*，Romesh Kalra，2009）以平行叙事的方式，讲述了包办婚姻、自由恋爱等不同的婚姻形态及随之展开的故事，其衍生剧《爱的连结》（*Yeh Rishtey Hain Pyaar Ke*，Ashish Shrivastav，2019）也延续了这一主题。

印度家庭剧往往围绕家庭伦理、亲子关系展开，近年来融入了超自然的表达元素。传统家庭剧通过家庭关系的纠葛来反映情感纽带和社会现实。例

1　https://www.campaignasia.com/article/ficci-ey-report-2024-indian-media-and-entertainment-sector-grows-by-8-in-2023/494797。

2　https://www.pwc.in/assets/pdfs/industries/entertainment-and-media/global-entertainment-and-media-outlook-2023-2027-india-perspective-v1.pdf。

3　https://www.statista.com/study/151557/television-entertainment-in-india/。

如,《命运的转折》(*Kumkum Bhagya*,Ismail Umarr Khan,2014)这部剧集,围绕一位母亲与她的两个女儿的生活展开,衍生剧《星运》(*Kundali Bhagya*,Sameer Kulkarni,2017)则进一步深入探讨了这两个姐妹的感情生活,以及她们与母亲重聚的动人故事。在家庭剧这一竞争激烈的领域,为了吸引更多的观众,许多剧集开始对传统叙事方式进行创新和突破。近年来,家庭剧中较为新颖的趋势是将超自然元素融入剧情,以此打破常规,为观众带来新鲜的观看体验。《娜迦女》(*Naagin*,2015—2023)便是这种创新尝试的代表,剧中不仅包含了蛇女、女巫和魔鬼等超自然生物,还将它们置于一个看似普通的现代家庭环境中。这些超自然元素不仅增加了剧情的神秘感和吸引力,而且巧妙地展现了社会的深层恐惧和宗教习俗,与印度的社会文化和观众的信仰产生了共鸣。通过这样的创新,家庭剧在保持其核心价值的同时,也为观众提供了更加多元化和富有想象力的故事,从而在激烈的市场竞争中脱颖而出。

(2)突破传统女性叙事

近年来,随着全球女性主义运动的发展,女性权利问题已经成为社会各界关注的焦点。这一趋势不仅推动了对性别平等的认识和讨论,也显著提升了女性的社会地位。在这样的背景下,女性叙事在内容创作上取得了很大突破。电视节目、电影和网络内容开始更多地采用女性视角,探讨女性的内心世界、成长经历和社会角色,从而为女性观众提供更多元化、更具深度的观看体验。

在过去的与女性成长相关的电视剧中,性别叙事存在众多缺陷,主流电视媒体在描绘性别角色时依旧存在刻板印象,女性在职场和家庭上是割裂的,职场上成功的女性在生活中是孤独的,总是被冠以从属于男性的标志,而男性往往被描述为强大、可靠、理性的,总的来看,女性叙事陷入了从"女性赋权"到"父权制强化"的悖论之中。如 *Kyunki Saas Bhi Kabhi Bahu Thi*(Kaushik Ghatak,2000)的主角图尔西看似聪明自信,是一家公司的 CEO,但在生活中却不像一个正常人,从不和朋友聚会,也不会读书、上网。

令人欣喜的是,近年来的电视剧领域迎来了一场令人耳目一新的变革。一方面,女性角色的地位显著提升;另一方面,一些电视剧开始打破传统框架,摒弃了以爱情为唯一叙事线索的局限,转而以女性角色的事业追求、情感体验和心灵成长为故事核心。《星运》和《命运的转折》是以母女三人作为主角,以她们的爱情、亲情作为故事主线;《勇敢的女人》(*Choti Sarrdaarni*,Amarpreet G.S. Chhabra,2019)则讲述了女主角 Meher 如何对抗曲折的命运及政治阴谋,守卫自己的爱情和家庭的故事。在这些作品中,女性故事的多样性和复杂性得到了更广泛的展现,不再局限于传统的性别角色和刻板印象。从职场挑战到家庭生活、从个人成长到社会变革,女性叙事的丰富性为观众呈现了更加立体和真实的女性形象。

2. 印度网络剧现状及发展

在线视频平台发展迅速，流媒体平台可以触达的用户数非常庞大，用户群体目前为 4.811 亿人，其中 1.382 亿是印度活跃的付费流媒体订阅者[1]。据预测，由亚马逊、奈飞和 Hotstar 等公司主导的印度视频流媒体市场的收入将从 2022 年的 18 亿美元翻一番，到 2027 年将达到 35 亿美元[2]。一项 2021 年的研究表明，由于平台的便利性，以及给用户带来的满足感，流媒体平台已经"压倒了"电视[3]。庞大的用户与成熟的平台，为网络剧的生长提供了肥沃的土壤。

（1）犯罪惊悚类题材表现亮眼

与电视连续剧相比，印度网络剧在题材选择上展现出了鲜明的差异性和创新精神。近年来，一系列多样化的网络剧作品如雨后春笋般涌现，涵盖了从历史爱情到法律喜剧，再到惊悚恐怖等多种类型，其中犯罪惊悚类网络剧的表现颇为亮眼。

犯罪惊悚类题材是传统印度电视剧中较少涉及的领域，网络剧的出现和发展拓展了印度电视剧的表现领域。网络剧的亮眼表现，很大程度上得益于其对非主流叙事方式的融入和创新。一方面，网络剧在角色塑造上呈现出"非主流"的特点。这些剧集往往不再局限于单一的主角视角，而是通过多个角色的交织，为观众提供更为丰富和多元的视点。角色形象也突破了传统的英雄模式，转而关注那些边缘化的人物，如变性人、老年人，以及在历史教科书中被忽略的人群。例如，2018 年由亚马逊出品的网络剧《喘息》（*Breathe*），就以其复杂而立体的警察形象吸引了观众的目光。主角游走于道德的灰色地带，既有着卓越的破案能力，又沉迷于腐败和权力的滥用，让观众又爱又恨。另一方面，网络剧在形式上也展现出"非主流"的趋势。许多网络剧借鉴了美剧的电影化视听风格，摒弃了传统的公式化叙事手法，更倾向于使用具有电影质感的视觉效果和音乐效果来推动叙事和塑造人物形象。例如，2018 年推出的惊悚剧《神圣游戏》（*Sacred Games*，Anurag Kashyap，2018），就以其独特的叙

1　https://www.ormaxmedia.com/data/library/TheOrmaxOTTAudienceReport-Sizing-2023-Details.pdf。

2　https://www.pwc.in/assets/pdfs/industries/entertainment-and-media/global-entertainment-and-media-outlook-2023-2027-india-perspective-v1.pdf。

3　PUTHIYAKATH H H, GOSWAMI M P, et al. Is over the top video platform the game changer over traditional TV channels in India? A niche analysis［J］.Asia pacific media educator, 2021, 31（1）: 133-150.

事风格和视听体验，被誉为"印度电视史上的转折点"。

值得注意的是，流媒体平台上发布的犯罪惊悚片，在一定程度上有着美化犯罪和暴力行为正常化的问题，触及了伦理和社会责任的重要议题，内容生产者需要提升对犯罪、争议与社会责任的认识，特别是对于年轻观众和那些容易受到影响的群体，创作者更应承担起引导和教育的责任，避免在作品中过度渲染或美化犯罪行为。监管机构也需要及时制定和更新相应的法律法规，对网络剧中的犯罪行为和过度露骨的内容进行合理限制和监管。

（2）海内外平台剧集竞争力增强

目前，印度网络剧呈现出海内外平台平分秋色的现象，原创或独家发行的内容已成为印度海外流媒体的巨大优势。同时，印度本土视频平台的原创内容生产能力明显上升，在与传统电视剧及海外平台出品的网络剧的竞争中保持一定的优势。

海外平台主要是 Hotstar、奈飞、Sony LIV、YouTube TV、YouTube Go 等公司在持续发力。随着国际流媒体巨头的进入与布局，流媒体视频市场的竞争变得更加激烈，如由 Hotstar 发行的《即刻救援》（*The Freelancer*，Bhav Dhulia，2023），IMDb 评分 8.1 分，由亚马逊制作的犯罪动作片《米尔扎布尔》（*Mirzapur*，Gurmmeet Singh，2018）和在奈飞上线的犯罪剧 *Delhi Crime*（Richie Mehta，2019），IMDb 评分均为 8.5 分，由 Sony LIV 出品的历史剧《火箭男孩》（*Rocket Boys*，Nikkhil Advani，2022），IMDb 评分高达 8.9 分，是印度首个获得国际艾美奖最佳剧情奖的剧集 [1]。

除了海外平台外，TVF、Zee5、乌特、热星等平台是印度数字娱乐领域最早的涉足者之一，其视频涵盖了印度政治、电影、生活方式等一系列主题，也是印度本土网络剧开发的先驱者之一。TVF 出品的网络剧尤为经典，以不拘礼节、偶尔的辱骂和打破家庭规则为特征，提供了关于小镇居民的古怪喜剧小品。其开发的第一部网络剧《永久室友》（*Permanent Roommates*，Sameer Saxena，2014）于 2014 年问世，到 2015 年成为世界上观看次数第二多的长篇网络剧集，2023 年还持续推出了第三季。该剧以浪漫喜剧的类型作为表现方式，展现了一对夫妇主角在坚守传统家庭价值观的同时，积极适应和接受当代社会生活中的新兴现象，比如婚前性行为、独立家庭生活、远距离关系等现代社会中的新型家庭秩序，而且通过幽默且温情的叙事手法，成功架起了主流

1　谭政.印度流媒体产业现状研究［J］.当代电影，2022（1）：104-112.

文化与亚文化群体之间的桥梁。

网络剧兴起至今，印度本土的生产商始终能够保持一定的原创能力，通过差异化的内容战略，保持一定的优势。一方面，通过制作高质量的原创网络剧，本土网络剧能够与海外平台出品的网络剧平分秋色，如《心有抱负》（*Aspirants*，Apoorv Singh Karki，2021）由印度本土平台 TVF 出品，在 IMDb 上获得了 9.3 分；另一方面，网络剧有意识地制定和电视台具有差异的内容战略，针对不同观众群体进行内容生产，比如 Zee5 的《太阳花》（*Sunflower*，Vikas Bahl，2021）是犯罪喜剧片，热星的《日食》（*Grahan*，Ranjan Chandel，2021）是历史惊悚片，与这些娱乐公司旗下的传统电视台生产的电视剧集类型表现出明显差异。

二、印度综艺节目现状及发展

一项发表于 2023 年的研究表明，印度综艺节目不仅在年轻人中流行，而且在中年人中也很受欢迎，尤其是互动性的真人秀，能够让观众看到如何对节目及参与者的生活产生影响[1]。流媒体平台在近几年的强势来袭，再次促进了海外综艺、本土综艺和区域综艺的共同发展，一同触达了更广泛的观众群体。

1. 海外节目的本土化改编

在印度综艺节目中，海外引进的、类型多元的综艺节目受到观众的热捧，尤以游戏类、竞赛类、职场类、婚恋类为胜，之所以能在印度市场上受到欢迎，是因为印度在引进节目时不单单是借用其综艺模式，还会进行本土化的改编。

印度的大多数电视真人秀节目都是从西方节目改编的。在电视上播出的游戏类真人秀节目《名人老板》是荷兰节目《老大哥》的印度版，在不同国家被多次引进，在印度被翻译成七种不同语言，足见其在印度市场受欢迎的程度。再如，《MTV 旅行者》（*MTV Roadies*，Shreevallabh Bhatt，2003）虽然是印度本土节目，但在规则设置上也受到《幸存者》（*Survivor*，Michael Simon，2013）的一定影响，节目中一群参赛者前往不同的目的地，接受一系列挑战肉体和精神力量的任务。

网络平台也推出了数量可观的由海外引进的优质网络真人秀节目，努力

1　DIXIT M. Quantitative analysis of Indian audiences liking and disliking for TV reality shows［J］. Quarterly review of film and video，2023，40（5）：489-513.

保持海外特色和印度本土化上的平衡。与奈飞合作的婚恋类综艺节目《印度媒婆》（*Indian Matchmaking*，J.C. Begley，2020）充分结合了海外综艺节目的优势，以近年来深受观众喜爱的婚恋题材作为切入点，呈现了印度包办婚姻的现状及印度不同代际婚恋观的差异。《宝莱坞太太们的闪亮生活》（*Fabulous Lives of Bollywood wives*，Uttam Domale，2020）是奈飞于2020年推出的印度真人秀节目，围绕宝莱坞演员的妻子们的个人和职业生活展开，节目融入了在海内外热议的话题，针对女性如何平衡家庭生活和事业生活展开探讨，体现了印度社会女性地位的提升。

2. 本土综艺的民族特色呈现

除了占据半壁江山的海外引进节目，印度还有众多具有本土特色的原创综艺节目深受观众的好评，其中最为突出的是舞蹈类节目和音乐真人秀节目。

音乐与舞蹈是印度人民日常生活和宝莱坞电影中的重要元素，舞蹈类和音乐类节目的层出不穷也是植根于印度文化土壤的必然现象。印度最古老的舞蹈类真人秀是《布吉伍吉》（*Boogie Woogie*，Duncan Ward，1996）于1996年首播，也是印度寿命最长的电视节目之一。如今，印度的舞蹈竞技类节目依然具有极强的生命力，如《跳舞+》（*Dance Plus*，Ashim Sen，2015）、《跳舞吧印度跳舞吧》（*Dance India Dance*，Ashok Kumar Shukla，2009）、《印度最强舞者》（*India's Best Dance*，Omi Rawat，2020）等节目，以其创新的赛制、专业的评判和高水平的舞蹈表演，吸引了无数观众的目光，激发了人们对舞蹈艺术的热爱和追求。

同时，音乐节目在印度也颇受欢迎。从2004年开始一直到2024年上半年都在更新的"长寿"音乐综艺《印度偶像》（*Indian Idol*，Yule Kurup，2004）专注于印地语电影音乐，让参赛者演唱标志性或最新热门歌曲，并邀请音乐作曲家和回放歌手作为节目的嘉宾或评委，深受观众的喜爱。在《印度偶像》取得巨大成功之后，从1995年开播的音乐节目 *Sa Re Ga Ma Pa*（Gajendra Singh，1995）调整了节目策略，学习借鉴了《印度偶像》的金字塔式竞争结构，以表演性竞争为特色，并在赛事中放大和持续关注参赛者的个人生活与情感旅程，在节目形式上有了一定的创新性。

3. 多元题材的现实关照

印度综艺节目题材广泛，涉猎多元，其中不乏直击社会热点的综艺节目，自觉呈现出对现实的观照和人文关怀，并取得了高点击率和收视率。

多类型的优质节目的出现也体现了印度电视真人秀整体制作上的稳定与

健康发展。诸如舞蹈类的《跳舞+》、游戏类的《监狱》（*Lock Upp*，Sagar More，2022）、商业类的《创智赢家印度版》（*Shark Tank India*，Nishant Nayak，2021）、婚恋类的《印度媒婆》、《心动之屋》（*MTV Splitsvilla*，Purvish Bhatt，2008）、竞技生存类的 *Survivor Tamil*（Rajesh George，2021）等节目层出不穷，满足了多元观众的观赏需求。

在印度收获高点击率和收视率的综艺节目，往往聚焦于印度的现实问题，以其深刻的社会关注度触动观众的心灵。印度老牌罪案类节目《犯罪侦查》（*Crime Patrol*，Darshan Raj，2003）直接从内容上触及社会热点事件，直面印度社会的犯罪问题，不仅提高了公众对身边犯罪事件的警觉性，还为观众提供了实用的自我保护建议，以及为受害者提供走出困境的实际帮助，具有极强的社会现实性。由著名宝莱坞明星阿米尔·汗（Aamir Khan）主持的《真相访谈》（*Satyamev Jayate*，Satyajit Bhatkal，2012）之所以在全球范围内拥有较高的关注度，是因为它聚焦于印度社会的现实问题，探讨女性地位、儿童性侵、犯罪等敏感话题。

三、网络大电影的现状和发展

长久以来，印度电影院一直作为大众娱乐的主要场所而存在，但随着流媒体平台竞争的加剧，以及新冠疫情对线下影院的冲击，研究者认为，在流媒体平台上直接发布的电影数量将会增加,电影院与流媒体平台将共存[1]。行业分析报告同样证实着专家得出的结论，在 2020—2022 年，有 300 多部电影在流媒体平台发行，为电影行业提供了重要的现金流，流媒体平台的电影娱乐在 2023 年已经达到了 1970 亿印度卢比[2]。截至 2024 年上半年，电影的流媒体收入相当于其院线票房净份额的 1.5 倍[3]。更有研究者发现，人们在包括亚马逊、奈飞在内的海外平台上观看电影，已经逐渐取代了过去的观影习惯[4]。在印度的流媒体产业中，流媒体平台的逐步崛起，为网络电影的发展提供了新的机会。印度电影市场在未来可能形成线上和线下、国内和国外多种形式相结合的交互模式。

---

1 VARGHESE S，CHINNAIAH S，et al. Is OTT industry a disruption to movie theatre industry？［J］. Academy of sarketing studies journal，2021，25（2）：1-12.

2 https://www.flowjournal.org/2023/12/the-rise-of-data-analysis-in-indian-流媒体-market/。

3 https://variety.com/2024/tv/news/india-streaming-transforming-influence-film-tv-industry-economy-1236081367/。

4 CHATTERJEE M，PAL S，et al. Globalization propelled technology often ends up in its microlocalization：cinema viewing in the time of OTT［J］. Global media journal：Indian edition，2020，12（1）：1-22.

1. 打通海外与本土产业的合作壁垒

在流媒体平台竞争激烈的背景下，海外流媒体平台不再局限于发行传播网络电影，而是进一步打通与印度本土影视产业的合作壁垒，成为原创电影制作和传播的主力军。

起初，海外流媒体平台与影视产业的合作主要集中于原创电影在海外流媒体平台的发行与传播，于 2018 年 2 月 14 日在奈飞上线的《方寸之爱》（*Love Per Square Foot*，Anand Tiwari，2018）是第一部直接在流媒体平台上发行的印度电影。在新冠疫情期间，印度的电影院无法重启，越来越多的海外流媒体平台依靠强大的资金链，购买本来在影院上映的影片，2020 年总共有 28 部由大牌明星领衔的宝莱坞影片直接在流媒体上映，而 2019 年这一数字为零[1]。

随后，海外流媒体平台联合印度本土影视公司投资制作原创影片，以此实现在流媒体竞争激烈的印度地区的布局。印度一流媒体公司业务主管称，原创作品是流媒体平台上最大的订阅推动力，有利于吸引新的用户进行订阅，并建立用户黏度[2]。2020 年，奈飞、亚马逊和 Hotstar 在印度原创内容方面投入了近 5.2 亿美元。2023 年，印度最大的电影制作和发行公司之一的 Yash Raj Films 与奈飞建立合作[3]，在 2024 年制作了一部系列片和两部电影。

2. 实现国际化与民族化的融合

在传统的院线电影中，为了在本土市场取得更高的票房成绩，并同时拓展其海外影响力，印度电影产业已经开始尝试与好莱坞电影模式的融合。进入 21 世纪之后，阿米尔·汗等印度电影人开始有意识地在类型化叙事上贴近好莱坞的模式，但值得注意的是，那些完全照搬好莱坞和其他国家热门电影的同质化电影逐步失去了对观众的吸引力，实现民族性和国际化的融合是影片创作的一大趋势。

海外流媒体平台上播出的原创电影作品，没有"吞并"或"侵略"本土的文化特色，而是从印度本土小说、本土文化习俗、多元化语言中汲取养料，来探索网络大电影的新型表达方式和内容特点。以 2021 年在奈飞上线的电影

1　创业邦.《纽约时报》上线 AR 游戏，宝莱坞深入探索流媒体［EB/OL］.（2020-12-28）［2025-02-18］. https://finance.sina.cn/tech/2020-12-28/detail-iiznctke8949815.d.html?fromtech=1&vt=1.

2　红点互联网数据. BCG：印度媒体和娱乐行业新十年［EB/OL］.（2022-06-23）［2025-02-18］. https://mp.weixin.qq.com/s/VH5QKQ4GgUoAGvGMFfPCJw.

3　https://about.netflix.com/en/news/netflix-and-yash-raj-films-come-together-to-forge-iconic-partnership-and.

《闪电重生》（*Minnal Murali*，Basil Joseph，2021）为例，该片借鉴了好莱坞的"超级英雄"模式，以英雄成长和正义战胜邪恶作为叙事主线和故事主题。同时，它还融入了丰富的本土印度文化元素，强调通过社区人民的相互帮助，而非单纯的个人英雄主义，来实现最终的成功和胜利。在服装、造型等方面，《闪电重生》加入了鲜明的印度本土特色，展现了国际化视野与民族化叙事的完美结合。

3. 大尺度叙事挑战伦理上限

流媒体平台相对宽松的审核机制为印度网络大电影的创作提供了更为自由的表达空间。这一环境催生了一系列大胆探索、突破传统尺度的电影作品在流媒体上涌现。在流媒体平台上，电影得以关注主流电影描摹的影像图景中的空缺地带，描述非常规化、边缘化的内容，印度社会的犯罪问题及性别、阶级不平等现象，是网络大电影关注的核心，同时这也与观众的观看兴趣形成映照。如电影《爱欲故事》（*Lust Stories*，阿努拉格·卡施亚普、卓娅·阿赫塔尔，2018）大胆地呈现了师生恋、婚外情等四段禁忌之恋；犯罪片《胜赔人生》（*Ludo*，阿努拉格·巴苏，2020）在喜剧歌舞片中呈现了烧脑的悬疑犯罪内容，与传统电影中二元对立的善恶观不同，这部作品中的不法分子和违背伦理道德的人依旧能逍遥法外。

但同时，网络大电影的"大尺度"带来的伦理问题在近年来受到了政府和行业出台的相关政策准则的规范。2021年2月，印度互联网和移动通信协会（IAMAI）的数字娱乐委员会最终确定了一项行为准则，以构成流媒体内容自律准则的基础，该准则已获得17个流媒体平台的认可，包括奈飞、亚马逊、Hotstar、Zee5和Voot等。

4. 与院线电影的差异化竞争

在与传统院线电影的差异化竞争中，流媒体平台凭借其独特的优势赢得了大量用户的青睐。

印度银幕数量难以满足观众需求，同时也难以实现电影排片率的平衡。数据显示，2023年印度电影屏幕总数仅达9742个[1]，这对于超过14亿人口的印度来说，是远远不够的。而影院的"黄金时间"及影院的排片率大部分都分给了由知名影星担任主角、视觉效果对银幕要求高的大制作电影。

1　https://www.statista.com/statistics/1346899/india-number-of-cinema-screens/。

因此，上线于流媒体平台的原创电影，往往展现出与影院上映的高成本、大制作截然不同的特色，以此吸引那些寻求与众不同体验的观众，从而填补传统院线电影之外的市场空白。流媒体平台在策划和出品电影时，通常会依托大数据分析，深入洞察用户的喜好和需求，倾向于制作低成本、个性化的电影内容，进而探索一条与大制作电影迥异的创作路径。

四、印度短视频的现状及发展

在莫迪政府的"数字印度"（Digital India）计划、智能手机行业快速发展、短视频"短、快、平、碎"特点等因素的推动下，印度短视频发展势头向好，印度在线视频用户总数已超过 3.5 亿，预计到 2025 年，大约 6.5 亿印度人民每天将花费大约 1 小时观看短视频[1]。在用户数量激增、市场规模扩大的背景下，印度短视频行业出现了一些新特征、新风貌。

1. 内容丰富多元

短视频在印度"一夜爆红"，吸引了来自城市和农村的各阶层群体的关注，为他们提供了展示自我的平台，在人们表达、共享、互动的过程中，多元化的视频内容得到传播。

与过去的媒介形式相比，印度短视频有着多元化的特点，各种各样的内容与类型并存，不仅涵盖了电影、电视、广播、杂志等传统媒介的各个方面，还进一步扩展到了社会、政治和文化娱乐等多个领域。短视频平台上的内容创作者通过"盗猎"和"游牧"的方式，将传统媒体的内容从其原始的媒介逻辑中解放出来，重新组合、编辑和诠释这些内容，赋予其全新的意义和生命力。

在短视频"挪用"与创新的过程中，音乐、舞蹈、表演、烹饪、健康、美容、旅行等类型成为短视频创作的主流类型。根据 2022 年第三季度的调查，超过一半的用户认为，音乐和舞蹈视频是印度短视频 App 上最受欢迎的类型，第二受欢迎的短视频内容是搞笑视频[2]。此外，还有一些新兴视频类型迎来了爆炸性的增长，增长的前三大类别是时尚和美容（53%）、个人护理（45%），以及包装食品和饮料（35%）[3]，不断涌现的短视频满足着用户的多元化需求。

1　36 氪的朋友们.''印度版''字节跳动估值 318 亿，字节投过 [EB/OL]. (2022-04-10) [2025-02-18]. https://www.statista.com/statistics/1346899/india-number-of-cinema-screens/.

2　https://www.statista.com/statistics/1376582/india-sfv-app-genre-preference/。

3　竺道资本. 到 2030 年，印度短视频市场将迎来货币化热潮 [EB/OL]. (2023-03-07) [2025-02-18]. https://mp.weixin.qq.com/s/CYRBmbItn4ErS65W5PqaMA.

2. 彰显底层话语

在短视频多元化的内容传播中，呈现出彰显底层话语的新态势，融合与重构着印度的媒介生态与社会体系。

创作者以对口型为中心的表演形式，颠覆了宝莱坞歌曲的歌词，赋予经典旋律以全新的故事内涵和表达方式，以此实现底层群体带有幽默和讽刺性质的自嘲。印度短视频创作者通过重复一个概念、一个流行语或短语，通用同一个主题标签"#"，在"模仿公众"的过程中汇聚信息流，实现了视频的进一步传播和聚合，以形成相互关联的文本。这些文本相互回应，并产生对话，颠覆着原本内容的意义，就像病毒一样传播开来，促使更多的用户进行模仿和复制。而创作者在复制和转发的过程中，参与了超越复制的创造性的自我表达仪式，不仅获得了社会的积极评价，也对自我身份进行了认同，创造了全民"日常形式的抵抗"。

3. 头部平台 TikTok 的兴盛与封禁

TikTok 于 2016 年在印度推出，在 2020 年 6 月被印度政府封禁前，Sensor Tower 显示，2019 年，TikTok、Likee 和 Helo 分居印度应用排行榜前三[1]，在 2020 年总用户数达 2 亿，TikTok 头部平台聚集效应明显。TikTok 的平民性使其在印度城市或农村非精英用户中广受欢迎。一方面，TikTok 平台视频创作的风险和门槛很低，有着推广新用户的利好政策，并且还提供了创作者与"宝莱坞"建立合作的机会，以此吸引了众多优质内容创作者；另一方面，TikTok 有着"视频维基百科"之称，短视频涵盖多种印度语言，用户可以免费进入平台，获得知识或娱乐放松。

TikTok 的封禁，成为印度短视频发展的分水岭，印度短视频市场出现巨大的"真空"，很快被全球巨头与印度本土平台抢占。

4. 平台的差异化传播

在竞争激烈的市场环境下，多数平台采取了差异化传播策略，最大限度地扩大用户规模。海外平台多聚焦于城市高净值人群[2]。Instagram 拥有强大的创作者基础，主要面向品位独特的城市富裕人群，为受众量身打造内容；

1　扬帆出海. 重磅：时隔两年 TikTok 拟重返印度［EB/OL］.（2022-06-01）［2025-02-18］. https://new.qq.com/rain/a/20220601A0BF8100#:~:text=.

2　名下净值至少 100 万美元者为"高净值个人"或"高净值家庭"。

YouTube 是城市亚文化的集聚地，也是展示印度南部村庄生活文化的平台 [1]。

短视频平台往往将目标用户定位为印度二线及以下城市的用户。Josh 以最快的速度占领 TikTok 遗留下的市场，吸引大城市以外的、不使用英语的"下沉"用户。Moj 效仿 TikTok 进行页面设置，用户只需向下滚动智能手机并筛选视频，不需要主动选择他们想看的内容，继 TikTok 之后成为印度短视频应用市场的领导者。推出于 2012 年 6 月的印度本土软件 Roposo 尝试拓展电商业务，已推出了电商购物功能，与 shopify 合作，允许平台用户在视频中放置 shopify 商品链接，进行推广引流，此外，Roposo 已经计划扩张到全球多个国家，包括进军印尼、美国、巴西和日本。

同时，我们也应该正视印度短视频平台目前所面临的困境。平台的广告收入增长正在放缓，广告商的态度也在发生变化，这些因素对整个行业的健康发展构成了重大考验。此外，平台与内容创作者之间的解约问题，以及虚假信息的传播，进一步加剧了行业的困境。短视频中广告的频繁插入，也降低了用户对平台的满意度和忠诚度。为了应对这些挑战，短视频平台需要采取创新的策略和措施，从而实现可持续发展，继续为用户提供高质量、有价值的内容。

第四节　2015—2024 年印度代表性视听内容分析

2015—2024 年涌现了许多优秀的视听作品，其中既有历来受到热烈欢迎的传统电视节目，又有新近出现的、令人耳目一新的崭新节目类型。在电视端的传统节目中，家庭伦理剧，以及真人秀节目这两种经典电视节目类型依旧占据着重要地位，笑傲收视榜单。而随着数字网络技术的不断发展，互联网在印度人民的生活中占据越来越多的位置，网络电视节目也在几年间如雨后春笋般不断涌现。一批制作精良、富有新意的网络视听作品出现。因此，本节选取经典家庭伦理剧作品《星运》（*Kundali Bhagya*）、锐意创新的网络剧《请再来四杯》（*Four More Shots Please*）、热门真人秀节目《跳舞+》及网络大电影《白虎》（*The White Tiger*，拉敏·巴哈尼，2021）作为印度

1　NAYAKA S，REDAY V V K，et al. Going viral：YouTube，village life and digital cultures in south India［M］// TRANDAFOIU R. Border crossings and mobilities on screen. London：Routledge，2022：89-100.

近七年间的代表性视听内容，对印度近十年的视听内容创作生产进行观察与分析。

一、《星运》：印度伦理剧传统的延续之作

《星运》是印度的一部浪漫爱情喜剧，于 2017 年 7 月 12 日在 Zee TV 首播，其被提名和授予了 2018—2024 年度的包括印度金狮奖（Golden Lion Award）、印度电视学院奖（Indian Television Academy Awards）在内的多项大奖。这部剧集由巴拉吉影视有限公司（Balaji Telefilms Limited）制作出品，它是《命运的转折》这一剧集的衍生剧集，呈现了小女儿普利塔与卢瑟拉家族的两兄弟里沙普和卡然之间的爱恨纠葛。

1. 经典的伦理剧剧情设置

《星运》的剧情设置可谓经典的伦理剧剧情模板。首先，主角之间的感情故事是经典的三角恋和欢喜冤家模式。女主角普利塔同时被两兄弟——里沙普和卡然爱慕，男主角卡然最初和她互相看不顺眼，直到两人为了拯救里沙普的婚姻而合作后才冰释前嫌，从敌人变为爱人。

其次，误会是推动剧情发展的主要动因之一。《星运》的主角们总是不断地对彼此产生误会，重重误会成为主角之间感情进程的阻碍，构成了跌宕起伏的剧情。例如，里沙普在一场误会中，错误地认为自己的未婚妻是普利塔，便草率地答应了婚约，而实际上他的真正未婚妻是另一位女孩莎琳。卡然在他人的蓄意挑拨下，误以为普利塔因收受了莎琳的贿赂而故意制造误会，企图破坏他的生活。在莎琳的进一步煽动下，卡然又误信普利塔是一个拜金女，只爱他的财富。这些连续的误会和误解，展现了角色间复杂的情感纠葛和人性的多面性，为观众呈现了一个充满戏剧性和真实感的故事。

最后，人物设置上有着明显的正反派之分。女主角普利塔无疑是绝对的正面人物。她善良、富有同情心和正义感，努力挽救自己朋友的婚姻。而与之相对的，莎琳就是一个典型的专给主角使绊子的反面人物形象。她自身品德败坏，一边交着男朋友一边和里沙普订立婚约，还记恨上了里沙普的心上人普利塔，多次陷害普利塔以求将她赶出家门。这样鲜明的正反面人物的设置与对比使得剧情冲突感更加强烈，观众也更容易与正面人物产生共情，从而更加投入剧情之中。

《星运》沿袭了传统伦理剧的特点，借助了原创剧积累下来的观众红利，内容上与风靡印度电视剧市场几十年的传统家庭伦理剧没有太大的区别，而这样一部并无太大新意的作品仍旧占领了印度观众近几年最喜爱的电视剧排行

榜的第一名，从中可以看出印度人民对于此类讲述家长里短、爱恨情仇故事的传统伦理剧的喜爱，此类剧集具有良好的观众基础，并且仍旧拥有较大的市场。

2. 依托于原创"IP"的衍生剧传播

《星运》之所以能被提名和授予了2018—2024年度的包括印度金狮奖、印度电视学院奖在内的多项大奖，并获得了收视和口碑的双丰收，是因为它是《命运的转折》这一剧集的衍生剧集。

电视剧领域的一个新现象表现在衍生剧的兴起，这类依托于原有"IP"的衍生剧的受欢迎程度正在逐步上升。印度连续剧呈现出剧集集数多，时间跨度大的特征，这些陪伴观众十余年的电视剧，不仅播出时间长、故事情节复杂曲折，还相继开发了衍生剧。除了《命运的转折》，截至2024年5月已播出4282集的《这种关系叫什么》也曾开发衍生剧，发展支线剧情。回忆价值、对细节的关注，以及与角色之间的情感联系有助于衍生剧的发展[1]。当然，衍生剧不能仅仅依靠原创剧打下的观众基础，更需要扎实、精彩的剧本。

二、《请再来四杯》：印度现代都市女性群像

《请再来四杯》是由阿努·梅农（Anu Menon）导演的一部印度网络剧，于2019年1月25日首播于亚马逊视频平台，目前已推出了三季，每季10集，单集时长约30分钟。这部剧围绕南孟买的四个都市女性展开叙述，呈现了四个性格迥异、遭际各异的印度现代都市女性的工作、情感、生活故事。这部剧也是亚马逊印度制作推出的第一部以女性为主角的本土化网络剧，首次尝试便大胆地跨越传统的边界，触及了许多敏感的现实议题，体现出强烈的女性主义精神。

1. 丰富多面的现代女性群像

在网络剧中，女性角色已经摆脱了以往的家庭主妇、女演员、教师等传统职业的刻板印象。这些角色不再受限于社会对女性的既定性格描绘和期望，而是朝着更为强大、独立、成功和坚强的形象发展。《请再来四杯》呈现了四种不同的现代女性形象，反映了多样化的都市女性生态。与印度传统伦理剧中常

---

1 MUNSHI S. Prime time soap operas on Indian television（2nd ed.）[M]. London：Routledge India，2020.

见的家庭中心型女性形象不同，《请再来四杯》中的四位女性角色超越了家庭的范畴，不再仅仅围绕着家庭琐事和情感纠葛。这些角色拥有自己独立的空间和生活，她们是思想独立、情感丰富、事业有成和追求明确的现代女性。她们分别是有着极强的上进心和事业心的、调查类网站"侦探网"的主编达米尼，受到性骚扰的健身教练乌芒，在职场上受到性别歧视的职业律师安贾娜和自卑的无业富家女孩希蒂。

网络剧深入描绘了女性角色间的相互支持与成就，共同绘制出一幅"全景式"的女性生活图景，真实而多样地展现了都市女性的生态面貌。在这里，女性之间的关系跳脱了传统肥皂剧中常见的钩心斗角，转而形成了珍贵的同盟关系，共同面对生活中的风风雨雨。可以说，《请再来四杯》为我们呈现了印度现代都市女性的崭新面貌，其丰富多面的女性群像展现更是难能可贵、鲜活动人。

2. 大胆鲜明的女性欲望呈现

网络剧以其大胆的笔触呈现了女性欲望的多维度面貌，为女性话题开辟了一种全新的叙事方式。一方面是对女性在职场上的欲望描述，网络剧中的女性往往有着大野心，有着自我主体性，大多是追求独立、自由的事业型职场女性，具有非常强烈的独立与反叛意识。如《请再来四杯》中的达米尼，因为坚持揭露真相而得罪权贵，被踢出自己创办的"侦探网"，但她凭借过硬的专业能力，独立创作新闻报道并获得广泛关注和业界认可。另一方面是对女性性欲的大胆言说。达米尼对迷人的妇科医生的性幻想、安贾娜对自己公司帅气实习生的性幻想、乌芒与自己的宝莱坞女明星恋人的种种有趣的性尝试，以及胖女孩希蒂在"好身材网"上对于自己身体的大胆展露。四位女主角毫无忌惮地谈论自己的情感与欲望，大胆地享受性与爱情，真正拥有与掌握着自己身体的自主权利。

3. 女性现实议题的细致描摹

这部每季仅仅十集长度的短剧借由四个女性主角，展现与探讨了诸多现实的女性议题，将单亲妈妈、女性的家庭与职业生活的两难、性骚扰、职场性别歧视、身材焦虑、荡妇羞辱等多个社会热点话题融入剧集中，直面社会问题，引发观众共鸣。

剧中的主角们勇敢地面对这些困境、挫折与不公，尽己所能地反抗偏见、羞辱与歧视，为这部网络剧的女性议题注入了一股正面的价值引领力量。主角们凭借自己的能力过着独立自由的生活，始终没有放弃对自我价值的坚守与对人生目标的不懈探索。《请再来四杯》展现了印度现代女性在面对性别障碍与藩篱时的坚韧与勇气，她们勇于打破束缚，寻求平等与自由，在不断地自我寻找和完善的过程中，彰显了现代女性的力量和独立精神。这也诠释了此剧片头所展示的那些标语——"我不是女孩，我是披着人皮的暴风雨""抱歉打扰了，我们在改变世界""生来狂野，不受束缚"等。

三、《跳舞+》：歌舞之国的综艺呈现

《跳舞+》是印度华特迪士尼公司的全资子公司星空传媒（Star India）旗下的付费电视频道 Star Plus 播出的一档舞蹈竞技类真人秀节目。于 2015 年播出第一季，目前已播出七季。节目由一名主持人、三名导师、一名"超级评委"组成。前两集内容为海选，由各位导师从众多参赛选手中选出优秀的舞者，不限人数和舞种，从单人舞到十余人组成的群舞，从印度古典舞到芭蕾、街舞等各种形式，只要能够打动评委都可以入选，最后由"超级评委"决定选手是否能够成功进入下一阶段的比赛。晋级的参赛选手分别加入三名导师的战队，每一次表演后由本战队导师以外的两位导师和"超级评委"打分，按照总分高低依次淘汰，直到最终选出冠军。从第三季开始节目每隔一集就会邀请一位或多位演员或者舞者作为嘉宾。

《跳舞+》以其独特的节目形式和专业的制作水准，为印度的舞蹈爱好者提供了一个展示自我、追逐梦想的舞台，同时也为印度观众带来了一场场视觉与情感的盛宴。

1. 专业性强、知名度高的节目嘉宾

节目组邀请舞蹈领域专业能力突出的明星担任评委，在提升节目专业性的同时加强了节目的娱乐性和曝光度。节目的灵魂人物，即"超级评委"Remo D'souza 是知名宝莱坞电影和音乐录像带导演，曾担任著名舞蹈真人秀节目《跳舞吧印度跳舞吧》的舞蹈导师，后执导舞蹈电影"人人皆舞者"三部曲，该系列电影的第三部获得了 9.7 亿印度卢比的总收入，可见其在宝莱坞歌舞电影迷中具有一定的观众基础，其专业能力得到了认可。另外三位导师—— Shakti Mohan 是另一档舞蹈竞技类真人秀《跳舞吧印度跳舞吧》第二季的冠军得主、Dharmesh Yelande 和 Punit Pathak 是著名舞者和电影演员。

2. 覆盖面广、针对性强的目标受众

在节目规则设置上，《跳舞+》对参赛选手不设门槛（选手们大多数是名

不见经传的普通人），通过对选手私人生活煽情性的讲述，有效地缩短了选手与观众之间的距离，延续了传统选秀类节目的特征，在荧屏上实现了大多数观众"普通人实现梦想"的潜在欲望。

此外，节目在评委的选择上突出专业性，但是在表演编排上却并不十分强调舞蹈动作的特技性、复杂性，而是更加看重舞蹈的创意和情感意义，这使得节目的内容即舞蹈本身更"接地气"。印度人民大多能歌善舞，这一"平民化"的倾向能够使电视机前的观众与选手产生共情，并将自己代入参赛选手的角色中去。

3. 舞蹈类节目的推陈出新

除了《跳舞+》，印度本土真人秀还推出了多个各有特色、方向不一的舞蹈类节目，在延续舞蹈竞技类节目的传统优势、把握固有受众的同时，通过创新维持新鲜感，使得舞蹈类节目能够拥有长久不衰的生命力。

印度的舞蹈类节目推陈出新，不断更新节目形式和内容。Zee TV 的《跳舞吧印度跳舞吧》于 2009 年开播，至今已播出七季，该节目以展现多种印度本土和国际舞蹈风格为特色，包括古典、当代、宝莱坞、嘻哈、爵士、音乐剧、萨尔萨舞等多种舞蹈风格，曾获得"最受欢迎舞蹈真人秀"等电视奖项。另外，由索尼出品，在索尼娱乐电视（SET）上播出的真人秀节目《超级舞者》（*Super Dancer*，Ankur Poddar，2016）也深受观众喜爱。该节目从 2016 年开始播出，至今已播出四季。节目专注于发掘和展示 4—13 岁的舞蹈神童，通过严格的试镜环节挑选出 12 名符合年龄要求且才华横溢的小舞者，并且将每一个小舞者与一位与之风格相似的编舞师配对，由这些编舞师训练和指导他们，与他们共同创作和完成精彩的舞蹈表演，并由观众投票决定参赛选手的去留。通过《超级舞者》这个舞台，许多小舞者得以展现自己的才华，实现自己的梦想。同时，节目也传递了积极向上的价值观，鼓励孩子们勇敢追求自己的热爱和梦想，不断挑战自我，超越极限。

四、《白虎》：融合海内外文化的大尺度之作

改编自 2008 年曼·布克奖印度裔得主阿拉文德·阿迪加（Aravind Adiga）同名小说的电影《白虎》，由伊朗裔美国导演拉敏·巴哈尼（Ramin Bahrani）执导，于 2021 年在流媒体奈飞上线。该片已获得了第 93 届奥斯卡金像奖、第 74 届英国电影学院奖和第 36 届独立精神奖等多项提名，在 IMDb 上的评分高达 7.1 分。影片讲述了印度农村青年巴尔拉姆通过谋杀雇主、抢劫财富和逃避追捕，最终成为班加罗尔知名企业家的传奇经历，深入探讨了印度

社会底层人民的生存困境，对顽固的种姓制度、日益加剧的贫富差距和普遍存在的政治腐败等问题进行了深刻剖析。

1. 大尺度与深刻的批判性

《白虎》是一部大尺度的电影，在语言、暴力和色情方面被评定为 R 级。影片中有诸多性爱及身体裸露的画面，带有贬义和性暗示的印地语辱骂场面，还有多个殴打、恐吓、谋杀、虐杀动物等极端暴力的场景。通过对社会阴暗面的直接呈现，让我们了解了印度社会的横纵面，极富批判性。

2. 民族性与国际化的思辨

海外平台与印度本土影视产业的合作正日益成熟，这种合作模式为电影产业带来了宝贵经验。网络大电影在这一过程中不仅展现出具有国际风范的好莱坞模式，而且实现了印度本土文化特色与好莱坞故事结构的深度融合，这有助于推动影片在全网范围内的国际化传播。

与典型的印度电影载歌载舞的风格不同，这部改编自印度文学作品、由美国公司执导的电影，全片没有歌舞场面，节奏明快，体现了印度本土与国际文化的融合。通过巴拉姆卑躬屈膝侍奉雇主的场景，以及槟榔、鸡笼等具有强烈象征意义的元素，影片较为客观地呈现了印度的种姓制度。影片对国际文化的融入一方面表现在导演对平姬夫人的人物塑造上，她代表了西方先进文化的自由和独立精神；另一方面体现在影片采用"好莱坞式"手法上，影片直白地揭露了人性之恶，展现了巴拉姆通过暴力杀人完成阶层上升的残酷现实。

然而，在流媒体平台借鉴融合外国影片模式及跨国资本合拍印度电影的过程中，也可能出现一些问题。例如，可能存在以"融合本土与国际"为名，在情节叙事和场景构建上构筑出入侵民族影像风格、民族故事内核的风险。电影在处理政治问题时，将小说中对政党腐败的批评简化为对西方民主制度的维护，并且通过"他者化"的场景呈现，消解了原著中甘地雕像的庄严雄伟，增强了摩天大楼与贫民窟之间的对比，这可能对印度形象的国际化传播产生负面影响。因此，在保证本土文化特色、传播印度文化风貌的基础上，如何进行国际与本土的融合，是印度网络大电影需要深思的问题。

补充资料：

一、2008—2024 年重要电视剧一览表

剧名	出品年份	类型	出品公司	首播平台
《塔拉克·梅赫塔的反向眼镜》	2008	情景喜剧	尼拉影视公司	SAB TV
《这种关系叫什么》	2009	爱情、肥皂剧	导演密码制作公司	Star Plus
《命运的转折》	2014	爱情、肥皂剧	巴拉吉影视有限公司	ZeeTV
《娜迦女》	2015	爱情、惊悚	巴拉吉影视有限公司	Colors TV
《星运》	2017	爱情、肥皂剧	巴拉吉影视有限公司	ZeeTV
《我会死在这份爱中》	2017	浪漫、惊悚	超越梦想娱乐公司	Colors TV
《人生的审判》	2018	爱情、肥皂剧	巴拉吉影视有限公司	Star Plus
《灵怪魔法》	2019	奇幻、爱情、肥皂剧	四只狮子影视	Star Plus
《勇敢的女人》	2019	爱情、肥皂剧	震动黎明娱乐	Colors TV
《爱的连结》	2019	爱情、肥皂剧	导演密码制作公司	Star Plus
《阿乌帕玛》	2020	家庭、肥皂剧	导演密码制作公司	Star Plus
《纳马克伊斯克卡》	2020	家庭、肥皂剧	四只狮子影视	Colors TV
《伊姆利》	2020	家庭、肥皂剧	四只狮子影视	Star Plus
《曼·乌杜·乌杜·扎拉》	2021	家庭、肥皂剧	Ekagmai	ZeeTV
《昌德·贾恩·拉加》	2023	动作、家庭、惊悚	Swastik Productions	Colors TV
《撒旦仪式》	2024	惊悚、恐怖	三角电影公司	Star Plus

二、2017—2024 年重要网剧一览表

剧名	出品年份	类型	出品公司	首播平台
《边线之内》	2017	剧情、运动	卓越娱乐	Amazon Prime Video
《米尔扎布尔》	2018	剧情、动作、惊悚	卓越娱乐	Amazon Prime Video
《居家男人》	2019	间谍、动作、惊悚	D2R Films	Amazon Prime Video
《科塔工厂》	2019	喜剧	病毒性发热公司	TVFPlay、Netflix
《地下世界》	2020	犯罪、惊悚	Clean Slate Filmz	Amazon Prime Video
《恶魔：欢迎来到你的黑暗面》	2020	犯罪、悬疑、惊悚	叮娱乐	Voot
《骗局1992：哈施德·梅赫塔的故事》	2020	犯罪	欢呼娱乐	SonyLIV
《隐秘》	2020	犯罪、惊悚	欢呼娱乐	SonyLIV
《特别行动》	2020	间谍、动作、惊悚	星期五说书人	Disney+Hotstar

剧名	出品年份	类型	出品公司	首播平台
《五人长老会》	2020	喜剧	病毒性发热公司	Amazon Prime Video
《心有抱负》	2021	喜剧	病毒性发热公司	TVFPlay
《钦多拉》	2021	喜剧	Bb Ki Vines	YouTube
《末路时刻》	2021	犯罪、惊悚	Amazon Prime Video	Amazon Prime Video
《太阳花》	2021	犯罪、惊悚、喜剧	信实娱乐	Zee5
《糖果》	2021	惊悚	Optimystix Entertainmen；Wakaoo Films	Voot
《萨蒂亚吉特·雷伊：大师短篇故事精选》	2021	犯罪、惊悚	引爆影视公司、Viacom18 Motion Pictures	Netflix
《日食》	2021	动作、历史	Jar Pictures	HotStar
《十一月故事》	2021	犯罪、惊悚	Vikatan Televistas	Disney+
《孟买日记 11/26》	2021	剧情、惊悚	Amazon Prime Video	Amazon Prime Video
《刑事司法：阿杜拉萨赫》	2022	犯罪	掌声娱乐有限公司、BBC	Disney+ HotStar
《卡基 比哈尔邦篇章》	2022	剧情、犯罪	Friday Filmworks；Friday Storytellers	Netflix
《公司信用》	2023	犯罪、惊悚	D2R Films	Amazon Prime Video
《禧》	2023	爱情	Andolan Films；Phantom Studios Reliance；Entertainment	Amazon Prime Video
《夜班经理》	2023	剧情、惊悚	Banijay Asia；Character 7；Demarest Films；The Ink Factory	HotStar
《铁路人：1984 博帕尔事件》	2023	剧情、惊悚、历史	YRF Entertainment；Yash Raj Films	Netflix
《卡拉·帕尼》	2023	惊悚	Posham Pa Pictures	Netflix
《骗局 2003：特尔吉的故事》	2023	剧情、传记	下一个工作室、掌声娱乐工作室	Sonyliv

剧名	出品年份	类型	出品公司	首播平台
《马姆拉法律之海》	2024	喜剧	Posham Pa Pictures	Netflix
《爱情故事》	2024	爱情	Dharmatic Entertainment	Amazon Prime Video

三、1993—2024 年重要综艺一览表

名称	出品年份	类型	出品公司	首播平台
《您的法庭》	1993	脱口秀	独立新闻服务	ZEE TV
《犯罪侦查》	2003	真人秀	Optimystix Entertainment	Sony TV
《MTV 旅行者》	2003	真人秀	Diamond Pictures（2009-2010）；Colosceum Media（2010 至今）	MTV India
《舞伴》	2005	真人秀	萨尔曼汗电视	Star Plus
《名人老板》	2006	真人秀	恩德莫之光印度公司	Colors TV
《心动之屋》	2008	真人秀	竞技场娱乐	MTV India
《厨艺大师·印度版》	2010	真人秀	恩德莫之光印度公司	Star Plus
《卡皮尔·夏尔玛脱口秀》	2016	脱口秀	K9 公司、萨尔曼汗电视	Sony TV
《名人老板泰米尔语版》	2017	真人秀	Endemol Shine India	Star Vijay
《跳舞+》	2019	真人秀	现代佳酿工作室	Star Plus
《宝莱坞太太们的闪亮生活》	2020	真人秀	Netflix	Netflix
《印度媒婆》	2020	真人秀	Netflix	Netflix
《创智赢家 印度版》	2021	真人秀	Studio NEXT、索尼电视公司	Sony TV
《NBK 不可阻挡》	2021	脱口秀	Geetha Arts	Aha
《监狱》	2022	真人秀	Endemol Shine India	ALTBalaji
《勇士狩猎》	2023	真人秀	Oneway Films	MX Player
《任务开始 Ab》	2023	真人秀	Amazon Studios；Endemol Shine India；Government of India	Amazon Prime Video
《彩虹里希塔》	2023	真人秀	Vice Media；Vice Studios India	Amazon Prime Video
《家庭表》	2024	真人秀	Epic ON	IN10 Media
《伟大的印度卡皮尔秀》	2024	脱口秀	BeingU Studios	Netflix

四、2018—2024 年重要网络电影一览表

名称	出品年份	类型	出品公司	首播平台
《每平方英尺的爱》	2018	喜剧、爱情	RSVP；Still and Still Moving Pictures	Netflix
《爱欲故事》	2018	剧情、爱情	Skywalk Films；Flying Unicorn Entertainment；RSVP；Tiger Baby Films	Netflix
《音乐教师》	2019	剧情	Saregama；IndiaYoodlee Films	Netflix
《罪恶四部曲》	2020	剧情	Flying Unicorn Entertainment；RSVP	Netflix
《胜赔人生》	2020	喜剧	Anurag Basu Productions；T-Series Films；Zeal Z Entertainment services	Netflix
《白虎》	2021	剧情	Lava Media；ARRAY Filmworks；Netflix；Noruz Films（I）；Purple Pebble Pictures	Netflix
《曼德拉》	2021	剧情	Open Window；Reliance Entertainment；Wishberry Films；Y Not Studios	YNOTX；Netflix；Star VijayTV；Y Not X Marketing & Distribution
《纳亚图》	2021	犯罪、惊悚	Gold Coin Motion Pictures；Martin Prakkat Films	Aha；Netflix
《甘古拜·卡蒂娅瓦迪》	2022	传记	Bhansali Productions；Pen Studios	Friday Entertainment；Paramount Pictures；Pen Marudhar Entertainment；Netflix
《RRR》	2022	动作	DVV 娱乐	Netflix
《铁窗苦读》	2022	喜剧	Bake My Cake Films；Jio Studios；Maddock Films	Jio Cinema；Netflix
《乔尼卡尔·克·巴加酒店》	2023	犯罪、惊悚	Maddock Films	Netflix
《周五夜疯狂》	2023	喜剧	Excel Entertainment	Netflix
《阿奇一家》	2023	喜剧	Archie Comics Publications；Excel Entertainment；Graphic India；Identical Pictures；Tiger Baby Films	Netflix

名称	出品年份	类型	出品公司	首播平台
《我们的虚实人生》	2023	喜剧	Excel Entertainment；Tiger Baby Films	Netflix
《如流星般闪亮》	2024	剧情、爱情、音乐	Pi Films；Reliance Entertainment；Saregama India；Select Media Holdings；Window Seat Films	Netflix
《空中乘务员》	2024	剧情、喜剧	Anil Kapoor Film Company；Balaji Films	Friday Entertainment；Lax Entertainment；Netflix

（徐辉、陈佳露、武靖　撰稿）

第五章

泰国视听产业与创作

泰国文化部将包括电影、电视、动漫、音乐和游戏等视听内容相关的产业视为核心的娱乐产业，在政策和文化上给予了较大力度的扶持。由泰国政府相关各部门委员和视听产业各企业责任人共同组成的国家电影和视频委员会（National Film and Video Committee）在发展视听产业、传播泰国文化、促进国家发展、提升国民素质和刺激经济发展等方面将继续努力。

第一节　泰国视听产业创作简史及产业状况

20 世纪 50 年代，泰国本土视听节目创作拉开帷幕。1952 年泰国实现了第一台闭路电视的传输。1954 年 4 月，大约 1000 台电视机从美国无线电公司运抵曼谷，每台售价约 6000—8000 泰铢。1954 年 5 月底，美国无线电公司的发射设备运抵曼谷。1955 年 6 月 24 日，泰国第一家电视台 H81-TV 开始播出，首播日白天播出了关于原总理銮披汶·颂堪（Plaek Phibunsongkhram）和其他的新闻事件影片；晚上播放了《威尼斯之夜》节目。其创始人占农·朗西库（Chamnong Rangsikul）被誉为"泰国电视之父"。

根据泰国文化制定的视听产业发展战略，2017—2022 年是该发展战略的第三阶段。该阶段的发展目标是保证国家对视听产业的投资，努力提高相关视听内容产能，重点发展电影、电视、游戏、卡拉 OK 和动画这五个领域。具体来说，泰国政府将会在影视专业人才培养、影视和视听市场拓展、影视和视听作品知识产权保护和国际投资合作方面综合提升泰国视听产业的规模与影响力。此外，重点扶持适合全年龄段欣赏的视听作品是当前政府工作的重点。据统计，2015 年泰国互联网普及率为 36.3%，2018 年为 67%，2022 年为 77.8%，2024 年泰国约有 4300 万网民，占泰国国民总人数的 60%。[1] 泰国政府和视听产业中的大小企业都在努力探索全媒体和互联网时代下视听内容生产和传播的新机制。互联网的高速发展所带来的发展红利，同样也给泰国视听产业带来了诸如网络盗版、收益分配不合理和视听内容监管难等挑战。泰国国家电影协会秘书长素邦（Sonboon）在 2018 年的视听产业总结报告[2]中指出，解

1　eMarketer.eMarketer：泰国数字使用报告［EB/OL］.（2016-03-21）［2025-02-18］. http://www.199it.com/archives/452216.html.

2　https://www.mpc.or.th/en/。

决上述问题需要全面总结泰国视听产业盈利和资源分配模式。

泰国视听产业的发展离不开泰国王室的支持。拉玛九世国王普密蓬·阿杜德（Phumiphon Adunyadet）在上位之初便重点关注泰国电影产业，他"动用个人的基金，提出皇家电影及皇家广播的发展计划"[1]，极大地影响了泰国电影在内容和产业上的发展。此外，佛教宣扬的价值观与处世理念也成为另一个影响泰国视听内容创作的重要因素。无论是在泰国的电视剧、综艺节目和动画片，还是在泰国电影中，佛教元素都成为影响叙事、塑造人物和表达观念的重要因素。

泰国视听产业与泰国社会的发展关系密切。无论是在产业数据层面受特定社会事件影响所产生的波动，还是在内容创作层面对社会问题的及时回应，泰国视听产业的发展已经培育出颇具区域特征、层次丰富多元、话题新锐繁多的包容性视听文化。泰国视听文化也成为关注当代泰国社会、文化、历史、宗教和王室问题的窗口。在 2020 年爆发的民众反王室游行中，不少市民模仿美国电影《饥饿游戏》（*The Hunger Games*，加里·罗斯，2012）中底层民众反抗上层权贵的造反手势，并将其应用于曼谷的反王室游行活动中。可见影视艺术和各类视听作品所承载的文化与价值观，也反过来参与了泰国社会的演变进程。2024 年，泰国的总人口数约为 7000 万，据 2024 年 1 月的数据统计，泰国本土使用海外版抖音（TikTok）的用户人数约为 4430 万人。此外，利用海外版抖音平台进行消费也成为常态，达成了娱乐与商业的完美结合，短视频逐渐成为泰国民众日常生活中休闲娱乐的一种重要方式。泰国的视听产业除了影响泰国社会演变与民众个人生活，还不断利用本土优势拓宽海外合作，如与腾讯国际版合作的一档选秀类综艺节目《创造营亚洲》（*Chuang Aisa*，2024），既邀请了国际化的参演成员，延续"创系列"的制作范式，又大力融入泰国本土综艺特色，对民族文化的对外传播也起到了一定的效果。

2015—2024 年，泰国视听产业发展总体呈稳步上升趋势，主要表现在产业总值的增长。该阶段的泰国视听内容创作保持了各领域的发展传统，并未出现较明显的变化和转折。2015—2017 年，视听产业从业人数方面整体呈下滑态势，传统的电影和电视产业从业人数稳中有跌（如图 5-15 所示）。新兴的游戏产业从业人数在此期间骤减，最为薄弱的动漫产业从业人数相对维持平稳。2015 年泰国视听产业总值约 258702.34 亿泰铢，总共约有 208990 位从业者从

1　顾长永. 泰国：拉玛九世皇六十年［M］. 台北：巨流图书股份有限公司，2010：25.

事电影、动漫、音乐和舞蹈、游戏和电视产业。除了动漫产业的从业人数在最近几年有所增加，泰国传统视听产业（如电影、电视）和新兴视听产业（如游戏和音乐、舞蹈产业）从业人数均出现不同程度的波动。电视产业从业人数在2016—2017年有了较大涨幅，但与游戏和电影产业相比，仍处于低位。总的来说，2017年泰国视听产业从业总人数相较于2015年减少了44%，约9万人。拉玛九世离世、拉玛十世上位、街头政治频发、新冠疫情暴发，以及2020年7月以来的泰国民众反王室游行等社会事件，都深刻影响了泰国的视听产业发展和内容创作。

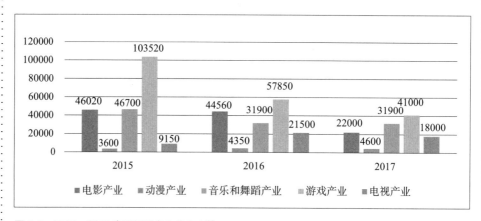

图 5-1　2015—2017 泰国视听产业从业人数

一、2015—2024 年泰国电视产业状况

2015—2024 年，泰国电视产业发展稳中存变。对比 2016 年与 2017 年电视业务运营商和制片人数量可以发现，泰国电视产业整体趋稳。2016 年和 2017 年，泰国模拟电视和数字电视运营商均为 24 家，订阅电视业务运营商数量（2016 年 7 家、2017 年 18 家）和电视制片公司数量（2016 年 950 家、2017 年 1067 家）有所增加。在泰国互联网消费崛起的影响下，各大传统电视台的年度赢利总额出现了一定程度的波动（见表 5-1）。泰国电视产业从 2015—2017 年的总值分别为 1364.42 亿泰铢、1163.61 亿泰铢和 657.86 亿泰铢。泰国数字电视频道 2022 年 8 月总值为 53.13 亿泰铢，比 2021 年 8 月的总值 48.49 亿泰铢增长 9.57%，稍有回升的趋势。相比之下，泰国互联网产业在经过 2015 年和 2016 年的短暂积累后，在 2017 年实现了约 42% 的年度总产值增幅，2015—2017 年泰国互联网产业年总值分别为 560 亿泰铢、560 亿泰铢和 800 亿泰铢。"2021 年东南亚互联网经济年度报告"预测：2021—2025 年泰国互联网产业总值将以每年 17% 的比率增长，到 2025 年将达到 570 亿美元（约 20936 亿泰铢）。截至 2024 年 1 月，泰国已有 6320 万互联

网用户，渗透率高达 88%，并且上网时间持续增加，平均每天为 7 小时 58 分钟。

表 5-1　2016—2021 年泰国主要电视台年度赢利情况（单位：亿泰铢）[1]

电视台	2016	2017	2018	2019	2020	2021
GMM25	−3.2691	−6.2845	−4.1323	−3.5030	−4.5659	−0.0484
Amarin TV	−8.4684	−3.5434	−0.3232	0.7584	2.3394	3.9215
One31	−5.5983	−4.9806	−0.0937	2.1978	6.4818	7.6155
Thairath TV	−9.2875	−9.2755	−5.5452	−1.710	1.7588	5.2198
7 台	15.6798	15.1685	16.3328	14	9.7259	19.6451
NEW18	−6.3689	−4.6174	−4.0192	−2.6728	−2.3835	暂缺
PPTV	−19.9637	−20.2876	−18.3736	−20.4052	−13.8078	−12.4359
TNN	−1.6475	−1.2506	−0.4304	−0.0605	2.3763	暂缺
3 台	−1.1827	−2.0426	1.1130	7.3055	2.5834	2.6985
True4u	−6.3379	−3.2806	−3.1777	−3.6370	−0.1334	暂缺

虽然泰国电视产业年度总产值小幅下滑，但 2015—2017 年从事电视产业工作的人数却不减反增，从 2015 年的 9150 余人增长到 18000 余人。据不完全统计（如图 5-2 所示），泰国电视剧年产量 2016 年约 74 部、2017 年约 73 部、2018 年约 105 部、2019 年约 99 部、2020 年约 74 部、2021 年约 84 部、2022 年约 100 部，2023 年约 111 部、2024 年（截至 5 月）约 161 部。（如图 5-2 所示）[2] 在此期间，互联网产业为泰国电视剧提供了更多的播映平台，越来越多的泰国电视剧实现网台同步或错位播映，电视剧创作也成为支撑电视产业的重要内容。

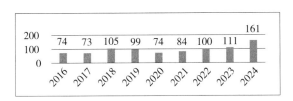

图 5-2　2016—2024 年泰国电视剧年产量（单位：部）

泰国电视产业有五大收入来源，分别是模拟电视广告、数字电视广告、有线电视广告、有线电视会员费和电视机顶盒会员费。政府背景的泰国第三电视台（Channel 3 HD）和军方背景的泰国第七电视台（BBTV Channel 7）均为

1　https://www.tvdigitalwatch.com。
2　www.mydramalist.com。

信号覆盖全国的免费电视台。据 2013 年 AC 尼尔森的统计[1]，在全部免费电视台的观众中，约有 32.4% 的观众收看泰国第七电视台，约有 22.7% 的观众收看泰国第三电视台。上述两个电视台也是播放泰国电视剧的主要频道。除此之外，泰国第五电视台（Royal Thai Army Radio and Television Channel 5）、泰国中央中文电视台（Thai Central Chinese Television）和泰国 True Visions 电视台也是信号覆盖范围广并且广受观众欢迎的电视频道。从泰国电视产业收入构成数据来看，现阶段泰国电视信号是模拟信号和数字电视信号（如图 5-3 所示），其中付费数字电视网络正在加速建设中。

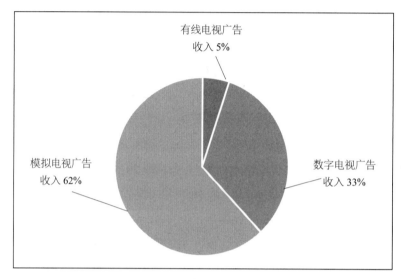

图 5-3　2017 年泰国电视产业收入份额[2]

　　2015—2024 年泰国综艺节目产业发展稳定。从泰国电视和网络视听娱乐内容年度总产值在全国视听娱乐内容年度总产值中的占比（70.4%）情况可以看出，电视和网络综艺节目一直是泰国视听娱乐内容的重要组成部分。泰国主要的电视和网络节目制作与放映平台如 7 台、3 台、One31 台、Workpoint 台、GMM25 台、Mono29 台和 True4U 台等，均有各自原创的热门综艺节目。泰国综艺节目播映需遵守内容分级制度。当前，泰国政府根据视听娱乐内容形态和话题，将其分为儿童适宜、家长陪护、13 岁以上观众观看、15 岁以上观众观看、18 岁以上观众观看和限制级（20 岁以下观众禁止观看）。

　　广告收入是泰国综艺节目的主要收入来源。2015 年至今，泰国国内广告

1　张世薇 . 泰国电视剧及其在中国传播的研究［D］. 北京：中国艺术研究院，2019.
2　其中有线电视会员费和电视机顶盒会员费并未纳入统计。

投资总额度稍有回落，该趋势进一步促使泰国综艺节目在媒介融合和节目形态上不断创新探索。相较于 2019 年，2020 年泰国总广告开销减少了 14%，为 1062.55 亿泰铢（如图 5-4 所示）。其中电视和互联网领域的广告开销占全国总广告开销的 78%，户外和交通广告开销占 10%，电影院、印刷媒体、广播电台和室内广告开销分别占 4%、4%、3% 和 1%。2015—2020 年，泰国总广告开销整体呈下行趋势，分别为 1291.92 亿泰铢、1156.68 亿泰铢、1123.69 亿泰铢、1208.85 亿泰铢、1236.63 亿泰铢和 1062.55 亿泰铢。根据尼尔森数据收集的从 2021 年 8 月到 2022 年 8 月的广告价值，按业务类别划分发现高清频道的总广告价值从 29.89 亿泰铢增加到了 33.98 亿泰铢，增长了 13.69%。其中有 6 个频道取得增值，即 3 台、MCOT 频道、Thairath TV、PPTV 和 Amarin TV 和 7 台，其中 3 台增长了 20.66%，MCOT 频道增长了 3.99%，Thairath TV 增长了 21.14%，PPTV 频道增长了 78.71%，Amarin TV 涨幅最大，为 108.61%，7 台增长了 0.42%，而 One31 是唯一下降的频道，下降了 3.75%。标清频道的总广告价值从 1661.49 百万泰铢增加到 1743.13 百万泰铢，增长了 4.91%。其中 Mono29 台增长了 11.04%，True4U 台增长了 17.59%，8 台下降了 12.45%，GMM25 台下降了 8.66%。由此可见，无论是高清频道还是标清频道，在 2021—2022 年，其总体广告价值都趋于上升。[1] 逐渐收紧的广告开销和新冠疫情带来的挑战，进一步促使泰国视听娱乐内容公司发挥各自专长，提升竞争力。

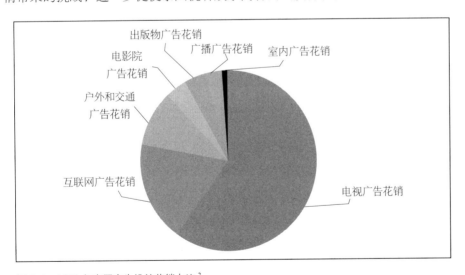

图 5-4　2020 年泰国广告投放花销占比 [2]

1　https://www.tvdigitalwatch.com/ad-performance-aug-65/。

2　http://www.gmmgrammy.com/en/corporate.html。

二、2015—2024 年泰国互联网视听产业状况

短剧/微短剧作为电视剧集的新形态在泰国得到了较为全面的发展。短剧集《仇恨标签》(#HATETAG，柏德潘·王般，2021)由 LINE TV 制作发行、泰国知名导演柏德潘·王般(Parkpoom Wongpoom)拍摄，共 10 集，每集 15 分钟。每一集都由单个故事构成，十个故事都围绕当下网络普及所带来的社会问题而展开，以此表现网络时代的众生相，并反思网络舆论所带来的伤害。LINE TV 是泰国最受欢迎的移动视听门户软件之一，数据显示，在 2018 年，泰国已有超过 2000 万用户下载了该软件。自 2015 年推出后，LINE TV 发展趋势迅猛。[1] 泰国多家媒体都已入驻，如 GDH、GMM25、GMMTV、VOGUE、One31、PPTV、8 台等。恐怖短剧《诡谈星期二》(Angkhan Khlumpong，艾卡斯特·泰叻他那等，2021，如图 5-5 所示)由 GMM25 公司出品，一共 8 集，每集 30 分钟。一集为一个故事构成，延续了泰国擅长的恐怖类型的叙事模式，时长更短、剧情更为紧凑。爱情微短剧《我的室友》(My Roommate the Series，特里斯·西拉潘尼奇，2022，如图 5-6 所示)共 32 集，每集 2.5 分钟，可以通过 YouTube 进行观看。该短剧为竖屏模式，在内容上讲述了因巧合同住在一间公寓中的 6 个陌生人的故事，并融入了 LGBT 题材的爱情故事。

截至 2024 年 1 月，泰国的互联网社交媒体用户如下："脸书"(Facebook)约 4910 万人；海外

图 5-5 短剧《诡谈星期二》截图

图 5-6 短剧《我的室友》截图

---

1 https://www.tvdigitalwatch.com/tvdgt-vs-tvonline-nov-2561/。

版抖音约 4430 万人；油管约 4420 万人；照片墙（Instagram）约 1870 万人；推特约 1460 万人。根据软件的下载次数，截至 2024 年 3 月，奈飞成为泰国排名第一的安卓系统（Android）娱乐应用；而海外版抖音则是泰国排名第一的苹果系统娱乐应用。Statista 研究部于 2023 年 4 月 1 日发布的《2022 年泰国 TikTok 用户人调查报告》显示：18—25 岁的年轻用户占据了泰国"海外版抖音"用户群的大部分，约占 39.09%；而 18 岁及以下的用户约占 29.65%；26—32 岁、33—39 岁、40—46 岁与超过 46 岁的群体分别占总用户的 21.66%、6.25%、2% 与 1.06%。"海外版抖音"在泰国的受众以年轻群体为主，这也决定了泰国短视频的审美取向与群体划分呈现出年轻化的特征。根据 AJ Marketing 网站对 2024 年泰国最受欢迎的 30 位"海外版抖音"内容创作者的分析可见，泰国短视频用户的审美取向与中国存在相似性，搞笑娱乐、生活记录、音乐舞蹈、产品推荐与美食萌宠成了泰国"海外版抖音"用户最喜欢观看的内容。[1] 在该排名中，占据第一位的是拥有 1120 万粉丝体量的卡凯·萨拉（Kaykai Salaider），作为一位泰国本土网络歌手，卡凯·萨拉在 YouTube 平台拥有 1700 万的订阅者，与她发布在 YouTube 的长视频不同，她创作的"海外版抖音"视频长度大部分时长约为 1 分钟，内容包括了音乐演唱、角色扮演与搞笑桥段，拍摄场景多为泰国本土户外，并切合本土节日或社会热点。

三、2015—2024 年泰国动漫产业状况

动画电影、漫画、动漫剧集等动漫产业相关的产品深受泰国民众的喜爱。美国和日本的动漫作品成为泰国动漫产业重要的创意资源和收益来源。泰国动漫产业的发展与其他视听产业相比依旧相对薄弱，原创作品数量较少。2015—2022 年，泰国国产动画长篇电影仅 3 部，分别为《安娜塔：希望之光》（*Ananta: Light of Hope*，瓦拉帕·平通，2015）、《暹罗决：九神战甲》（*The Legend of Muay Thai:9 Satra*，彭萨·康斯里、甘·方苏旺，2018）、《红鹰战士：天空的守护者》（*Krut:The Himmaphan Warriors*，柴蓬·帕尼克鲁蒂旺，2018）。虽然泰国本土动画电影产量不高，但并未影响观众对日本和美国等国际优秀动漫作品的喜爱与追捧。泰国王室故事、形象和精神极大地促进了泰国动画电影在 21 世纪的发展。依托政策、教育和产业的支撑，泰国动画电影也从倚重王室想象的创作策略拓展为独立探索动画形象并尝试打造系列作品的

1　https://www.ajmarketing.io/post/30-best-tiktok-creators-thailand-2021。

工业生产模式。

21世纪以前，尚不成熟的泰国动画电影工业更多的是与日本和美国动画电影公司合作，为其作品提供低报酬的代工服务[1]。泰国动画电影人查莉妲·乌布伦吉（Chalida Uabumrungjit）曾表示在很长一段时间内，泰国动画电影长片一直得不到资本、观众和政府的重视[2]。21世纪以来，泰国政府逐渐增加对动画电影的扶持，试图强化较为薄弱的本土动画电影创作。政府在2004年关于动画电影产业的发展计划中提到，希望在2009年将泰国本土动画电影市场扩容至20亿美元左右，并将动画电影和多媒体创作的从业人数从不足1000人扩充至25000人。在2003年泰国首届国际动画电影节中，共有35部本国动画电影参展，涉及CG/3D动画、黏土动画和真人3D动画等形式[3]。泰国动画电影产业在21世纪初期迎来了高速发展期。然而，每年的长片动画电影作品的创作仍旧维持在个位数。从1979年帕育特·尼高科陈（Payut Ngaokrachang）创作出泰国第一部长篇动画电影《圣麒麟冒险记》（*The Adventure of Sudsakorn*，1979）[4] 到2006年泰国第二部长篇动画电影《小战象》（*Khan Kluay*，康平·坎甘纳，2006）上映的20多年间，泰国动画片多以短片（10分钟左右）的形式出现在音乐视频和儿童科教电视节目中。2007—2017年，共有8部本土动画电影上映[5]。这些影片的题材选择集中在王室传奇、宗教故事和家国寓言领域；形式和风格构思则多借鉴日本与美国动画电影；类型探索则依托本国恐怖电影和爱情片元素，借鉴包括"鬼妻娜娜"在内的历史传说角色。2016年，国王普密蓬·阿杜德的离世让泰国动画电影在观念的表

---

1 比如创立于1987年的泰国动画电影公司Kantana Animation在20世纪80—90年代就作为日本东映动画公司的外包团队参与日方创作。Kantana Animation于1994年创作了泰国第一部电视卡通片《双胞胎女巫》，于2006年创作了泰国第二部动画电影长片《小战象》。参见：LENT J A. Thai animation，almost a one-man show animation in asia and the pacific [M]. America：Indiana University Press，2001：185-192.

2 UABUMRUNGJIT C. Much ado about animation [J].The nation，1996：C-1.

3 大多数动画电影长度为46秒—6分30秒。参见：JOHN A，LENTLENT J A. Thai animation's great strides：a report [J]. Asian cinema，2003，14（1）：118-119.

4 SUKWONG D，SUWANNAPAK S. A century of thai cinema exhibition's handbook [M]. Bangkok：Thailand Film Archive，2013：165.

5 分别是:《小战象2》（*Khan Kluay 2*，2009）、《佛祖》（*The Life of Buddha*，2007）、《娜》（*Nak*，2008）、《小鬼救地球》（*Echo Planet*，2012）、《怪兽》（*The Giant King*，2012）、《通丹的故事》（*Khun Thong Daeng: The Inspirations*，2015）、《安娜塔：希望之光》（*Ananta: Light of Hope*，2015）和《摩诃旃纳卡的故事》（*The Story of Mahajanaka*，2014）。

达上从对"苦行、无常和无私的推崇转为直面未知世界挑战的勇敢"[1]。在各大动画电影公司与高等院校对动画电影的持续高投入下,《暹罗决:九神战甲》和《红鹰战士:天空的守护者》的上映不仅拓展了泰国动画电影现有的题材与类型,而且进一步围绕王室想象丰富了动画电影在文化批评中的反思身份。

第二节 2015—2024 年泰国视听产业重要现象

一、2015—2024 年泰国电视产业重要现象

电视剧多类型、偶像化和国际化的制作策略是现阶段泰国各电视台吸引观众的主要战略。泰国免费电视台中,以 7 台[2] 和 3 台[3] 的收视率最高。两个电视台都以创办时间早、信号覆盖范围广和电视剧放映时间长为特征。[4] 泰国电视剧是电视产业的重要支柱,其产量和影响力不仅在泰国国内占有重要地位,而且在泰国视听产业国际化输出战略中意义显著。得益于泰国社会的多元文化和较为包容的"官控商管"电视制度,泰国电视剧扎根本土文化、倚重小说改编、经典翻拍、跨国合作和一本多拍等创作策略,在东南亚及中国电视市场上都形成了显著影响。True Visions 和 GMM25 是泰国付费电视台中收视较好的频道。该类频道制作和播放的电视剧主要针对泰国的年轻观众,所选题材和制作风格以青春爱情和轻喜剧为主。2017 年 GMM25 频道播放的"极限 S"系列电视剧,包括《极限 S:滑板篇!》(*Project S the Series: Skate Our Souls!*,颂裕·素玛戈南,2017)、《极限 S:羽毛球篇》(*Project S the Series: Side by Side*,纳卢拜·库诺,2017)、《极限 S:排球篇》(*Project S the Series: SPIKE!*,皮查亚·贾鲁斯本查拉查,2017)与《极限 S:射箭篇》(*Project S the Series: Shoot! I Love You*,塔妮达·汉塔维瓦塔娜,2017)在内的剧集将

---

1 MILLIE Y. Understanding thai animation narratives: the presence of buddhist philosophy and thai cultural ideology [M] // TZE-YUE G, HU M Y, HORVATH G. Animating the spirited. Jackson: University Press of Mississippi,2020.

2 1967 年 11 月 27 日由泰国陆军元帅巴博·乍鲁沙天创办。1973 年在泰国首次播放彩色电视信号。参见:张世薇. 泰国电视剧及其在中国传播的研究 [D]. 北京:中国艺术研究院,2019.

3 1970 年成立,是泰国首家商业电视台,信号覆盖泰国 89.7% 的国土。参见:张世薇. 泰国电视剧及其在中国传播的研究 [D]. 北京:中国艺术研究院,2019.

4 张世薇. 泰国电视剧及其在中国传播的研究 [D]. 北京:中国艺术研究院,2019.

泰国年轻人热衷的运动与自闭症和抑郁症等社会问题相结合，取得了较好的口碑。GMM25 频道播放的另一部电视剧《网红爱豆》（*Net Idol*，查特才·瓦拉扁根，2017）同样聚焦时下在青少年中热门的网红主播，讲述一群女学生的青春成长故事。歌莱美（GMMGrammy）公司于 2020 年末拆解了 GMM25 团队，该举措无形中强化了歌莱美公司旗下 One31 频道在电视剧领域的影响力。泰国当红女星平采娜·乐维瑟派布恩（Pimchanok Luevisadpaibul）[1]、黛薇卡·霍内（Davika Hoorne）[2]、安莎达彭·斯莉瓦塔娜功（Ausadaporn Siriwattanakul）[3] 和丰迪帕·瓦查拉泽固（Fonthip Watcharatrakul）[4] 的新电视剧《心灵创伤》（*The Mind Game*，卡塔胡特·布萨巴科特，2021）、《婉通夫人》（*Wanthong*，桑特·斯里凯劳，2021）、《孪生公主记》（*The Two Fates*，卡伦·科马努旺，2021）、《迷魂诡计》（*Life Coach*，沃拉威特·库第亚约延，2021）在 2021 年也陆续在 One31 台播出。比起其他频道擅长吸引年轻人的注意力，One31 台在 2024 年 1 月推出了翻拍自泰国经典电视剧《爱恨情仇》（*Leh Pummared*，维斯文·布里亚冯，2005）的电视剧《金色宫殿》（*The Cruel Game*，暹罗·努阿塞蒂，2024），该剧由塔那帕特·卡维拉（Thanapat Kawila）、莎婉雅·派莎恩帕雅（Sawanya Paisarnpayak）与黛安娜·芙丽珀（Diana Flipo）主演。故事主线为家族复仇的爱情故事，展现了多变的人物关系与情感纠葛，延续了泰剧的叙事传统。值得注意的是在近两年，泰国电视产业所呈现的跨国交流合作的趋势愈发鲜明，如 2024 年 3 月泰国 7 台与普拉吉广告娱乐公司柬埔寨子公司（Prakit Advertising）签署了合作条款，鼓励泰国本土艺人在柬埔寨拍摄电视剧、参与营销活动等，以电视剧领域的合作促成未来更深入的合作，以及 2024 年泰国本土 RS（Rose Studio）集团旗下的 RS 娱乐有限公司携手中国爱奇艺，在跨国拍摄剧集和版权交易中加深合作。

二、2015—2024 年泰国综艺节目产业重要现象

2015—2024 年，泰国综艺节目产业稳定发展，与电影、电视剧和音乐演出等视听产业形成联动。泰国各视听娱乐公司在优质内容创作、偶像造星、全

1　代表作：电影《初恋这件小事》（2010）和《偏偏爱上你》（2020），电视剧《平行世界》（2019）、《吹落的树叶》（2019）、《沙粒公主》（2019）和《火之迷恋》（2017）。
2　2016 年凭借电影《恋爱诊疗中》荣获第 25 届泰国电影金天鹅奖最佳女主角奖。
3　代表作：电视剧《倾世之音》（2014）、《对手的心》（2015）和《唐人街探爱》（2018）。
4　代表作：电视剧《不情愿的新娘》（2018）。

媒介运营、跨国合作和文化回馈社会等方面持续发力。泰国综艺节目涵盖了晚会类、竞赛类、脱口秀和真人秀等常规形态。在传统的上星电视台和数字电视台的播映安排中，综艺节目较常集中在晚上 6—8 点，作为全年龄段适宜观看的视听娱乐内容面向观众。泰国视听娱乐公司逐步形成了以偶像明星、目标受众和内容创新为框架的综艺节目制作策略。泰国综艺节目产业不仅呈现出媒介融合的发展趋势，也呈现出综艺节目类型化生产趋势。

　　泰国综艺节目产业呈现出的媒介融合趋势一方面得益于各视听娱乐内容公司间的投资合作，另一方面也源于以偶像明星为核心的节目内容创作策略。以歌莱美公司在 2015—2024 年的发展趋势为例，有助于我们更直观地了解该现象。歌莱美传播股份有限公司是泰国最大的视听娱乐内容生产和传播公司，该公司由黄民辉于 1983 年创办于曼谷，公司业务覆盖了电影、电视剧、综艺节目、音乐制作和艺人经纪等视听娱乐产业诸方面。音乐发行、艺人经纪、节展演出、明星周边产品研发和练习生培训是歌莱美公司的主要业务。因此，歌莱美公司制作的综艺节目也呈现出鲜明的造星趋势和偶像特质。在其制作的诸多综艺节目中，固定搭配的艺人组合成为节目的一大看点。旗下艺人 Off（Jumpol Adulkittiporn）和 Gun（Gun Atthaphan）是近年来备受粉丝欢迎的偶像组合，他们共同搭档主持了美食真人秀《妈妈的手艺》（*Off Gun Mommy Taste*，2020）[1] 和生活类脱口秀《恋上你的床》（*Off Gun Fun Night*，2017，2019）[2]。此外，两人也会参加歌莱美公司的其他综艺节目，如生活真人秀《跟 GUN 一起玩吧》（*Come & Joy GUN*，2020）和全景生活观察真人秀《安全屋》（*Safe house*，2021）[3]。波帕姆·尼替·柴契塔通（Pompam Niti Chaichitatorn）也是歌莱美公司一位备受观众喜爱的音乐人和主持人，他和女演员帕尼萨拉·阿拉亚斯库（Panisara Arayaskul）合作主持了音乐真人秀《对口型大作战》（*Lip Sync Battle Thailand*，2017，2019），并独立主持了音乐真人秀《姥姥和孙子们》（*Yai & the Grandsons*，2018）[4]。而在 2024 年歌莱美公司还推出了一档真人秀综艺节目《泰餐厅》，内容为 6 位歌莱美公司旗下人气艺人前往日本经营一家泰国料理，结合异域风情与竞技乐趣，利用影视传播泰国美食文化。随着泰国互联网消费的增加和近年来受新冠疫情影响而有所增强

1　每期拜访一位好友的母亲，尝她们做的美食，每周四在 GMM25 播出。
2　Off 和 Gun 在"家"中接待来访嘉宾，谈论生活话题。
3　GMM 公司旗下 9 位男艺人共同生活在一间屋子里，全景式记录他们的日常生活。
4　每期节目邀请不同嘉宾聊音乐的相关话题。

的在线消费趋势，歌莱美公司也决定进军互联网购物领域。歌莱美公司不仅围绕已有的购物节目 *O shopping* 拓展电视和互联网购物平台，而且在2020年发布了第一款泰国女歌手奥拉泰（TaiOrathai）代言的护肤产品。此外，歌莱美公司也积极地在音乐领域不断拓展，根据数据歌莱美音乐公司/部门（GMM MUSIC）于2022年总收入为30.43亿泰铢，利润为3.55亿泰铢，收入增长率为67%，仅在2022年便发布了404首新歌曲、30张专辑。旗下包括纸飞机（Paper Planes）、Three Man Down 乐队、Tilly Birds 乐队等本土知名流行音乐家，成为泰国音乐市场的重要支柱之一。[1] 围绕偶像明星，深耕视听娱乐内容，并强化媒体融合战略，已经成为包括歌莱美公司在内的诸多泰国视听娱乐内容公司的发展策略。

工分娱乐公共有限公司（Workpoint Entertainment）及其工分数字电视频道（Workpoint TV）也是泰国综艺节目制作和播映的重要力量。1989年潘亚·尼伦妮（Phanya Nirunkul）和普拉帕斯·绸萨拉侬（Prapas Cholsaranon）共同创立了工分娱乐公共有限公司。该公司注重跨国合作，在发展原创综艺节目的同时，积极寻求和国际优秀综艺节目版权合作，制作了广受欢迎的泰版《看见你的声音》（*I Can See Your Voice*，2016）。据工分娱乐官方网站统计[2]，工分数字电视频道曾制作或购买版权播映167部电视综艺节目和电视剧，2022年播映38部电视综艺节目。据 TV DIGITAL 网站2022年2月15日的收视统计[3]，工分数字电视频道制作和播出的音乐类真人秀《迈克没债务，放手一搏》（*Mike is Out of Debt and Taking a Chance*，2022）在晚间黄金档（18—20点）中平均收视率位列全国第三。2021年9月6日开播的《泰国有嘻哈》（*The Rapper*，2021）延续了韩国原版节目《韩国有嘻哈》（*Show Me the Money*，2012）的模式，于2018年开播第一季以来，持续关注并挖掘本土说唱文化和歌手。2023年9月17日首播的《四轮好朋友》（*Ru Rally*，2023）为一档竞技类型真人秀综艺节目，将越野车运动与明星真人秀进行结合。嘉宾组成两支队伍，使用越野车完成各种类型的赛道，共同完成拉力赛，中途状况百出、引人发笑。2024年1月16日首播的《真假双胞胎》（*Face off Twins*，2024）则将新兴的 AI 技术融入其中，成为泰国电视行业首次使用人工智能技术的综艺节目。同时其作为一档竞猜游戏类综艺节目也具有游戏的乐趣，节

1　https://www.tvdigitalwatch.com/gmm-music-aim2023/。
2　https://www.workpointtv.com/category/รายการ/#。
3　https://www.tvdigitalwatch.com/rating-15-02-65/。

目组利用 AI 技术把一个神秘人"变"成演播室里明星嘉宾的"双胞胎兄弟"，用 3D 扫描和声音采样技术把明星的脸部特征、嗓音特征全部数字化。由 AI 生成的神秘的双胞胎兄弟会讲述明星嘉宾很多不为人知的秘密，而嘉宾的任务则是猜出这个"双胞胎兄弟"到底是谁扮演的。在这个过程中，明星不为人知的"糗事"与"秘密"在不知不觉中也暴露给了观众，从而形成强烈的戏剧冲突。

泰国 7 台播映的综艺节目在形态和题材上更加亲民。2018 年开播至今的泰国版《主厨》(*Master Chef Thailand*)，翻拍自英国 BBC 出品的同名综艺节目《主厨》(*Master Chef*)。该节目延续了英国原版的厨师比赛流程，每周日晚 6 点在泰国 7 台播出。2022 年，泰版《主厨》第五季获得了第 48 届艾美奖非剧情类娱乐节目提名，是彼时唯一一部获得该荣誉的亚洲综艺节目。7 台在周日下午 1 点 30 分播出的《明星体育挑战赛》(*All Star Challenge Sports Battlefield*) 是一档体育真人秀节目。节目邀请了众多泰国娱乐明星和职业运动员进行体育比赛，并设置了奖金，用以帮助残疾和逆境中的运动员。2021 年由泰旅局与泰国 3 台合作摄制的真人秀旅行综艺《泰国想你喔》(*Thailand, I Miss You*) 带有旅游宣传属性，4 位 3 台知名艺人前往清迈与普吉岛，按照任务需求在热门电视剧的场景中完成拍照打卡。

三、2015—2024 年泰国动漫产业重要现象

泰国动漫产业是所有视听产业细分领域中发展最薄弱的部分。泰国本土的动漫创作始于第二次世界大战后，动漫产业于 20 世纪 70 年代末渐成规模，最初的动漫创作者主要以承担日本和美国动画电影的外包制作为主。长期以来，动画短片和电视卡通片是泰国本土动漫产业创作的主要内容。动画电影的产量始终处于较低水平。1979 年至今，仅有 12 部动画电影长片上映[1]。近年来泰国政府、学校和企业纷纷加大了对动漫产业的支持。泰国知名动画电影公司坎塔纳（Kantana）在佛统府荣运河市成立了专门培养动漫人才的高等学校坎塔纳电影动画学院（Kantana Film and Animation Institute）。由曼谷设计工作室（Bangkok Project Studio）设计的学院校址凭借杰出的建筑结构和光影效

---

1 《圣麒麟冒险记》(1979)、《小战象 1》(2006)、《佛祖》(2007)、《娜》(2008)、《小战象 2》(2009)、《小鬼救地球》(2012)、《巨人之王》(2012)、《摩河旃纳卡的故事》(2014)、《通丹的故事》(2015)、《安娜塔：希望之光》(2015)、《暹罗决：九神战甲》(2018)、《红鹰战士：天空的守护者》(2018)。

果荣获诸多建筑领域奖项。除了专业的电影和动画学院，泰国诸多综合大学也相继加大了动漫教育的支持力度。2018年的动画电影《红鹰战士：天空的守护者》便是由兰实大学（Rangsit University）参与制作出品的。2015—2020年，泰国共有三部动画电影上映，技术上以电脑CG动画为主。此外，在电影《十年泰国》（10 Years Thailand，2018）中，导演雅狄也·阿萨拉、韦西·沙赞那庭等也尝试将博物馆装置艺术与CG动画相结合，创作出先锋实验风格的"天文馆"故事。动画也成为当前许多泰国电影人努力探索的新方向。

虽然泰国社会中无处不在的王室符号时刻强化着泰国民众对王室的崇拜[1]，但是，近年来泰国动画电影呈现出的王室想象也借由愈加丰富和暧昧的影像修辞，姿态鲜明地表达了民间对王室的多元态度。泰国动画电影与王室之间的密切联系，并未停留在简单地借由动画电影的艺术形式讲述有关泰王和王室家族故事的层面上。21世纪泰国动画电影的创作经历了从改编王室文学作品到虚构英雄形象的创作转型。该转型一方面受到了泰国电影新浪潮之后普遍存在的类型化趋势的影响，另一方面离不开频繁发生的街头政治与日渐加剧的社会矛盾的刺激。因此，泰国动画电影中的王室想象也可以被视为泰国动画电影与本国电影艺术同步发展的一种创作策略、文化内核和批评基因。

第三节 2015—2024年泰国视听内容创作概况

一、2015—2024年泰国电视剧创作概况

2015—2024年泰国电视剧创作在剧集形态上以传统泰剧（Lakorn）和系列剧（Series）为主。传统泰剧的题材主要聚焦于爱情、家族关系、都市青春、谍战商战、王室故事和历史传说，如《三面娜迦》（Nakee，彭拍·瓦奇拉班桌，2016，如图5-7所示）、《我的秘密新娘》（My Secret Bride，帕万拉特·那苏里亚，2019）、《我的法定老公》（My Husband in Law，安湃鹏·吉美诺，2020）。传统泰剧单集时长90—110分钟，每部11—17集，通常在各大电视台晚间时段播出。系列剧倾向于年轻观众，题材上较多聚焦于青春校

---

1 JORY P. The King and us: representations of monarchy in Thailand and the case of Anna and the King [J]. International journal of cultural studies, 2001, 4 (42): 201.

园、励志成长和多元文化，如"极限S"系列、《假偶天成》（*2gether the Series*，维拉奇·通吉拉，2021）、《流星花园》（*F4 Thailand Boys Over Flowers*，帕萨·松潘，2021）。系列剧单集时长45—60分钟，每季8—13集，通常每周播出1—2集。传统泰剧具备情节剧风格，经常在线性叙事结构中安排错综复杂的角色关系，并充分挖掘每位角色的性格，讲述一段情节曲折、情感丰富、观念多元的故事。同时，传统泰剧叙事节奏较为舒缓、人物情感表达充分、多融入泰国传统音乐、美术、建筑和戏剧元素，在故事讲述中呈现泰国城市与乡村的多元人文地理风貌。系列剧具备短平快的叙事节奏，在影像风格、角色性格和主题观念上都更具青春特质。受不同播放平台的影响，泰国系列剧也出现了颇具互联网特质的网络电视剧，如《禁忌女孩》（*Girl from Nowhere*，西帝西里·蒙柯西里等，2018，如图5-8所示），还有单集时长稍短于传统电视剧的都市时尚剧，如《爱的复仇》（*Love Revenge*，克里萨大·特哈尼洛本，2019），以及带有强烈地域文化色彩的惊悚犯罪剧，如《绝庙骗局》（*Sathu*，瓦塔纳朋·翁万，2024，如图5-9所示）。

图 5-7 电视剧《三面娜迦》截图

图 5-8 网络剧《禁忌女孩》截图

图 5-9 网络剧《绝庙骗局》截图

2015—2024年，泰国翻拍的"泰版"电视剧得到了本土观众和国际观众的共同关注。泰版《宫》（2017）、泰版《匆匆那年》（2019）、泰版《我可能不会爱你》（2020）、泰版《王子变青蛙》（2021）、泰版《杉杉来吃》（2021）、泰版《流星花园》（2021）、泰版《放羊的星星》（2023）、泰版《我的ID是江南美人》（2024）等青春题材电视剧，延续着偶像、爱情、校园、商战类型杂糅的模式，将此前在其他国家和地区的"现象级"电视剧作品泰国化。"泰版＋"电视剧在翻拍自日本、韩国和中国等国家的电视剧时，都延续并扩大了原版电视剧对青春元素的展现。泰版电视剧也借鉴了类型化的影视创作元素，将恐怖、喜剧、爱情和悬疑等类型化叙事策略、视听和场面调度风格，以及表演与服装造型策略融入泰版电视剧创作中。通过聚焦青年人的学习成长、职场体验和家庭生活，用泰国青年观众感兴趣的社会话题重新改写经典的电视剧作品。

2015—2024 年，泰国电视剧中有关同性之爱的题材和主题也得到了诸多本土和海外观众的喜爱。在诸多包含同性之爱的泰国青春爱情题材电视剧中，偶像组合成了观众瞩目的焦点。此外，奈飞于 2016 年进入泰国市场，随即便展开了购买泰国电视剧播映版权及合拍电视剧的工作。《禁忌女孩》《曼谷爱情故事之天悯奇缘》(*Plead Bangkok love stories*，2019)、《曼谷老友记》(*Bangkok Buddies*，2019)、《我的拳霸男友》(*Hook*，2020)、《打架吧鬼神》(*Let's Fight Ghost*，2021)、《曼谷危情》(*Bangkok Breaking*，2021)、《泰恐怖校园怪谈》(*School Tales the Series*，2022) 和《绝庙骗局》等奈飞购买版权播映和原创的剧集近年来快速整合泰国影视人才和资本，借助泰国成熟的影视类型和题材，搭建明星阵容。这些作品融合泰国的传统文化，持续改写着泰国电视剧的创作生态。奈飞与泰国合拍剧集整体呈现出：类型杂糅倾向，如《禁忌女孩》和《打架吧鬼神》对恐怖、青春、悬疑、爱情和动作类型元素的整合；文化符号鲜明，如《绝庙骗局》中对宗教文化与世俗生活的反思；强化既有优势，如《曼谷老友记》《泰恐怖校园怪谈》等剧集一方面延续/借用泰国影视工业成熟的恐怖和悬疑类型制作经验，另一方面也迎合了泰国观众对此类影视剧内容的期待、培育青年创作力量与打造明星阵容的共性。

二、2015—2024 年泰国综艺节目创作概况

2015—2024 年，泰国综艺节目持续探索并丰富了节目类型。音乐、情感、时尚和美食是泰国综艺节目创作的主要领域，选秀、生活服务、真人秀和竞赛是泰国综艺节目创作的主要类型。近年来，泰国综艺节目持续探索节目的类型融合，并持续强化节目的多元价值观导向。在综艺节目内容的创作上，泰国综艺延续着传统综艺节目所关注的题材。按照类型进行划分，占据数量最多的是音乐类选秀节目，如《泰国有嘻哈》《泰版蒙面歌王》(*The Mask Singer*，2016)、《对口型大作战》、泰版《看见你的声音》(*I Can See Your Voice*，2015) 等。这些节目立足于泰国本土流行音乐和青年文化，借助音乐展示了泰国社会各行业青年的生活现状，并融合了竞技元素，使节目在满足观众欣赏需求的同时，拥有紧张刺激的观看体验。

在本土众多的音乐节目中，由 One31 台推出的《金曲》(*The Golden Song*，2019) 被尼尔森数据认为是本土周日下午 6 点都市人观看次数最多的

节目，长期拥有 3870 万人数的本地观众。而 2024 年泰国本土与腾讯视频国际版联合制作的《创造营亚洲》（如图 5-10 所示）则将目光对准海外市场，在商业价值与文化传播上都取得了良好的效益。在综艺节目形式的创作上，泰国综艺以偶像明星为支点，以多元文化价值观为创新点，探索并形成了独具泰国特色的综艺节目形态。泰国真人秀节目多围绕偶像明星和泰国民众的当下生活状态、价值观念、发展愿景和个性爱好调整节目流程，从而创新节目形态。

除了电视播放的综艺节目，泰国本土的娱乐公司也积极投入网络综艺节目的制作中，歌莱美公司制作的偶像真人秀网络综艺节目《安全屋》（*Safe House*）邀请了 8 位青年男艺人，共同生活 7 天 6 夜。该节目用无处不在的摄像头记录下他们的日常起居，通过任务卡和飞行嘉宾，引导他们一起合作完成任务，以及共同讨论热门话题。2024 年播出的远赴日本进行拍摄的美食经营类真人秀综艺节目《泰餐厅》（*Fully Booked*，如图 5-11 所示），会聚了 6 位泰国本土人气艺人，拍摄了嘉宾们共同在日本经营一家泰国料理店，并完成多重任务的过程，将异域风情与竞技乐趣进行结合，旨在传播泰国本土饮食文化。并且以单集 30 分钟的形式在流媒体平台播放，更符合时下年轻受众的观

图 5-10　综艺《创造营亚洲》截图

图 5-11　综艺《泰餐厅》截图

看习惯。相较于湖南卫视出品的同类综艺节目《中餐厅》（2017），《泰餐厅》的场景更为集中，综艺环节、嘉宾选择和话题营造上较为简单，属于开门见山式，时刻以泰国美食烹饪和品尝为核心。《泰餐厅》与《中餐厅》在节目形态上的差异，也折射出泰国综艺主题突出、结构集中和青春偶像的特质。

三、2015—2024 年泰国网络大电影创作概况

2015—2024 年，在泰国电影公司与互联网公司的合作下，泰国网络电影的创作逐渐兴起。奈飞、亚马逊和油管等互联网视频门户网站与泰国电影的密切合作在类型题材、影像造型和跨国合拍上集中发力，创作出一批有

别于传统泰国类型电影的新作品。《丢失的彩票》（*The Lost Lotteries*，普鲁克萨·阿玛鲁奇，2022）、《饥渴游戏》（*Hunger*，西蒂斯里·蒙哥西里，2023，如图 5-12 所示）、《枕边嫌疑人》（*The Murderer*，韦西·沙赞那庭，2023）、《恭喜我的前任》（*Congrats My Ex*，普鲁克萨·阿玛鲁奇，2023）和《从前有个巨星》（*Once Upon a Star*，朗斯·尼美毕达，2023）等影片不仅广受泰国观众喜爱，也备受国际影迷关注。奈飞与泰国合拍的首部网络电影《饥渴游戏》邀请了泰国著名导演西蒂斯里·蒙哥西里（Sitisiri Mongkolsiri）和演员茱蒂蒙·琼查容苏因（Chutimon Chuengcharoensukying），影片以美食烹饪和厨师争霸为创意元素，讲述了天才厨师欧伊凭借高超的炒菜技艺，进入高级厨师团队，为泰国社会名流和各界人士烹饪私人订制美食的故事。影片的隐喻意味鲜明，社会批判指向明确，借底层厨师欧伊（自家经营泰国炒粉店）闯荡泰国美食江湖的故事，将泰国商界、政界和王室对美食的机制追求，转换成他们各自的阶级特质和灰色过往。影片有意强化了泰国民间 / 世俗社会中普通百姓的生活现状与泰国官方 / 特权社会上流人士的潇洒自由之间的差距，在剧情、场景、角色和美术等设计上，都意在反思贫富悬殊的社会中，什么才是生活和事业的本质。影片通过厨师欧伊最终回归自己的炒粉店，并决定放弃高收入的高级厨师工作，坚守简陋的灶台打造新的美食传说这一转变，提供了观众化解现实生活焦虑的想象性解决方案。如果说《饥渴游戏》依然从现实主义风格中寻求社会批判力量，那么《枕边嫌疑人》则相反，从高度虚构、强戏剧化和超现实主义的路径，讲述了一起发生在郊外农户家中的连环杀人案。影片剥离了泰国社会的现实景观，将故事场景局限在农场中心的民居中，削弱甚至取消了泰国自然地貌的典型特征，进而营造出荒诞、罪恶和恐怖共存的乌托邦式叙事空间。《枕边嫌疑人》在影像上压缩现实生活质感，绘制出大面积色彩平涂背景；同时，在叙事结构上综合了板块式、递归式和圆形结构，尽可能通过制造叙事狂欢，完成现实批判。

图 5-12　网络电影《饥渴游戏》截图

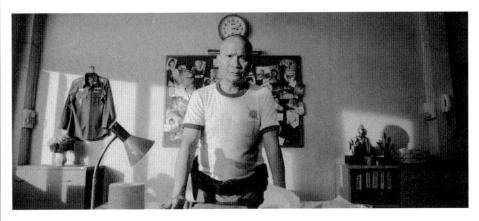

图 5-13　网络电影《枕边嫌疑人》截图

　　泰国与亚马逊合拍的网络电影《恭喜我的前任》（如图 5-14 所示）或许暗示着泰国网络电影的另一发展方向，即努力拓展区域合拍，并在文化对话与艺术风格的在地化改写过程中，完成类型革新与现实关怀。《恭喜我的前任》具备泰国爱情片的内核，剧情上以爱情冤家再次认定对方为命中注定的另一半为故事主线，演员选择上以偶像明星，特别是爱情电影和电视剧领域的明星为主要阵容（如女主角蓝妮·卡彭曾出演《天生一对》、男主角瓦奇拉维特·奇瓦雷曾出演《假偶天成》和《泰版流星花园》、男配角通坎东·通猜曾出演《窈窕淑男的日记》）、场景和美术设计上以营造梦幻爱情世界为宗旨、影像调度上多呈现明星的身体，特别是脸部特写。《恭喜我的前任》邀请了印度演员合作拍摄，因此在情节设计和影像风格上也融入了鲜明的印度歌舞段落。偶像群星、欢喜冤家和印度舞蹈独有的"拉斯"身体表意，是《恭喜我的前任》的亮点。网络电影《从前有个巨星》（如图 5-15 所示）讲述了 20 世纪 70 年代泰国电影放映团的故事。影片有着浓郁的迷影情结，不仅浪漫化地再现了电影放映团在 20 世纪 70 年代的活动，也在片尾致敬了泰国电影史中著名的动作演员米特·柴本查（Mitr Chaibancha）。他曾主演红极一时的"红鹰侠"电影《红鹰》（1959）和《真假红鹰》（1970），凭借银幕上的英雄形象和生活中的飞行员身份，米特·柴本查拥有众多影迷。《从前有个巨星》除了将爱情和青春类型元素杂糅进元电影叙事的主结构，还延续了泰国电影擅长的抒情策略，即在极具地域特色的空间影像中，通过普通民众传达出质朴、纯真和善良的情感。影片是泰国电影新浪潮导演朗斯·尼美毕达（Nonzee Nimibutr）的新作，相较于此前的作品（如《鬼妻》《晚娘》《三更》《见鬼 2》和《时光情书》），导演在本片中没有刻意突出自己熟悉的恐怖、悬疑或爱情类型范式，而是聚焦流动电影放映团的放映活动和成员们的个人成长，努力还原出 20 世纪 70 年代泰国乡村地区的淳

图 5-14　网络电影《恭喜我的前任》截图

图 5-15　网络电影《从前有个巨星》截图

朴人情和电影之于泰国社会增加民族认同的历史意义。在日益丰富的跨国合作和青年影人扶持活动中，网络电影的创作也成为泰国青年电影人的主要领域。从 2021 年开始，奈飞与东南亚的普林影业（Purin Pictures）公司合作，在泰国举办短片集训营（Short Film Camp）。唐萨隆·科维特瓦尼查（Donsaron Kovitvanitcha）表示，新冠疫情和随之迅速发展的视频点播（VOD）技术平台，有可能改写一个自 20 世纪 60 年代起形成的泰国电影发行业规则，即电影制作公司或许可以从之前不能直接向电影院出售电影，转为能够直接向电影院发行影片。[1] 泰国网络电影正在电影类型、市场机制、人才培养和观众培育等方面高速成长。

四、2015—2022 年泰国动画电影创作概况

在泰国动画电影的创作中，改写王室故事和民间传说是王室想象的主要策略。角色形象设计和故事情节设计上呈现出鲜明的类型化趋势，是泰国动画电影围绕王室想象探索创作边界和规律的主要路径。除了在动画角色形象、场景和道具设计等技巧层面借鉴了日本与美国动画电影，泰国动画电影在故事讲述、话题探讨和主题反思等观念层面的构思则凸显出较为集中的文化保守倾向。该倾向体现为对传统伦理道德和宗教信仰的强调。这与 21 世纪以来泰国王室的政治立场不谋而合。有学者指出，在现代泰国的社会结构中，无论是 19 世纪末—20 世纪 30 年代的王权政治阶段，还是 20 世纪 30—80 年代的威

1　Thana Cineplex 公司负责泰国北部电影发行业务、Coliseum Entertainment 公司负责泰国南部电影发行业务、SF Entertainment 公司负责泰国东部电影发行业务、Five Star Network 公司、MVP 和 Nevada Entertainment 公司负责泰国东北部电影发行业务。

权政治阶段，抑或是 20 世纪 90 年代以来的金权政治阶段，泰国王室一直秉持保守姿态，在军人、文官、政商、地方豪强、城市中产阶级和新资本集团等影响泰国社会走向的势力中，充当调停者和制衡者的角色[1]。分析泰国动画电影如何改写有关王室的故事并应用王室形象再创作的方法，可以归纳泰国动画电影的阶段性美学风格并窥探泰国动画电影的意识形态生产路径。

　　泰国动画电影试图借历史记忆来构思叙事动力和角色形象，改写王室故事并赋予角色以王室成员象征，影像上呈现出温婉的抒情美学特质。"小战象"系列动画电影（如图 5-16、图 5-17 所示）聚焦于忠诚神圣的泰国战象，取材于真实历史战役，虚构了既可爱又勇敢的战象甘桂，讲述了关于英雄成长与保卫王室和国家的故事。该系列将战象角色历史化的策略也与同时期的泰国历史战争电影"泰王纳黎萱"系列的历史改写策略不谋而合。两个系列作品都

在改写历史的过程中，强化着泰国王室与国家的关联。虽然"小战象"系列在叙事上依然采用了经典的三段式结构，甘桂寻父救母的经历也是典型的英雄成长模式，但影片在动作场面，特别是战争段落的设计上，呈现出了对王室神圣性和传奇性的强调。身处敌营的小王子和小战象甘桂在营帐中的初次相遇，一方面预示着两位角色从孤立无援到一呼百应的相似成长脉络，另一方面赋予小王子以救赎者的身份，手掌轻抚甘桂头颅的动作也成为日后绝地反击敌方战象，逆转战局的关键。虽然小王子的处境与历史上的纳黎萱王子在 9—15 岁时被迫成为缅王莽应龙

图 5-16　动画电影《小战象 1》截图

图 5-17　动画电影《小战象 2》截图

1　周方冶. 王权·威权·金权：泰国政治现代化进程［M］. 北京：社会科学文献出版社，2011.

人质的真实历史较为相似，但是影片并未满足于在角色设置上借鉴真实历史，而是通过给角色和戏剧动作赋值，在强敌和绝境的终极压迫中，强调善德与国王的神圣力量。小王子在营帐初见和决战时刻先后两次轻抚甘桂头颅的动作不仅在戏剧层面提供了机械降神似的戏剧转折动力，而且在文化层面强化了"国君十德"[1]所具备的世俗激励与神圣惩戒功能。国王手掌的轻抚，可以让小战象甘桂不借助任何戏剧刺激而发生转变，从惊慌失措到镇定自若、从溃不成军到横扫千军。有趣的是，同样处于弱势的国王绝地反击的动作设置则是后仰躺倒躲避敌军将领劈砍，继而发现敌方破绽果断出击制胜。而小战象甘桂在战场的转机则是获得了国王神力加持后，后腿借力踩住暴露在地面的树桩，完成了四两拨千斤的逆袭。前者是靠自身的武艺取胜，是"可信的不可能"，后者是机械降神，是"不可信的可能"。诸如此类叙事策略已经成为泰国动画电影改写王室故事的常见方法。

借由超物质性宇宙观编织角色关系，有效呼应了泰国动画电影对王室故事和历史事件的倚重传统，同时也串联起了泰国历史文化和当下世俗社会之间的回忆路径。通猜·威尼差恭（Thongchai Winichakul）聚焦泰国古代地图，强调泰国人民对领土空间感的演变会影响泰国国家观念的生成。他认为泰国古代地图与小乘佛教宇宙观的结合，意味着"人类世界的物质性能够以不止一种方式被加以想象"[2]。泰国动画电影同样也善于通过虚构的宇宙观来描绘不同地区不同种族之间的神圣性冲突，进而在描绘遍布正义光辉的地貌过程中，勾勒王室角色超于常人的权威地位。《红鹰战士：天空的守护者》[3]（如图 5-18 所示）的影片开头段落就是通过描绘史诗发生的地点进而交代故事和角色前史，并在后续的情节延展中强调不同地域自带的神圣属性。迦楼罗族、紧那罗族、象首狮身兽科查斯、人狮那罗希摩和那迦族分别居住在"阿佑陀耶"（阿瑜陀耶 Ayutthaya 的谐音虚构地名）城内、希姆帕汗森林和斯坦顿大洋之中。这些虚构的疆域又围绕在佛教宇宙观中关于"四大部洲"构想的世界中心须弥山四周。在世界的最后一片净土阿佑陀耶国，各族英雄不计前嫌，在强敌罗刹巨魔

---

1 国王必须遵循：仁慈、道义、慷慨、公正、恭顺、自制、无忿、非暴力、宽容、无碍，十种品德。参见：周方冶.王权·威权·金权：泰国政治现代化进程［M］.北京：社会科学文献出版社，2011：11.

2 威尼差恭.图绘暹罗：一部国家地缘机体的历史［M］.袁剑，译.南京：译林出版社，2016：28.

3 柴波恩·帕尼奇鲁蒂旺（Chaiporn Panichrutiwong）的首部独立动画电影，兰实大学参与制作出品。此前他还曾与普拉帕斯·乔尔萨拉南特（Prapas Cholsaranont）合作执导动画电影《怪兽》（YAK，2012）。

族的频频侵扰下，团结一致共同抗敌。影片情节的构思意在唤醒观众对 16—18 世纪长达两百多年的泰缅纷争的记忆。诸如外国侨民协助暹罗人民反抗缅甸侵略和王后素里玉台女扮男装上阵杀敌等真实历史与英雄故事，也成为影片建构角色关系（各族英雄不打不相识，齐力抗敌）、谱写英雄传奇（卡诺那丽公主伪装成男性迦楼罗族士兵参战）的灵感源泉。可见，王城名称的谐音、佛教典籍的借鉴及真实历史的指涉，不仅是确保影片戏剧性的核心要素，也是影片与传统文化和历史记忆对话的有效通道。值得注意的是，影片除了讲述关于推翻暴政、争夺领土和重建家园的寓言故事，还在角色形象设置上凸显出鲜明的神话、历史、文化和宗教符号。片尾部分的旁白并非简单介绍不同动画角色在当代泰国社会的地位，而是希望通过泰国社会中真实存在的雕塑和建筑作品，如泰国国防部前的象首狮身兽雕像对应着科查斯的形象，阿瑜陀耶城塔密阁拉寺内的人狮雕像群对应着那罗希摩的形象，位于泰国曼谷玉佛寺内半人半鸟雕像对应着紧那罗的形象，从而完成对虚构故事的二度验真。该过程的目的并非刻意误读历史人物，而是借影片中各族王子与国王的角色向观众传达和平包容的价值观。

图 5-18　动画电影《红鹰战士：天空的守护者》截图

第四节　2015—2024 年泰国代表性视听内容分析

一、电视剧的代表作品

《三面娜迦》是 2016 年泰国年度收视最佳电视剧。该剧围绕泰国民众熟知的"人蛇恋"神话，讲述了大学生 Pol（朴朴·彭帕努 饰）和农村姑娘

Khumkaew（娜塔玻·提米露克 饰）前世今生的凄美爱情故事。传说中的娜迦蛇妖因为与人类将军相恋而触犯禁忌，不仅给人间带来灾祸，也因为嫉妒伤人而让仙界蒙羞。娜迦蛇妖因此遭受惩罚，需要将肉身禁锢在石像中一千年，继续修炼，最终转化为人。不幸的是，在修炼的第999年，她的肉身转世（农村姑娘）再次爱上了一千年前的将军转世（城市大学生）。轮回的爱情依旧无法摆脱千年前娜迦蛇妖任性杀害人类的罪孽惩戒。《三面娜迦》通过千年前的人神皆缘传说和千年后的现代灰姑娘爱情故事两条交织的叙事线索，详尽演绎了这段泰国人尽皆知的神话。娜迦神话早已融入泰国社会生活和艺术的方方面面，如每年的湄公河娜迦火球景观、庙宇和政府建筑中的娜迦神形象、艺术作品对娜迦形象的借用和改写等。过去和现在时空平行叙事是该剧的基本叙事框架，借助梦境实现时空穿越和勾连神话与现实是该剧书写当代荧幕神话的创作策略。大学生 Pol 与师生一同前往村落考古调研，在此期间遇到了村民阻挠、异性追求和灵异事件，但他始终保持着无神论观点，坚信自己的妻子不是蛇妖。通过梦境，Pol 逐渐恢复了对前世的记忆，也慢慢认清并最终接受了妻子的真实身份。同样的叙事策略也应用于 Khumkaew 的角色形象塑造和动作行为呈现上。梦境不仅在叙事层面丰富并完善了该剧的神话情节，而且在观念层面强化了娜迦神话的世俗功能。现在时空的灰姑娘爱情故事始终给观众传递出平等、宽容和纯洁的爱情观。过去时空的人蛇恋神话传说逐渐从不同角色的梦境，即他们对前世记忆的苏醒中过渡到了现实生活中，神话传说中的因果轮回和罪恶报应，在一次次梦境与现实的交替中，具备了现实批判功能。一千年前与娜迦作对并杀害她心上人 Chai 将军的 Lutalak 大帝就是现在时空的成功人士 Boonsong，他对娜迦的恨在诸多的武力对抗和尝试谅解之间徘徊。

泰版《流星花园》是"流星花园"IP 的又一次电视剧翻拍，也是 2022 年泰国的现象级电视剧作品。泰版《流星花园》延续了不同版本的前作在偶像演员表演、青春校园基调、梦幻爱情氛围和热血成长主题层面的艺术设定，保留了日本原著漫画现实架空的叙事风格，以虚构的泰国私立中学为核心场景，讲述了女主角 Gorya 和四位富家子弟的成长故事。抛开"流星花园"IP 自带的情节张力、情景设定和角色关系，泰版《流星花园》在情节叙述的节奏感上进行了较多的本土化改编。有别于其他版本将叙事重心放在角色间的情感纠葛中，泰版《流星花园》通过单元化的叙事结构，重点讲述了不同危机情境下角色的成长蜕变。Gorya 和她的朋友们先后经历的校园红牌霸凌风波、好友汉娜反目陷害风波、三角恋风波、家族联姻风波和校园霸凌受害者复仇风波等事件构成了全剧的情节主线。观众所期待的浪漫爱情故事在环环相扣的危机事件中缓慢展开。此外，剧集在建构悬念与化解危机的过程中，有意同时铺展多个危机情境，在保证每一单集剧情都拥有独立的危机建置和化解单元的同时，回顾和预设前置和后置剧集中的情节危机。女主角 Gorya 和两位富家子弟 Thyme 和 Ren 之间的暧昧情愫是泰版《流星花园》最先讲述的危机情境。剧集将 Ren 追求理想恋人的情节置于 Thyme 心生醋意并最终危及兄弟情的剧情之间，延长了观众对三人情感关系发展走向的期待。在非情感危机的情节段落中，剧集同样采用了相似的危机化解延迟策略。校园霸凌红牌游戏的制造者 Thyme 遭受了曾经被霸凌的受害者团体的报复。剧集没有直接陈述被害者向施害者的复仇故事，而是在 Thyme 经历家族逼婚联姻危机的情节段落中，插入霸凌复仇头目潜伏在 Gorya 身边的情节支线。在多线并行叙事的结构中，原本是线性关系的不同危机事件转而成为具备共时性的非线性危机事件。霸凌复仇头目从勤奋质朴的学生形象转变为愤怒凶狠的复仇者形象的过程，也贯穿在 Thyme 的家族联姻危机情节段落中。单元情节之间的密切联系、功能角色的阶梯式登场，以及危机情境的非抒情倾向，都旨在赋予已经被反复翻拍的老故事以新面貌。泰版《流星花园》平衡了浪漫爱情与成长闯关之间的情节比例，充分挖掘了不同场景的叙事潜能，让寒门女孩与富家子弟之间的梦幻爱情故事在泰国落地。同时，社会贫富悬殊、特权阶级问题，以及校园霸凌犯罪事件等泰国社会的当下现象，也成为该剧在角色设置和叙事策略调整中的重要参照元素。

《禁忌女孩》由歌莱美公司出品、*Sour Bangkok 公司参与剧本创作和 Jungka Bangkok 公司参与拍摄的青春校园题材电视剧。《禁忌女孩》邀请了众多泰国本土导演参与共同拍摄，并采用单元剧情模式。同时，该剧不仅在泰国本土电视频道播出，还登陆美国奈飞平台，在全球范围内播映。受制作方式的影响，《禁忌女孩》围绕女性视角、青春校园和霸凌犯罪等核心创意，强化了罪恶惩戒元素在全剧创作中的中心地位。该剧在情节设置、角色塑造和影像风格方面较少从泰国本土伦理道德观念体系中寻找创作方法。相反，《禁忌女孩》有意营造陌生化的赎罪与救赎语境，从而确保观影快感的再生产。原本有着各自擅长领域的分集导演，在合作创作该剧时，也自觉或不自觉地将较常出现在泰国恐怖、犯罪和悬疑电影中对佛教和传统伦理道德观念倚重的叙事策略进行改写，最终增强了该剧在泰国本土和国际上的影响力。谜题叙事是该剧延续恐怖、犯罪和悬疑类电影创作策略的重要支点。不同的分集导演在处理女高中生娜诺所经历的各种非法和非道德事件时，都强化了情节中的推理和解谜色彩。娜诺的形象转变也成为不同单集剧情讲述罪恶惩戒故事的主要支点。虽然《禁忌女孩》试图借助女性视角来完成对泰国社会诸多非正义事件的批判，但是该剧却并未在现实生活逻辑层面深挖情节和角色形象设计。相反，该剧采用了更为"悬浮"的创作策略，通过夸张的情节叙述和脸谱化的角色形象，重新建构了一个假想的伦理道德与法律规范的检验场所。拥有超自然能力的娜诺穿行于既毫无关系又平行相似的校园、家庭和公司等场所中，既主动搜寻又被动遭遇诸多非法和非道德事件。与其说娜诺一次次用自己的超能力在不同时空中打抱不平满足了观众对恐怖、犯罪和悬疑类故事的消费欲望，不如将娜诺的这种行为视作该剧意图完成的伦理学实验。泰国校园、家庭和职场存在的潜在矛盾和隐形歧视，在娜诺的注视下逐渐曝光在正义的光辉中。《禁忌女孩》片头中娜诺的登场动作也呈现出相似的隐喻。她亲自剪短了额前的头发，逐渐在阴影中睁开眼睛，扭头转身，从黑暗的景深处缓步走向光明。

二、综艺节目代表作品

2017 年泰国工分数字频道向韩国 Mnet 购买了音乐猜谜类真人秀节目《看见你的声音》的制作版权，开始制作泰国版同名节目。该节目延续了韩国原版节目的节目流程设置、嘉宾邀请模式和整体风格定位，主要在歌曲选择、常驻和飞行嘉宾等可替换节目模块中进行本土化改编。这档节目以"谁是音痴和谁是歌神"为核心，邀请不同的明星嘉宾在没有听到歌手真实演唱声音的前提下，仅通过不同歌手的背景资料来推测对方的歌唱实力。开播至今，泰版《看见你的声音》广受泰国本土观众喜爱，部分节目也因飞行嘉宾的国际影响力而被诸多国际观众所关注。相较于江苏卫视的同名综艺（于 2016 年购买版权并制作播出），泰国版节目更加突出搞怪幽默与音乐解谜之间的异质性。该特质体现为节目嘉宾现场调度与嘉宾个人特质的同步与错位策略。2021 年 3 月 31 日晚 8 点播出的泰版《看见你的声音》邀请了四位偶像男明星——"BKPP"（普提蓬·阿萨拉塔纳功和克里特·安努艾德奇康）和"JAYLERR×PARIS（JJ）"（可林桑拉铺·皮木颂克朗和帕瑞斯·因塔拉科玛亚苏特）作为特邀嘉宾参与录制，同时该期节目也迎来了侦探团嘉宾主持人 DjNui 的回归。侦探团嘉宾与特邀嘉宾分坐在舞台左右两侧，在节目的常规流程，即特邀嘉宾依次推测神秘歌手是否为"音痴"的过程中，主持人 DjNui 的插科打诨和四位偶像男明星的收敛沉静形成较强烈的对比。DjNui 多次走出侦探团的座位来到舞台参与节目互动的行为与他自己的主持风格相匹配，呈现出自然率真的幽默效果。泰版《看见你的声音》充分挖掘不同嘉宾的唱跳才艺，结合时下影视剧创作的热门话题和角色组合，在满足偶像粉丝消费心理的同时，完成了不同嘉宾附带的新作宣传功能。2022 年，泰版《看见你的声音》已制作播映六季。该节目不仅成为工分数字频道每周三晚的王牌综艺节目，也为泰国娱乐产业提供了创意实践的平台。工分数字频道的另一档音乐真人秀节目——《墙后歌手》

（*The Wall Song*，2019）延续并创新了《看见你的声音》中的音乐猜谜元素。

由歌莱美公司制作的美食类经营体验型真人秀《泰餐厅》首播于2024年3月18日。该节目播出形式为周播；播出时间为每周二18：00。节目一共6集，单集片长为30分钟，符合当下年轻人的观看需求。《泰餐厅》的固定嘉宾及主持人为皮拉帕·瓦塔纳汕西瑞（Earth）、阿塔潘·彭萨瓦（Gun）与吉拉查彭·斯里桑（Force）等6位歌莱美公司旗下的知名男艺人。该节目在形式上借鉴了中国热门真人秀综艺《中餐厅》的拍摄方法，并结合嘉宾的性格特点所制造的笑点与料理制作的过程，使得节目在轻松有趣的同时，呈现了泰式料理的精髓之处，相较于传统泰国综艺更贴近年轻受众的审美取向。节目前两期的内容聚焦于嘉宾们在本国向泰国本土著名厨师学习厨艺的内容，采用了分组制定菜单、制作美食比赛的形式，将大量篇幅用在展现泰餐的烹饪过程上，并结合嘉宾们的后台采访来补充故事线、完善人物形象。节目从第三期开始展现嘉宾们前往日本大阪后的经历，嘉宾们需接管经营一家名为"回忆"（Huan Kuen）的泰餐厅，并在每天招待24位顾客。在节目制作形式上，嘉宾们采买食材的环节使用了Vlog的形式，由嘉宾手持便携摄影机记录采购过程，这使得节目拍摄的形式更多样，固定机位与隐藏摄影机真实记录了嘉宾们与顾客的交流、嘉宾们之间的互动，让节目更具有真实感。此外，还制作了英文字幕并在油管平台上传，以方便海外的观众进行观看。《泰餐厅》利用泰国擅长的娱乐节目形式，采取了更符合年轻受众观看需求的播放模式，以此传播泰国本土的饮食文化、提升泰国美食的知名度。

选秀综艺也被称作竞技选拔类，是泰国综艺节目中常见的类型之一。2024年，由腾讯视频国际版——WeTV制作的《创造营亚洲》引发了泰国本土与海外的持续关注。该节目落地于泰国，是中泰联合制作的一档面向2008年之前出生的女生的选秀节目，定档于2024年2月3日首播。节目采用"中国IP+泰国本土制作"的新合作方式，与WeTV联合出品的泰国本土平台有GMMTV、One31与Have Fun Media等公司。在节目形式上，延续了"创系列"原有的制作模式，但整体更为国际化。导师团队既有泰国国籍艺人，如演员迈克·D.安吉洛（Mike D. Angelo）、歌手郑乃馨（Nene）与歌手罗杰夫（Jeff Satur）等，也有在泰国本土人气极高的中国国籍艺人王嘉尔作为项目发起人和联合出品人；选秀成员则集合了泰国、中国、日本、韩国等国家共70名选手，其中泰国本土选手占比44%、中国选手占比27%。也因参赛选手国籍的多元化，《创造营亚洲》中充满了不同国家之间的文化碰撞，并在社交媒体上引发讨论。节目赛制采取了"创系列"原有的方式，通过不断地比赛来淘汰筛选成团成员。最终成团的组合名称为"Gen1es"，九位成员中中国国籍成员有 5 名，泰国国籍成员有 2 名，余下 2 名成员国籍分别为日本与马来西亚。在运营方式上也延续原版"创造营"系列已经取得成功模式，《创造营亚洲》在 Twitter、YouTube、Instagram、TikTok 等海外平台上均有节目和选手个人的官方账号，及时更新节目相关信息和花絮片段，从而引起节目在社交媒体中的持续讨论。

此外，泰国电视台会在特定的日子举办不同主题的周年盛典综艺晚会。不同电视台的台庆盛典也各有不同，其中泰国 3 台作为本土收视率较高的电视台，其台庆盛典最为知名。泰国 3 台的台庆盛典在每年的 3 月举办，从当天的下午四点一直持续到晚上，并在泰国 3 台及泰国 3 台的社交媒体账号上进行直播。2023 年的泰国 3 台 53 周年台庆于 3 月 26 日在泰国法政大学兰实校区体育馆举行，主要活动包括泰国 3 台明星足球竞技比赛、人气演员花车巡游与当红艺人歌舞表演等节目。其中，泰国 3 台每年的台庆盛典都有泰国 3 台电视剧中的荧幕情侣出演，将电视剧中的情侣身份延续到电视剧之外，以此满足粉丝的期待。泰国 7 台也有属于自己的台庆晚会，但关注度不及泰国 3 台。

三、动画电影的代表作品

21 世纪泰国动画电影对自我救赎主题的探讨扎根于忠君爱国的王室情怀中。原本生活在安稳团结的某个群体中的英雄、王室成员、怪兽和普通人因外部威胁而萌发自我救赎的愿望。在此期间，对君主和长辈的遵从成为引领他们救赎行为的核心精神，该特征保证了情感上相对质朴的主题表达。王城之外的敌对世界、家庭之外的危险场所和地球之外的强大力量是泰国动画电影建构善恶对立空间的具体形式，而这种以是否居于城邦之内作为正常人与超自然神祇或野兽的二元对立划分，则源于亚里士多德关于城邦（Polis）的理解 [1]。泰国动画电影多以王室成员居住的王城为界，区分城内善良有序的规律与城外未知危险的混沌。而最终化解邪恶矛盾的要素，则源于宗教的感化。得益于佛教中无爱无憎的"舍"（Upekkha）[2] 的态度，泰国动画电影中的诸多角色在自我救赎的过程中都践行着一种纯粹的宽容态度。面对敌人的侵扰，如《小战象》、《暹罗决：九神战甲》和《红鹰战士：天空的守护者》；王室成员的反目，如

---

1 TAYLOR C C W. Politics ［M］//BARNES J. The cambridge companion to aristotle. Cambridge：Cambridge University Press，1995：233-258.
2 "舍"强调以平等、平和以及平静的态度看待世界。要求佛教徒能够无私地牺牲一切，由无我而达到利他。参见：宋立道 . 传统与现代：变化中的南传佛教世界 ［M］. 北京：中国社会科学出版社，2002：35-39.

《摩诃游纳卡的故事》（如图 5-19
所示）；挚友的背叛，如《怪兽》
（*The Giant King*，普拉帕斯·霍尔
萨兰诺，2012），影片始终在强调一
种无所不能的宽容理念。雅克·德
里达（Jacques Derrida）认为，宽
恕行为必须建立在那些看似不可宽
恕的对象上才有意义[1]。因此，泰国
动画电影中正义对邪恶的宽容也就

图 5-19　动画电
影《摩诃游纳卡
的故事》截图

失去了外部惩戒意义，转而强化了宽容者的自我升华和救赎意味。《摩诃游纳
卡的故事》中 Aritthajanaka 与 Polajanaka 因奸臣恶意诋毁而反目成仇，但是
在二人对战的关键时刻，对话、信任和谅解成为他们再度团结的核心动力。周
方冶指出，"由于'舍'强调的是自我修行……泰国人通常对各类政治问题都
较为宽容，更倾向于'感化'而非'惩戒'，有时甚至表现出缺乏原则的姑
息"[2]。动画电影中不同角色应对敌人的宽容态度，同样也体现出重感化轻惩戒
的特征。

　　宽容他人的能力源于持续的自我修炼，苦行与习武是泰国动画电影诸多
角色实现自我救赎的具体方法。《暹罗决：九神战甲》（如图 5-20 所示）将泰
拳所推崇的九种品质作为奥特自我修炼并最终打败强敌的核心要素。影片讲述
了少年奥特在好友王子瓦达、夜叉族阿笋寺查和七星空海盗王之女小兰的帮助
下，打败夜叉王塔哈，最终重建拉玛贴王国的故事。奥特的养父临终时给他一
件能够打败夜叉王的武器——九神战甲，这个盔甲需要奥特在坚持练习泰拳，
并具备了精明、勇敢、无私、坚强、正义、仁德、冷静、专注和坚决这九种品
质后，才能被激活使用。奥特的成长与剧情的发展都围绕着这九种品质呈现。
无论是在讲述关于亲情、友情和爱情的角色关系支线中，还是在深入敌后解救
拉玛贴王子的冒险故事主线中，影片都将这九种品质与泰拳的习得和功效紧密
结合起来。泰拳的基本动作和练习要义也成为影片在叙事上的动力和在人物刻
画上的手段。奥特本是一名无忧无虑且酷爱自由的少年，因目睹养父和师傅的
牺牲而仓促地走上替父报仇的冒险之路。影片在设置角色关系时强化了人性的

1　DERRIDA J. On cosmopolitanism and forgiveness［M］. DOOLEY M，HUGHES M，trans. New
　　York：Routledge，2001：32-33.
2　周方冶. 王权·威权·金权：泰国政治现代化进程［M］. 北京：社会科学文献出版社，2011：24.

复杂性和社会关系的利益纷争与敌我关系的彼此制衡的特征。无论是奥特与诸位好友之间的不打不相识，还是阿笋寺查从举棋不定到大义灭亲的转变，抑或是影片最后借字幕和旁白讲述原本残暴的夜叉族在阿笋寺查的带领下重新向善、帮助拉玛贴族人重建王国，影片都试图在看似轻松的动画形象和强调反转的叙事策略中，融入较为复杂和深入的处世观念。同《红鹰战士：天空的守护者》一样，《暹罗决：九神战甲》也在虚构故事讲述中融入了历史和地缘政治元素，影片中的大明海盗和中文台词设置也折射出泰国历史文化的杂糅和包容特质。

图 5-20　动画电影《暹罗决：九神战甲》截图

泰国王室精神在现阶段的动画电影中依旧通过塑造角色得以传承，而作为角色活动背景的场景与环境设计，则更多以虚化的后景形态呈现在作品中。该风格凸显了泰国动画电影善于通过架空历史来烘托情感的特征。《红鹰战士：天空的守护者》在动画场景设计和具体的细节描绘方面，融合了战争类影片的叙事策略，强调在情节讲述上的曲折离奇和绝处逢生。虽然影片在动画绘制精细度和特效细节的丰富度上还存在上升空间，但是影片通过加强角色之间的动作交流，如打斗、谈话和情感等方面的对手戏，弱化了角色和情节对环境与场景的依恋，为史诗故事的讲述营造了一个相对架空的历史时空。此外，影片还将泰国青春和喜剧片中惯用的插科打诨技法应用于部分动画角色中，如对瓦力和瓦育在跟随瓦差拉将军执行侦察黑巨魔任务时的嬉笑打闹中伴随着的专注与果断的行事风格的设定，既能够为紧张的战争主线提供轻松的幽默元素，又能够为影片接下来表达对战争中牺牲的英勇战士的缅怀之情作了铺垫。《怪兽》抽离了故事发生的背景和时代，围绕原本不共戴天的两个机器怪兽图沙坎与哈努曼，讲述了他们从失忆到恢复记忆的过程中友情的演变。机器人小镇和荒漠的场景更多的是在视觉风格层面为影片提供具备后人类形态的造型元素，而较少参与到图沙坎、哈努曼和锈锈之间友情关系的演变脉络中。影片除了加大打斗段落的比重之外，在主题的构思上也呈现出寓言化倾向。原本面目可憎的绿色怪兽图沙坎在失忆后变得格外细腻温柔，而真正导致它做出毁灭世界恶行的，是长期寄居在它脑中的多头小怪兽。当图沙坎即将被毁灭之时，邪恶的多头小怪兽终于选择逃离图沙坎的大脑。善和柔情重新回归图沙坎的身体，而邪恶的小怪兽也在失去强大的寄主身体后被消灭。《怪兽》选择了相对简单的情节主线，但在重点刻画角色形象和性格转变的过程中，却打造出了具备视觉识别度的原创动画形象。

　　动画形象服务于王室故事讲述是泰国动画电影王室想象的实现路径。在泰国动画电影探索代表性动画形象的过程中，大象、鬼妻娜娜、机器怪兽、泰拳男孩和神兽英雄等形象不仅深受王室精神的感召，在角色动机和性格生成上都呈现出层次多元、角度丰富的王室价值观，而且泰国动画电影也流露出类似于"超小说"（metafiction）探索小说与现实关系，进而促使读者思考作品本身的艺术特质。《通丹的故事》（*Khun Thong Daeng: The Inspirations*，潘洛普·辛查罗恩，2015，如图 5-21 所示）是为了祝福泰王拉玛九世 88 岁大寿而创作的动画电影。与其他作品的不同之处是，该片通过真人实拍段落串联起了三部风格各异的动画短片。围绕拉玛九世收养流浪狗的故事，讲述了小女孩对待宠物狗的观念变化。拉玛九世与爱犬的照片多次出现在影片的实拍和动画段落，时刻提醒观众怀念泰王无私广博的爱。来自《怪兽》中的角色图沙坎和哈努曼也客串该片，既延续了二者在原作中的性格设定，又通过讲述关爱宠物狗的故事向拉玛九世致敬。可见，泰国王室血统中强调的"神圣性、命定性和德性"[1]，在动画电影的角色设置中体现为角色身份的王室关系指涉和角色动机的王室精神象征。《红鹰战士：天空的守护者》参照真实的历史人物来设置角色，如：智慧与力量并存的瓦差拉将军取材自建立了吞武里王朝

图 5-21　动画电影《通丹的故事》截图

1　周方冶认为泰国王权政治的合法性主要源于国王血统的神圣承传，该观念始自阿瑜陀耶王朝婆罗门教"神王"观。此后，在曼谷王朝又特别将"国君十德"视为国王政治统治的基础，该观念始自素可泰王朝佛教"法王"观。参见：周方冶.王权·威权·金权：泰国政治现代化进程［M］.北京：社会科学文献出版社，2011：10-11.

图5-22 动画电影《小鬼救地球》截图

的达信大帝（郑信王）的原型；老迦楼罗族苏利亚大帝对应了阿瑜陀耶王朝第33代，也就是最后一代国王厄伽陀王；苏本彭先王则对应了厄伽陀王的皇兄乌通奔王。角色设计体现出泰文化中的符号象征，鹰、象、狮和蛇等动物形象也因此具备了诸多当代的性格特质，串联起了泰国历史文化和当下世俗社会之间的回忆路径。《小鬼救地球》（*Echo Planet*，克姆·克恩卡尔德，2012，如图5-22所示）则将忠君爱国的主流价值观具体化为勇敢和信任的家庭之爱，缝合在父子齐心救地球的故事中，片尾也通过传统与现代的服装来凸显多元包容的合家欢情感。

补充资料：

一、2015—2023年泰国主要电视剧

排序	片名	主演	平均收视率
		2015年泰国3台电视剧收视前十	
1	《亲爱的上尉》	瑞斯莉·巴伦茜雅嘉（Rasri Balenciaga）、辰塔维·塔纳西维（Chantavit Dhanasevi）	7.88
2	《最恨最爱》	帕查特·南潘（Patchata Nampan）、玛娜莎楠·潘叻翁固（Manatsanun Panlertwongskul）	7.04
3	《龙裔黑帮之犀牛》	安德鲁·查理·格莱格森（Andrew Charlie Gregson）、娜塔玻·提米露克（Nataporn Taemeeruk）	6.96
4	《心的唯一》	吉拉宇·唐思苏克（Jirayu Tangsrisuk）、乌拉萨雅·斯帕邦德（Urassaya Sperbund）	6.76
5	《暗屋》	札玲朋·尊克迪（Jarinporn Joonkiat）、扎隆·索纳特（Jaron Sorat）	6.38
6	《皇家儿媳》	塔纳瓦特·瓦塔纳普迪（Thanavat Wattanaputi）、芘扎塔娜·翁沙纳塔纳辛（Pichukkana Wongsarattanasin）	6.16
7	《两颗心都为了你》	马里奥·毛瑞尔（Mario Maurer）、查莉达·威吉翁通（Chalida Wijitvongtong）	5.95
8	《烈血遥士》	彭沙功·麦塔立卡侬（Pongsakorn Mettarikanon）、妮查丽·忖勒扎查（Nicha Chokprajakchat）	5.93

排序	片名	主演	平均收视率
9	《丘比特之路》	纳塔吾·斯金杰（Natthawut Skidjai）、娜妮达·缇查希（Ranida Techasit）	5.86
10	《龙裔黑帮之野牛》	提拉德·翁坡帕(Theeradeth Wongpuapan)、肯帕莎·斯莉苏卡化（Khemapsorn Sirisukha）	5.64
	2016 年泰国 3 台电视剧收视前十		
1	《三面娜迦》	娜塔玻·提米露克（Nataporn Taemeeruk）、朴朴·彭帕努（Phupoom Phongpanu）	10.93
2	《绿野心踪》	纳得克·库吉米亚（Nadech Kugimiya）、尼塔莎·吉拉尤吉恩（Nittha Jirayungyurn）	7.41
3	《爱妻》	吉拉宇·唐思苏克（Jirayu Tangsrisuk）、蓝妮·卡彭（Ranee Campen）	6.54
4	《虎裔》	尼塔莎·吉拉尤吉恩（Nittha Jirayungyurn）、扎隆·索纳特（Jaron Sorat）	6.18
5	《房主》	杰西达邦·福尔迪（Jesdaporn Pholdee）、施莉达（Sririta Jensen）	6.06
6	《金手镯》	珍妮·提恩坡苏皖（Janie Tienphosuwan）、彭沙功·麦塔立卡侬（Pongsakorn Mettarikanon）	5.68
7	《天各一方》	瓦凌通·帕哈甘（Warintorn Panhakarn）希琳·帕莉迪雅浓（Sirin Preediyanon）	
8	《麦卡拉的天堂》	安德鲁·查理·格莱格森（Andrew Charlie Gregson）、蓝妮·卡彭（Ranee Campen）	5.6
9	《火焰女神》	杰西达邦·福尔迪（Jesdaporn Pholdee）、黛薇卡·霍内（Davika Hoorne）	5.58
10	《这个平凡的男子》	詹姆斯·马（James Ma）、金伯莉·安妮·沃尔特马斯（Kimberley Anne Woltemas）	5.57
	2017 年泰国 3 台电视剧收视前十		
1	《人生波动》	乌拉萨雅·斯帕邦德（Urassaya Sperbund）、普林·苏帕拉（Prin Suparat）	5.97
2	《鲜花宝座》	马里奥·毛瑞尔（Mario Maurer）、札玲朋·尊克迪（Jarinporn Joonkiat）	5.37
3	《道德的火焰》	珍妮·提恩坡苏皖（Janie Tienphosuwan）、蓝妮·卡彭（Ranee Campen）	5.34
4	《战斗丘比特》	卡文·英玛诺泰（Kawin Imanothai）、克丽丝·霍旺（Cris Horwang）	5.05
5	《丘比特的诡计》	帕金·库姆维拉苏克（Pakin Kumwilaisuk）、娜塔妮查·纳瓦塔纳瓦尼（Nuttanicha Dungwattanawanich）	5.01
6	《暗恋中的丘比特》	彭沙功·麦塔立卡侬（Pongsakorn Mettarikanon）、缇卡彭·瑞塔阿芘楠（Thikumporn Rittapinun）	4.75

排序	片名	主演	平均收视率
7	《美食厨师》	娜妮达·缇查希（Ranida Techasit）、路易斯·斯科特（Louis Scott）	4.71
8	《幸福丘比特》	帕贡·查博里拉（Pakorn Chatborirak）、札玲朋·尊克迪（Jarinporn Joonkiat）	4.62
9	《天鹅套索》	吉拉宇·唐思苏克（Jirayu Tangsrisuk）、金伯莉·安妮·沃尔特马斯（Kimberley Anne Woltemas）	4.58
10	《天各一方》	安德鲁·格莱格森（Andrew Gregson）、芘拉妮·巩泰（Matt Peeranee Kongthai）	4.38
2018 年泰国 3 台电视剧收视前十			
1	《天生一对》	蓝妮·卡彭（Ranee Campen）、塔纳瓦特·瓦塔纳普迪（Thanavat Wattanaputi）	13.24
2	《尖峰》	普林·苏帕拉（Prin Suparat）、金伯莉·安妮·沃尔特马斯（Kimberley Anne Woltemas）	5.36
3	《吴哥》	帕查特·南潘（Patchata Nampan）、素帕彭·翁塔依彤（Boom Suphaphorn Wongthuaithong）	5.3
4	《公主罗曼史》	纳得克·库吉米亚（Nadech Kugimiya）、乌拉萨雅·斯帕邦德（Urassaya Sperbund）	4.74
5	《致命尸钱》	瓦拉塔雅·翁差亚朋（Waratthaya Wongchayaporn）、纳塔吾·斯金杰（Natthawut Skidjai）	4.25
6	《云霄之恋》	颂恩·宋帕山（Yuke Songpaisarn）、帕特里夏·德查诺·古德（Patricia Tanchanok Good）	4.18
7	《同一片天空》	娜塔玻·提米露克（Nataporn Taemeeruk）、吉拉宇·唐思苏克（Jirayu Tangsrisuk）	4.02
8	《辛德瑞拉的诡计》	提拉达·迈特瓦拉育（Teeradetch Metawarayut）、娜妮达·缇查希（Ranida Techasit）	3.87
9	《炽爱游戏》	娜塔玻·提米露克（Nataporn Taemeeruk）、吉拉宇·唐思苏克（Jirayu Tangsrisuk）	3.83
10	《亲爱的英雄之国土之心》	帕贡·查博里拉（Pakorn Chatborirak）、希琳·帕莉迪雅浓（Sirin Preediyanon）	3.58
2019 年泰国 3 台电视剧收视前十			
1	《查龙药师》	马里奥·毛瑞尔（Mario Maurer）、金伯莉·安妮·沃尔特马斯（Kimberley Anne Woltemas）	6.47
2	《罪孽牢笼》	蓝妮·卡彭（Ranee Campen）、吉拉宇·唐思苏克（Jirayu Tangsrisuk）	6.24
3	《喜欢你》	娜塔玻·提米露克（Nataporn Taemeeruk）、辰塔维·塔纳西维（Chantavit Dhanasevi）	4.04
4	《戛萨珑花香》	乌拉萨雅·斯帕邦德（Urassaya Sperbund）、詹姆斯·马（James Ma）	3.9

排序	片名	主演	平均收视率
5	《我的秘密新娘》	瓦凌通·帕哈甘（Warintorn Panhakarn）、素帕莎拉·塔纳查（Supassara Thanachart）	3.73
6	《鬼娃娃》	阿库姆西里·苏万娜苏克（Jakjaan Akumsiri Suwannasuk）、扎隆·索纳特（Jaron Sorat）	3.68
7	《月之印记》	苂扎塔娜·翁沙纳塔纳辛（Pichukkana Wongsarattanasin）、卡宁·淖布拉迪（Khanin Chobpradit）	3.66
8	《伪烛之焰》	彭沙功·麦塔立卡侬（Pongsakorn Mettarikanon）、娜塔妮查·纳瓦塔纳瓦尼（Nuttanicha Dungwattanawanich）	3.558
9	《丛林之花》	依莎亚·贺苏汪（Eisaya Hosuwan）、瓦立特·斯里桑塔纳（Warit Sirisantana）	3.557
10	《情之火焰》	帕贡·查博里拉（Pakorn Chatborirak）、瓦拉塔雅·宁枯哈（Warattaya Nilkuha）	3.02
2020 年上半年泰国 3 台电视剧收视前十			
1	《天生一对》（重播）	蓝妮·卡彭（Ranee Campen）、塔纳瓦特·瓦塔纳普迪（Thanavat Wattanaputi）	7.5
2	《爱的领域》	札玲朋·尊克迪（Jarinporn Joonkiat）、扎隆·索纳特（Jaron Sorat）	3.95
3	《我的法定老公》	普林·苏帕拉（Prin Suparat）、尼塔莎·吉拉尤吉恩（Nittha Jirayungyurn）	4.2
4	《影子恋人》	奥兰娜特·D.卡芭蕾斯（Oranate D. Caballes）、英迪帕·塔尼（Itthipat Thanit）	3.2
5	《水稻克星》	吉帕侬·克珑卡弗（Jitpanu Klomkaew）、菲丽塔·素萍蓬普（Phulita Supinchompoo）	3.6
6	《爱妻》（重播）	吉拉宇·唐思苏克（Jirayu Tangsrisuk）、蓝妮·卡彭（Ranee Campen）	4.4
7	《天际星恋》	纳瓦希·普潘塔奇斯（Nawasch Phupantachsee）、卡洛琪达·坤苏婉（Karunchida Khumsuwan）	2.7
8	《命定挚爱》	彭沙功·麦塔立卡侬（Pongsakorn Mettarikanon）、查莉达·威吉翁通（Chalida Wijitvongtong）	2.89
9	《天各一方》（重播）	安德鲁·格莱格森（Andrew Gregson）、苂拉妮·巩泰（Matt Peeranee Kongthai）	3.7
10	《丘比特之路》（重播）	纳塔吾·斯金杰（Natthawut Skidjai）、娜妮达·缇查希（Ranida Techasit）	3.6
2021 年泰国 3 台电视剧收视前十			
1	《非婚不可》	瓦立特·斯里桑塔纳（Warit Sirisantana）、琳拉达·考布瓦赛（Rinrada Kaewbuasai）	3.44

排序	片名	主演	平均收视率
2	《错位恋人》	提拉达·迈特瓦拉育（Teeradetch Metawarayut）、芘扎塔娜·翁沙纳塔纳辛（Pichukkana Wongsarattanasin）	3.21
3	《田园爱情（伊森情歌）》	纳得克·库吉米亚（Nadech Kugimiya）、梅拉达·素斯丽（Maylada Susri）	3.88
4	《克拉之恋》	吉拉宇·唐思苏克（Jirayu Tangsrisuk）、安妮·彤帕拉松（Anne Thongprasom）	2.77
5	《恒月之爱》	提拉德·翁坡帕（Theeradeth Wongpuapan）、波莉雀娅·彭娜妮可（Preechaya Pongthananikorn）	3.27
6	《珠光璀璨》	纳瓦希·普潘塔奇斯（Nawasch Phupantachsee）、娜琳迪帕·莎功昂格派（Nalinthip Sakulongumpai）	2.65
7	《爱的判决书》	蓝妮·卡彭（Ranee Campen）、巩塔普·尤他毕查（Kongthap Peak）	3.04
8	《雪山猎人》	路易斯·斯科特（Louis Scott）、玛缇娜·丹迪布拉素（Matira Tantiprasut）	2.95
9	《玛雅魅力》	波莉雀娅·彭娜妮可（Preechaya Pongthananikorn）、朴朴·彭帕努（Phupoom Phongpanu）	2.41
10	《意外爱发生》	莫茶诺·欣彩萍翩（Monchanok Saengchaipiangpen）、迈苏·君让迪功（Masu Junyangdikul）	2.08
2023 年泰国 3 台电视剧收视前十			
1	《命中注定》	蓝妮·卡彭（Ranee Campen）、塔纳瓦特·瓦塔纳普迪（Thanavat Wattanaputi）	7.25
2	《皇家医生》	金伯莉·安妮·沃尔特马斯（Kimberley Anne Woltemas）、马里奥·毛瑞尔（Mario Maurer）	4.15
3	《叛爱游戏》	安妮·彤帕拉松（Anne Thongprasom）、阿南达·爱华灵咸（Ananda Everingham）	3.68
4	《医爱之名》	吉拉宇·唐思苏克（Jirayu Tangsrisuk）、札玲朋·尊克迪（Jarinporn Joonkiat）	3.61
5	《轻触我心》	帕特里夏·德查诺·古德（Patricia Tanchanok Good）、普提查·克瑟辛（Puttichai Kasetsin）	3.46
6	《爱情游戏诡计》	帕努瓦·普利马尼楠（Panuwat Premmaneenan）、兰奇拉薇·昂库拉沃特（Ranchrawee Uakoolwarawat）	3.31
7	《湄南河的子民》	泰贡·康恰（Thagoon Karnthip）、登坤·恩加内特（Denkhun Ngamnet）	3.20
8	《花之囚笼：妾爱之火》	纳瑞拉·库尔蒙科尔佩特（Narilya Gulmongkolpech）、纳瓦希·普潘塔奇斯（Nawasch Phupantachsee）	3.14

排序	片名	主演	平均收视率
9	《强悍媳妇》	娜塔妮查·纳瓦塔纳瓦尼（Nuttanicha Dungwattanawanich）、纳瓦希·普潘塔奇斯（Nawasch Phupantachsee）	3.84
10	《复仇：黑色贞洁》	娜塔玻·提米露克（Nataporn Taemeeruk）、奈哈·西贡索邦（Naphat Siangsomboon）	2.69
2023 年泰国 7 台黄金档泰剧收视前十			
1	《丛林之火》	葵莎琳·诺伊普恩（Kessarin Noiphueng）、甘塔彭·布姆让拉（Kantapong Bumrungrak）	4.34
2	《双笙之地》	查克里特·布恩辛（Chakrit Boonsing）、珀恩彩达·瓦拉帕查拉（Pornchada Warapachara）	4.28
3	《勇闯铁崖》	吉迪功·康戈力（Kitkong Khamkrith）、哈娜·刘易斯（Hana Lewis）	4.208
4	《以枪挡道》	路易斯·赫斯（Louis Hesse）、娜查·本朋（Natcha Boonpong）	4.113
5	《心之所控》	娜塔查·查扬卡浓（Nuttacha Chayangkanont）、帕他勒彭·德浦沃拉侬（Phattharapon Dejpongwaranon）	3.888
6	《世缘之舟》	莫妲·娜琳叻（Mookda Narinrak）、帕塔拉德·萨恩固安卡瓦迪（Pattaradet Sa-nguankwamdee）	3.831
7	《亲爱的女士》	友萨万·塔瓦丕（Yotsawat Tawapee）、蓝米达·缇拉帕（Ramida Theerapat）	3.684
8	《娜迦项链》	缇莎娜特·索恩素克（Tisanart Sornsuek）、沃拉蓬·金塔克森（Worrapon Jintakoson）	3.438
9	《谎言中的爱》	亚提·唐威邦帕尼特（Artit Tangwiboonpanit）、安娜·格拉克丝（Anna Glucks）	3.27
10	《湄公河》	米克·通拉亚（Mik Thongraya）、坦莎妮娅·甘宋娜（Tussaneeya Karnsomnut）	3.07

二、2009—2023 年泰国皇家戏剧奖最佳电视剧

年份	最佳电视剧
2009	《憎恨》（Ching Chang）
2010	《花环夫人》（Malai Sam Chai）
2011	《情丝万缕》（Love Threads）
2012	《武士决战》（Khun Seima）
2013	《赤金》（Thong Neua Kao）
2014	《保留丈夫》（Samee Tee Tra）
2015	《最恨最爱》（Soodkean Saenrak）
2016	《三面娜迦》（Narkee）

年份	最佳电视剧
2017	《极限 S：排球篇》（*Project S: The Series*）
2018	《天生一对》（*Love Destiny*）
2019	《罪孽牢笼》（*A Cage of Karma*）
2020	《天才枪手（剧版）》（*Bad Genius*）
2021	《婉通夫人》（*Wanthong*）
2022	《从湄南河到伊洛瓦底江》（*From the Chao Phraya to the Irrawaddy*）
2023	《医爱之名》（*Matalada*）

三、2015—2024 年泰国主要综艺节目

节目名称	制作平台	节目类型
《T 台新面孔》（*The Face Thai Land*，2015）	CH3	选秀、竞技
《蒙面歌王》（*The Mask Singer*，2016）	Workpoint	音乐、竞技
《看见你的声音》（*I Can See Your Voice*，2017）	Workpoint	音乐、竞技
《泰国有嘻哈》（*The Rapper*，2021）	True4U 频道	选秀、音乐、竞技
《隔墙而唱》（*The Wall Song*，2019）	Workpoint	音乐、真人秀
《创造营亚洲》（*Chuang ASIA*，2024）	WeTV	选秀、真人秀
《泰餐厅》（*Fully Booked*，2024）	GMMTV	经营、真人秀

（章文哲、黄琳　撰稿）

第六章

马来西亚视听产业与创作

1957 年 8 月 31 日，马来亚联合邦正式宣告独立，这一天被定为"独立日"，也是如今的马来西亚国庆日。这一天宣告了英国在马来西亚长达 171 年之久的殖民统治彻底结束，自此，马来西亚进入国政党（Barisan Nasional）执政的时代，国政党联盟由马来民族统一机构（The United Malays National Organization，UMNO）、马来西亚华人工会（Malaysian Chinese Association，MCA）、马来西亚印度国民大会党（The Malaysia India Congress，MIC）三个阵营构成。不久，由于政治、经济等因素，新加坡脱离了马来西亚，在 1965 年 8 月 9 日宣布新加坡共和国成立，并在当日受到马来西亚政府的承认。尽管新马两国是相互独立的，但由于巨大的相互经济利益关系，使得两国关系仍密不可分。国阵政府设立了国营电视台，为其巩固执政地位发挥了莫大的功能，随着融媒体、新媒体时代的到来，国政旗下媒体的社会影响也在发生着重大变化。

　　2018 年 5 月 9 日，马来西亚迎来了历史性的转折。这一天，全国大选的结果标志着"新马来西亚"的正式诞生，翻开了国家发展的新篇章。马来西亚的媒体广泛报道了这场前所未有的政治变革，称之为国家的崭新纪元。"509"这个数字，对马来西亚人民而言，自此被赋予了新的、深远的意义。全国人民通过手中的选票，共同推翻了国阵政府，迎来了充满新希望的希望联盟政府。然而，好景不长。2020 年 2—3 月，马来西亚的社交媒体和传统媒体上充斥着关于执政党希望联盟政府所面临的政治危机的报道。这场危机最终导致了希望联盟的垮台，引发了对新组政府的广泛关注和热烈讨论。各媒体阵营中，质疑与支持的声音此起彼伏，反映了马来西亚人民对于国家未来的深切关注和期待。

　　在新冠疫情的冲击下，马来西亚政府自 2020 年 3 月—2021 年 10 月，实施了多阶段的"行动管制令"（Movement Control Order），在此期间，除了必要的经济及服务领域，其他领域在管制期间均不得运作。随着新冠疫情的逐渐缓解，马来西亚在 2022 年 10 月迎来了第 15 届全国大选。在这次大选中，希盟兼公正党主席拿督斯里安瓦尔·易卜拉欣（Dato'Seri Anwar bin Ibrahim）在国家元首的积极推动下，成功组建了"团结政府"，并顺利出任为马来西亚的第 10 任首相。这一系列的政治变革不仅为马来西亚带来了新的发展机遇，也为视听产业带来了全新的挑战与机遇。

　　正是在这样的社会政治背景下，马来西亚视听产业展现出了应对政治变化的灵活性和创新性。本章将从马来西亚视听产业的简史与当前的产业状况出发，深入剖析 2015—2024 年以来该产业的重要现象、内容创作概况，并选择具有代表性的视听内容进行介绍。这一系列探讨将更好地理解马来西亚视听产业在政治变革中如何寻找新的生长点和突破口。

第一节　马来西亚视听产业简史及产业状况

作为一个多元民族的国家，马来西亚的主要国民构成有马来族、华裔、印度裔及东西马原住民族，每个族群都有各自的语言与文字，他们各自消费着不同语言的视听内容。不同于电影产业各语种电影人各自为政发展其电影阵营，视听产业往往集结各族群内容生产人才、频道资源、发行播放平台资源等，国有媒体公司与极少数私营大型媒体集团公司长期以来垄断着视听产业与市场，下面详细介绍马来西亚主要的广播电视公司、网络电影与网络电视剧平台简要历史及其主要视听内容概况。

一、马来西亚主要的广播电视公司

马来西亚的电视与广播电台领域划分为两大阵营：政府官方广播电视台和私营广播电视台。其中，政府官方广播电视台主要包括两家，分别是马来西亚广播电视台（Radio Televisyen Malaysia，简称 RTM）、马来西亚国家新闻社（Pertubuhan Berita Nasional Malaysia，简称 Bernama / 马新社）。在私营阵营中，首要媒体有限公司（Media Prima）和 Astro 大马控股有限公司（Astro Malaysia Holdings Bhd）占据了显著的市场份额。

马来西亚广播电视台共设有 5 个频道，为观众提供多样化的节目内容，而马来西亚国家新闻社则拥有一个专业的新闻频道，专注于新闻播报与信息服务（见表 6-1）。在私营阵营中，首要媒体有限公司运营着 5 个频道，满足观众多元化的娱乐需求。Astro 大马控股有限公司则以其定制式配套频道服务脱颖而出，同时提供多达 31 个免费频道，覆盖各类内容，满足不同观众的观看喜好和习惯。

表 6-1　马来西亚政府官方广播电视台旗下电视频道信息

电视台	频道名称	开播时间	覆盖范围	播放时间段	语言
马来西亚广播电视台	TV1	1963 年 12 月 28 日	马来西亚全国	全日	马来语、英语
	TV2	1969 年 11 月 17 日	马来西亚全国	全日	马来语、英语、中文（粤语、普通话）、印度语（泰米尔语、印地语）
	TV Okey	2018 年 3 月 21 日	马来西亚全国	全日	马来语、英语、伊班语、卡达山杜顺语

电视台	频道名称	开播时间	覆盖范围	播放时间段	语言
马来西亚广播电视台	RTM HD Sports	2018 年 6 月 13 日	马来西亚全国	全日	马来语、英语
	RYTM BES	2018 年 12 月 31 日	马来西亚全国	全日	马来语、英语、中文、泰米尔语
马来西亚国家新闻社	Bernama TV	2008 年 2 月 28 日	马来西亚全国	全日	马来语、英语、中文、泰米尔语

1. 国营广播电视公司

马来西亚广播电视台于 1963 年 12 月 28 日开播，1978 年 12 月 28 日开始播放彩色电视节目，其中第一台（TV1）主要用马来语与英语播音，主要受众是马来族观众，中文与泰米尔语的新闻及其他类型节目在第二台（TV2）播出，但播放的新闻内容是一致的。这就勾勒出了马来西亚电视观众的大致构成与节目播放特征，每天各种语言的节目都错开时段播放，尊重不同观众的语言习惯。第二台的节目中，有不少是广东、福建方言的娱乐节目，如电视剧、综艺节目等，都按规定配有马来语字幕。国家电视台的节目基本都是自己制作的，少量是引进的海外节目，马来西亚电视节目都需要通过马来西亚国家电影局的审查，以保证节目内容健康。所有节目开始前，都将节目所属的分类提示给观众，对于不适合青少年观赏的节目，分类信息注明电视观众的范围，以提醒家长注意。根据马来西亚国家电影局的分类管理规定，通常将电视节目分为 6 个范围：U、P13、18SG、18SX、18PA、18PL，具体规范内容见表 6-2。

表 6-2 马来西亚国家电影发展局对电视节目分类管理的分级制信息 [1]

序号	分类	描述
1	U	适合各年龄人士观看
2	P13	规定 13 岁以下儿童需在父母引导下观看
3	18SG	规定 18 岁以上观看，含不过分暴力或恐怖镜头
4	18SX	规定 18 岁以上观看，含不过分色情镜头
5	18PA	规定 18 岁以上观看，涉及宗教、社会或政治镜头
6	18PL	规定 18 岁以上观看，综合暴力、恐怖、色情或涉及宗教、社会、政治问题

---

1 马来西亚国家电影发展局网站。

马来西亚国家新闻社在不同的政治时期，有不同的对待，经历过停播复播的长期考验。马来西亚国家新闻社是马来西亚政府旗下官方通讯社，依《1967年国会法令》而成立，于1968年5月20日开始运作，是马来西亚新闻部辖下的自治机构，在马来西亚全国各州均有分社。此外，在新加坡、印尼、泰国、中国设有常驻通讯员，并在美国华盛顿、英国伦敦、印度新德里、孟加拉达卡、澳大利亚墨尔本、加拿大温哥华拥有特约记者。因为马来西亚国家新闻社的特殊地位，所以新闻社设有一个由最高元首委任的五人"监督委员会"，负责监督马新社运作，确保其运作符合法令的宗旨及规定。1998年9月马新社启动影像部门，并开始使用视听媒体报道新闻。早期由于没有自营电视频道，马新社电视新闻都通过寰宇电视台Astro媒体娱乐集团旗下的Astro Ria、Astro Prima、Astro AEC、Astro华丽台和Astro Vaanavil等频道播出。2007年马新社才开始制作自己的马来语、英语、华语和泰米尔语四种语言的新闻，于2008年2月28日开设了自营新闻频道——马新社电视，也就是说原本在寰宇电视台Astro旗下频道播出的新闻全部转移到自营频道播出。2016年5月25日马新社电视更名为马新社新闻台，但是2016年2月9日，《马新社华语新闻》停播，直到2018年马来西亚政权轮替后，原马来西亚通讯及多媒体部部长哥宾星视察马新社总部时，建议马新社新闻台恢复制作华语和泰米尔语新闻节目，并恢复每日24小时播出。最终马新社华语新闻在2018年7月30日复播，每天傍晚六点半播出，马新社泰米尔语新闻于2018年6月11日复播，每天傍晚七点播出。总之，马新社作为国家新闻机构，只生产新闻类视听内容，没有任何综艺节目生产。

2. 私营广播电视公司

　　Astro的英文全称是Asian Satellite Television and Radio，中文译为亚洲卫星电视广播，通常被称为寰宇电视，是马来西亚最大的综合传媒娱乐公司，业务内容包括收费卫星电视、电台广播、电影、杂志出版、艺人管理等。该公司的收费电视广播服务用户达到了3.1万，提供156个电视频道服务，其中还包括68个自产内容频道。自1996年6月1日创办以来，Astro就成为马来西亚首屈一指的跨媒体集团。在应对当下愈发激烈的媒体产业竞争中，寰宇电视专注增强核心付费电视业务，并善用其多元平台建立新营收，持续成本优化措施。

　　2019年11月6日，中国娱乐平台爱奇艺与寰宇电视达成战略合作，合作达成后，爱奇艺将在其国际娱乐服务（iQIYI App）全球化运营的基础上，进一步与寰宇电视结合马来西亚地区的市场环境和用户需求，展开更多的匹配当地的本土化运营与营销活动。这一合作，一方面扩充了爱奇艺用户群落，另一方面丰富了马来西亚媒体公司海外合作版图。马来西亚用户既可以直接使用寰宇电视台 Astro 账户登陆爱奇艺终端程序，也可以通过邮箱或其他社交媒体账户注册新账号享受爱奇艺娱乐视听内容的服务。其实，这样的战略合作也是应对另一个付费电视竞争对手的操作，大马电讯（Telekom Malaysia，简称 TM）早在 2014 年就推出了网速惊人的 Unifi 的连锁收费电视服务 HyppTV，并与政府合作向全马的低收入家庭提供设备与宽带服务。与寰宇电视不同的是大马电讯电视服务内容以海外引进节目为主，其中包括来自中国、韩国、日本、英国、美国等国家的电视节目。

　　2023 年 8 月，寰宇电视再次迎来了来自中国的重要合作伙伴——湖南广电集团。在 Astro QJ 频道推出 Mango TV 专属时段，全马独家与中国同步播出 Mango TV、湖南卫视及金鹰纪实卫视平台制作的内容，这些内容包括近期热播的真人秀节目《我们的美好生活》《花儿与少年·丝路季》，以及备受关注的长寿综艺秀《你好，星期六》等。2024 年恰逢中马建交 50 周年，寰宇电视台与湖南卫视于 5 月启动合作大型纪录片项目《繁星在上》（如图 6-1 所示）。该系列纪录片旨在通过跨越数百年的历程，展现中马两国的友好交往与合作，进而体现两国人民政治、经济、文化、科技联系。通过深入挖掘历史故事，向观众展示中马友好交往的重要性和深远意义。

图 6-1　2024 年 4 月 19 日，纪录片《繁星在上》启动式现场

　　另一家大型私营媒体公司——马来西亚首要媒体有限公司组建于 2003 年 9 月，是马来西亚一家私营综合媒体公司，业务范围包括电视、印刷、广播、户外广告和数字媒体。成立之初，首要媒体拥有四个免费电视频道——

TV3、ntv7、八度空间和 TV9。早在 2003 年公司组建初期，首要媒体购买了拥有内容应用服务提供商（CASP）许可证的都会电视有限公司 80% 股权，该许可证允许其开设电视台。2004 年 1 月 8 日，都会电视的地面电视业务重新开始运营，频道被命名为八度空间。2004 年 6 月 10 日，首要媒体宣布收购 Ch-9 Media Sdn. Bhd.（第九频道媒体私人有限公司）98% 的股权，并几乎将马来西亚所有私人免费电视台纳入其下，于是第九频道于 2005 年停播，以重组其债务和公司组织，之后，第九频道于 2006 年 4 月 22 日重新开播，并更名为 TV9。在 2005 年 7 月，首要媒体已经宣布其因企业重组和债务，将会对 Natseven 电视私人有限公司、Synchrosound 工作室有限公司和 Questseven 科网有限公司进行重组，于是 Natseven TV 运营 ntv7，而 Synchrosound Studios 和 Questseven 是 Wow FM 广播电台的许可方和运营商，Synchrosound Studios 现在是 Hot FM 广播电台的运营商。首要媒体大量制作自己的节目是从 2007 年开始的，推出针对 TV3、ntv7、八度空间与 TV9 的转型计划，要求播出节目为本地制作，各频道都做出了自己的节目。在 2021 年经历资源重组，撤销了原来的 ntv7 马来语、华语频道，将部分节目及人员同八度空间频道等进行合并，所有原创电视节目根据不同频道的观众群体定位而使用不同的语言制作，这 3 个电视频道使用的媒介语言见表 6-3。

表 6-3　马来西亚首要媒体有限公司旗下电视台频道信息 [1]

序号	频道	播放时间段	语言
1	TV3	全日	马来语、英语
2	八度空间	06：00—02：00	中文
3	TV 9	全日	马来语

从语言划分来看，首要媒体有限公司旗下 TV3 的主要观众群是马来族及懂英语的观众，TV9 是提供给懂马来语的观众，另外两个频道的主要受众是华裔。尽管免费频道的收视一度下滑，TV3 曾是 2013 年收视最好的电视台，因为这个频道播放的肥皂剧有着固定的观看群体。ntv7 于 2018 年 3 月 5 日全面改版，打造"现代马来西亚"的概念，该频道播出的中国内地与香港引进的内容逐步减少，并将中文节目转移到八度空间这一频道，在 2021 年彻底结束了频道运营。而八度空间自制的中文节目非常丰富多元，节目内容包括实事

1　首要媒体官方网站。

新闻、娱乐资讯、教育、外景游戏综艺、美食真人秀、旅游、才艺真人秀等。TV 9 的节目以马来语为主，脱口秀、旅游购物、电视杂志、伊斯兰相关节目都有着较好的收视率。

二、网络视频平台

首要媒体有限公司除了上述频道与媒体产业板块外，还拥有全马最大的本土视频流媒体平台——tonton。目前，该平台拥有用户人口约 840 万，提供免费的本地内容和独家直播活动的高清访问。这个马来西亚第一个本土的视频服务网络平台于 2013 年创办，主要将 TV3、八度空间与 TV9 部分内容转移至该视频网络平台上。内容按主题分类，包括 tonton 原创、马来娱乐、马来语电视剧、中文娱乐、中文电视剧、电影、儿童、新闻和脱口秀等。此外，还单独设立了电视剧专区，名为"很戏剧"（Drama Sangat）。这些电视剧在马来西亚、新加坡、文莱、泰国、印度尼西亚都可以收看。2021 年，tonton 推出了 tonton CINEMA，这是一种按次付费的流媒体服务，提供高质量的马来西亚和外国电影。总体而言，tonton 通过不断更新和扩展其内容库，致力于为观众提供高质量的视听体验，成为马来西亚领先的视频流媒体平台。

2016 年星报出版有限公司集团（Star Media Group）启动了旗下的网络视频平台 dimsum，向全马网民提供手机终端与网页版付费视频内容。与 tonton 不同的是，dimsum 还提供亚洲各地的视听内容。星报出版有限公司集团董事总经理兼行政总裁黄骏伟（Wong Chun Wai）表示该平台拥有来自亚洲各地区庞大的视听内容库，用户可以根据自己的观看需求订阅欣赏，包括中国、日本、泰国、韩国、新加坡及马来西亚[1]。平台内容主题划分为动画、戏剧、娱乐、电影、新闻等。

三、马来西亚视听产业相关法令

目前，马来西亚主要有两个视听产业相关的法令，分别是《马来西亚国家电影局法令》《1998 年通讯与多媒体法令》。其中，《1998 年通讯与多媒体法令》在 1999 年 4 月 1 日生效，该法令整合了原有的《1950 年电讯法令》、

---

1 TENG L J, EUSOFF N S. Star media launches dimsum, an online streaming platform［EB/OL］.（2016-11-09）［2025-02-18］. https://www.theedgemarkets.com/article/star-media-launches-dimsum-online-streaming-platform.

《1985 年电讯服务法令》及《1988 年广播法令》，整合之后，这三道法规废除，而马来西亚成了亚洲最早采取单一法规管制架构的国家。这道法规的管制对象是通信传播事业、多媒体事业及其相关附属事业，包含基本电讯服务、数据通信、广播电视及利用数码通信传播技术为传送形式之产业，牵涉的数码汇流发展之电讯与广电服务事业均纳入管制措施。另外，《马来西亚国家电影局法令》于 1981 年生效，主要针对电影产业而设，1984 年修改版法令将覆盖范围延伸到录像带、光碟、视频压缩盘等，规范影视生产的内容与发行办法[1]。

后疫情时代见证了马来西亚本土流媒体在营销模式、内容上的拓展与提升，在"行动管制令"的要求下，绝大多数民众的居家时间增加，流媒体内容的消费量大幅提升。马来西亚政府注意到了"流媒体的兴起时常暴露立法的漏洞"，因此于 2021 年 12 月在下议院"通过了《2021 年版权（修正）法案》，除其他事项外，该法案将更直接地解决非法流媒体的挑战"，修正法案将打击参与提供或协助非法流媒体的犯罪行为，"任何违反这些修正案的人都将构成犯罪，一经定罪，将被处以不少于 1 万林吉特但不超过 20 万林吉特的罚款。除了可能的罚款之外，还有可能被判处监禁，最严重的情况下可能会达到惊人的 20 年监禁"[2]。流媒体内容传播在 2021—2022 年施行的法律管控保护下，有了更为明确清晰的法律指引，同时也捍卫了视听产业界的实质利益。

第二节 2015—2024 年马来西亚视听产业重要现象

在 21 世纪的第二个十年里，马来西亚的视听产业经历了前所未有的变革与发展。这一时期，随着技术革新、观众行为转变及营销模式的创新，马来西亚的视听产业开始寻求新的增长点，并展现出积极开放、拓展市场的姿态。随着数字化技术的迅猛发展，流媒体成为全球视听产业的新宠。马来西亚的视听产业也紧跟这一潮流，加大了对技术资源的投入。高清、4K、8K 技术的引进和应用，使得马来西亚的视听产品呈现出更加丰富多彩、画质更加清晰的效果。同时，云计算、大数据、人工智能等先进技术的应用，也为马来西亚视听

---

1 LATIF R A，MAHMUD W A W，SALMAN A. A broadcasting history of malaysia：progress and shifts ［J］. Asian social science，2013，9（6）：50-57.

2 cnbeta. 马来西亚新法将可让非法流媒体盗版者面临长达 20 年的监禁［EB/OL］.（2021-12-22）［2025-01-28］. https://www.chinaz.com/2021/1222/1344464.shtml.

产业带来了更多的可能性。媒介融合是近年来全球视听产业的另一大趋势。马来西亚的视听产业也积极响应，加快了媒介融合的步伐。传统的电视媒体与新媒体、社交媒体等进行了深度融合，形成了全新的视听生态。从2015—2024年，一系列重要的产业现象勾勒出这种努力拓展的姿态，主要表现在技术资源策略、媒介融合、国际化内容建设三个方面。

一、技术资源策略："设施独立"概念的实际运用

视听产业往往存在一种辩论，究竟内容是王道，还是发行是王道。如果发行是王道，那么在技术设施方面的要求是显而易见的，而如果内容是王道，节目创意必须由创新性内容出发。马来西亚的视听市场并不大，全马人口约3200万，其中电视用户约700万。2019年在马来西亚通讯及多媒体事务部相关举措下，马来西亚最终进入全面数字电视地面传输（Digital Terrestrial Transmission Broadcast）的时代。从技术层次来看，虽然2017年已经实现了数字电视地面传输，但是传输到用户直到2019年才实现。"设施独立"（Platform Agnostic）的构想正逐步渗透马来西亚的视听产业，这样的做法实则认可了"内容是王道"的产业特性。"设施独立"这一概念，早在20世纪90年代末就已经出现，但在21世纪初它真正的内涵才被认知并运用起来。其字面的意思是某一个应用可以在任何平台上实现，而这样的平台包括操作系统与硬件设施。其实，这个概念背后的思维是看到了媒体产业不变的原理——根据不同平台采取合适的传播手段传播内容，而不是在不同平台上提供标准化内容。以马来西亚首要媒体有限公司为例，其旗下各电视频道的视听内容选择性地经过重新整理包装，转移到其旗下的视频平台tonton供网络用户实时或选择性时段观赏。

二、媒介融合：变革内容的必要构成

马来西亚视听产业在媒介融合（Media Convergence）的进程中阶段性地亮出标志性成果，这个媒介融合过程涉及媒介运作的方方面面，如传播介质、传媒业务、传媒组织等，如今媒介融合的主要特征和背景即是数字化，关注的是数字技术驱动下传媒业呈现出的融合变迁过程。马来西亚视听产业在媒介融合语境下，有三个层面的变革内容：一是传播媒介层面的数字化与网络化趋势；二是传播组织层面的重组与转型趋势；三是传媒相关产业层面的交叉与融合趋势。首先，新技术的新媒体能够集中多种旧有媒介的功能于一身，前文提到的马来西亚本地主要媒体公司生产的电视剧、电影、综艺节

目等已经大量地发行在私营媒体公司自行开发的新媒体平台上，让以前依赖于通过电视机观赏的文化内容与信息大量存在于网络空间中，让马来西亚受众能够便捷地获取这些内容。其次，马来西亚主要的媒体公司在媒介融合时代背景下较早地进入转型与变迁的状态，进行传媒组织自身的资源整合、业务模式的转型、传媒组织和其他传媒组织之间跨组织的资源整合，甚至出现了本土传播组织与境外传媒组织之间的资源共享，如寰宇电视台 Astro 与中国爱奇艺的合作，此外，寰宇电视台 Astro 也是较早开始投资拍摄网络剧的传媒组织，在后文将就该现象进行详细介绍。最后，原本看似与视听产业关系不大的传播组织，在数字技术的推动或利益因素驱动下，开始逐渐与视听产业建立紧密的关系，创刊于 1971 年的星报出版有限公司集团，作为马来西亚发行量最高的英文报社，于 2016 年进军视听产业，推出 dimsum 这一网络视听平台。

三、内容建设：国际化程度高

马来西亚作为曾经的英国殖民地，使用英语沟通是大家的日常，因此本土生产的英文视听内容成为各族群皆可消费的内容，这也为大量引进英文视听内容提供了一个必要的受众基础。此外，作为外来移民族群的华裔与印度裔，让整个马来西亚视听产业的内容更为丰富，因为这两个族群的观众群落的存在，引进中文、泰米尔语的视听产品成为一些公司的主要业务。除了国营广播电视台，马来西亚私营广播电视台，以及电信服务供应商都提供海量的海外电视频道与视听内容的服务，如亚洲美食频道（Asian Food Channel）、中国紫金国际台（NowJelli）、美国华纳电影频道（Warner Channel）、福克斯电影频道（Fox Movies）等都在马来西亚落地以供观赏。

另外，以庞大视频串流服务闻名的奈飞电视于 2016 年开始与马来西亚本土电信服务商合作[1]，让其庞大的影视库可以被马来西亚的观众在家就可以观赏海内外影视剧、电影、综艺等。马来西亚视听产业不断追求内容品质与传播模式创新，贴合本土受众的欣赏需求，在符合马来西亚国家电影局分级制规定范畴内，以相对开放的姿态将各国际频道在马来西亚落地，从而满足不同文化、不同族群观众的需求。

1　YEE K S. Netflix has landed in malaysia ［EB/OL］.（2016-01-07）［2025-02-18］. https://www. thestar.com.my/tech/tech-news/2016/01/07/netflix-has-landed-in-malaysia.

第三节 2015—2024 年马来西亚视听内容创作概况

在探讨新媒体时，单纯的形式或技术革新只能被视为改良，而不足以定义新媒体的本质，理念上革新是新媒体定义的核心内容。新媒体运营，不是单纯地去进行内容的整合原创，而是需要在内容传播的过程中，为产品的价值或品牌传播树立目标。随着互联网技术的迅猛发展，马来西亚本土的视听内容及其市场形态在过去的十年里发生了翻天覆地的变化。下面将详细概述 2015—2024 年，马来西亚在包含网络剧在内的电视剧、综艺节目及网络大电影等视听内容创作方面的情况。

一、电视剧（含网络剧）

马来西亚电视剧制作公司不胜枚举，根据马来西亚国家电影局官方发布的数据（见表 6-4）来看，自 2015—2021 年，每年的电视剧产量都维持在百部以上的高水平。同时，电视剧制作成本的年度投入总和也维持在 5000 万林吉特（约合人民币 8200 万元）至 9000 万林吉特（约合人民币 1.5 亿元）。在这一繁华的行业中，不乏一些颇具规模和影响力的电视剧制作发行公司。例如，首要媒体有限公司（以 TV3、ntv7 为主）、阿细亚热带电影有限公司（Asia Tropical Films）、新传媒制作（马来西亚）有限公司、马来西亚广播电视台、Astro 大马控股有限公司、MM2 娱乐影视制作（马来西亚）有限公司都是具有一定规模的电视剧制作发行公司。这些公司以其精良的制作和广泛的发行网络，为马来西亚乃至全球的观众带来了丰富多样的电视剧作品。

表 6-4 马来西亚 2015—2023 年电视剧产量信息[1]

年份	电视剧产量（部）	制作费用（万林吉特）
2015	119	5472
2016	115	6650
2017	139	8143
2018	139	7914
2019	111	6735

---

1 马来西亚国家电影局官方网站。

年份	电视剧产量（部）	制作费用（万林吉特）
2020	172	8510
2021	117	3363
2022	80	4692
2023	94	4819

自 2020 年 3 月 14 日马来西亚全面实施"行动管制令"以来，新冠疫情对影视行业造成了前所未有的冲击。受新冠疫情的影响，相关的管控措施不断收紧和放松，全国范围内的影院几乎长期处于关闭状态。考虑到新冠疫情传播的风险，影视制作、宣传等相关活动一度全面叫停，给整个行业带来了极大的困境。这种情况一直持续到 2020 年 12 月，当马来西亚进入"复苏式行动管制令"（Recovery Movement Control Order）阶段，影视行业才逐步恢复。在这一阶段，虽然影视行业得到了一定的复苏机会，但仍需严格遵守各项防疫措施，从而确保员工和观众的安全。同时，行业内的企业和个人也积极寻求创新，以适应新冠疫情带来的新挑战。进入 2022 年，马来西亚的影视行业开始展现出更为明显的复苏迹象。随着全球疫苗接种的推进和防疫措施的逐步放宽，越来越多的影院重新开放，观众们也逐渐回归影院观影。此外，马来西亚的影视制作公司也开始逐渐恢复正常的制作和宣传活动，推出了一系列备受期待的影视作品。

纵观 2015—2022 年电视剧收视情况，马来语电视剧的收视率较高的作品多为家庭剧。家庭剧以其贴近现实的生活情节和透彻的人物刻画，吸引了大量观众。如 2018 年最受欢迎的马来语电视剧《不要讨厌我的爱》（*Akasia: Jangan Benci Cintaku*，穆罕默德·法兹力·轧亚，2018）探讨婚姻是一种责任还是一种负担，该剧通过真实的家庭伦理和情感纠葛，深深打动了观众的心。2023 年热播剧《当我幸福时》（*Sekali Aku Bahagia*，帕里·亚哈亚，2023）探讨婚外情的纠葛。不少作品探讨家庭伦理，通过贴近现实的生活化情境构成叙事要素。马来语家庭剧通常围绕家庭伦理、婚姻关系和亲子互动展开。下面是一些典型的主题：婚姻与责任、亲子关系、家庭伦理。这些电视剧的成功在于它们深刻反映了社会现实。

马来西亚首要媒体作为马来西亚主流的私营媒体集团，推出了大量的马来语、中文电视连续剧，其中，马来语电视剧分布在每天的各个电视剧时段（见表 6-5），有 7—8 个时段，其中包括一个穆斯林斋戒月的特别电视剧时段。另外，寰宇电视台旗下的三个电视剧频道有约 6 个本地电视连续剧播放时段（见表 6-6），其中包括一个穆斯林斋戒月的电视剧时段。

表 6-5 首要媒体 TV3 电视剧播放时段名称[1]

序号	电视剧时段名称（马来语）	中文翻译
1	Slot Akasia	剧情片时段
2	Slot Samarinda	印尼戏剧时段
3	Slot Lestary	不朽之作时段
4	Slot Dahlis	浪漫喜剧时段
5	Slot Iris	喜剧时段
6	Slot Cerekarama	真人故事时段
7	Slot Cereka Ahad	周日佳选时段
8	Istimewa Ramadan & Aidilfitri	斋戒月和开斋节特别时段

表 6-6 Astro 旗下频道的电视剧播放时段名称[2]

序号	频道名称	电视剧时段名称（马来语）	中文翻译
1	Astro Ria	Slot Megadrama	连续剧时段
2		Slot Dramaveganza	巨制时段
3		Istimewa Ramandan & Syawal	斋戒月和回历十月特别时段
4	Astro Citra	Citra Exclusive	Citra 独家时段
5	Astro Prima	Slot Tiara	系列节目时段
6		Slot Meremang	惊悚时段

目前，为了迎合电视观众和网民多样化的观看需求，绝大多数本地制作的马来语电视剧已经实现了电视台与网络平台的同步或错峰播出。然而，马来西亚中文电视剧的播放方式则呈现出另一番景象。它们主要聚焦于华语电视频道，而马来西亚的中文网络剧则别出心裁，是专为网络影视平台精心打造的，因此不会在传统电视频道上播出。

马来西亚中文网络剧主要由寰宇电视台旗下的公司或 tonton 视频平台出资制作，自 2015 年以来，网络剧从品质、类型、叙事等方面做出了各种尝试性探索。2015 年 10 月 1 日，tonton 开拓网络剧新视野，推出首部中文网络剧《30 不单身》（张顺源，2015，如图 6-2 所示），每周四、周五中午 12 点首播，供网民免费收看。《30 不单身》由 2014 年马来西亚金视奖[3] 最佳导演郭

---

1 首要媒体官方网站。
2 寰宇电视台 Astro 官方网站。
3 金视奖，每两年举办一届，是马来西亚中文电视传播媒体业界一项具有代表性的盛事，设奖目的是奖励杰出的电视从业人员及电视艺人。

福华出任总监制，并由2010年金
视奖最佳男配角张顺源执导，剧情
讲述了两个从未谈过恋爱的男、女
主角因算命师批言必须在25岁前
找到另一半，否则将孤独终老，于
是两人展开了告别单身计划之路。
《30不单身》共15集，每集7分
钟。寰宇电视台旗下专门针对年轻
受众的中文平台XUAN于2017年
开始进军网络剧市场，拍摄了诸多

图6-2　网络剧
《30不单身》发
布会现场

青春偶像网络剧，如《本来只想暗恋你》（刘妮，2017）、《本来只想暗恋你
2》（刘妮，2018）、《很红又怎样》（陈立谦，2019）。这些网络剧从制作团队
到演员都充分利用了寰宇电视台旗下其他电视节目的资源，例如，部分演员
从《Astro国际华裔小姐》中甄选，通过旗下媒体平台有针对性地宣传推广网
络剧。

二、综艺节目（含网络综艺）

为了满足马来西亚各族群观
众的多样化需求，这里的综艺节目
类型十分丰富，从马来西亚广播电
视台到私营媒体公司，都致力于生
产涵盖各种语言和类型的综艺节
目。相比国营电视台，寰宇电视台
与首要媒体生产的综艺电视节目
非常多元，而且观赏性较强。其
中，Astro AEC 是 Astro 旗下播出

图6-3　饮食节
目《阿贤逛巴
刹》片头画面

最多本地制作综艺节目的频道，自2014年11月16日开播，提出一个非常鲜
明的品牌定位——Astro本地圈，即意味着这个频道播出自制节目，代表性的
综艺节目包括《经典名曲歌唱大赛》、《阿贤逛巴刹》（如图6-3所示）、《叫我男
神》、《寻花探草》、《全家私房钱》、《企业大联盟》、《暖心食谱》、《房地产百万
富翁就是你！》等。马来语的综艺节目很多都在Astro Ria频道播出，自2003年
该频道创办以来播出了大量的综艺节目，知名节目有《爆新闻》（MeleTop）、《#
体验》（#expeRIAnce）、《马来西亚顶尖化妆师》（Malaysia Top MUA）、《改造家》
（Impiana）等。首要媒体旗下公司——首要媒体制作部（Primeworks Studios）被

图 6-4 美食节目
《街头小吃》片尾
画面

誉为马来西亚最大的制作公司，专门为公司的四个频道生产综艺节目，广受好评的综艺节目有《今日女性》(*Wanita Hari Ini*)、《街头小吃》(*Jalan-Jalan Cari Makan*，如图 6-4 所示)、《今日大马》(*Malaysia Hari Ini*)、《咖啡店闲谈》(*Borak Kopitiam*) 等。

从拍摄制作成本的角度来看，真人秀在马来西亚综艺节目类型中占据了最大的份额，获得了最多的制作成本。其他获得较高投资的综艺节目类型还包括脱口秀、音乐电视与游戏竞技等（见表 6-7）。然而，由于新冠疫情及其导致的全国范围"行动管制令"，2021 年各类综艺节目的制作预算受到了严重影响，实际制作成本总额仅为 2020 年的 23.5%，这是近年来的最低水平。在新冠疫情笼罩的 2021 年里，尽管整体预算锐减，但真人秀依然相对其他类型获得了略多的制作资金，达到了 270 万林吉特。然而，随着新冠疫情的逐渐缓解和制作环境的改善，2022 年真人秀的投入迅速增加，达到了近年来的高点，较 2021 年增加了近 10 倍。值得注意的是，2022—2023 年，马来西亚在综艺节目制作方面做出了一些调整，没有再投入制作脱口秀节目。这一变化可能反映了制作方对节目类型和观众需求的重新评估，以及新冠疫情对节目制作和播出策略的影响。

表 6-7　2017—2023 年马来西亚综艺节目制作成本情况 [1]

年份	各类型综艺节目制作成本（万林吉特）				合计（万林吉特）
	真人秀	脱口秀	音乐电视	游戏竞技类	
2017	933	703	888	592	3116
2018	1307.7	191	229.2	87	1814.9
2019	889	516	540	505	2450
2020	1215	1070	351	202	2838
2021	270	219	97	80	666
2022	2966	0	38	617	3621
2023	1363	0	57	822	2242

1　马来西亚国家电影局官方网站。

在本地综艺内容愈发匮乏的情况下，从海外引进的综艺节目成为主要替补方案。近年，随着马来西亚观众对韩国、中国综艺节目的认可度越来越高，甚至一些节目直接在马来西亚拍摄、取景并播出，如韩国 Channel A 新节目《卖完了才能回国》（*Sales KingTV*）、《跑男》（*Running Man*），中国浙江卫视真人秀节目《二十四小时》。中国综艺节目《12 道锋味》《爸爸去哪儿》《王牌对王牌》《新舞林大会》等都在首要媒体旗下频道热播。

首要媒体旗下的网络视频平台 tonton 也提供其旗下频道制作的综艺节目供网民观看，而点击率最高的五个综艺节目都是马来语节目，包括《第 34 届音乐榜颁奖典礼》（*Anugerah Juara Lagu 34*，奥布里·苏威托，2019）、《大团圆直播》（*Sepahtu Reunion Live*，依斯迈·鲍勃·哈希姆等，2015—2019）、《搞笑之王》（*Maharaja Lawak Mega*，萨布里·尤努斯，2019）、《音乐会亮点》（*Konsert Throwbaek*，2019）、《巨制 6》（*Gegar Vaganza 6*，2019）。这些热播的网络渠道观看的综艺节目以音乐类为主，tonton 充分集结首要媒体旗下华语频道资源，于 2021 年底开始推出系列音乐节目《茜拉音乐会》《八八六十事音乐野营会》等。

三、网络大电影

tonton 平台上的网络电影是一个全面支持本地制作的平台，而且马来语网络电影占据网络电影列表，较少有华人元素的作品，最新一部有华人叙事主线的网络电影是《阿尔文老师》（*Sir Alvin*，拉惹·穆克里兹，2020），讲述了华裔老师被派去远离都市的学校任教所经历的故事。从类型分布看，马来语网络电影以恐怖、家庭、爱情题材为主。tonton 网络平台的数据显示，马来语恐怖电影《撒旦盟约之子》（*Anak Perjanjian Syaitan*，赫尔米·尤索夫，2019，如图 6-5 所示）于 2020 年在 tonton 平台上推出，是目前点击量最多的网络电影，紧随其后的是动作片《吉隆坡黑帮：地狱》（*KL Gangster: Underworld*，费

图 6-5　网络电影《撒旦盟约之子》剧照

萨尔·伊沙克与克罗尔·阿兹里，2018）、恐怖片《传家宝》（*Pusaka*，拉扎伊沙姆·拉希德，2019）等（见表 6-8）。《撒旦盟约之子》由马来西亚导演赫尔米·尤索夫（Helmi Yusof）执导。从点击率较高的作品来看，恐怖电影占到了绝对主流，这与马来西亚整个电影生态与生产规律是一致的。此外，

马来西亚的主流电视台与流量最大的视频平台都设有电视电影特别时段或专区。

表 6-8　tonton 网络电影收视排行 [1]

排序	网络电影	导演	类型	语言	播映年份
1	《撒旦盟约之子》（ *Anak Perjanjian Syaitan* ）	Helmi Yusof	恐怖	马来语	2020
2	《吉隆坡黑帮：地狱》	Faisal Ishak	动作	马来语	2018
3	《传家宝》	Razaisyam Rashid	恐怖	马来语	2019
4	《信众》（ *Makmum* ）	Hadrah Daeng Ratu	恐怖	马来语	2019
5	《承认》（ *Geran* ）	Areel Abu Bakar	动作	马来语	2019

四、网络短视频

在某些广告片的长期熏陶下，马来西亚受众似乎在节庆期间对网络短片情有独钟，这也成为很多影视制作公司、广告公司、企业与政府机构定期推出的视听作品，如马来西亚国家石油公司多年来连续在马来西亚开斋节、中国春节、印度屠妖节期间献出与节庆相关的短片。这些短片往往没有直接的商业诉求，主要通过故事传达情感、民族文化共鸣等。从发布平台来看，YouTube 是马来西亚网络短视频最流行的平台，电视频道、影视公司、视频制作团体或个人都会选择这一平台发布短视频。

2019 年浏览量前三的网络短视频是《十种学生》（ *10 Jenis Pelajar Sekolah*，阿兹米·哈塔，2019，如图 6-6 所示）、《学校撩人语录 4》（ *Pickupline Sekolah 4*，阿利夫·伊尔凡，2019）、《情景剧 11：家长与老师》（ *Drama Spontan 11: Parent vs Guru*，西亚米·萨兹里，2019），清一色马来语短片，完全通过 YouTube 传播，点阅量为 1400 万—1600 万。这三部作品都是以学生为人物设定，将校园空间或与学校相关的空间作为背景，幽默夸张地演绎当下马来西亚在校生的点点滴滴。因为新冠疫情而开始实行"行动管制令"，为了让民众安心居

图 6-6　网络短片
《十种学生》剧照

1　tonton 网络视频平台。

家不外出，政府对收费电视服务、网络电视服务、电信宽带服务等给予民众优惠，这也意味着在"行动管制令"执行期间，视听内容消费成为很多民众的有限行为选择之一，以 Astro Ceria（电视频道名称）在 YouTube 上的专属频道为例，更新率维持在每天 1—2 条，主要以幽默喜剧内容为主。

第四节　2015—2024 年马来西亚代表性视听内容分析

来自韩国、中国的电视剧与电视综艺在马来西亚的流媒体平台上一直都位居点播率前列，本土的马来语、华语电视剧生产也始终保持着活力。马来西亚首要媒体与寰宇电视台自制的节目与电视剧往往有着较多的资金投入，从而保证了其品质与观赏性，也保证了这些视听作品有着较高的收视率与积极的关注度。此外，首要媒体也是本土视听内容的主力生产者，也有作品创下了高收视的佳绩。

一、最受欢迎马来语电视剧:《"弹"进心》

于 2021 年 12 月 18 日举办的马来西亚电视剧颁奖盛典 —— Anugerah Drama Sangat（简称 ADS）上，马来语电视剧《"弹"进心》（*Melastik Ke Hatimu*，阿兹米·哈塔与扎姆里·扎卡里亚，2021）拿下了最受欢迎电视剧奖。2021 年 1 月 21 日开始，这部 13 集马来语电视连续剧在首要媒体旗下的第三频道（TV3）每晚 9 点播出。故事围绕工厂女工人与邮递员男友、工厂男经理之间的三角关系展开，由马来西亚当红女星佳娜·妮可（Janna Nick）饰演的女工人虽然是个"大姐大"的人物，但私下却是一个对母亲言听计从的女儿，母亲一心想着女儿可以嫁个有钱人，不过女儿则心有所属，跟一位邮递员交往，尽管最终嫁给了工厂经理为妻，但她心里依然爱着邮递员男友。这部电影剧情发展平缓，情感叙事线清晰，人物设定与命运走向有着极大的群众关联感，其中不乏幽默的表演，情景十分贴近生活。首要媒体的第三频道作为全国免费观看的频道之一，有着较为庞大的城乡电视观众群体。这部电视剧的走红，顺利催生了仍在拍摄制作中的第二季，并在 2022 年播出。

二、最高收视华语电视剧:《妈姐》

2017 年，首要媒体有限公司旗下 ntv7 电视台为配合马来西亚独立 60 周年，推出 19 周年台庆中文电视剧《妈姐》（*The Memoir of Majie*，林秉泗、郭

图6-7 马来西亚
中文电视剧《妈
姐》剧照

贽豪、陈祺汉，2017，如图6-7所示），收视率破10点，成为关注度颇高的一部本土中文电视剧。2017年9月6日首播，"根据AC Nielson调查结果，当晚刷下了11.1点的高收视率（约60万华人观众同步观赏），相当于全马来西亚有超过40.7%的华裔观众同时打开电视机一起收看当晚的《妈姐》"[1]。电视剧《妈姐》演绎的时代背景为20世纪中叶，讲述了最后一拨华人下南洋的故事，而"妈姐"这一身份代表的是一批漂洋过海来到马来西亚的华人。

这部热播电视剧《妈姐》由吕爱琼、陈俐杏、梁祖仪、萧丽玲、许亮宇、庄惟翔、李伟燊领衔主演。1957年在中国广东顺德的雷雨虹（陈俐杏饰），为了逃避一场没有幸福的包办式婚姻，得到同乡亲友薛逢仙（吕爱琼饰）的帮助，连同薛逢仙养女宋宝妹（萧丽玲饰）一起逃出老家到马来西亚谋生。落脚的第一天正是1957年8月31日，也是马来西亚的独立日，雷雨虹发誓一辈子都要把这里当成自己的家，薛逢仙、雷雨虹、宋宝妹与水月（梁祖仪饰）住进了姑婆屋，三人义结金兰，剧情围绕这三位女性逐渐展开。

三、最受欢迎马来语脱口秀:《爆新闻》

马来语脱口秀《爆新闻》（MeleTop，如图6-8所示）是马来西亚最火爆的电视节目，这档节目于2012年10月30日首播，每周二晚9点，每周五、周日晚10点播出，每期节目半小时，这个最受马来语观众喜欢的脱口秀内容可谓包罗万象，从马来西亚国内外的最新歌曲排行榜，到电影、娱乐八卦、模仿秀、社会热点。2020年初这档节目已经摄制到第八季，并成为马来西亚第一档采

图6-8 脱口秀
《爆新闻》节目
现场

---

1 ntv7 19周年台庆巨献《妈姐》收视冲破10点［EB/OL］.（2017-09-10）［2025-02-18］. https://almondmagazine.com/lifestyle/mj100917/.

用全 4K 超高清摄制的节目。《爆新闻》粉丝量庞大，脸书平台粉丝有近 85 万，YouTube 平台粉丝超过 142 万，当然这更是 Astro Ria 频道的主打节目。节目在主题内容、嘉宾类型等方面具有极大的包容度，在 2021—2022 年，一些马来西亚卫生部的官员也借助该节目的高收视率，宣传与防疫相关的资讯与政府政策。节目除了遵照卫生部提供的防疫指南，还发挥本地明星效应，将防疫告知与明星示范相结合，并以脱口秀的形式加强信息传播效果。

四、爱奇艺原创马来语网剧:《祝福》

《祝福》（*Restu*，海卡尔·哈纳菲亚，2024）是一部由爱奇艺投资制作的马来语网剧，于 2024 年 4 月 6 日正式登陆爱奇艺在马来西亚推出的应用平台。这部由无限影视公司（Infinitus Production）与爱奇艺联袂出品的 10 集连续剧，会聚了众多当地知名演员，如雷米·伊沙克（Remy Ishak）、瓦娜·阿里（Wana Ali）、茜蒂·伊丽扎（Siti Elizad）、伊丽莎白·陈（Elizabeth Tan）、普特里·拉法莎（Puteri Rafasya）等。该剧由著名本地导演海卡尔·哈纳菲亚执导，其灵感源于爱奇艺平台上曾创下过亿播放量的马来语网剧《夺爱》（*Rampas Cintaku*，依占·莫哈末，2022）。《祝福》讲述了由雷米·伊沙克饰演的单亲父亲，在妻子去世后，在抚养女儿的过程中所面临的生活挑战和困境。该剧历经两年的精心制作，从剧情设置、角色塑造到营销策略，都经过了深入细致的讨论与打磨，旨在满足本地观众的喜好与期待。《祝福》在视频平台上受到高关注度，不仅在于其精良的制作和出色的演员阵容，更在于其贴近生活的剧情和深刻的主题。通过讲述单亲父亲在逆境中坚持与奋斗的故事，传递了正能量和人文关怀，引发了观众共鸣。同时，它也展示了马来西亚影视行业的实力与潜力。

补充资料：

2015—2024 年马来西亚电视电影信息

序号	播放年份	电视电影	制片公司	类型	导演
1	2024	《巴卡尔·门南图·哈贾·诺莱尼》（*Bakal Menantu Hajah Noraini*）	传承工作室（Tribution Studio）	喜剧	燕奥辛（Yen Osing）
2	2024	《冤魂病毒》（*Dendam Hantu Viral*）	寰亚（Astro）	喜剧、恐怖	万·哈菲兹（Wan Hafiz）

序号	播放年份	电视电影	制片公司	类型	导演
3	2024	《鲁本的贾努》（*Rubenin Jaanu*）	寰亚第一（Astro First）	爱情	提内什·萨拉提·克里希南（Tinesh Sarathi Krishnan）
4	2024	《椰浆饭与泡菜》（*Nasi Lemak Kimchi*）	缇卡内托有限公司（Tiqa Netto Sdn. Bhd.）	喜剧、爱情	泽鲁·布莱克欧皮（Zyrul Blackopi）
5	2023	《鬼魂之谜：禁岛》（*Misteri Roh Pulau Penunggu*）	先进创意概念有限公司（Advanced Ideas Concept Sdn. Bhd.）	恐怖	沙里丹·波普艾（Shahridan Popeye）
6	2023	《玛雅市场》[*Kadavulukku Oru Kaditham*（泰米尔语）]	正能电影有限公司（Positive Film Sdn. Bhd.）	动作、喜剧	阿布·巴克·西迪克（Abu Baker Siddiq）
7	2023	《玛雅市场》[*Maya Bazaar*（泰米尔语）]	咚咚制作公司（Dum Dum Productions）	奇幻	迪潘·M.维格内什（Deepban M. Vignesh）
8	2023	《巴克·阿旺家族的家庭聚会》（*Merewang Keluarga Pak Awang*）	寰亚第一（Astro First）	喜剧、家庭	阿德林·阿曼·拉姆利（Adlin Aman Ramlie）
9	2023	《劫案开斋》（*Heistdilfitri*）	寰亚（Astro）	喜剧	伊塞·法兹里山、兹赞·拉扎克（Issey Fazlisham, Zizan Razak）
10	2023	《最后一班开斋节巴士》（*Bas Terakhir Malam Raya*）	沉默怪兽工作室、88楼、动态工作室（Silent Kaiju Studio, Floor88, Motio Studio）	冒险、喜剧、恐怖	埃里克·弗兹、伊尔万·劳夫（Eric Fuzi, Irwan Rauf）
11	2022	《爸爸》（*Abah*）	子午线投资有限公司（Meridian Interest Sdn. Bhd.）	剧情	伊斯马·尤索夫（Isma Yusof）
12	2022	《巴哈洛》（*Bahalol*）	甘布电视（Gambo TV）	剧情	奎·海达尔、再诺尔·希山·萨穆丁（Que Haidar, Zainorhisyam Samudin）
13	2022	《紧张》（*Kan Cheong*）	思考铃工作室（Thinkerbell Studios）	犯罪、神秘、惊悚	努尔·阿兹兰·沙（Noor Azlan Shah）
14	2022	《抢劫》（*Rompak*）	内幕日报、四驱电影（Intraday, 4WD Pictures）	动作、犯罪、剧情	加兹·阿布·巴卡尔（Ghaz Abu Bakar）

序号	播放年份	电视电影	制片公司	类型	导演
15	2022	《结婚前七周》（ 7 Minggu Sebelum Kahwin ）	布鲁姆波迪亚有限公司（ Bloombordia Sdn. Bhd. ）	喜剧、剧情、爱情	艾拉·拉赫曼（ Eyra Rahman ）
16	2022	《伊尔迪娜·阿德瓦的失踪》（ The Disappearance of Irdina Adhwa ）	寰亚第一（ Astro First ）	恐怖、神秘、惊悚	凯尔·A.哈利姆（ Kyle A. Halim ）
17	2022	《鬼莫克·乔》（ Hantu Mok Joh ）	绿土豆环球制作公司（ Kentang Hijau Universal Production ）	喜剧、恐怖、惊悚	阿斯里·巴克·塔朱丁（ Asri Baq'u Tajudin ）
18	2021	《前线人员》（ Frontliner ）	阿尔法传奇（ D'Alphalegacy ）	剧情	拉兹夫·拉希德（ Razif Rashid ）
19	2021	《夸兰丁村》（ Kampung Latah Kena Kuarantin ）	寰亚第一（ Astro First ）	剧情	阿兹齐·邱克（ Azizi Chunk ）
20	2020	《亡者遗物》（ Peninggalan Arwah ）	SR 统一有限公司（ SR One Sdn. Bhd. ）	剧情	阿龙·卡马鲁丁（ Along Kamaludin ）
21	2020	《致苏丽之歌》（ Lagu Untuk Suri ）	首要媒体制作部（ Primeworks Studios ）	剧情、家庭、爱情	伊斯甘达·杰巴特（ Isqandar Jebat ）
22	2020	《阿尔文老师》（ Sir Alvin ）	莱雅咨询有限公司（ Layar Consult Sdn. Bhd. ）	剧情	拉贾·穆克里兹（ Raja Mukhriz ）
23	2020	《地下室的谜团》（ Misteri Bilik Bawah ）	ZK 创意制作有限公司（ ZK Creative Productions Sdn. Bhd. ）	剧情、恐怖	海鲁·阿努阿尔·马特·诺尔（ Khairul Anuar Mat Noor ）
24	2020	《她是我的双胞胎》（ Dia Kembarku ）	苏菲漫游者有限公司（ Kembara Sufi Sdn. Bhd. ）	剧情、恐怖、惊悚	伊斯马·尤索夫（ Isma Yusof ）
25	2020	《妈妈，能抱抱吗?》（ Mak Nak Peluk Boleh ）	安撒创意媒体有限公司（ Ansar Creative Media Sdn. Bhd. ）	剧情	拉希德·西比尔（ Rashid Sibir ）
26	2019	《真实的爱》（ Cinta Sesungguhnya ）	创意技能解决方案工作室（ Creative Skill Solution ）	剧情	艾米·玛兹亚（ Amie Maziah ）
27	2019	《榴莲啊榴莲》（ Durian Oh Durian ）	激进派公司有限公司（ Paragon Radical Sdn. Bhd. ）	剧情	翁古·伊斯梅尔·阿齐兹（ Ungku Ismail Aziz ）
28	2019	《寻找努尔·希达雅》（ Mencari Nur Hidayah ）	吾声制作有限公司（ Suara Kita Production Sdn. Bhd. ）	剧情	纳兹尔·贾玛鲁丁（ Nazir Jamaluddin ）

序号	播放年份	电视电影	制片公司	类型	导演
29	2019	《明基》 （*Mingki*）	天际线影业 （Skyline Pictures）	剧情	费鲁兹·洛伊 （Fairuz Loy）
30	2019	《哑巴》 （*Bisu*）	卢萨尔创意有限公司 （Luqsar Kreatif Sdn. Bhd.）	剧情	赫卡尔·哈尼法 （Heykal Hanifah）
31	2019	《我还不想死》 （*Aku Belum Mahu Mati*）	知尔制作有限公司 （Zeel Production Sdn. Bhd.）	剧情、恐怖	穆拉利·阿卜杜拉 （Murali Abdullah）
32	2019	《巴瓦纳理发店》 （*Gunting Bhavana*）	首要媒体制作部 （Primeworks Studios）	剧情、惊悚	纳兹尔·贾玛鲁丁 （Nazir Jamaluddin）
33	2019	《仅存于纸上》 （*Hanya Atas Kertas*）	佩娜创意影业 （Pena Creative Pictures）	剧情	拉贾·艾哈迈德·阿劳丁 （Raja Ahmad Alauddin）
34	2019	《影子》 （*Bayang*）	首要媒体制作部 （Primeworks Studios）	剧情	祖尔·胡扎伊米 （Zul Huzaimy）
35	2019	《阿姨无伴奏合唱》 （*Mak Cik Acapella*）	绿林影视 （Balang Rimbun）	剧情、喜剧	不详
36	2019	《贝杜的财产》 （*Ini Harta Bedu Punya*）	创意技能解决方案工作室 （Creative Skill Solution）	喜剧、剧情	纳兹尔·贾玛鲁丁 （Nazir Jamaluddin）
37	2019	《远道而来》 （*Dari Jauh*）	环球乡村有限公司 （Country & Universal Sdn. Bhd.）	剧情、爱情	乔尔·哈姆扎 （Kyoll Hamzah）
38	2019	《娜娜和爷爷的时钟》 （*Nana Dan Jam Atok*）	橙树制作有限公司 （Orangetree Production Sdn. Bhd.）	剧情	艾米·苏菲安 （Emi Suffian）
39	2019	《绑架爱情任务》 （*Misi Penculik Cinta*）	稻田影业有限公司 （Padi Pictures Sdn. Bhd.）	剧情、爱情	莫·里赞 （Amor Rizan）
40	2019	《木桥》 （*Titi Kayu*）	十一田野有限公司 （Eleven Field Sdn. Bhd.）	剧情	拉贾·穆克里兹 （Raja Mukhriz）
41	2019	《病毒：虚拟世界》 （*Viral Alam Maya*）	首要媒体制作部 （Primeworks Studios）	剧情	纳兹尔·贾玛鲁丁 （Nazir Jamaluddin）

序号	播放年份	电视电影	制片公司	类型	导演
42	2019	《照亮我的光》（*Suluhkan Aku Cahaya*）	ZK 创意有限公司（ZK Creative Sdn. Bhd.）	剧情	依斯迈·雅各布（Ismail Yaacob）
43	2019	《时间的足迹》（*Telapak Waktu*）	首要媒体制作部（Primeworks Studios）	剧情	拉惹·穆克里兹（Raja Mukhriz）
44	2019	《天堂之子》（*Anak Syurga*）	Wiranusa Corporation Sdn. Bhd.	剧情	阿隆·卡马鲁丁（Along Kamaludin）
45	2019	《昨日之罪》（*Dosa Semalam*）	艾达制作有限公司（A.Aida Production Sdn. Bhd.）	剧情	拉惹·穆克里兹（Raja Mukhriz）
46	2019	《别怪命运》（*Jangan Disalahkan Takdir*）	创意技能方案公司工作室（Creative Skill Solution）	剧情	里扎·巴哈鲁丁（Riza Baharudin）
47	2019	《青春期之谜》（*Misteri Akil Balik*）	铅笔影像与唱片有限公司（Pencil Pictures & Records Sdn. Bhd.）	喜剧、惊悚	艾米·玛兹亚（Amie Maziah）
48	2019	《旧床垫换新床垫》（*Tilam Lama Tukar Baru*）	ZK 创意制作有限公司（ZK Creative Sdn. Bhd.）	剧情	阿伊·穆斯塔法（Ayie Mustafa）
49	2019	《被选中的人》（*Insan Terpilih*）	阿尼克传播有限公司（Aniq Communication Sdn. Bhd.）	剧情、家庭	纳兹尔·贾鲁丁（Nazir Jamaluddin）
50	2019	《麦加来的长袍》（*Jubah Dari Mekah*）	卢卡斯创意有限公司（Luqsar Kreatif Sdn. Bhd.）	剧情	海卡尔·哈尼法（Heykal Hanifah）
51	2019	《最后的遗憾》（*Sesalan Terakhir*）	苏菲之旅制作有限公司（Kembara Sufi Production Sdn. Bhd.）	惊悚	朱雷·拉蒂夫·罗斯里（Jurey Latiff Rosli）
52	2019	《永不退缩》（*Takkan Gentar*）	全明星联合有限公司（Mache All Star United Sdn. Bhd.）	神话	阿哈迈德·塔米米·西雷加（Ahmad Tamimi Siregar）
53	2019	《涡轮哈桑》（*Hassan Turbo*）	密林有限公司（Balang Rimbun Sdn. Bhd.）	剧情	萨布里·尤努斯（Sabri Yunus）
54	2019	《交叉点》（*Silang*）	S 影业有限公司（S Pictures Sdn. Bhd.）	剧情	阿兹曼·亚哈雅（Azman Yahya）
55	2019	《父爱的复仇》（*Dendam Kasih Ayah*）	凯斯工坊制作公司（Qaisworks Production）	剧情	巴迪·哈芝·阿兹米（Bade Hj Azmi）

序号	播放年份	电视电影	制片公司	类型	导演
56	2019	《一句承诺》（*Atas Satu Janji*）	媒体视野（Medyavizyon）	剧情、爱情	费罗兹·卡德尔（Feroz Kader）
57	2019	《你是天空我是海》（*Kau Langit Aku Laut*）	FJ 影业有限公司（FJ Pictures Sdn. Bhd.）	剧情	费罗兹·卡德尔（Feroz Kader）
58	2019	《扎吉亚的蜡染》（*Batik Zakiah*）	卢卡斯创意有限公司（Luqsar Kreatif Sdn. Bhd.）	动作、喜剧	海卡尔·哈尼法（Heykal Hanifah）
59	2019	《无法认可的罪恶》（*Dosa Yang Tak Diiktiraf*）	JS 影业有限公司（JS Pictures Sdn. Bhd.）	动作、神话、犯罪	阿兹曼·哈芝·亚哈雅（Azman Hj Yahya）
60	2019	《赎罪基金》（*Wakaf Dosa*）	苏翰电影有限公司（Suhan Movies & Trading Sdn. Bhd.）	剧情	费罗兹·卡德尔（Feroz Kader）
61	2019	《回乡幽灵》（*Hantu Raya Balik Kampung*）	潘提雅电影公司、阿里扎哈制作公司（Panthera Motion Pictures & Arie Zaharie Production）	剧情、恐怖	费罗兹·卡德尔（Feroz Kader）
62	2019	《皮娅的苦难》（*Derita Pia*）	JS 影业有限公司（JS Pictures Sdn. Bhd.）	剧情	阿兹曼·亚哈雅（Azman Yahya）
63	2019	《姻缘短讯》（*Jodoh Wassap*）	安撒创意媒体有限公司（Ansar Creative Media Sdn. Bhd.）	喜剧	哈立德·纳兹里（Khalid Nadzri）
64	2019	《萨马德之毒》（*Samad Tedung*）	丹尼巴里斯电影制作有限公司（Tanah Beris Productions Sdn. Bhd.）	喜剧	苏海米·卢阿·阿卜杜拉（Shuhaimi Lua Abdullah）
65	2019	《心之挚爱：开斋节特别篇》（*Pujaan Hati Kanda Raya*）	全明星联合有限公司（Mache All Star United Sdn. Bhd.）	剧情	余温·舒海尼（Eoon Shuhaini）
66	2019	《赛玛的开斋节》（*Syawal Untuk Semah*）	拉斯比传媒有限公司（Rashbir Media Sdn. Bhd.）	爱情	拉希德·西比尔（Rashid Sibir）
67	2019	《今年开斋节》（*Raya Kali Ini*）	艾达制作有限公司（A.Aida Production Sdn. Bhd.）	剧情	阿龙·卡马鲁丁（Along Kamaludin）
68	2019	《破碎》（*Remuk*）	P&D 影业有限公司（P&D Pictures Sdn. Bhd.）	剧情	帕里·叶海亚 & 伊兹·贾拉鲁丁（Pali Yahya & Eez Jalaluddin）

序号	播放年份	电视电影	制片公司	类型	导演
69	2019	《艾雅德·艾莎》（Ayyad Aisyah）	首要媒体制作部（Primeworks Studios Sdn. Bhd.）	剧情	奥斯曼·阿里（Osman Ali）
70	2019	《今年我还有开斋节吗？》（Masihkah Ada Raya Buatku）	吉隆坡电影有限公司（Kl Motion Picture Sdn. Bhd.）	剧情	旺·哈斯丽莎·旺·再努丁（Wan Hasliza Wan Zainuddin）
71	2019	《三五》（Tiga Lima）	FJ 电影制作有限公司（FJ Pictures Sdn. Bhd.）	剧情	费罗兹·卡德尔（Feroz Kader）
72	2019	《殡葬车帮派》（Geng Van Jenazah）	舞台电影制作公司（Cinema Stage Production Sdn. Bhd.）	喜剧	贾马尔·汗（Jamal Khan）
73	2019	《阿曼达斋月之光》（Sinar Ramadan Untuk Amanda）	卢卡斯创意有限公司（Luqsar Kreatif Sdn. Bhd.）	剧情	海卡尔·哈尼法（Heykal Hanifah）
74	2019	《父亲的祝福》（Restu Ayah）	大雨电影制作公司（Hujan Lebat Sdn. Bhd.）	剧情	伊斯坎达·杰巴特（Isqandar Jebat）
75	2019	《来自过失的道歉》（Maaf Dari Khilaf）	ZK 创意制作有限公司（ZK Creative Productions Sdn. Bhd.）	剧情	余温·舒海尼（Eoon Shuhaini）
76	2019	《感谢母亲》（Terima Kasih Ibu）	Aida Khalida Production	剧情	费鲁兹·洛伊（Fairuz Loy）
77	2019	《卡桑德拉》（Cassandra）	SR 统一有限公司（SR One Sdn. Bhd.）	剧情	阿龙·卡马鲁丁（Along Kamaludin）
78	2019	《路口守护者》（Penunggu Simpang）	艾达制作有限公司（A.Aida Production Sdn. Bhd.）	恐怖	阿龙·卡马鲁丁（Along Kamaludin）
79	2019	《亲爱的苏》（Sayang Su）	首要媒体制作部（Primeworks Studios）	剧情	贾马尔·汗（Jamal Khan）
80	2019	《14 天》（14 Hari）	艾达制作有限公司（A.Aida Production Sdn. Bhd.）	剧情	哈立德·纳兹里（Khalid Nadzri）
81	2019	《一条白色披肩》（Sehelai Selendang Putih）	ZK 创意制作有限公司（ZK Creative Production）	剧情	李杰（Jet Li）
82	2019	《鬼怪度假村》（Resort Berhantu）	大雨电影制作公司（Hujan Lebat Sdn. Bhd.）	惊悚、喜剧	伊斯坎达·杰巴特（Isqandar Jebat）

序号	播放年份	电视电影	制片公司	类型	导演
83	2019	《蜜糖誓言》（Janji Madu）	坚如磐石电影制作有限公司[Teguh Setanding（M）Sdn. Bhd.]	剧情	阿卜杜勒·阿齐兹·阿旺·加扎利（Abdul Azizi Awang Ghazali）
84	2019	《隔壁班的男孩》（Lelaki Kelas Sebelah）	皮纳创意有限公司（Pena Creative Pictures Sdn. Bhd.）	剧情、喜剧	哈迪斯·奥马尔（Hadith Omar）
85	2018	《爸爸的日记》（Diari Abah）	艾达制作有限公司（A. Aida Production Sdn. Bhd.）	剧情	巴迪·哈芝·阿兹米（Bade Hj Azmi）
86	2018	《拿汀格拉姆》（Datin Glam）	拉斯比传媒有限公司（Rashbir Media Sdn. Bhd.）	剧情	拉希德·西比尔（Rashid Sibir）
87	2018	《录音室》（Studio Awie）	艾达制作有限公司（A.Aida Production Sdn. Bhd.）	剧情、爱情	哈立德·纳兹里（Khalid Nadzri）
88	2018	《困境》（Dilema）	MIG 电影公司（MIG Production Sdn. Bhd.）	剧情	阿扎罗米·戈扎里（Azaromi Ghozali）
89	2018	《无名财富》（Rezeki Tanpa Alamat）	艾努贾制作有限公司（Enuja Production Sdn. Bhd.）	剧情	艾哈迈德·伊达姆（Ahmad Idham）
90	2018	《露娜的脉搏》（Nadi Luna）	腾眺制作有限公司（Tenview Production）	剧情	哈里斯·法兹拉（Harris Fadzillah）
91	2018	《创世纪》（Genesis）	能量影业有限公司（Kuasatek Pictures Sdn. Bhd.）	剧情	艾哈迈德·穆斯塔达（Ahmad Mustadha）
92	2018	《通往天堂的爱》（Kasih Ke Syurga）	拉斯比传媒有限公司（Rashbir Media）	剧情	拉希德·西比尔（Rashid Sibir）
93	2018	《托赛拉瓦》（Rava Tosai）	奎拉至尊制作有限公司（Quira One Production Sdn. Bhd.）	剧情	海卡尔·哈尼法（Heykal Hanifah）
94	2018	《破裂》（Retak）	JS 影业有限公司（JS Pictures Sdn. Bhd.）	剧情	阿兹曼·哈芝·叶海亚（Azman Hj Yahya）
95	2018	《加欣害怕念阿赞》（Ghahim Takut Nak Azan）	AB 影像制作公司（AB Roll Sdn. Bhd.）	喜剧、剧情	阿尔·贾夫里·穆罕默德·尤素夫（Al Jafree Md Yusop）
96	2018	《曙光》（Mentari）	苏翰电影有限公司（Suhan Movies & Trading Sdn. Bhd.）	剧情	拉希德·西比尔（Rashid Sibir）

序号	播放年份	电视电影	制片公司	类型	导演
97	2018	《我是领袖吗？》（Khalifahkah Aku）	铅笔影像与唱片有限公司（Pencil Pictures & Records Sdn. Bhd.）	剧情	哈希姆·雷贾布（Hashim Rejab）
98	2018	《爸爸的开斋节》（Senarai Raya Papa）	创意技能解决方案工作室（Creative Skill Solution Sdn. Bhd.）	剧情	伊多拉·阿卜杜勒·拉赫曼（Idora Abdul Rahman）
99	2018	《独家开斋节服饰》（Baju Raya Eksklusif）	丹尼巴里斯电影制作有限公司（Tanah Beris Film Production Sdn. Bhd.）	喜剧	苏海米·卢阿·阿卜杜拉（Shuhaimi Lua Abdullah）
100	2018	《重返美国》（Mak Cun Pi Amerika Lagi）	创意影艺之家有限公司（Rumah Karya Citra Sdn. Bhd.）	剧情	依祖安·莫克塔（Izuan Mokhtar）
101	2018	《阿丽亚娜的米糕》（Ketupat Untuk Ariana）	首要媒体制作部（Primework Studios Sdn. Bhd.）	剧情	阿末·伊达姆（Ahmad Idham）
102	2018	《被羞辱的女婿》（Menantu Nista）	丹尼巴里斯电影制作有限公司（Tanah Beris Film Production Sdn. Bhd.）	剧情	苏海米·卢阿·阿卜杜拉（Shuhaimi Lua Abdullah）
103	2018	《费尔道斯王宫》（Istana Firdaus）	梅尔有限公司［Mel Corporation（M）Sdn. Bhd.］	剧情	阿龙·卡马鲁丁（Along Kamaludin）
104	2018	《给祖母的蛋糕》（Bahulu Untuk Opah）	ZK 创意制作有限公司（ZK Creative Sdn. Bhd.）	剧情	帕里·叶海亚（Pali Yahya）
105	2018	《在叩拜的尽头》（Di Penghujung Sujud）	丹尼巴里斯电影制作有限公司（Tanah Beris Film Production Sdn. Bhd.）	剧情	苏海米·卢阿·阿卜杜拉（Shuhaimi Lua Abdullah）
106	2018	《万比亚回家过节》（Wan Peah Balik Beraya）	JS 影业有限公司（JS Pictures Sdn. Bhd.）	剧情	阿兹曼·哈芝·雅哈（Azman Hj Yahya）
107	2018	《古谷哈吉》（Haji Gugel）	艾达制作有限公司（A.Aida Production Sdn. Bhd.）	喜剧、剧情	巴迪·哈芝·阿兹米（Bade Hja Azmi）
108	2018	《父亲》（Ayah）	知尔制作有限公司（Zeel Production Sdn. Bhd.）	剧情	艾米·玛兹亚（Amie Maziah）
109	2018	《哈利勒的时光》（Waktu Khalil）	丹尼巴里斯电影制作有限公司（Tanah Beris Film Production Sdn. Bhd.）	剧情	苏海米·卢阿·阿卜杜拉（Shuhaimi Lua Abdullah）

序号	播放年份	电视电影	制片公司	类型	导演
110	2018	《丁·沙丁的节日》（Din Sardin Beraya）	全明星联合有限公司（Mache All Star United Sdn. Bhd.）	剧情	纳兹尔·贾马鲁丁（Nazir Jamaluddin）
111	2018	《麦莎拉的地狱之爱》（Neraka Kasih Maisarah）	光影传奇有限公司（Layar Ceritera Sdn. Bhd.）	剧情	阿龙·卡马鲁丁（Along Kamaludin）
112	2018	《阿基尔与胡安》（Akil & Juan）	前排影业有限公司（Frontrow Pictures Sdn. Bhd.）	剧情、家庭	费罗兹·卡德尔（Feroz Kader）
113	2018	《阿拉法》（Arafah）	环球乡村有限公司（Country & Universal Sdn. Bhd.）	—	拉惹·穆赫里兹（Raja Mukhriz）
114	2018	《解救我们的孩子》（Bebaskan Anak Kita）	FJ影业有限公司（FJ Pictures Sdn. Bhd.）	剧情、家庭	费罗兹·卡德尔（Feroz Kader）
115	2018	《满月》（Purnama）	环球乡村有限公司（Country & Universal Sdn. Bhd.）	剧情	叶·希特勒·扎米（Yeop Hitler Zami）
116	2018	《心灵》（Qalbu）	蓝宝石荧幕有限公司（Saphire Screen Sdn. Bhd.）	剧情、爱情	拉惹·穆赫里兹（Riza Baharudin）
117	2018	《美华的可巴雅》（Kebaya Mek Hwa）	全明星联合有限公司（Mache All Star United Sdn. Bhd.）	剧情	萨布里·尤努斯（Sabri Yunus）
118	2018	《卡丽娜》（Qarina）	正道制作有限公司（Al Hidayah Productions）	剧情	阿兹里·穆罕默德（Azli Mohammad）
119	2018	《通往天堂的信仰》（Iman Ke Syurga）	阿里扎哈里制作有限公司（Arie Zaharie Production Sdn. Bhd.）	剧情	瓦安·哈菲兹（Waan Hafiz）
120	2018	《爱情车票》（Tiket Cinta）	艾达制作有限公司（A.Aida Production Sdn. Bhd.）	剧情	巴迪·哈芝·阿兹米（Bade Hj Azmi）
121	2018	《我有罪吗？》（Adakah Aku Bersalah?）	卢卡斯创意有限公司（Luqsar Kreatif Sdn. Bhd.）	剧情	赫卡尔·哈尼法（Heykal Hanifah）
122	2018	《我是纳兹米》（Aku Nazmi）	JS影业有限公司（JS Pictures Sdn. Bhd.）	剧情、爱情	阿兹曼·哈芝·亚哈雅（Azman Hj Yahya）
123	2018	《真爱》（Tulus Cinta）	莎斯媒体有限公司（Sha's Media Sdn. Bhd.）	剧情、家庭	艾莉·苏莉雅蒂·奥马（Ellie Suriaty Omar）

序号	播放年份	电视电影	制片公司	类型	导演
124	2018	《短暂的岔路》（Simpang Sejenak）	环球乡村有限公司（Country & Universal Sdn. Bhd.）	剧情	叶·希特勒·扎米（Yeop Hitler Zami）
125	2018	《交错》（Selirat）	EJ 影业有限公司（EJ Pictures Sdn. Bhd.）	剧情	费罗兹·卡德尔（Feroz Kader）
126	2018	《爷爷的孙子》（Cucu Atuk）	橙树制作有限公司（Orangetree Production Sdn. Bhd.）	剧情、家庭	赞姆里·扎卡里亚（Zamri Zakaria）
127	2018	《为了阿朱那的心》（Demi Hati Arjuna）	首要媒体制作部（Primeworks Studios）	剧情	祖尔·胡扎伊米·马祖基（Zul Huzaimy Marzuki）
128	2018	《谢谢您，老师》（Terima Kasih Cikgu）	阿尼克传播有限公司（Aniq Communication Sdn. Bhd.）	剧情	祖尔·胡扎伊米·马祖基（Zul Huzaimy Marzuki）
129	2018	《爱的车厢》（Gerabak Cinta）	莎斯媒体有限公司（Sha's Media Sdn. Bhd.）	剧情	余温·舒海尼（Eoon Shuhaini）
130	2018	《独特的爱情》（Uniknya Cinta）	丹尼巴里斯电影制作有限公司（Tanah Beris Film Production）	爱情	苏海米·卢阿·阿卜杜拉（Shuhaimi Lua Abdullah）
131	2018	《誓愿》（Azam）	光影传奇有限公司（Layar Ceritera Sdn. Bhd.）	剧情	阿龙·卡马鲁丁（Along Kamaludin）
132	2018	《盘子没裂，饭不冷之佳节篇》（Pinggan Tak Retak Nasi Tak Dingin Raya）	环球乡村有限公司（Country & Universal Sdn. Bhd.）	剧情	贾马尔·汗（Jamal Khan）
133	2017	《胸针》（Kerongsang）	金色扎姆里电影有限公司（Zamriez Golden Picture Sdn. Bhd.）	剧情、爱情	萨布里·尤努斯（Sabri Yunus）
134	2017	《佳节混乱》（Huru Hara Raya）	阿里扎哈里制作有限公司（Arie Zaharie Production Sdn. Bhd.）	（不详）	叶·希特勒·扎米（Yeop Hitler Zami）
135	2017	《隐藏的罪》（Dosa Terlindung）	阿尔法纳兹拉制作有限公司（Alfanazra Productions Sdn. Bhd.）	剧情	哈立德·纳兹里（Khalid Nadzri）
136	2017	《法图娜·阿扎丽》（Fatonah Azali）	丹尼巴里斯电影制作有限公司（Tanah Beris Film Production）	剧情、爱情	苏海米·卢阿·阿卜杜拉（Shuhaimi Lua Abdullah）

序号	播放年份	电视电影	制片公司	类型	导演
137	2017	《隐藏的罪》（Dosa Terlindung）	阿尔法纳兹拉制作有限公司（Alfanazra Productions Sdn. Bhd.）	剧情	哈立德·纳兹里（Khalid Nadzri）
138	2017	《我的忏悔》（Taubatku）	卢卡斯创意有限公司（Luqsar Kreatif Sdn. Bhd.）	（不详）	赫卡尔·哈尼法（Heykal Hanifah）
139	2017	《第二次机会》（Kesempatan Kedua）	环球乡村有限公司（Country & Universal Sdn. Bhd.）	剧情、喜剧	拉贾·艾哈迈德·阿劳丁（Raja Ahmad Alauddin）
140	2017	《乞丐是我的兄弟》（Pengemis Itu Saudara Aku）	安撒创意媒体有限公司（Ansar Creative Media Sdn. Bhd.）	剧情	阿龙·卡马鲁丁（Along Kamaludin）
141	2017	《父亲的爱》（Kasih Seorang Ayah）	全明星联合有限公司（Mache All Star United Sdn. Bhd.）	剧情、家庭	艾哈迈德·塔米米·西雷加尔·卡玛鲁丁（Ahmad Tamimi Siregar Kamarudin）
142	2017	《酸辣鱼之美味》（Asam Pedas Pewittt）	创意影艺之家有限公司（Rumah Karya Citra Sdn. Bhd.）	剧情	依祖安·莫克塔（Izuan Mokhtar）
143	2017	《我的天堂》（Syurgaku）	奎拉至尊制作有限公司（Quiara One Production Sdn. Bhd.）	剧情	阿兹米·哈塔（Azmi Hata）
144	2017	《回祈祷室的路》（Jalan Balik Surau）	JS 影业有限公司（JS Pictures Sdn. Bhd.）	剧情	阿兹曼·亚哈雅（Azman Yahya）
145	2017	《命运》（Kismet）	能量影业有限公司（Kuasatek Pictures Sdn. Bhd.）	剧情	莫哈末·努尔·卡迪尔（Mohd Noor Kadir）
146	2017	《优等爱情》（Cinta Gred A）	安撒创意媒体有限公司（Ansar Creative Media Sdn. Bhd.）	剧情	哈立德·纳兹里（Khalid Nadzri）
147	2017	《最美的斋月》（Ramadan Terindah Nurani）	艾努贾制作有限公司（Enuja Production Sdn. Bhd.）	剧情	艾莉·苏莉雅蒂·奥马（Ellie Suriaty Omar）
148	2017	《圣书的悲诗》（Puisi Sedih Al-Kitab）	阿尼克传播有限公司（Aniq Communication Sdn. Bhd.）	剧情	希尔·拉赫曼（Khir Rahman）

序号	播放年份	电视电影	制片公司	类型	导演
149	2017	《斋月的祝福》（Restu Ramadan）	丹尼巴里斯电影制作有限公司（Tanah Beris Film Production）	剧情	苏海米·卢阿·阿卜杜拉（Shuhaimi Lua Abdullah）
150	2017	《父亲的遗书》（Surat Mati Abah）	知尔制作有限公司（Zeel Production Sdn. Bhd.）	剧情	穆拉利·阿卜杜拉（Murali Abdullah）
151	2017	《红色小鹿》（Si Kijang Merah）	橙树制作有限公司（OrangeTree Production Sdn. Bhd.）	剧情	尼赞·扎卡里亚（Nizam Zakaria）
152	2017	《唯有你的名字》（Hanya Nama Mu）	ZK 创意制作有限公司（ZK Creative Sdn. Bhd.）	剧情	伊多拉·阿卜勒·拉赫曼（Mohd Fazli Yahya）
153	2017	《父爱的自行车》（Kayuhan Kasih Ayah）	阿尼克传播有限公司（Aniq Communication Sdn. Bhd.）	剧情	伊多拉·阿卜勒·拉赫曼（Idora Abdul Rahman）
154	2017	《他到底是谁？》（Siapa Dia Sebenarnya）	全明星联合有限公司（Mache Allstar United）	剧情	艾比·赛夫（Ebby Saiful）
155	2017	《给奶奶的粽子》（Ketupat Buat Nenek）	蓝宝石荧幕有限公司（Saphire Screen Sdn. Bhd.）	剧情	祖尔·胡扎伊米·马祖基（Zul Huzaimy Marzuki）
156	2017	《女人的罪》（Dosa Perempuan）	知尔制作有限公司（Zeel Production Sdn. Bhd.）	剧情	穆拉利·阿卜杜拉（Murali Abdullah）
157	2017	《停滞的命运》（Takdir Yang Terhenti）	首要媒体制作部（Primeworks Studios Sdn. Bhd.）	爱情	余温·舒海尼（Eoon Shuhaini）
158	2017	《功夫搞笑》（Kung Fu Kaw）	卢卡斯创意有限公司（Luqsar Kreatif Sdn. Bhd.）	动作	赫卡尔·哈尼法（Heykal Hanifah）
159	2017	《阿曼》（Aman）	艾努贾制作有限公司（Enuja Production Sdn. Bhd.）	剧情	贾马尔·汗（Jamal Khan）
160	2016	《如果我富有》（Kalau Aku Kaya	卢卡斯创意有限公司（Luqsar Kreatif Sdn. Bhd.）	剧情	赫卡尔·哈尼法（Heykal Hanifah）
161	2016	《断奶》（Ku Haramkan Susu Itu）	环球乡村有限公司（Country & Universal Sdn. Bhd.）	剧情、爱情	尼赞·扎卡里亚（Nizam Zakaria）

序号	播放年份	电视电影	制片公司	类型	导演
162	2016	《怨恨》（*Rajuk*）	丹尼巴里斯电影制作有限公司（Tanah Beris Film Production）	剧情	苏海米·卢阿·阿卜杜拉（Shuhaimi Lua Abdullah）
163	2016	《父爱的书》（*Buku Cinta Abah*）	奎拉至尊制作有限公司（Quiara One Production Sdn. Bhd.）	剧情	艾米·玛兹亚（Amie Maziah）
164	2016	《天堂尽头的路》（*Syurga Di Hujung Jalan*）	首要媒体制作部（Primeworks Studios Sdn. Bhd.）	剧情	祖胡扎伊米·马祖基（Zulhuzaimy Marzuki）
165	2016	《伊扎拉的泪水》（*Tangisan Izara*）	丹尼巴里斯电影制作有限公司（Tanah Beris Film Production）	剧情	苏海米·卢阿·阿卜杜拉（Shuhaimi Lua Abdullah）
166	2016	《阿丝依金的心雨》（*Gerimis Hati Asyikin*）	正道制作有限公司（Al Hidayah Productions Sdn. Bhd.）	剧情	巴赫里·乌马拉里夫·巴朱里（Bahri Umararif Bajuri）
167	2016	《合唱朗诵》（*Choral Speaking*）	色彩有限公司（Nuansa Sdn. Bhd.）	剧情	奥斯曼·阿里（Osman Ali）
168	2016	《圣洁的圣纪光辉》（*Bening Cahaya Maulid*）	X感官工作室（X Sense Studios）	剧情	阿卜杜勒·阿齐兹·阿旺·加扎利（Abdul Azizi Awang Ghazali）
169	2016	《我们的车》（*Kereta Kita*）	首要媒体制作部（Primeworks Studios）	剧情	费罗兹·卡德尔（Feroz Kader）
170	2016	《完美先生之佳节篇》（*Hello Mr. Perfect Raya*）	艾达制作有限公司（A.Aida Production（Sdn. Bhd.）	喜剧	努阿德·哈芝·奥斯曼（Nuad Hj Othman）
171	2016	《生命》（*Hayat*）	苏翰电影有限公司（Suhan Movies & Trading）	剧情	巴迪·哈芝·阿兹米（Bade Haji Azmi）
172	2016	《阿朱娜的任务》（*Misi Arjuna*）	橙树制作有限公司（Orangetree Production Sdn. Bhd.）	剧情	P·普雷姆·阿南德·皮莱（P Prem Anand Pillai）
173	2016	《当时机来临》（*Bila Tiba Saatnya*）	卢卡斯创意有限公司（Luqsar Kreatif Sdn. Bhd.）	剧情	赫卡尔·哈尼法（Heykal Hanifah）
174	2016	《爱的镜子》（*Cermin Kasih*）	阿里扎哈里制作有限公司（Arie Zaharie Production Sdn. Bhd.）	犯罪、剧情	穆拉利·阿卜杜拉（Murali Abdullah）

序号	播放年份	电视电影	制片公司	类型	导演
175	2015	《他是我的伊玛目》（ Dia Imamku ）	首要媒体制作部（ Primeworks Studios ）	剧情	拉贾·艾哈迈德·阿劳丁（ Raja Ahmad Alauddin ）
176	2015	《蜜月浪漫》（ Romantika Bulan Madu ）	首要媒体制作部（ Primeworks Studios ）	爱情、喜剧	贾马尔·汗（ Jamal Khan ）
177	2015	《因为他也是老师》（ Kerana Dia Juga Cikgu ）	朗卡卡雅影视制作有限公司（ Langkah Karya Production Sdn. Bhd. ）	剧情	克奥伊·哈芝（ Keoi Haji ）
178	2015	《我的爱留在莫斯塔尔》（ Cintaku Tertinggal Di Mostar ）	首要媒体制作部（ Primeworks Studios ）	爱情	贾马尔·汗（ Jamal Khan ）
179	2015	《心愿》（ Hajat ）	首要媒体制作部（ Primeworks Studios ）	（不详）	拉贾·艾哈迈德·阿劳丁（ Raja Ahmad Alauddin ）
180	2015	《新女婿》（ Hai Lah Menantu ）	CTG 影业有限公司（ CTG Pictures Sdn. Bhd. ）	喜剧、爱情	朱雷·拉蒂夫·罗斯里（ Jurey Latiff Rosli ）
181	2015	《融化的千层蛋糕》（ Kek Batik Cheese Leleh ）	BKB 制作有限公司（ BKB Production Sdn. Bhd. ）	剧情	纳兹尔·贾玛鲁丁（ Nazir Jamaluddin ）
182	2015	《囚犯的爱》（ Kasih Seorang Banduan ）	ZK 创意制作有限公司（ ZK Creative Productions Sdn. Bhd. ）	（不详）	阿兹玛·艾扎尔·尤索夫（ Azma Aizal Yusoof ）
183	2015	《围墙》（ Pagar ）	（不详）	剧情	希尔·拉赫曼（ Khir Rahman ）
184	2015	《不完美的女人》（ Bukan Wanita Sempurna ）	JS 影业有限公司（ JS Pictures Sdn. Bhd. ）	剧情	哈芝·阿兹曼·哈芝·叶哈雅（ Hj Azman Hj Yahya ）
185	2015	《离婚》（ Talak ）	创意技能解决方案工作室（ Creative Skill Solution ）	剧情	卡斯·罗珊（ Kas Roshan ）
186	2015	《肉毒杆菌鬼》（ Hantu Botox ）	知尔制作有限公司（ Zeel Production Sdn. Bhd. ）	恐怖	艾米·苏菲安（ Emi Suffian ）

序号	播放年份	电视电影	制片公司	类型	导演
187	2015	《等待死亡的三天》（ Tiga Hari Menanti Mati ）	帧速影业有限公司（ Framepersecond Pictures Sdn. Bhd.）	家庭、剧情	卡斯·罗珊（ Kas Roshan ）
188	2015	《五次爱情》（ 5 Kali Cinta ）	腾眺制作有限公司〔 Tenview（ M ）Sdn. Bhd. 〕	剧情	艾米·玛兹亚（ Amie Maziah ）
189	2015	《七瓣爱情》（ 7 Petola Cinta ）	ZK 创意制作有限公司（ ZK Creative Sdn. Bhd. ）	剧情、爱情	纳兹尔·贾玛鲁丁（ Nazir Jamaluddin ）
190	2015	《200% 想念你之佳节篇》（ Rindu Awak 200% Raya ）	创意技能解决方案工作室（ Creative Skill Solution ）	剧情	阿兹米·哈塔（ Azmi Hata ）
191	2015	《阿莉雅的聘礼》（ Mahar Cinta Alia ）	全明星联合有限公司（ Mache All Star United Sdn. Bhd. ）	剧情	阿龙·卡马鲁丁（ Along Kamaludin ）
192	2015	《曼尼卡姆之心》（ Manikam Hati ）	莱雅咨询有限公司（ Layar Consult Sdn. Bhd. ）	剧情	赫卡尔·哈尼法（ Heykal Hanifah ）
193	2015	《阿龙》（ Along ）	Str8 Films Sdn. Bhd.	（不详）	哈立德·纳兹里（ Khalid Nadzri ）
194	2015	《咪咪外卖》（ Mimi Tapau ）	知尔制作有限公司（ Zeel Production ）	（不详）	艾米·苏菲安（ Emi Suffian ）
195	2015	《十二月之恋》（ Cinta Bulan Disember ）	游乐场制作公司（ Playground Productions ）	剧情	美佳·沙里扎尔（ Megat Sharizal ）
196	2015	《胡辛头痛》（ Husin Peninglah ）	橙树制作有限公司（ OrangeTree Production Sdn. Bhd. ）	剧情	塔姆·苏海米（ Tam Suhaimi ）
197	2015	《男管家：我母亲的丈夫》（ Mr. Maid、Suami Ibu ）	白鸽影视娱乐公司（ White Merpati Entertainment ）	喜剧	尼赞·扎卡里亚（ Nizam Zakaria ）
198	2015	《有一张铺开的祈祷毯》（ Ada Sejadah Panjang Terbentang ）	迈思维方案有限公司（ Maxiworks Solution Sdn. Bhd. ）	剧情	拉贾·艾哈迈德·阿劳丁（ Raja Ahmad Alauddin ）

（王昌松　撰稿）

第七章

印度尼西亚视听产业与创作

近年来,印度尼西亚视听产业发展迅速。与早年间以政府为主导的经营模式不同,现阶段印度尼西亚的视听产业更多以市场为导向,以合作为手段,关注民生,博采众长,以迅猛之势蓬勃发展。形式多样的电视节目丰富了人们的业余文化生活,本土及进口电影票房逐年大幅增长,主流社交网络平台深受大众、特别是年轻人的青睐⋯⋯视听产业作为印度尼西亚最主要的文化窗口之一,融入交互、多元的全球视听产业主流。在这一过程中,印度尼西亚特殊的本土文化特征也伴随形态各异的视听产业模式进入全球视野,并与世界其他民族的不同文化交织、碰撞,形成独特的视听表达。

印度尼西亚(简称印尼),作为东南亚国家中地理位置和人文风貌都十分独特的"千岛之国",在视听产业发展的速度、规模和形态等方面均表现出与众不同的特征。无论电视、电影,还是广播电台、网络电视平台、社交网络平台等其他视听领域,印尼的本土特色和外来印记都十分明显。

2015—2024 年,印尼视听产业以迅猛发展之势吸引了全球目光,特别是这一时期印尼视听产业出现的重要现象引发了业内的广泛关注和思考。作为全球视听产业的"后起之秀",深入分析印尼视听产业的重要现象对于完善全球视听产业学术研究有着举足轻重的意义。

第一节　印度尼西亚视听产业创作简史及产业状况

印尼电视事业的开端始于 1962 年印尼国家电视台的成立。在经历了长达 26 年的垄断之后,1988 年印尼第一家商业电视台的出现打破了"一台独大"的局面。20 世纪 80 年代印尼市场经济的发展为电视业带来了崭新的活力,许多商人开始陆续投资电视广告的拍摄;同时,印尼政府也看到电视这一媒介的强大宣传力量,在政策上予以大力支持。

事实上,当时的印尼电视业并不是纯粹以市场为导向进行发展的。当时的电视播出需要有政府发放的许可证,未经审批或审批未通过的电视频道是不能上线的。

时至今日,印尼电视行业极大地影响着印尼人的生活方式。虽然时事政治类电视节目是印尼电视台播放的主要内容,但是这类节目却无法引起印尼民众的收视兴趣。印尼是一个民众生活节奏缓慢的国家,人民对于娱乐和消遣更为感兴趣。所以娱乐节目和电视剧特别容易受到印尼电视受众的追捧。

时代的车轮正在缓缓向前,在全球信息化、商业化、产业化的驱动下,印尼商业电视台利用公司旗下的新媒体平台对电视节目进行重新规划。电视媒体不仅提供过去所没有的"错过回看"和"节目预览"功能，而且在网络上播出一些电视尚未播出的全新内容，例如，人们在印多希尔电视台的新媒体平台Indosiar.com上就可以将电视没有播出的节目先睹为快。很大程度上，这样的商业及播出模式极大地降低了成本。对同一事件，人们可以从不同媒介上获取信息，从而大大提高了信息的流动性和传播速度。

相较于东南亚其他国家，印尼的媒体环境更为宽松，商业媒体在这样的环境下如鱼得水。目前阶段印尼电视产业获得了高于以往的经济收益，处于良性循环状态。根据2016年调查显示，收视率排名靠前的印尼电视台主要是雄鹰电视台和泗水电视台。

雄鹰电视台（RCTI）于1988年成立，1989正式运营，是印尼范围内影响力最大的电视台。雄鹰电视台主要播出娱乐节目，并且部分节目需要通过支付相应的费用才可以观看。他们采用的方法是让观众购买电视机顶盒成为会员，而会员拥有观看引进的国外节目等诸多特权。

泗水电视台于1990年成立，节目类型主要是电视剧和真人秀。泗水电视台作为泗水传媒公司（Surya Citra Media）的子公司，成立之初主要服务于泗水及巴厘岛地区，现已成为以雅加达为中心、辐射范围广泛、影响力巨大的电视台。

从2015年开始算起，印尼电视频道之间的竞争关系愈演愈烈。在12—14家全国性电视频道中，其中一些已经找到了自己的"身份"。RCTI和SCTV都把自己定位为"地方电视剧"频道。IVM或Indosiar将自己定位为音乐频道。ANTV是宝莱坞、印度电影频道，而MNC TV则专注于儿童节目。Trans TV、Trans 7、Global TV和Net TV等其他电视频道是这些巨头的新挑战者。

值得关注的是Kompas TV在2015年的收视率份额。该频道只与Metro TV和TV One竞争，虽然频道份额归于雅加达帕尔梅拉，仍然是0.7，但已经接近其他新闻电视的份额了。根据尼尔森在2015年12月的最新报告，TV One以2.8的收视率领先，而Metro TV以2.2的收视率领先。关于其他频道的收视份额，RCTI为17.7、IVM为15.9、SCTV为12.3、ANTV为10.7、MNC TV为10.0、Trans为7.3、Trans TV为6.2、Global TV（GTV）为5.8、Net TV为2.8、Rajawali TV（RTV）为1.2、TVRI为1.2。其中一些频道隶属于相同的电视公司，如MNC（RCTI、MNC TV和GTV）、Emtek（SCTV和IVM）、Transmedia（Trans TV和Trans 7）、Bakrie（ANTV和TV One），这些公司在印尼电视业居于统治地位——MNC获得33.5%，SCM获得28.2%，

图 7-1 电视剧
《鸡毛飞上天》
剧照

Trans Media 和 Bakrie 各获得 13.5%。通过分析这些数据，广告商可以评估他们所购买的广告时段的有效性。

此外，现印尼商业电视台不仅以付费电视频道的方式获取利润，还不断推出新频道和新功能来刺激消费。这样做不仅使电视消费多样化，而且满足了不同年龄段受众的需求，因此广受好评。印尼商业电视台在电视产业上的发展吸引了许多外国传媒公司的眼球，让他们看到了印尼电视业中潜在的商机。2018 年，中央广播电视总台与印度尼西亚国家电视台在印尼首都雅加达达成协议，"中国剧场"因此出现在印尼的千家万户。中国电视剧《鸡毛飞上天》（如图 7-1 所示）和动画片《中国熊猫》就曾作为译制片在印尼播出。

随着全球数字化进程的飞速发展，印尼对本国电视产业的数字化要求越来越高。2018 年 11 月 7 日至 9 日在浙江乌镇举行的第五届世界互联网大会上，"印尼国家电视台台长荷尔米·雅贺亚在'媒体变革与传播创新'论坛发表题为《媒体变革促进国际文化交流》的演讲。荷尔米·雅贺亚介绍，印尼国家电视台是印尼唯一的国家电视台，有 29 个地方电视台，378 个不同区域的发射塔，有一些是数字化的，有一些是模拟信号的。目前印尼国家电视台正在从模拟信号到数字化进行转变，2020 年之前会实现全部数字化"[1]。

多个电视台的良性竞争、各具特色，电视节目的多样化、年轻化，节目内容的国际化，以及印尼整个电视业科技的更新换代，都展示了印尼电视业近几年的迅猛发展。从印尼自身来讲，国家意识形态导向的变化和印尼人民日益增长的文化需求是推动印尼电视业发展的主要因素。短短 40 年，印尼电视行业发生了翻天覆地的变化。如今的印尼电视行业积极与国际接轨，进行全方位、多角度、深层次的交流合作，不断地进行自我革命——强调节目交互性、经济效益和节目多样性。印尼电视产业艰难、成功地完成了自身的蜕变。

1　创投早知道.印尼国家电视台台长：2020 年前将模拟信号转变数字化［EB/OL］.［2025-02-18］. https://m.cyzone.cn/article/478505.html.

第二节　2015—2024 年印度尼西亚视听产业重要现象

近年来，印度尼西亚视听产业所产生的经济效益是巨大的，深刻地影响了东南亚视听产业的整体走向。

一、印度尼西亚视听产业成功的经验

印度尼西亚的视听业（主要涵盖电视和电影业，但不包括广播）经历了数次技术变革。自 20 世纪 20 年代首部印度尼西亚故事片上映以来，技术变革为该行业在价值链的每个环节开辟了新的可能性。它推动了媒体和市场革命，提高了银幕艺术表达的数量、质量和成本效益。互联网的发展和在线精选内容的出现（任何通过流媒体或媒体服务在线提供的视听视频内容）就是此类变革的有力例证。随着互联网连接速度的提高，订阅视频内容通过在线流媒体服务变得越来越容易获得。在线精选内容有潜力推动包括印度尼西亚在内的全球电视和电影行业在制作和发行方面的众多创新，并代表了整个银幕行业发展的新阶段。

拥有独特的关键资源（如丰富经验、杰出人才和创新制作人）的市场冠军在印尼电影行业中发挥着关键作用。这些资源使他们能够承担通常涉及高风险和高成本的雄心勃勃的项目。此外，他们获得这些关键资源的机会大大增强了他们为项目获得资金的能力。价值链的每个步骤都存在几位市场冠军，即开发、前期制作、制作、后期制作，以及发行和放映。在开发和前期制作阶段，著名的编剧包括 Joko Anwar、Hanung Bramantyo、Riri Riza、Mira Lesmana和 Gina S. Noer，人才管理公司包括 LESLAR Entertainment、RANS、Avatara 88、INBEK、SA-Itainment、ZEMA 和 PM Artist Management。在制作和后期制作阶段，知名制作公司包括 MD Entertainment、Soraya、Falcon Pictures、Sinemart 和 MNC Pictures。在发行和放映阶段，知名领军企业包括 CGV Cinemas、Cinema XXI、MNC Media、MNC Vision 和 MNC TV 等。其他 SVOD（订阅视频点播）和在线精选内容提供商的存在，尤其是 Vidio 或 Mola 等本地参与者，可以通过提供本地内容、遵守区域法规、利用竞争优势，以及投资技术和基础设施，对市场产生积极影响。这些因素会影响全国视频内容的整体消费。强大的融资框架对于成功至关重要。在印度尼西亚，这通常包括商业来源、众筹或来自国家和地方政府机构（例如，教育、文化、研究部和

MTCE）的补贴。

预计 2023—2027 年，印尼的银幕行业将以 6.13% 的复合年增长率
（CAGR）增长。电影院、在线精选内容和电视的总收入（不包括广告制作收
入）在 2022 年达到 13 亿美元（约合 20.7 万亿印尼盾），预计到 2027 年将增
长至 18 亿美元（约合 28 万亿印尼盾）。预计电影院和在线精选内容尤其会快
速增长。在此期间，电影院收入的复合年增长率预计为 15.09%，这得益于印
尼增加了电影院屏幕数量的投资。预计到 2027 年，在线精选内容收入将达到
3.7 亿美元（约合 6.0 万亿印尼盾），复合年增长率为 10.69%。随着多家本地
和国际参与者进入印尼市场，在线精选内容产生的收入从 2016 年到 2019 年
增长了 44%。本地和区域参与者的例子包括 Vidio 和 Viu，而进入印尼市场的
国际参与者的例子包括奈飞（Netflix）和 AppleTV+。预计电视收入将保持稳
定，2023—2027 年的复合年增长率为 0.39%，因为该领域已经成熟。

影视产业是印尼创意经济中生产力水平最高的产业。每个产业的生产力是
通过将产业的 GDP 产出除以该产业的总就业人数来计算的。MTCE 将创意经
济定义为体现人类创造力、文化遗产、科学和技术所产生的知识产权（IP）附
加值的产业。这包括建筑、设计、音乐和时尚等产业。2021 年，影视产业雇
用了 15 万名工人，不到创意经济总就业人数的 1%。然而，这些工人是印尼
经济的重要附加值来源。2019 年，电视和广播行业每位从业人员创造了 82 万
美元（约合 13 亿印尼盾）的 GVA，而电影、动画和视频行业每位从业人员创
造了 3474.49 美元（约合 5530 万印尼盾）。广告收入及该行业成熟的基础设施
和先进的运营能力支撑了电视和广播行业相对于创意经济中其他行业的 GVA
增长。广播的贡献相对较小，仅占该行业产出和价值的 3%。

2020 年，电影行业为印尼经济贡献了 78 亿美元（约合 125 万亿印尼盾）
的 GVA，相当于创意经济总量的 11% 和 GDP 的 0.82%。印尼约有 2300 个影
院，服务于 2.77 亿人口，每 120000 人拥有一个影院，远远落后于邻国马来
西亚（每 28000 人拥有一个影院），甚至落后于韩国（每 16000 人拥有一个影
院）。CinemaXXI 是印尼最大的连锁影院，在 71 个城市拥有 1235 个影院。电
视作为屏幕媒体平台贡献了最大的经济价值和消费，这从电视和广播行业在
2020 年创造的 GVA 约为 77 亿美元（约合 122.7 万亿印尼盾）可以看出，尽
管这还包括广播和广告活动。在线精选内容平台越来越受到寻求娱乐的观众的
兴趣。2022 年，6600 万印度尼西亚观众每月消费 30 亿小时的在线精选内容。
75% 的印度尼西亚高级在线精选内容服务（如 Netflix、Vidio、Viu 和 WeTV）
用户表示，它提供的内容质量最高，并且高于任何其他类别屏幕行业产出的用
户。印度尼西亚不断壮大的中产阶级也在娱乐方面花费更多，包括去电影院

或订阅高级在线精选内容服务，许多观众选择订阅多项此类服务。Wibowo、Rubiana 和 Hartono 在 2022 年进行的一项研究提供了有趣的见解。他们对在印度尼西亚放映的成功电影的研究得出结论，探索家庭动态和当代社会问题的故事会产生强烈的品牌依恋感。包括当地美食、舞蹈和音乐在内的文化遗产、印度尼西亚的风景名胜和知名演员也是电影在印度尼西亚消费者中取得成功的一些因素。与此同时，戏剧、恐怖和动作等类型，尤其是印度尼西亚武术继续受到当地和国际观众的青睐。包括印度尼西亚千禧一代在内的年轻消费者更愿意支持和贡献本地电影业。

印尼电影在海外的国际收视率不断上升，主要由以下三个因素推动。首先，近年来，电影节展出的印尼电影比过去更多，促进了世界各地电影专业人士和投资者之间的互动。通过电影节，印尼电影的知名度更高，从而可以展示其质量，进而吸引潜在的资助者和 / 或项目的潜在合作伙伴。这一点可以从《奇异旅程与其他恋爱症候群》（ *Vakansi Yang Janggal*

图 7-2　电影《奇异旅程与其他恋爱症候群》剧照

Dan Penyakit Lainnya，约瑟普·安吉·诺恩，2012，如图 7-2 所示）的案例中看出，该片在 2021 年釜山电影节上放映后大受欢迎。这部电影后来在马来西亚、新加坡和巴西等多个国家流行起来。其次，奈飞、Disney+ 或 Amazon Prime Video 等知名国际在线精选内容参与者联合制作和授权本地内容，现在全球观众可以访问印尼内容。这些参与者还为当地工作人员提供培训和经验，并为人才提供交流机会。最后，政府激励措施。例如，印尼文化基金会提供的 1000 万美元（约合 1590 亿印尼盾）电影补助金，进一步促进了这种合作，从而将更多联合制作的印尼内容推向全球市场。许多电影都利用了当地的民间传说和文化遗产。例如，武术电影类型现在已被国际公认为印尼的特色，2011 年的电影《突袭》（ *The Raid*，加雷斯·埃文斯，2011）使之流行。这部电影因其叙事而受到称赞。该片海外票房收入约为 930 万美元（约合 1500 亿印尼盾），对电影制片人和爱好者来说，它仍然是现代印尼最具代表性的动作片之一。其他广受好评的印尼电影和电视节目被认为有潜力提升印尼文化，从而推动整个银幕行业走向国际。

二、印度尼西亚视听产业所面临的发展障碍

尽管印尼影视行业提供了巨大的机遇，但仍存在一些阻碍其发展的障碍。一是缺乏普遍认可的影视行业定义和范围，阻碍了收集可靠数据和衡量价值链各部分的产出和生产力的努力。影视行业被定义为该国更广泛的创意经济的一部分，特定利益相关者的首选定义可能包含 16 个不同部分之间的一些重叠，例如应用程序和游戏开发、视觉传达设计、广告和表演艺术等。二是劳动力规模有限和缺乏技能限制了高度创新和不断变化的行业中新产品的数量和质量。需要增加正规教育的可用性和质量，涵盖数字化制作等新技术，以及更多的在职培训机会。三是基础设施有限会增加制作成本，并减少银幕行业作品的发行机会。制作基础设施包括工作室和后期制作设施，以及支持虚拟工作的基于云的工具。发行基础设施包括电影院屏幕，这是资本密集型和高风险投资，电影票对某些人来说仍然太贵了。四是监管挑战，包括版权法执行不力，可能会阻碍银幕行业的发展，并可能鼓励盗版。申请电影许可证或拍摄地点，或引进设备和制作工人时的官僚文书工作也会影响该行业的生产力。五是独立电影项目的资金有限也会阻碍该行业的技能增长和发展，因为融资通常是通过大型制作公司进行的。

三、印度尼西亚视听产业危机的建议解决办法

监管框架在促进行业发展方面发挥着关键作用，电影行业也不例外。在印度尼西亚，考虑到行业动态和国际最佳实践，越来越需要完善和更新监管措施，以支持和推动电影行业的发展。监管改进的关键领域包括促进电影和电视制作、提高劳动力能力，以及鼓励对电影和电视基础设施和国际合作的长期投资。这些组成部分都是相互关联的，政府和私营部门应全面考虑。

一是投资高质量的教育和职业培训计划，以培养发展行业和增加劳动力多样性所需的技能，包括通过公私伙伴关系。二是通过将深入的学术教学与实践、技术重点培训相结合来加强电影教育。这种方法包括招募高技能和经验丰富的教职员工，更新课程以反映当前的行业趋势，提供配备现代技术的设施，并实施由商业部门积极参与的实习制度。三是对成熟的电影社区进行投资对印度尼西亚电影业很重要，因为可以通过提高电影行业人才的电影素养、知识和技能来支持电影生态系统。目前有 79 个电影社区，它们通过社交活动、研讨会、焦点小组讨论等方式培养其成员的电影素养。四是为弱势社会群体提供经济支持，以支持更加多样化的故事讲述。

基于以上四点，现阶段取得了以下成果。

➢ 印度尼西亚文化捐赠基金迄今已拨出 1000 万美元（约合 1590 亿印尼盾）作为一对一配套基金，以支持联合制作电影项目，并拨出 80 亿美元（约合 1270 亿印尼盾）作为教育捐赠基金，以加强当地电影教育基础设施。

➢ 由教育、文化、研究和技术部和财政部设立的 Indonesiana 基金可分配给影视行业，以进一步扩大其业务。该基金于 2021 年启动，价值 2.15 亿美元（约合 3 万亿印尼盾）。

➢ VIU 与旅游和创意经济部合作推出的 VIU Shorts+ 计划已成功培养了来自印度尼西亚 33 个城市和地区的 33 名才华横溢的年轻导演和 900 多名内容行业的年轻创作者。

➢ 奈飞与教育、文化、研究和技术部、印度尼西亚大银幕作家协会（PILAR）和 Telkom 集团合作举办的剧本创作大师班旨在培养创造力，并鼓励参与者在剧本创作过程中跳出固有的思维模式。此次培训有 40 名当地编剧或从业人员参加，其中包括教育、文化、研究和技术部派出的印度尼西亚代表。

➢ 奈飞的系列推介实验室与 NETPAC 亚洲电影节（JAFF）和南加州大学（USC）合作，是一场竞赛和创意研讨会，面向想要练习如何推介和制作成功系列剧的年轻制片人和作家。目的是培养年轻人才，制作高质量的本地系列剧。系列推介实验室系列活动探讨了 *Gadis kretek* 制作背后的旅程和创意过程。

➢ Rangkai.id 与教育、文化、研究和技术部合作推出的 Apresiasi Film Indonesia 计划旨在展示社区制作的电影，并重振印度尼西亚编剧和制作人在制作新作品方面的创作精神。

五是支持提供职业培训的项目，值得注意的例子如下。

➢ 美国国际开发署—生产力伙伴关系计划（PADU）旨在通过与印度尼西亚国家和地方职业培训机构（被称为 Balai Latihan Kerja 网络）建立公私合作伙伴关系来加强职业培训，这些机构在目标省份开展工作，使员工和培训参与者能够有效地将培训与就业安置机会联系起来；

➢ 德国联邦经济合作与发展部正在支持印度尼西亚政府改革该国的技术和职业教育与培训（TVET）系统，从而培养一支技术熟练、能力强的劳动力队伍，满足该行业快速和颠覆性发展的需求。

六是通过在国家工作能力标准（SKKNI）系统下增加更多标准化职业，提高影视行业从业人员的能力标准。政府需要与国家电影和电视行业协会合作，为特定工作领域（如电影摄制组、电影教育者、演员和动画）建立专业认证机构（Lembaga Sertifikasi Profesi），以支持能力认证过程。

因此，需要更多的政府和私营部门干预来创建无偿培训设施。这些设施营造了一个经验丰富的专业人士可以分享知识的环境，从而建立一个更强大、更互联的行业。

首先，简化行政生产流程，包括许可证和位置访问。例如，创建"一站式服务"，提供处理监管申请和许可证的单一联系点，并协调政府服务和生产支持，这将节省时间和资源并提高生产力。这可以利用现有的在线单一提交（OSS）系统。其次，改善电影和电视内容的知识产权（IP）执法。印尼受《2014年第28号有关版权的法律》的管辖，已采取措施改善其知识产权执法，例如，在政府内部成立了一个跨部门反盗版工作组，自2015年以来已关闭了392个非法电影网站。然而，人们仍然担心外国权利人能否从该系统中获益，印尼已颁布了《电影法》的实施条例，进一步限制外国参与电影业。尽管做出了这些努力，但网络盗版仍然是印尼的一个问题，每部被盗版的电影都会给电影制作人带来超过290000美元（约合40亿印尼盾）的损失，而唱片业每年因非法下载而损失高达9亿美元（约合14万印尼盾）。为了解决这些问题，印度尼西亚需要制定并全额资助强有力且协调一致的知识产权执法工作。再次，审查并解决实施知识产权融资的障碍，包括建立知识产权资产公共数据库并将知识产权评估标准纳入印尼评估标准。虽然政府已经通过了金融机构向创意产业提供知识产权融资的基本框架，但仍需进一步的政策举措来促进其标准化和普遍使用。最后，通过地方政府实体与国际制作公司之间的合作伙伴关系，提供支持性法规，以促进电影旅游。电影旅游为当地企业带来了好处，例如，以旅游、展览和针对对电影拍摄地点感兴趣的游客量身定制的商品的形式开发产品和服务，以及在酒店、零售和服务业创造新的就业机会。这包括建立新的经济特区（SEZ）作为首选拍摄地点。这些经济特区提供制作激励措施、更简单的许可流程，以及对电影制作人有利的当地资源，使这些地点更具吸引力和国际竞争力，并促进地区和国际旅游活动。这些潜在经济特区的可能地点包括北苏门答腊（多巴湖）、弗洛雷斯（拉布安巴焦）、中爪哇（婆罗浮屠）、北苏拉威西（利库邦）和龙目岛（曼达利卡），这五个目的地被MTCE积极推广为"超级优先"目的地。

简化新电影院的审批流程如下。

第一，提供补贴、激励（例如，税收优惠）或以其他方式支持使用工作室空间、虚拟工作站，以及制作和后期制作设施。

第二，优化艺术委员会（Dewan Kesenian）在城市治理中的作用。最好的例子之一是Taman Ismail Marzuki的振兴，该振兴得到了印尼雅加达艺术委员会和省级区域政府拥有的企业Jakpro的支持，该企业增强了雅加达的电影产业基础设施。Keong Emas IMAX 影院的振兴也证明其在持续为社区的文化丰富做出贡献方面取得了成功。它成功地保留了历史建筑和遗产，同时适应了现代观众的期望。

第三，建立电影孵化工作室，并借此机会与印尼以外的知名电影学校合作，开设定制课程和大师班，具体示例如下。

➤ 总部位于印尼的机构 In-Docs 为东南亚纪录片项目创建人才发展和孵化计划，旨在将这些纪录片与国际行业联系起来，并提供具有影响力的策略以接触目标受众。此外，Docs by the Sea 孵化器是另一个帮助东南亚纪录片项目接触更广泛受众的项目，主要提供讲故事、编辑和制作技能方面的支持。

➤ 短片孵化器是一个面向东南亚短片剧本制作人开放的指导计划，为选定的参与者提供宝贵的指导和支持网络。

➤ 东盟—韩国电影领袖孵化器 FLY2023 提供密集的电影制作研讨会、特别讲座和小组指导课程，以支持电影人才的发展。这些举措展示了各个组织之间合作促进该地区电影产业和人才发展的潜力。

第四，以税收激励或现金回扣的形式提供激励计划，用于与制作、拍摄地点或特效相关的支出。最终目标是使印度尼西亚成为更具吸引力的电影产业投资目的地。

第五，向当地行业参与者提供补助金和附属赞助，以鼓励更多的业内人士参与并展示他们的知识和创意：举办当地电影节和举办电影制作比赛是两个好办法。对于这些当地电影节和电影制作比赛的获胜者，可以通过大额现金奖励来激励更多的参与者资助他们的本地制作。此外，还可以通过技术资源、后期制作设施和培训课程为获胜者提供额外帮助，以提高他们的电影制作能力。这些活动展示了各种各样的印尼电影，为电影制作人、行业专业人士、学者和电影爱好者提供了交流和参与印尼电影过去、现在和未来对话的机会。特别是政府在 2022 年印尼电影节上更进一步庆祝印尼电影制作的创造力、艺术性和文化意义，主题为"Perempuan：Citra、Karya"和"Karsa"，强调女性是美丽的源泉和女性创作作品的诞生。

在东南亚地区，有吸引投资的制作激励框架。这些框架已在许多案例研究中引入：首先，泰国已增加现金回扣计划，从 15% 增加到 30%，每部电影最高可达 7500 万泰铢（约合 320 亿印尼盾），希望通过促进旅游业和在制作中使用本地投入和劳动力来刺激经济；其次，新加坡也通过由信息通信媒体发展局（IMDA）牵头的"制作援助"计划提供类似的回扣，最高可达合格成本（人力、设备、知识产权和专业服务）的 40%。在马来西亚，马来西亚电影奖励计划（FIMI）为国内外制片人提供符合条件支出 30% 的现金回扣。对外国投资者的要求包括将马来西亚设为拍摄地点，或与马来西亚本地电影制片人联合制作。最低制作预算为 500 万林吉特（约合 167 亿印尼盾）。

第三节　2015—2024 年印度尼西亚视听内容创作概况

印尼视听产业近几年因发展迅速、政策倾斜、商业利益和开放交流等优势吸引了越来越多的国外投资者，其最大的吸引力便是东南亚复杂的族群文化和神性背后的东南亚哲学内涵。

一、电视剧（含网络剧）与网络大电影

电视是印尼人获取新闻和娱乐的主要来源，美国媒体研究机构的研究显示，90% 的印尼家庭拥有至少一台电视机。印尼最受欢迎的两大电视频道 RCTI 和 SCTV 均插放 Sinetron（一种涵盖各种流派的肥皂剧形式），许多印尼的当红艺人由此诞生。

自 2016 年起，国际性和区域性网络电视平台在印尼兴起。美国奈飞、马来西亚艾菲、新加坡虎克等国外电视平台先后入驻印尼市场。时至今日，这些网络电视平台都成了印尼范围内颇具影响力的行业巨头。

"2017 年 4 月，美国 YouTube 在印尼推出应用程序'YouTube Go'"[1]。"YouTube Go"的视频内容众多，其程序也非常人性化，对每个国家的观众都有贴心的设定——提供当地语言字幕功能，方便网民浏览。针对非洲信息通信相对落后的国家，该程序还支持离线观看和离线下载的功能，因此深受网民欢迎。

2018 年，艾菲公司与沃派公司在印尼本土合作。沃派公司的运营方式是在网络平台上收集优秀作品、剧本，然后将其拍成影视作品。沃派公司平台上的印尼原创小说和订阅人数多达百万，用户总数多至千万，以及每日观看视频的时间也以千万分钟计算，月平均阅读时长更是达到了 200 亿分钟。

随着网络的普及，网络电视必将成为印尼视听产业发展的新趋势。如何在网络电视领域探索自己富有特色的发展道路并成为自身的发展优势，是印尼传媒界应该认真思考的问题。笔者认为，植根于印尼的群岛文化与宗教文化可以是发展自身文化软实力的一个方向。以网络电视平台为例，节目策划可以以此

1　李宇 . 印度尼西亚电视业发展现状研究［J］. 现代视听，2020（5）：74-78.

为征稿题目，衍生出具有印尼色彩的原创小说、短视频和影视作品。只有文化输入与文化输出相结合，才能稳步提升印尼的文化软实力，立于世界文化之林。

在不到十年的时间里，Netflix 已成为东南亚的制作巨头。通过积极、持续地投资制作原创作品，Netflix 已在印度尼西亚、泰国和菲律宾占据了市场领先地位。

Netflix 东南亚展映中最大的新闻或许是明星电影制作人奇摩·斯丹波尔（Kimo Stamboel）的最新作品的揭晓，这是他与这家流媒体巨头的首次合作，也是印度尼西亚首部僵尸片。原版电影目前暂定名为《血咒》（*Teluh Darah*，奇摩·斯丹波尔，2022），似乎是该国有史以来最昂贵、规模最大的电影制作项目之一，尽管 Netflix 不愿透露具体数字。

《血咒》无疑是一部大制作，影片的大部分场景都在爪哇偏远地区拍摄。该项目的另一个罕见之处是，它将采用大量实用特效和视觉特效，而制片人可以利用 Netflix 亚洲团队多年来通过《王国》（킹덤 시즌，金成勋，2019，如图 7-3 所示）和《我们所有人都死了》（僕らはみんな死んでいる♪，今井夏木，2013）等热门剧集积累的丰富的僵尸知识。

图 7-3　电视剧《王国》剧照

至于故事情节，Netflix 的描述是："《血咒》以日惹附近的一个偏远村庄为背景，讲述了一个经营着名草药生意的不正常家庭的故事。公司老板试图通过创造一种新药水来创新，结果引发了僵尸爆发。"奇摩·斯丹波尔是印尼电影界最有票房号召力的导演之一，他在恐怖片领域取得了巨大成功，拍摄过热门影片《黑魔法女王》（*Ratu Ilmu Hitam*，奇摩·斯丹波尔，2019）、《鬼舞村：诅咒起源》（*KKN di Desa Penari 2: Badarawuhi*，奇摩·斯丹波尔，2024，如图 7-4 所示）和《塞乌迪诺》（*Sewu Dino*，奇摩·斯丹波尔，2023）。《血咒》由奇摩·斯丹波尔和他的长期合作伙伴阿加西亚·卡里

图 7-4　网络大电影《鬼舞村：诅咒起源》剧照

姆（Agarcia Karim）和哈立德·卡舒吉（Khaled Khashoggi）共同创作。

　　Netflix 东南亚展映中最吸引人的影片是印尼电影制片人艾德温（Edwin）执导的犯罪剧《无边之雾》（*Kabut Berduri*，艾德温，2024）。凭借这一类型，《无边之雾》将为印尼电影开辟新天地，印尼电影界在犯罪惊悚片方面非常罕见，以女性为主角的犯罪惊悚片更是凤毛麟角。这部电影也是艾德温的新领域，他曾凭借剧情片《恋爱所有格》（*Posesif*，艾德温，2017）和《印尼饮食男女》（*Aruna dan Lidahnya*，艾德温，2018），以及黑色喜剧《我复仇，你付钱》（*Seperti Dendam, Rindu Harus Dibayar Tuntas*，艾德温，2021）成名，后者获得了洛迦诺电影节最高奖项。

图 7-5　网络大电影《无边之雾》剧照

　　《无边之雾》（如图 7-5 所示）以印尼和马来西亚边境为背景，讲述了一位来自大城市的女侦探被派往婆罗洲一个偏远省份调查可怕的连环谋杀案的故事，这个省份充满了怀疑、迷信和黑暗势力。这部电影在加里曼丹实地拍摄。从向媒体放映的首支预告片来看，这部电影与《杀人回忆》（살인의추억，奉俊昊，2003）和《沉默的羔羊》（양들의침묵，姜翰，2022）有相似之处。《无边之雾》的情节深深植根于印度尼西亚，并包含了该国讲故事传统所独有的元素。

　　Netflix 的东南亚展映恰逢《噩梦与白日梦》（*Joko Anwar's Nightmares and Daydreams*，乔可·安华，2024）的上映，这是一部全新的恐怖系列剧，出自印尼娱乐界最知名的导演之手。通过《新魔王撒旦的奴隶》（*Pengabdi Setan*，乔可·安华，2017）、《闪电奇侠刚达拉》（*Gundala*，乔可·安华，2019）和《恶魔岛》（*Dead Time: Kala*，乔可·安华，2007）等电影，乔可·安华巩固了自己恐怖大师的声誉，此次他重返小荧幕，携七集系列剧回归，这部剧更像是他与一群年轻、崭露头角的印尼作家和电影制作人合作的一次展示。《噩梦与白日梦》的每一集都聚焦于一个角色，讲述了 1985—2022 年发生的超自然事件。虽然每个故事看起来都是随机的，但结尾处却有明显的相互联系和主线。在一个热爱恐怖片的国家，《噩梦与白日梦》毫无悬念地成为印度尼西亚 Netflix 上排名第一的剧集。

　　另一部可能吸引全球观众引人入胜的作品是动作片《叛影浪客》（*The

Shadow Strays，提莫·塔哈亚托，2024，如图7-6所示）。Netflix 对这个故事的描述是："代号 13 的 17 岁刺客目前因在日本执行任务时失误而被停职。与 11 岁的蒙吉相遇后，蒙吉的母亲被犯罪集团杀害，蒙吉的良知被唤醒。蒙吉被捕后，13 决心要救出他，她踏上了一条毁灭之路，反抗她的师傅和雇佣她的组织，也就是暗影。"从放映的片段来看，这部电影充满了动作场面，应该会令该类型电影的粉丝满意。《叛影浪客》的主演有奥罗拉·里贝罗、哈娜·玛拉桑、克里斯托·伊曼纽尔和阿迪帕蒂·多尔肯。《叛影浪客》由提

图 7-6　网络大电影《叛影浪客》剧照

莫·塔哈亚托执导，他是电影制作团队"提莫兄弟"的另一名成员，该团队由提莫·塔哈亚托和提莫·斯坦博尔组成。提莫·塔哈亚托在动作片和恐怖片领域享誉国际，他的电影包括 Netflix 的《嗜人之夜》（The Night Comes for Us，提莫·塔哈亚托，2018）和 2022 年的动作喜剧《四大杀手》（The Big 4，提莫·塔哈亚托，2022），后者成为流媒体的热门影片，并在 53 个国家 / 地区的 Netflix 平台上跻身前 10 部电影榜单。

二、综艺节目（含网络综艺）

真人秀是印度尼西亚人们最喜欢的综艺节目类型之一，也是近些年印度尼西亚较火的综艺节目类型。如 2020 年开始的《印度尼西亚超级模特新秀大赛》（根据《全美超模大赛》改编，一档真人秀节目，节目中来自印度尼西亚的模特们将角逐"全印尼超模大赛"的桂冠）、2023 年的《印度尼西亚喜剧岛》（该节目将九名印度尼西亚演员和喜剧演员聚集在一个不知名的岛屿上，参加一场即兴喜剧游戏节目）、2024 年的《最后一个笑印度尼西亚的人》（主持人将带领顶级喜剧演员展开一场激烈的斗智斗勇的较量。在这个没有笑声的房间里，喜剧演员们凭借着笑话和时间的把握展开了一场高风险的战斗，以求"存活"更久）、2024 年的《印度尼西亚公主城》（为庆祝国际妇女节，最负盛名的选美大赛展现了印度尼西亚真实的美丽、现代性、社会责任感、优雅和真正的正直。它寻求符合时代变化的有价值的女性）。

三、广播电台

作为较早出现的传播媒介，广播电台的影响力随着电视、网络媒介的出现和迅速发展逐渐低迷。在引进电视之后，广播听众数量在近几年急剧下降。根据政府统计局（在印尼被称为 BPS）于 2003 年进行的一项调查，有 50% 人口收听广播电台，然而经过不到十年的时间，2009 年定期收听广播电台的人口已经减至不到 25%，另外，对于一些接触不到先进媒体的农村地区和偏远的鸟屿社区来说，电台仍是一种重要的焊体信息来源。社区电台在农村和大学校园也仍作为一个交流思想的平台存在。

据印尼社区广播协会（JKRI）称，印尼有约 300 个活跃的社区电台。2011 年由福特（Ford）基金会和亚利桑那州立大学在印尼媒体上发表的一份报告显示，85% 的印尼土地面积已覆盖电台广播信号。

近年来，人们越来越多地从电视、网络上获取新闻、娱乐等资讯，但在相对偏远的村庄、岛屿等信息不发达、电视和网络信号覆盖较弱的地区，广播还是人们了解外界的重要渠道。位列印尼广播电台排行榜前几名的电台包括 Jakarta Prambors、Jakarta Radio Dangdut Indonesia、Radio Minang Saiyo online 等，主要播放世界各大排行榜单，以及印尼本土的流行音乐，人们对流行音乐的喜好与需求体现了印尼人口结构年轻化的特点。

作为印尼最大的权威广播电台，印尼国家广播电台（Radio Republik Indonesia）为政府所有并 24 小时播出。它的节目形式多样，信号覆盖全国，并且设有"印尼之声"以供居住在海外的印尼人群收听。

在多媒体网络时代，收听传统广播的听众正在慢慢流失。除了在部分信息网络匮乏地区的人们还保留着收听广播电台的习惯，广播电台的音讯存在最多的形式是作为车载广播出现的。虽然广播电台这一传播方式已经成为很多人的过去时，但不可否认其对于印尼视听产业形成了良性补充。虽然仅仅依靠声音传播，但其便利性、随机性和廉价优势让印尼相当一部分受众一直保留着收听广播的习惯，成为视听业独特的生存样态。尤其便利性，几乎所有的移动终端都具有的视听方式就是广播电台，任何版本的手机、电脑都拥有收听广播电台的功能。广播电台无疑是传播范围最广的传播媒介。

四、其他网络平台

尽管印尼的网络覆盖和网速不尽如人意，但互联网的迅速发展仍然改变了印尼人的信息获取方式，越来越多的用户依靠网络社交媒体改变了传统的交友和生活方式。

目前，印尼范围内最为火爆的社交媒体是 Facebook、Instagram 和 YouTube。其中 Facebook 的用户高达 1.3 亿，领先于 Instagram。而中国国内炙手可热的短视频平台，在印尼还处于初期发展阶段，高频使用率仅为 6%，增长潜力和发展空间巨大。相比 Facebook，Instagram 更注重娱乐性。而更多人选择 Facebook 是为了简便快捷地获取资讯信息。目前 Facebook 上受欢迎的页面，占比最多的是线上商店、喜剧账号、明星网红等。值得注意的是，印尼人越来越关注品牌页面，84% 的营销人员表示他们将充分利用社交网络，通过社交媒体营销的方式吸引更多的客户。据测截至 2020 年印尼的互联网用户达到约 1.6 亿，数字广告行业支出也会同比增长，因此，未来社交媒体营销发展前景可观。

TikTok 是中国企业抖音集团（北京抖音信息服务有限公司，曾用名北京字节跳动科技有限公司）旗下的短视频社交平台，同时也是抖音集团的重要品牌。据数据公司 Sensor Tower 统计，TikTok 在全球用户量已超 10 亿。其中，美国、印度尼西亚、巴西位列前三。TikTok 是抖音短视频的海外版 App，用户可以借助平台表现自我、记录生活。为了使用户得到更多的操作性和趣味性，平台应用人工智能技术添加了各种特效剪辑，脸部滤镜和背景音乐。绝大多数印尼用户通过 TikTok 浏览视频，"根据移动应用数据分析平台 Sensor Tower 发布的最新研究报告，2020 年 8 月，抖音及其海外版 TikTok 以超过 6330 万次下载量，位列全球移动应用（非游戏）下载榜第一"[1]。

基于 TikTok 的社交媒体平台属性及其在海外开展品牌传播所需要的本地支持，TikTok 印尼的传播渠道建设上分为线上和线下两部分，而且两个渠道相互联动和补充。线上渠道建设方面，TikTok 印尼主要依托 TikTok 和 X（前 Twitter）两大平台、三个账号的传播，其中 TikTok 印尼的官方账号关注者最多达 720 万。关注者的数量在一定程度上反映了 TikTok 印尼线上渠道建设的有效性。此外，TikTok 印尼也借助平台，为各类型创作者及电商提供帮助，该做法在一定程度上影响了印度尼西亚用户对 TikTok 的品牌认知。

TikTok 印尼通过 9 类型主题开展品牌传播信息发布。其中，内容推荐、活动预告 / 推广、功能指导占据前三位，偶像 / 明星、创作者激励 / 挑战、互动主题也较多，电商、社会服务、品牌推广三类主题较少。TikTok 印尼通过在平

---

1 紫金财经 . 8 月抖音及 TikTok 全球下载量夺冠，印尼成下载量最大的市场［EB/OL］.（2020-09-11）［2025-02-18］. https://baijiahao.baidu.com/s?id=1677508795939207474&wfr=spider&for=pc.

台中挑选出印度尼西亚创作者的优质创作内容，从而向所有用户推荐浏览观看行为。这类型内容推荐既能推荐优质创作者来实现与用户的互动，又能传达出TikTok印尼的内容价值取向，从而实现自我品牌形象鉴定和增值的效果。该类型推荐内容涉及面广泛，包括音乐、体育、美食等内容，发布数量也最多。TikTok印尼在线下举办的活动会在线上进行预告和推广，该类型活动如印度尼西亚独立77周年活动、斋月活动、TikTok印尼音乐节等。TikTok印尼主动结合印尼本土文化和创作者需求所创设的这些活动，能让印度尼西亚TikTok创作者和使用者更近距离地接触TikTok印尼的运营管理团队。通过给创作者和使用者提供线下优质创作交流平台，使得TikTok印尼在品牌传播方面更具主动性。作为短视频创作平台，TikTok印尼持续对其功能进行优化，并不定期地推出短视频创作剪辑特效，给印尼用户以新奇的体验。为更好地给印尼用户使用TikTok提供指导和便利，TikTok推出功能指导视频，基于使用场景设计，通过真人示范的方式开展功能教学，比如，如何在TikTok中设置隐私功能、如何使用自动字幕功能、如何使用AI漫画效果等。这类型主题内容的发布既能为印尼TikTok创作者和使用者提供满意的使用体验，也能传播TikTok专业、有责任感的品牌形象。

借力明星和偶像进行品牌传播是TikTok印尼传播其形象的重要手段。统计结果显示，在TikTok印尼发布的789条品牌传播相关信息中，偶像和明星的主题内容达到106条，占比达13.34%，偶像和明星国籍大多为韩国、日本和印尼本土，这与韩国和日本偶像团体在亚洲，乃至世界广泛的影响力有关。TikTok印尼传达出新奇时尚的特点让平台更受年轻人的喜爱——"追星"自然是年轻群体的一大特点。具体内容方面，偶像/明星主题中更多的是偶像团体账号入驻TikTok并在TikTok开展直播，或者是TikTok邀请偶像团体参加TikTok在线下举办的活动，比如，韩国偶像团体EM、日本偶像团体Snow Man、印尼偶像团体JKT48等。部分明星还会在TikTok发布视频，号召粉丝关注TikTok。TikTok的这种品牌传播做法在提升用户热情的同时，增强了用户对品牌的忠诚度。

虽然外来社交网络平台的普及带给印尼人民极大的方便，也给予了印尼视听产业一定的活力。但从另一方面来看，印尼视听产业正经受着外来文化的极大影响。从上述案例不难看出，印尼的社交网络平台均属"舶来品"，印尼本土的社交网络平台几乎处于空白状态。虽然Facebook、Instagram、YouTube等印尼应用最广泛的社交网络平台在世界范围内拥有海量的用户，并且有着完整的企业运作模式，给予用户的使用体验很优秀，但缺少本土自身的社交网络平台可以映射出印尼本土的软件开发、科技创新存在短板，这对于印尼视听产业而言无疑是严峻的现实。

第四节　2015—2024 年印度尼西亚代表性视听内容分析

2015—2020 年印尼电影产业进入了迅猛发展时期，票房连年增长。本土类型片的多样化尝试，以及外国进口大片的不断冲击，促使印尼电影工作者不断学习、思考、创新、苦练内功，此举让印尼电影产业形成了前所未有的繁荣景象。此外，印尼电影的对外输出，也让人们领略到这位东南亚电影"后起之秀"的不俗魅力。特别是对电影声画关系的创新性运用，以及音乐语言的多层面表达，印尼电影的表现令人耳目一新。许多外商电影公司，尤其是美国电影公司，也因印尼电影市场的巨大发展潜力而对之青睐有加，与一众印尼电影公司开展深度合作。2012 年以来，作为全球排名逐渐上升的票房市场，印尼电影的本土发展与国际传播状况都可圈可点，国内银幕保有量不断提高。截至 2018 年中，印尼全国的银幕数已达 1638 块。美国电影协会年度报告的数据显示，印尼 2017 年的年度票房达到了 3 亿 4500 万美元，而 2018 年初在全球热映的《复仇者联盟 3：无限战争》（ *Avengers: Infinity War* ，安东尼·罗素、乔·罗素，2018，如图 7-7 所示）在印尼本土的票房超过 2500 万美元。

图 7-7　电影《复仇者联盟 3：无限战争》剧照

由 Falcon 影业出品的印尼本土浪漫爱情片《1990 年的迪兰》（ *Dilan 1990* ，Fajar Bustomi，2018）仅 2018 年 1 月就收获票房 1660 万美元，其中的音乐轻柔、舒缓，歌曲也均由女生独唱，配器基本仅由吉他、钢琴和小编制的弦乐队组成。小巧且准确的配乐将两人懵懂爱情中的甜蜜和悲伤慢慢流露出来。该片在第二年推出了续集《1991 年的迪兰》；而由 Rapi 影业和韩国 CJ E&M 联合制作、乔可·安华执导的恐怖片《噩梦与白日梦》2024 年的票房为 1100 万美元。

近年来，印尼出品的艺术电影频频亮相各大电影节，从而引发了全球电影行业的关注。在这些艺术片中，不乏镜头语言细腻、叙事手法新颖的优秀作品，不仅深受印尼普通观众的喜爱，而且在业内也引起了不小的轰动。如《玛琳娜的杀戮四段式》（ *Marlina Si Pembunuh dalam Empat Babak* ，莫莉·苏

图 7-8　电影《玛琳娜的杀戮四段式》剧照

亚，2017，如图 7-8 所示）的预告片音乐采用弗里几亚调式，并运用古典吉他伴奏，印度班苏里笛为旋律乐器，全曲充满弗朗明戈音乐的感觉。乐曲中铜管乐的出现恍惚间将人带入美国西部片。该片在戛纳电影节的"导演双周"首映，大获好评。

《亦真亦幻》（*Sekala Niskala*，卡米拉·安迪妮，2017，如图 7-9 所示）是卡米拉·安迪妮的第二部长片，这部影片在 2018 年中澳国际电影节的国际故事片单元获得最佳故事片奖，在 2017 年亚太电影大奖获得亚太影展最佳青年故事片，在 2018 年柏林国际电影节夺得水晶熊奖。

影片中，姐姐丹德丽与弟弟丹德拉是一对双胞胎，他们在稻田里自由奔跑，玩着富有想象力的游戏，能读懂彼此的内心和灵魂。但是，灾难降临了。弟弟丹德拉得了脑瘤，必须去医院。姐姐丹德丽被

图 7-9　电影《亦真亦幻》剧照

这一事态吓坏了，甚至不敢进入那间陌生的白色无菌房间。弟弟丹德拉的生命正在一点点流逝，脑瘤压迫神经，他的双手渐渐没有了知觉，濒临死亡。为了稀释恐惧和面对即将久别人世的弟弟，丹德丽找到了一种精神上的方式来重新接触丹德拉。

电影《亦真亦幻》的印尼文名字是"Sekala Niskala"，英文翻译为 *The Seen and Unseen*。这个翻译准确地表达了电影的思想：这个世界的两个部分，看到的和看不到的。但是中文又将她重新美化翻译为《亦真亦幻》。真即现实存在的世界，幻即姐姐丹德丽的幻想世界。这个幻想世界也是这部电影中象征、隐喻性最强的地方。整部电影共出现了 7 次"看不见的世界"，而配乐也大部分集中出现在这 7 次中，即"看不见的世界"主题音乐。无论是从配乐的角度还是从整部影片角度来看，观者都能感受到浓厚的印尼当代文化的杂糅气息。

担任《亦真亦幻》配乐任务的是日本作曲家森永泰弘（Yasuhiro Morinaga）。森永泰弘作为一名声音设计师，十分重视电影声音的质量。片中5.1声道的声音制作制式提供了良好的对白和音乐效果，精巧地再现了大自然的声音。华丽的声音设计生动地刻画了印尼人的日常生活状态和他们与精神世界中神之间的联系，以及在世的姐姐和她垂死的弟弟之间的联系。另外，森永泰弘也在他的音乐中融合了动效的元素，尤其运用了"音响音乐化"这一手段。

在《亦真亦幻》中，森永泰弘对"音响音乐化"的处理可分为两种：一是特定动效参与音乐；二是动效与音乐一起营造氛围。第一种情况出现在影片42分07秒时，伴随尺八缓缓的低音，运动镜头跟随着姐姐的脚步一同进入"看不见的世界"——稻田之中，背景音乐中出现的"咔咔"声一直在延续，镜头却不解释它的出处。直到远景镜头给到画面右侧的稻田风车，我们才知道，"咔咔"声是由风车发出的。这个"咔咔"声不单是动效的一部分，也成为音乐的节奏特征。下一个镜头来到了医院病房，"咔咔"声并未结束。景深是病床上的弟弟丹德拉，而离摄影机最近的模糊物体，我们能模糊地感觉到，它是这个空间发出"咔咔"声的来源，镜头焦点给到它，我们看清楚了这是病房里的风扇。这两个镜头之间的转场，是由动效，也是由音乐串联起来的。第二种情况出现在每一次姐姐丹德丽进入"看不见的世界"的时候。森永泰弘为"看不见的世界"创作的主题音乐的配器是由八尺、弦乐和电子合成器组成的（但不仅限于这些人造的乐器）。森永泰弘将风声、水声、树叶声，包括之前提到的稻田风车的声音都加入了音乐中。动效在此处不仅是与音乐进行配合，而是完全与音乐融合在了一起，有些瞬间甚至使让人忘却了音乐的存在，仿佛这是自然、神明所发出的语言。作为人造乐器的尺八，音色苍凉、辽远，有着很强的写意功能，让人很容易联想到宗教、自然，甚至宇宙。

除了"看不见的世界"主题音乐之外，片中还出现了三首歌曲，均由片中角色无伴奏清唱。他们分别出现在影片的三个段落：一是姐姐丹德丽第二次进入"看不见的世界"，与幻想中的弟弟趁着窗外景色一起唱出的印尼民谣，歌词写道"这美丽的金色花朵，繁复堆叠，随风摇曳，金色花朵托起整片天空，飘落于东方，飘散于西方，随风起舞"；二是随后姐姐夜晚独自进入稻田时这首民谣再次出现，只由姐姐一人唱出；三是三段落均由母亲演唱，歌词中满是母亲对丹德拉的心疼和绝望。三首无伴奏由演员唱出的"有源音乐"给人以真实的冲击感，最打动人的往往最真实。

影片中一些镜头及特写对象也是具有象征意义的，透露着浓重的宗教气息。它们大多与这些关键词——"月亮""神""自然"有关。巴厘岛人的精神生活与萨卡月神历有关，萨卡月神历是 14 世纪产生的。历法是根据月亮的周期编排的。影片中常常出现的月亮特写、月亮女神与怪兽的故事等都表现了他们对月亮的崇拜；姐弟两人穿着用草和颜料创造的美妙的服装模拟斗鸡、姐姐在得知弟弟死亡时模拟猴子的举动，以及姐姐充满祭祀意味的舞蹈。巴厘岛人确实深度敬仰和高度赞赏他们看不见的神，如果说仪式、神话、动物主义和萨满教属于儿童时代，那么成年人对神的膜拜则体现在一丝不苟的稻田和水分配，包括在影片开头，弟弟只因从祭祀台上拿了一个祭祀给神的鸡蛋，下一秒就莫名其妙地生病了。

巴厘文化中处处体现着"二元性"哲学。巴厘岛的宗教活动、祭品、仪式都是为了保持善与恶的平衡。上帝创造了每一个让世界变得平衡的东西。乍一看，它似乎呈现出不同的光谱——善与恶、健康与疾病。但这两种截然不同的东西实际上是和谐的。影片中鸡蛋的符号出现了好几次。鸡蛋有蛋黄和蛋白，姐姐不喜欢吃蛋黄，弟弟不喜欢吃蛋白。正如影片中护士说的："双胞胎，是一种'平衡'的象征，他们'使彼此完整'。"当姐姐剥开了一个没有蛋黄的鸡蛋，脸上的愤怒和惊讶溢于言表。两个双胞胎孩子，一个像月亮，另一个像太阳；一个吃蛋黄，另一个吃蛋白；一个会死，另一个会活。《亦真亦幻》有力地揭示了这一事件背后的神秘主义。

可以看到，印尼本土电影行业以它特有的文化特质呈现在世人面前，与早年的文化封闭不同的是，印尼因文化开放，吸引了一大批对印尼文化带有好奇的外国投资者。电影市场的逐渐升温，使得电影票房也呈逐年增长趋势，而票房的增长也体现了印尼人民生活水平的提高。电影数量的增加不仅说明了印尼电影产业的蒸蒸日上，也展现了印尼如今良好的产业氛围；同时电影品质的不断提升也开始吸引越来越多的投资者将目光聚焦于此，并慷慨解囊。以此为契机，印尼境内大大小小的电影公司陆续落地生根，早些年强烈反对开放的电影公司，现在因为有了国际资本的加入而变得富有。"越来越多的电影院提供给了崛起的中产阶级，同时印尼 OTT 平台对内容产品的需求也在增加。"[1]

从今天来看，印尼电影业因改革和开放正处于蓬勃向上的态势。但在2016 年以前，为了保护印尼的民族电影产业，也为了规避与其他电影寡头的不良竞争，印尼的电影艺术管理部门对企业严格规定：外商不能成为电影企业

---

1 中国电影报.下一个电影市场大增长的地区会是哪儿？印度尼西亚了解一下［EB/OL］.（2018-12-02）［2025-02-18］. https://m.sohu.com/a/279157835_388075?_trans_=010004_pcwzy.

的大股东，外资注入也要层层审批。从 2016 年开始，印尼总统对电影业进行了改革，使得外商也有了拥有电影公司百分之百股份的机会。自此，印尼本土的电影集团与外来电影投资者的竞争开始了。在这样的大环境下，印尼本土的电影产业竞争激烈，收购、融资促进了电影产业的发展。

结　语

印尼视听产业作品中具有的独特的文化特质在全球独树一帜、风格迥异。电视产业中的各大主流电视台逐步走向规范化、多元化和商业化，这不仅是时代发展、科技进步的结果，也是印尼实行市场经济的正面效应，当今电影业的繁荣发展离不开市场经济。近年来的印尼本土影片风格多样，包括西部片、恐怖片、文艺片、动作片等类型，影片中体现的文化隐喻、政治隐喻、酷儿文化、东方哲学被西方电影理论家广泛探讨。除电影、电视业，其他视听产业的发展同样离不开本土文化的浸染和外来文化的渗透。发迹于美国的社交网络平台 Facebook 和 Instagram 中的印尼用户数量众多，短视频平台 TikTok 深入印尼人民的生活；网络电视平台"YouTube Go"成为印尼民众消遣娱乐的重要视频平台；老牌传媒广播电台也逐步走向年轻化、流量化……这些都与时代发展、科技进步，以及日益加深的国际交流合作息息相关。

（杨宣华、沈力　撰稿）

第八章

越南视听产业与创作

越南作为有着9600万以上人口的国家，面积约有33万平方千米，人口密度较大。得益于20世纪80年代的"革新开放"政策，其市场化进程较快，近年来经济发展更是突飞猛进，2019年越南GDP增速超过7.0%，在全球经济增速放缓的背景下，显得尤其出众。越南居民收入也持续增加，达到人均每年近2800美元，贫困家庭比例降至1.45%，被联合国开发计划署（UNDP）认定为减贫方面取得的一项重大成就。

越南广播电视产业发展与国家历史沿革息息相关，也与国家经济发展同步增进。作为晚于我国起步的越南电视视听产业，与我国一衣带水的文化渊源，使其视听创作在多方面与我国相近。同时，近年来韩国娱乐产业对越南的扶持，使得越南视听产业飞跃发展。本章将对越南电视产业发展历史做出梳理，对视听产业重要公司与现象进行总结，对2015年以来的越南电视剧、网剧，越南电视节目，越南纪录片，以及越南短片、微电影等视听作品进行概述与特点分析。并在最后针对代表性视听作品——《凤扣》（*Phượng Khấu*，黄俊英，2020）进行深入个案分析。

第一节　越南视听产业发展简史

越南的高密度人口、高速发展的经济，决定了越南人民对广播影视作品内容的巨大需求量。总的来说，越南广播电视业历经了以下四个重要时期。

一、初创停滞期（1945—1954）

1945年之前，越南广播被法国殖民政府所控制，越南人民禁止使用无线接收设备。法国殖民当局于20世纪20年代后期在西贡建立了第一个广播电台。

1945年9月2日，胡志明在巴亭广场通过电波向全国宣读《独立宣言》（1945），这不仅标志着越南独立，也标志着越南语的首次播音。1945年9月7日，作为国家级政府广播电台的越南国家广播电台［又名越南之声广播电台（Radio the Voice of Vietnam，简称VOV）］正式成立，于11时30分在河内市正式开播。同一天，中国广东话、法语、英语对外广播节目正式开播。它标志着越南广播电视事业的正式开端。

1950年，实际是法国人负责运营的越南广播电台（Radio Vietnam，简称VTVN，又称西贡电台或国家电台）成立。1954年，法国战败撤出中南半岛，电台正式移交给南越政府，并得到美国的技术支援。

这段时期，由于越南正在进行反法战争，缺乏稳定的发展环境，越南广播电视业发展全面落后于世界发展水平。其广播节目质量不高，且呈现时长短、易中断的特征，整体广播事业刚起步即面临停滞的状态。

二、电视起步期（1954—1975）

这一时期越南国内环境动荡，但电视业逐渐脱离广播业，取得了一定的发展，各级电视台先后成立。

1954年10月14日，河内广播电台（简称HanoiTV）成立，标志着今日河内广播电视台的问世。

1965年越南电视台（Đài Truyền Hình Việt Nam，简称THVN，又名西贡电视台或THVN-9）在越南共和国（南越）成立。这是一家国营无线电视台，也是越南首家电视台。由心理战总局（一说民运部）下辖的广播、电视及电影总局营运。越南电视台采用美国联邦通信委员会制定的广播规格，于第九频道播放黑白电视节目。越南电视台成立是为了抵抗越南劳动党的宣传，建立国家认同。1966年，该台与驻越美军的电视台同步启播，起初只使用飞机制作和播放电视节目，直至1966年10月电视台录影厂、发射站启用为止。电视台的播放时数也从最初的1小时逐渐延长到6小时。到20世纪70年代初，观看电视已成为当地人的主要娱乐活动。1973年《巴黎和平协约》签订后，美军撤出越南，把广播器材移交给越南电视台。1975年越南电视台于4月29日晚播放了最后一个节目。1975年5月1日，新的西贡解放电视台成立，并于当日19时开始广播。1976年7月2日，西贡解放电视台改名为胡志明市电视台（Ho Chi Minh City Television，简称HTV）。

1970年9月7日，在古巴的技术援助下，越南国家电视台（Vietnam Television，VTV）的前身，位于河内市的越南之声广播电台的电视编辑部成立了越南无线电视台（THVN），并于同日开始试播电视节目。此时的电视节目还以越南中央广播电台的名义播出。1971年，越南成立"电视广播委员会"。越南战争后期，越南无线电视台转入山区播出。1973年，越南无线电视台的第一个黑白电视节目信号测试成功，标志着越南无线电视台正式开播。1975年，随着越南统一，越南无线电视台的播出范围扩大到越南全境。

从全国范围看，1975年前后，一批地方电视台成立开播，除西贡电视台，顺化电视台、归仁电视台、芹苴电视台、芽庄电视台等先后成立。起步期的越南电视事业在政治宣传方面发挥了重要作用。

三、发展改革期（1975—1993）

连年战火使经济本就落后的越南文化事业发展更是不景气。20 世纪 70—80 年代，越南人均电视机每千人 33 台，收音机也仅仅每千人 106 部。

1975 年，越南社会主义共和国正式宣告成立。政府发布"两极办电视"的政策，并延续至今。[1]1976 年 6 月 18 日，越南无线电视台试播告一段落，它从越南之声广播电台独立出来并更名为"越南中央电视台"（Đài Truyền Hình Trung ương），总部迁到阮志青路 43 号办公至今。此后越南各省、直辖市陆续设立省级电视台。至此，越南电视也正式告别广播电台时期，进入电视发展的关键期。

1980 年在苏联帮助下越南中央电视台成功建设了荷花地面卫星通信站，并于 1980 年 7 月在河内市首次直接接收苏联莫斯科彩色电视节目，开始与黑白节目混播。1980 年后，越南中央电视台的各个电视节目在新闻、专题等节目的基础上进行扩充，开始播放以苏联、德国、波兰、意大利为主的国外电视剧。

1981 年，电视设备统一后，第一届全国电视联欢会在顺化举行，越南中央电视台邀请各个地方电视台参加，联欢会的主要内容为交流节目，交流经验。

1982 年，越南制作出本土第一部电视剧《城市人》（Người thành phố, Khai Hung，1983）。1986 年，越南实行"革新开放"政策，越南媒体也迎来了改革开放的时代。1986 年 12 月，越南共产党召开第六次全国代表大会，该会制定了全面革新和开放的基本路线，并规定"大众传媒的任务是宣传党的路线和政策，紧密联系实际，提供及时的信息报道和详细而深刻的新闻分析，树立好的典型，鼓励和倡导新事物，以正确的方式处理社会上出现的重大问题"。[2]随着改革政策的实施与深入，越南经济得到快速发展，并极大地推动了越南文化事业的发展，越南广播电视事业也迎来了新的机遇，越南电视产业进入全面发展时期。

1986 年 7 月 1 日，越南中央电视台开始使用 SECAM 格式播出彩色电视节目。

1　武氏渊.越南电视业发展简史［D］.南京：南京师范大学，2012：12.
2　国家广播电视总局培训中心.东盟广播电视发展概况［M］.北京：中国广播电视出版社，2008：153.

1987 年 4 月 30 日，越南中央电视台改名为越南国家电视台（Đài Truyền Hình Việt Nam，VTV），成为越南的国家级电视台。

1991 年 1 月 1 日，越南国家电视台改为使用 PAL 格式播出彩色电视节目。1991 年越南国家电视台第一套节目上星播出。此后数年，越南国家电视台纷纷开通通过卫星传播的频道，如综合频道 VTV1、科教频道 VTV2 和综艺频道 VTV3。

这一时期的越南电视业实施"全额拨款"管理体制，即由国家财政直接拨款、地方政府行政管理的管理体制，这个阶段的广播电视被视为公益性的事业单位，具备宣传、教育、娱乐功能，没有经营能力。这一时期的电视台是"制播合一"的模式，电视节目由电视台自行制作，多为定时播放，每周播放三至四晚，内容大多是新闻、政论、文艺表演等，播出形式大多采用录播形式，同时也引进国外电视台的纪录片等。电视节目制作虽然有了一定发展，但节目类型十分单一，主要由儿童节目、新闻、专题、音乐、纪录片、电视剧等构成。

四、电视频道化完善期（1993 年至今）

1993 年后，越南国家电视台的组织构架、管理体制和节目内容等方面得到完善与发展。1993 年 8 月 16 日，越南政府发布了《规定越南国家电视台的位置、职能、任务、权限以及组织机构的决议》，规定了以前直属通讯部的中央电视台从今往后改为政府直属部门，直接接受政府的行政、计划、财务、编制管理。通讯部是中央电视台的行业主管部门（如图 8-1 所示）。这种管理组织结构一直沿用至今。

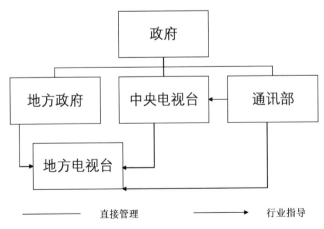

图 8-1　越南电视传媒的组织管理体制（1993 年至今）

从 1993 年开始，市场经济改革波及电视传媒行业。1993 年越南国家电视台播出了第一个电视商业广告，引入电视广告标志着越南电视商业属性的建立。越南电视传媒业开始实行经营管理体制改革，由不接收任何经营方式的财政拨款型的事业单位，逐渐转型成为不单依靠政府拨款、自支自收、自主经营的事业单位，进而实现企业化经营模式的改革。

1995 年 4 月 30 日，越南电视台全程直播了南北越南统一 20 周年庆祝活动，这是越南电视台第一次对重大时政事件进行报道。1995 年 9 月 1 日，越南国家电视台第四套（VTV4）节目开始试播，以外宣节目为主。1995 年 11 月 19 日，越南国家电视台设立广告部（现为广告和电视服务中心）。

1996 年，政府允许使用广告收入来发展电视行业，经济的刺激使得 1993—2004 年的电视节目相较之前更为丰富多样，反映出社会生活的各个方面。

1997 年，越南电视台的新闻节目开始以直播形式播出。

从 1993—2004 年，越南电视经历了从"收支两条"管理制度到"支出预算包干"管理制度的变革，2005 年开始改为"财政自主权"管理制度。[1] 经营体制改革为越南电视业带来新的活力，从事电视的媒体工作者发挥主动性和创造性，提高管理能力，为电视节目质量提高和数量提升打下了坚实的基础。

截至 2000 年 5 月，越南国家电视台已有四套节目上星播出：VTV1 综合频道，主要播出新闻节目，以及专题节目、电视剧、电影、音乐等；VTV2 科教频道，主要播出教育节目，特别针对高山地区的少数民族，让没有条件进入学校学习的人群观看节目获得知识；VTV3 综艺频道，主要播放文化、体育、娱乐、信息经济的节目、国内外电视剧、选秀节目等，同时播出国内外新闻和热门专题。VTV4 国际频道，主要服务于对外工作的越南人或海外越裔，播出节目包括时政、经济、文化、社会等，大部分内容是 VTV1、VTV2、VTV3 的精选节目。2003 年，对外编辑部门拥有四个自制节目，分别是《看于河内》（节目是国外越南人介绍政府的政策、主张、方针，特别介绍涉及越裔愿望的政策）、《越南在外国人的眼中》、《点报》、《越裔要求的歌曲》。

2002 年 2 月 10 日—2007 年 2 月 15 日，越南电视台第五套民族语频道（VTV5）进行试播，以越南语及越南少数民族语言节目为主；2007 年 4 月 29 日，越南国家电视台第六套少儿频道（VTV6）正式开播，以少年儿童节目为主，在河内地区通过有线电视播出；2007 年 10 月 8 日，越南国家电视台第九套南方频道（VTV9）开播，由越南国家电视台和胡志明市电视台共同管理。

1　武氏渊.越南电视业发展简史［D］.南京：南京师范大学，2012：23.

2011—2014 年，越南国家电视台共六套节目开始了 24 小时播出模式，并进行了多个频道的高清、标清同播。2014 年 3 月 23 日，越南国家电视台综合频道开始以 16:9 格式播出。2014 年 6 月 8 日起，越南国家电视台开设 YouTube 账号。并从 2014 年 6 月起越南电视台各频道的台标调整为 16:9 格式。2014 年 10 月起，第四套节目、第五套节目开始全天显示报时器。

2015 年起，越南国家电视台第二套、第五套、第九套节目开始高清、标清同步播出。2015 年 11 月 20 日—12 月 31 日，越南国家电视台第七套开始试播，以教育节目和纪录片为主。

越南目前有一个国家电视台、一个数字电视台、65 个地方电视台及一些有线电视台。[1] 越南多媒体通讯总公司（Tổng Công ty Truyền thông Đa phương tiện Việt Nam，简称 VTC）是隶属于越南资讯产业与通信部的一家大规模的公营多媒体机构，是一家具有领导地位的国家广播机构及数字广播运营商。

第二节　2015—2024 年越南视听产业发展策略

一、越南本土国有电视业的合作与发展

2009 年 1 月 21 日越南财政部发布政令规定，越南中央电视台有权跟业外合资成立经营组织，但是投资项目必须符合电视台的职能和责任，投资金额比例不能超过最近总自身收入的 15%。根据法律规定，电视台总经理全面负责投资项目，不允许投资在电视台总经理的亲人开办的公司，不能购买其他股份和收购整个公司。

在越南，到现在这种投资合作的经营方式只在越南中央电视台进行实验，还没往下全面实行。合资公司都从事付费电视经营活动，例如，SCTV 有线付费电视、有限责任公司［除电视台和 SAIGONTOURIST 旅游公司合资成立的（电视台占总投资比例 51% 的股份）的 K+ 足球比赛付费电视，也是唯一有外资合作的公司］。此外，还有 O2TV，其初始投资者为越南 Techcombank，后来转让给北亚银行，Info TV 及 Shopping TV 的运营由 Ocean 集团承担，VBC 由新造集团全面经营。

1　尔东. 丰富多彩的越南电视广告市场［J］.卫星电视与宽带多媒体，2013（7）：26-27.

政府允许其他行业进入电视节目制作领域的原因是电视节目制作的成本大，需要大量的财力、物力、人力支持，对于处在发展阶段的越南电视业，依靠政府全额拨款和广告收入仅能维系某单个节目制作，因此需要大量对外合作。同时，越南电视人才的缺乏导致节目制作质量较低，内容单一重复，不能满足受众的要求，因而越南电视产业陆续开展了与其他行业有实力机构的合作。

二、电视的服务功能趋于多元化

近年来，越南的电视业不断发展，也引发了很多电视服务的诞生。电视服务利用世界最先进的电视科技，给人们带来了很多方便，特别是数字电视的发展基本上满足了大部分观众的生活需求。

数字技术在越南电视业传输领域的应用，为付费电视在越南的发展提供了条件。在越南，付费电视出现于1990年，直到2000年才得到进一步发展。现在已经有大概47家单位从事付费电视及相关工作。2003年9月，全国使用付费电视用户只有8万人，主要集中在河内市、胡志明市。但是，6年后，用户数量增加20倍。在越南，目前胡志明市是全国付费电视用户最多的城市，达到了100万以上。

付费电视的数量日益增多，也引起了竞争，包括合理竞争和不合理竞争。为了改善付费电视，使它积极发展，限制违法与不正当竞争进入规范管理轨道等。2009年越南广播电视管理局和信息通讯部进行付费电视管理的起草规制工作，通过全国负责付费电视单位的意见，2010年对本管理规制进行改善，《付费电视管理规制》得到越南总理批准后，于2011年3月24日正式公布与实施。可以说，越南的付费电视已经成为一种服务经营，但在发展的过程中还存在问题，例如国内国外的电视节目频道地位不平等、内容编辑不够紧密、竞争激烈等。

三、电视产业集团化发展

加入世界贸易组织之后，越南的电视业迅速融入经济市场，面对境外电视业的渗透和冲击。此时，越南电视业走向集团化的道路。目前组建光电集团，对电视业进行产业化，在越南逐渐推进。近几年来，广播电视集团开始活跃在越南的市场上，其中越南较大产量的广播电视集团是VTC集团（成立于2011年）和AVG集团（成立于2010年）。

VTC是越南多媒体集团，集合电信、信息技术和传媒广播等高技术。VTC是越南第一个传媒集团，受政府的指导与支配，在建设与发展国家的经济传媒产业中占据固定的地位。VTC 集团的规模有利于吸引国内外的经济投资，目前 VTC 集团正在加强财政管理，扩大投资范围，已经在亚洲、欧洲、美洲的 10 个国家的传媒和数字服务方面进行投资。在未来，VTC 集团会拥有足够的力量与国际各个传媒集团竞争。

AVG 是越南第二家传媒集团。AVG 集团播出的电视节目以文化和体育相关内容为主。2011 年正式进入付费电视市场，目标定位为多元化服务。

此外，越南还有不少其他广电集团，如 EG 有线电视集团、青年传媒集团、DatvietVAC 集团（越南第一家私人传媒集团）。2015—2020 年，越南政府在越南电视台的规划中指出，越南政府会努力并加强投资让越南中央电视台（VTV）也成为一家广电传媒集团。

四、海外合作与国际交流日益增多

在 20 世纪 80 年代，越南就已经在广播电视领域进行国际交流并合作了。1988 年，越南中央电视台每周在 CNN 电视台（覆盖各州的有线电视公司）播出一个时长的 3 分钟的新闻节目。1993 年，越南中央电视与日本电通集团（Dentsu）合作，播出日本制作的《阿信》（*Oshin*，1983）这部连续剧。这是越南中央电视台第一次成功地为国外连续剧进行配音并向全国播出。这之后，一系列日本连续剧在越南电视屏幕上出现。1994 年是越南中央电视台在国际合作上突破的重要一年。越南中央电视台通过一个国外公司正式采购在美国举办的世界杯（FIFA World Cup）的版权，使得越南人民第一次通过直播看到世界上具有最大影响力的足球赛事。1994 年，澳大利亚 ABC 电视台在培训传播和供应节目上也开始与越南电视台有了初步合作。澳大利亚 ABC 电视台总经理 David Hill（大卫·希尔）拜访了越南中央电视台，并提出要送越南中央电视台一个澳大利亚 ABC 电视台的对外频道接收信号器。1995 年初，越南收到此对外频道接收信号器，适用于接收并播出澳大利亚 ABC 电视台的各种电视节目。

1995 年越南电视台开始与其他地区国家的电视台合作，如中国中央电视台 CCTV-4、韩国 KBS 电视台、日本 NHK 电视台等。越南中央电视台也与老挝和柬埔寨有着密切的合作关系。目前，越南有长期派驻在老挝和柬埔寨的电视台，它们主要转播越南中央电视台的各种电视节目，以便这两个国家的越侨能看到本国的新闻。

2002 年，越南中央电视台和越南之声广播电视台成功在河内市举办了 AIBD 组织的第一届全体会议。有来自 40 多个国家的代表参与了此次会议。此次会议成功之后，ABU 请求越南中央电视台和越南之声广播电视台帮助其举办 ABU 长年会议。

2003 年 12 月，第 22 届东南亚运动会在越南举办。此时，越南中央电视台已经成为国家的电视机构，向各个国家播出有关东南亚运动会的比赛情况。越南中央电视台已经成功建立了一个有着先进设备、标准技术的国际电视中心。东南亚运动会的转播成功之后，ASEAN 国家会议在老挝首都举办，为了能成功地举办此次活动，老挝政府请求越南中央电视台帮助其建立一个国际电视中心。

五、越南与中国的广播电视合作

自 1991 年 11 月中越关系正常化以来，随着两国的政治、经济、文化等领域交流与合作的活跃，两国在广播电视领域的交流与合作也不断地得到巩固与发展。中国国际广播电视台与越南之声广播电台、中国中央人民广播电台与越南之声广播电台、中国中央电视台与越南中央电视台都互相签订了交流合作协议。中国各个地方电视台如广西电视台、云南电视台等都与越南中央电视台的广播电视机构建立了良好的合作关系，通过定期互访、节目互换、人员干部交流的形式，进一步加强了两国在广播电视领域的交流与合作。

2003 年，云南电视台与河内广播电视台合作拍摄大型文化纪录片《两国将军》。该纪录片被定为中越建交 53 周年特别节目，在中国中央电视台黄金时段播出，并获得 2003 年度中国电视纪录片学术奖特别奖。

2005 年，中国云南卫视的电视节目正式在越南河内广播电视台有线网开播，中国云南卫视成为中国国内首家进入东盟国家有线电视网的省级电视台。

2006 年，中国南方卫视成功落地越南西贡有线电视网，满足了在胡志明市粤籍华人的收视需求。

在 2007 年中国—东盟电视台合作峰会上，中国云南电视台与越南广播电视台、越南河内视听公司签署了战略合作协议，中国云南电视台与越南河内广播电视台于 2008 年合作拍摄了大型纪录片《百年滇越铁路》。

2011 年，越南广宁电视台与中国广西人民广播电台进行会谈并签署了战略合作协议。播放诸多广受越南观众喜爱的中国电视剧，如《西游记》《水浒传》《三国演义》《渴望》《射雕英雄传》《天龙八部》《黑洞》等。中国电视剧为越南观众更多地了解中国、增进中越两国人民的友情发挥了积极作用。

经过 40 多年的发展，越南电视业已经有了一定的成绩，在交流与合作方面也在不断地推广与加强，从而实现了越南电视产业更快更好的发展。

六、新技术与新现象

1. OTT 服务与盗版现象

越南对新技术非常开放。IPTV 推出的第一个 OTT 视频服务已于 2013 年由 VTC 免费试用。其他运营商随后几年也纷纷效仿,推出自己的免费试用 OTT 服务。2016 年,K+ 是第一个收取 myK + Now 订阅费(约合每月 5.6 美元)。2017 年,SCTV、VTVCab 和 FPT 提供付费 OTT 订阅,但每个账户每月的补贴高达 1—2.3 美元。

越南 OTT 提供商提供的观看体验尚未与主流技术相媲美。大多数 OTT 用户通过小屏幕(移动设备)观看视频,只有极少数(17%)使用电视机访问 OTT 内容。在越南,观众可以获得一些外国付费 OTT 服务,这些服务在大屏幕上提供与主流技术相当的观看体验。其中包括 Netflix、Amazon Prime Video 和 HBO 等。但是,这些服务在越南的市场份额在统计上是微不足道的。越南信息和通信部(MIC)起草了新的立法,以规范 OTT 服务,该服务建议外国付费 OTT 服务被许可,以便在越南提供服务。

2017 年,MIC 已向当地运营商颁发了约 30 个 OTT 许可证。截至 2018 年 4 月,在 27 家持牌付费电视运营商中,只有 15 家获得 OTT 牌照。然而据当地业界人士透露,越南 OTT 服务中 95% 的内容都是盗版。

2. 流媒体与视听应用

在 iPhone 设备应用下载量排名前四的 App 中,越南本土音视频 App 占据三个,包括音乐软件 Zing MP3、Nhac Cua Tui 和视频软件 Zing TV。安卓设备本土应用优势更明显,音视频排名前五的应用中有四款为本土应用。值得一提的是 Zing MP3、ZingTV 和腾讯之间的关系,或者说是 VNG 和腾讯之间的关系。VNG 集团旗下产品众多,涵盖视频、音乐、游戏、社交、支付、门户、电商等领域,可以说是越南互联网界的巨擘,而 Zing MP3、ZingTV 及社交类唯一上榜的本土应用 Zalo 都是 VNG 旗下产品。

腾讯在越南的投资布局之一包括扶持 VNG 并加深合作,VNG 几乎复制了腾讯绝大多数产品,并且部分产品连 UI 界面都没有大改动,可以说 VNG 就是越南版的腾讯。

如果不分垂直细分领域,而是看 2018 年 3—5 月 App 热榜的总体排行,那么不管是 iPhone 还是安卓设备,获得最高人气的 App 都是抖音国际版——

TikTok 和快手国际版——Kwai。越南的短视频行业还在高速成长期，市场远未饱和，TikTok 和 Kwai 在接下来还将获取更多的用户。[1]

3. 付费电视的高级内容需求

由于 ARPU（Average Revenue Per User，每用户平均收入）较低，很少有付费电视运营商想投资购买优质内容。据 MIC 称，200 多个国内频道中约80 个是付费电视频道。所有国内电视频道都支持广告，包括付费电视频道。MIC 已经批准了 68 个外国频道的许可，其中包括 63 个付费电视频道和 5 个是外国政府支持的非商业频道。国外付费电视频道上的广告数量远低于国内频道。一些外国频道（如福克斯电影和卡通网络）在付费电视频道列表中非常受欢迎，这表明越南受众对优质内容的需求很高。在 2018 年第一季度，卡通网络、福克斯电影、HBO、迪士尼和麦克斯是河内市最受关注的付费电视频道，卡通网络、福克斯电影和 HBO 是胡志明市最受关注的付费电视频道。

第三节　2015—2024 年越南视听作品创作概况

近年来，越南视听作品创作在电视剧、网剧、电视节目真人秀、纪录片和网络微短剧等娱乐节目上持续发力，电视剧、网剧呈现出关注家庭伦理、中国／韩国电视剧翻拍热等创作特点，越南电视节目则在真人秀节目中进行现象节目打造，越南纪录片与娱乐节目也表现出现实题材、古装 MV 制作 IP 化等特点。

一、越南电视剧、网剧创作概况

自 1970 年越南国家电视台在河内市成立，成为第一个国家级电视机构之后，一直到 20 世纪 80 年代，电视机入户率才逐渐得到普及。越南本土电视节目制作不足，大量购买海外电视节目成为其发展受众、保持收视率的重要选择。如引进巴西电视剧《女奴伊佐拉》（*Escrava Isaura*，Herval Rossano、Milton Gonçalves，1976）、日本电视剧《血疑》（*Akai Giwaku*，濑川昌治等，

1　梦婕 . OTT 出海记系列之四：越南市场的风与坑［EB/OL］.（2018-08-15）［2025-02-18］. https://lmtw.com/mzw/content/detail/id/160097/keyword_id/-1.

1975)、墨西哥电视剧《坎坷》(*Los ricos Tambien Lloran*，Fernando Chacon、Rafael Banquells，1979)等。直至20世纪90年代初，越南才开始重视本土电视剧的制作与发展。由于长期对海外电视剧的引进依赖，尤其是越南的每一级电视机构、影视制作媒体都具有单独进行电视剧海外交易的权利，越南电视行业本土制作能力受到很大影响。

20世纪90年代初，越南文化部为改变本土影视产业制作不足的现状，制定政策减少对海外电视剧，尤其是欧美等与东方文化差异明显的影视作品的引进。与此同时，这种本土制作不足与引进东方作品为主的政策利好，使得中国电视剧大量进入越南，例如，1992年我国电视剧《渴望》以外宣赠送的方式提供给越南放映，在越南收视率突破90%，引起巨大反响。此后，中国电视剧在越南影响力逐渐增强。《西游记》《唐明皇》《三国演义》《水浒传》《康熙微服私访记》《雍正王朝》等古装历史剧、古装仙侠剧成为越南电视台播放频率较高的剧集，也成为越南观众偏爱的中国电视剧类型。近年来，《甄嬛传》《武媚娘传奇》《三生三世十里桃花》《花千骨》《琅琊榜》《芈月传》《楚乔传》等成为越南引进并在越南本土影响广泛的电视剧集。

除历史剧与武侠剧，关注当代生活的电视剧集也备受越南观众喜爱，从越南视频网站广泛播出和点击量可以看到中国电视剧类型在越南本土逐渐丰富，如《人民的名义》《北京青年》《青年医生》《我的青春谁做主》《虎妈猫爸》《何以笙箫默》《美人心计》《杉杉来了》等。这些中国影视剧为越南本土观众提供了更为多元的选择。

1. 家庭伦理题材剧

家庭伦理是越南本土电视剧、网剧近年来最常见的题材。2015年播出的家庭亲情伦理题材剧集有:《悲伤有眼》(*Nỗi Buồn Có Mắt*，阮光明，2015)——讲述贫苦出身的姑娘爱香利用爱情，为母亲治病的故事;《命运转角》(*Góc Khuất Số Phận*，李克，2015)——讲述贫苦出身的阿雄在艰苦辛勤的劳动中长大的故事;《美人关》(*Ải Mỹ Nhân*，春福，2015)——以20世纪初为背景，叙述著名富人清先生和四个太太命运多舛、爱恨交加的家庭故事。2016年则出现《八卦图阵》(*Trận Đồ Bát Quái*，阮氏竹梅，2016)、《白菊花》(*Hoa Cúc Trắng*，丁泰瑞，2016)、《头号男人》(*Khi Đàn Ông Là Số*，李克玲，2016)、《芝宝，芥末和你》(*Zippo, Mù Tạt Và Em*，重桢、裴进辉，2016)等，其中《芝宝，芥末和你》讲述从大学开始时隔多年的三角恋，该剧获得2016年越南电视剧金风筝奖。2018年则播出《教父女儿》(*Con Gái Bố Già*，阮芳田，2018)、《幸福来迟》(*Hạnh Phúc Muộn Màng*，张勇，

2018）、《媳妇命》（*Phận Lâm Dâu*，阮德文，2018），以及讲述三个女孩友谊、生活艰辛的《西贡美人》（*Mỹ Nhân Sài Thành*，黎恭北，2018）等作品。2019年的越南金风筝奖最佳电视剧也同样颁给了家庭伦理题材剧集《孩子，回家吧！》（*Về Nhà Đi Con*，阮丹勇，2019）。

2."韩向"都市青春剧

近年来，一类具有韩国倾向的都市青春剧在越南本土电视剧创作中独占鳌头，其中不乏本身就翻拍自韩国的成功之作。如翻拍自韩剧《王家一家人》（*Wang's Family*，陈亨旭，2013）的越南电视剧《有儿有女》（武石草，2018），该剧第一季共102集，自2018年5月7日开播，每周一至周三晚八点播出，直至2019年1月15日第一季播出完毕。此后第二季长达50集。此剧获得越南金风筝奖及金杏奖。

2018年另一部翻拍自韩剧《家族之间何必这样》（*What happens to my family*，全昌根，2014）的越南电视剧《爸爸是全部》（阮光明，2018）获得广泛好评，该剧讲述了身患绝症的单亲爸爸利用"不孝诉讼"改变三个自私子女的故事。

2018年最具轰动效应的当数翻拍自韩国电视剧《太阳的后裔》（*Descendants of the Sun*，李应福，2016）的越南版《太阳的后裔》（陈宝禄，2018），该剧讲述了特战部队大尉与外科医生之间相互支持、患难与共的爱情故事。影片画面唯美动人、外景开阔、战争场景逼真、音乐美妙动人、男女主人公清秀美貌，方方面面可圈可点，可谓一次成功的翻拍，也在越南本土取得较高收视率。

此后，更值得关注的是2021年热播的越南电视剧《苹果树花开》，这部电视剧自2021年4月5日起每周一至周三当地晚上8点在 Vie Channel-HTV2播出，一经播出便登上越南热搜，成为2021年越南电视剧最大赢家。作为一部改编自韩剧《为何那样，奉尚先生》（*Liver or Die*，陈亨旭，2019）的翻拍剧，该剧能够达到总收视率最高，获得观众最感兴趣的电视剧殊荣，并打破多项越南电视剧奖项，足以见得海外成功案例对本土翻拍作品的胜算保障。

3."中向"古装剧翻拍剧

中国电视剧也是越南电视制作常常考虑借鉴与翻拍的对象，与韩剧翻拍的现代都市青春剧不同，翻拍自我国的大多作品为古装剧，包括历史古装、宫斗、仙侠、奇幻等。2015年，中国电视剧《花千骨》被越南VNG

（VinaGame）集团买入版权进行翻拍，越南版《花千骨》以清奇的画风和怪诞的特效，成为网友吐槽的新宠。此后，2017 年，翻拍自中国电视剧《三生三世十里桃花》的同名电视剧越南版，在越南本土最大的视频网站 Zing TV 上播出。

值得关注的是 2020 年 3 月 5 日在越南 pops 网络平台播出的越南古装宫斗剧《凤扣》，该剧由黄俊英（Huynh Tuan Anh）导演，计划分三季播出，每季 11 集，每集 45 分钟，网络平台每周四播出一集。影片由享誉越南的"人民艺术家"洪道（Hong Dao）担纲女主角，由出身演艺世家的成禄（Thanh Loc）担任男主角。该剧以越南最后一个封建王朝（阮朝，1802—1945）中期为背景，讲述越南历史上的真实人物"范氏姮"历经四个朝代，最后被封为"慈裕博惠康寿太太皇太后"的故事。影片的画面和置景精致，突破了越南古装片困局，赢得了大量好评，并受在海外传播，成为近十年来制作最为精致的越南古装电视剧。

此外，战争题材电视剧也是越南近年来的创作潮流。黄春强（Chunqiang Huang）导演的《穿越森林之路》（2015）改编自获得过 2012 年胡志明奖的同名小说，反映了战争的多面性与人文关怀；《奠边之路》（*Duong Len Dien Bien*，Bui Tuan Dung，2015）讲述年轻战士与支援前线女民工的战地爱情；黎明执导的《化解仇恨》（2015）讲述了双方战线士兵的姻缘。

二、越南电视节目创作概况

1. 越南"春晚"的创作及节目形态

越南本土节目中最具特色的节目应属越南"春晚"——《灶君》（1982—2019）。《灶君》原名《除夕—重逢之夜》，诞生于 2003 年，是越南中央电视台开创的电视节目。从 2004 年开始，该节目已经成为越南人民过年不可或缺的精神大餐。VTV1、VTV2、VTV6 等频道会在除夕之夜统一播出。与我国"春晚"年俗如出一辙。节目取材于越南的灶君传说，其为火神，主司民间衣食，《除夕—重逢之夜》基于各个灶君向上天报告这一戏剧化场景，运用幽默、委婉或直接讽刺的方式，深刻地反映、阐述，甚至批评这一年国家所发生的热门事件、消极状况、人民的困难等，反映出大众对社会种种问题的看法和评价等。

节目里的灶君一般有交通灶君、经济灶君、教育灶君、医疗灶君，不包括玉皇大帝（国庆饰）、玉帝的左右手——南曹（春北饰）和北斗（公理饰）这三个人物。根据每年的情况、事件的不同，灶君们的组成结构会有所变化。比如 2007 年出现博客灶君、2008 年有新闻灶君、2009 年有电力灶君、2010 年有群众灶君等。灶君们不仅报告这一年的所有情况，而且报告自己所做到的事和未能做到的事。因此，观众都自然而然地把这些灶君理解为有关部门或领导人。节目剧本开放，注重时事素材挖掘。

图 8-2　2021 年越南"春晚"剧照

图 8-3　2022 年越南"春晚"剧照

近两年的越南"春晚"呈现出节目内容丰富、舞美精致、科技元素与时尚元素融合完美等特点。2022 年的越南"春晚"名为《2022 年除夕夜特别娱乐节目》，时长共计 4 小时 45 分钟，内容涵盖歌舞表演、民俗文化、室外走秀、情境短剧、小品、说唱表演等，其主持人团坐在舞台一侧的吧台前（如同茶话会），主要负责对饮、评论、串场和采访等。越南"春晚"的舞台还融合多项科技元素，打造水池舞台，整个舞台气势恢宏，时尚感强。值得一提的是，越南"春晚"不拘泥于舞台演出，如加入室外流行文化、加入提前拍摄完成的室内情景短剧、加入舞台小品现场演出等，显示出不拘一格的制作态势。2021 年，越南"春晚"还结合新冠疫情，设置了以医疗为主题的多个节目。可见，越南"春晚"的宗旨是与时俱进的节目创新和时事理念的融入。图 8-2 和图 8-3 分别为 2021 年和 2022 年越南"春晚"剧照。

2. 越南电视真人秀节目创作沿革及现象节目

2006 年，越南 VTV3 第一次推出引进海外版权并做本土化的同名节目——越南第一档真人秀节目《21 世纪女性》，随后又推出职场创业类节目《我的梦想》（2008），其原版为美国全国广播公司出品的《学徒》（马克·布奈特，2004）。如今，越南真人秀节目已达 100 多档，数量繁多，类型多元。从 VTV3、VTV6、HTV7 等越南主要电视频道的黄金时间的安排就可以看出真人秀节目的统治地位：VTV3 星期五 21 点有《百变大咖秀（儿童版）》（2013—2018）、星期六 21 点由《谢天谢地你来了》（2013—2024）、星期日 20 点有《顶级厨师（儿童版）》（2014）；VTV6 星期五到星期日 21 点由《时尚队》（2016）；HTV7 星期五 20 点有《超越自己》（2005—2018），星期六 19 点有《谁的歌声》（2016）、21 点有《挑战跳舞》（2017），星期日 19:45 有《梦中之屋》（2005—2016）、21 点有《奇才挑战》（2016）等。

以《21 世纪女性》为例，节目从一千多名选手中选取 18—27 岁的越南女性，历经三次选拔，挑选 12 名选手进行对抗挑战，每一集完成一个主要任务，考核内容包括团队精神、审美观、体力、应变能力等。优胜者会获得 1.5 亿越南盾的奖金。节目的特别之处在于，外表的美不是决定性的因素，而自信、聪明、勤劳、仁厚、优雅，尤其是拥有可以融合自己、家庭和事业的关系的能力才是评价选手的重要要素。虽然从开播之日因为崭新的格式和具有吸引力的内容而受到观众的关注，但《21 世纪女性》还是被评价是缺少真人秀节目元素的，如选手的表现还很僵硬、不自然等。因此，该节目在第二季结束后宣布停播。虽然没有取得理想的结果，但该节目却为萧条的越南电视业注入了一丝活力。

越南真人秀节目的真正爆发是在 2010 年之后，出现了引自荷兰的《越南好声音》（原版为《荷兰好声音》）、《越南达人秀》（原版为《英国达人秀》）、《环宇舞蹈》（原版为英国的《与星共舞》）、《越南模特》（原版为美国的《全美超模新秀大赛》）等。这些节目类型多样，包括歌唱舞蹈、模特、厨艺、设计、综艺等多样选秀，还有户外竞技、室内竞技、装修、美容、亲子、旅游等。这些节目借助国外已有的成功经验，在越南本土化制作后，很快形成轰动效应，成为越南电视节目的顶梁柱，也成为素人选秀造星的主要平台。越南中央电视台 VTV3 频道自然成为真人秀节目最大的播出方，几乎囊括了所有娱乐大牌节目。此外，胡志明市电视台 HTV7 频道和隆安电视台 THVL，也通过真人秀节目成为佼佼者。

2015 年后，越南备受关注的电视节目是《神秘人》和《谢天谢地你来了！》，两档节目均为喜剧类真人秀。《神秘人》以新鲜、独特的内容很快受到年轻观众的追捧。其节目形态为在综艺歌舞表演中寻找神秘人，即在假冒人中找出真正有才华的人或者在真正有才华的人中找出假冒的人。在每一轮找出真正的人以后，那个人会在舞台表演一个节目，展现自己的才华，这成为该节目的最大看点。同时，该节目的成功也离不开五位固定的主持人团队，节目的固定主持人长江（Truong Giang）、黄镇成（Huynh Tran Thanh）等，此后也在喜剧电影领域发展良好，并主演了多部高票房越南喜剧电影，如《怀孕的妻子》（2019，黄镇成主演）、《状元阮琼》（2019，黄镇成主演）、《超懵巨星》（2018，长江主演）等，成为越南电影当仁不让的喜剧领军人物。节目《神秘人》也先后多次获得越南黄梅奖"最佳电视节目"和提名。

《谢天谢地你来了！》也成为越南备受瞩目的真人秀节目，其原版是澳大利亚同名节目 *Thank God You're Here!*，该节目自 2014 年 10 月 11 日在 VTV3 频道首播，取得较高收视率。作为一档喜剧小品节目，其特色是不设置详细剧本，每期节目包含 5 个小品，每个小品在不同房间进行。每个房间由 1 个或 2 个喜剧主持人担任"房主"，明星参与者进入房间后根据预设好的故事情节即兴对话，由于明星参与者此前并不知道剧本和情节，会形成许多一反生活常识的喜剧包袱。节目通过为明星参与者设置尴尬困境，提升喜剧效果，从而展现参与者即兴应变能力和超高的喜剧功底。节目收视率一路飙升，并且在中国版的引进和本土化过程中，取得了较高的口碑。

2020 年 2 月 9 日 21 点在 VTV3 播出的《少年说》是一种全新的格式的真人秀，是一部针对中小学生的教育型节目。节目中中小学生站在天台上大声告白，面对自己的亲人、朋友，说出藏在自己心里的话，体味生活感动，勇敢地把爱说出口。该节目借用了日本 1997 年开播的《未成年的主张》的节目模式，节目中未成年人勇敢地站在屋顶面对全校学生，表达自己的爱和内心真实的感情，同时安排成年人（明星）作为观察员隔着镜头为孩子加油打气。2018 年 6 月，我国湖南卫视首播了中国版的《少年说》，将镜头对准课堂外，真实记录中小学生的肺腑之言，目前已经制作播出了五季，介绍了十二所国内特色的校园。越南版《少年说》延续了类似的节目形式，在第一期中，该节目在胡志明市访问的前两所学校分别是 Gia Dinh 高中和 Hong Bang 中学，其中有敢于站起 " GAS DUST" 的学生。"向我的朋友，老师和父母表达我的想法和感受。"这将是学生与朋友、老师、父母和周围每个人长期分享自己感受的地方。

图 8-4 越南版《最强大脑》剧照

越南版《最强大脑》（如图 8-4 所示）由胡志明市电视台与 Vie 频道联手打造，于 2019 年 10 月 26 日起每周六晚八点在 HTV2 和 VTVCab1 播出，现已制作两季。与中国版《最强大脑》一样，节目旨在发现越南的"超级人才"，通过重重选拔和挑战组成最强大脑越南战队，同其他来自世界各国的战队进行对决。节目从构思到寻找人才前后共 3 年，团队甚至联系了与该类人才项目相关的国际组织，以期寻找到能够参加节目的候选人。节目环节共分为三轮。第一轮为展示环节，作为挑战者的候选人必须通过节目所设计的挑战环节，评委依据挑战难度分为 1—5 分评分，挑战结束后由专业评委进行评估，最终总分数达 80 分以上的挑战者将进入"荣誉台"区，成功晋级下一环节。第二轮为挑战环节，晋级选手通过对决与新候选人进行比赛，最终选出 4 位候选人代表越南战队参加国际比赛。第三轮为国际友谊赛环节，即来自不同国家的最强大脑战队相互对决。在奖项设置方面，节目在每一轮环节都设置了相应的奖励，包括来自赞助商提供的奖品和奖金，以及针对 15 岁以下候选人所颁发的价值约 4 亿越南盾的全额奖学金。节目先后获得了 WeChoice Awards 2019 年度电视节目、银杏奖 2020/2021（Giải Mai Vàng）最受喜爱电视节目。该节目在 YouTube 平台获得了极高的播放量，其第一季第 12 期在 YouTube 首播时达到了 475682 次的观看量。节目价值在于传播越南民族自豪感，在其 YouTube 粉丝专页上，节目观众表达了对节目的喜爱以及对本民族和国家的自豪感。但节目播出也存在一定争议，如有观众认为节目中广告过多，并且其节目剪辑不佳导致了观众的眩晕感，但整体而言越南版《最强大脑》仍然是一档成功被引进的综艺节目。

越南版《极速前进》是根据美国原版节目 The Amazing Race 改编的一档游戏类真人秀。节目由 BHD 制作，2012 年 5 月 18 日，该节目首播。并于每周五在 VTV3 播出。节目自第二季以来，主要以明星参赛者为主。2019 年，该节目在中断三年后宣布回归。节目特色在于其围绕越南本土及周边景点进行比赛，每个赛季有多个环节，参赛者两两一队完成比赛内容，每一赛段有一条比赛路线设置了相应的任务点，任务开始前队伍会获得一定的现金津贴，参赛队伍需要依照线索和路线标记，前往各个任务点和目的地。最先到达的队伍可获得奖品，最后到达的队伍将被淘汰，在最后一个赛段之前将产生 3 个队伍。成功到达节目最终目的地的队伍将会获得 3 亿越南盾。不同于中国版《极速前进》，该节目更强调队伍间的合作和相知相识、更强调竞技与竞争性。节目中的规则和惩罚基本来自美国原版，但在某些情况下越南版也进行了一定的本土化，如当有队伍选择了错误的交通方式，该队伍将会被惩罚停止比赛 15 分钟。若队伍未遵守当地交通法规必须马上放弃正在使用的交通工具或停止比赛 10 分钟。截至 2022 年，越南版《极速前进》已经访问了越南的 30 个省和 4 个市，同时还包括 6 个外国城市。

越南版 Running Man（如图 8-5 所示）来源于韩国原版节目 Running Man，是一档越南大型竞技游戏类明星真人秀节目。该节目于 2019 年 4 月 6 日在胡志明电视台 HTV7 频道播放，同时在 YouTube 等网络平台播放，在其第一集播出后仅 3 个月的时间里收获了近 50 万订阅者。在越南收视率第二的 HTV 频道上，该节目不断跻身最受欢迎的电视节目前三名。节目第一季由

图 8-5　越南版
Running Man 剧照

胡志明电视台和麦迪逊传媒集团合作制作，从第二季开始由胡志明电视台与东西促进股份公司联合制作。和韩国原版一致，节目每一期有一个固定主题，嘉宾们根据一系列游戏来完成相应的任务，这些任务围绕该期主题设置，最终胜出的队伍或个人可获得该期的奖品。节目成功实现了外来节目模式的本土化，在越南本土受到了广泛的欢迎。

三、越南纪录片创作概况

作为承载国家意识形态的工具，越南纪录片以铭记历史、传递主流价值为创作根基。近年来，越南纪录片在向社会传递主流价值观的同时，呈现出人文关怀的温情风格和扎根社会现实的创作力度。2017 年，越南国家电视台连续 7 天（1 月 9 日—1 月 15 日）在重要时段播出中国广西电视台制作的 7 集纪录片《中越友谊家庭纪事》。该片既是中越主流电视媒体里程碑式的跨国合作，也是中国电视媒体拓展国际合作的一次重要尝试，更重要的是体现了中越两国的友好往来。《中越友谊家庭纪事》通过采访中越跨国婚姻的夫妻，围绕在不同国家生活的家庭，从家庭层面解读"国之交"与"民相亲"的关系。此外，《朱丹克拉山》（武明方，2019）记录了被越南人称为"河内铁帽兵"的 209 团建军几十年来一直在昆嵩省沙泰县朱丹克拉山脉寻找阵亡战友遗体的历程。摄制组重走艰难的旅程，歌颂了越南战士的英勇及人们对逝去烈士的崇敬之情。该片由越南人民军电影院出品，是国家主流意识的传播载体，该片获得 2019 年越南金风筝奖"最佳纪录片"。

表现普通人生活的纪录片也是越南电影文化领域的重要现象。其中，值得一提的是致力于深耕纪录片领域的导演团红黎（Doan Hong Le），她的纪录片总是以温柔的目光注视各类群体，记录不同人的生存状态。《父亲的遗言》（2018）记录了导演团红黎和她父亲最后的时光。当纪录片《父亲的遗言》完成时，阿尔茨海默病已经彻底"摧毁"了她父亲的记忆。团红黎说："电影这个职业给了我最有趣的邂逅，让我更了解人，也看透了我的内心。"另外，《记住：你还活着》（2018）记录了一位患有癌症的农村女孩，该片获 2018 年越南金风筝奖"最佳纪录片"。《母亲》（2020）讲述了一个寻找曾经被自己抛弃的混血孩子的母亲 44 年寻子之路的悔恨与痛苦。

此外，关注现实与新冠疫情，树立英雄模范，也成为这一时期纪录片的主题。如黄勇（Hoang Dung）导演的《范玉石——爱民重义的医师》（2020），通过讲述医师范玉石的事迹，给疫情当下的民众以力量。

四、越南短片、微电影等创作概况

越南电影凭借其独特的自然景观和风土人情成为国际舞台上的独特风景。近几年，越南电影短片更是异军突起，在国际赛事中大放异彩。海德陶（Hai Duc Dao）导演的微电影《填补与完整》（2018）参与了近 20 个国际电影节的放映，在 2019 年牛津国际电影节上获得"最佳英国微电影奖"。影片讲述一名非法移民至伦敦的越南妇女在一家美甲店工作的故事。2019 年，由唐妙玲（Duong Dieu Linh）执导的《甜，咸》和范天安（Pham Thien An）执导的《意外不可收拾》两部越南短片亮相第 24 届釜山国际电影节。其中，《甜，咸》讲述了一位 40 岁的孕妇在寻找丈夫的情人时所经历的苦乐参半的故事；《意外不可收拾》描绘了西贡酒吧街所代表的混乱的社会场景。这两部短片和范皇明施（Pham Hoang Minh Thy）执导的《毕业爱迪生》以及武英宇（Vo Anh Vu）执导的《画廊》在新加坡国际电影节中参与了展映，最终《甜，咸》荣获新加坡国际电影节"青年评审团大奖"。另外，黎友登科（Le Huu Dang Khoa）执导的短片《意外不可收拾》和《它总是在那儿》分别入围第 72 届戛纳国际电影节的"导演双周"单元以及"短片竞赛"单元。

2020 年，唐妙玲乘胜追击创作了短片《天堂之旅》，该片分别在洛迦诺国际电影节"国际竞赛"单元和新加坡国际电影节"东南亚短片大赛"单元展映，讲述 50 岁的谭太太在前往湄公河三角洲的旅游巴士中撞见了她的高中恋人的故事。而湄公河是影片中普通而又特别的存在，从而凸显越南人对湄公河的特殊情感。2020 年由武明义（Vu Minh Nghia）和范黄名诗（Pham Hoang Minh Thy）执导的短片《云雾压顶不下雨》入围第 77 届威尼斯国际电影节"地平线单元"。该片讲述了在一家婚纱店工作的女孩爱上了在街头卖唱男孩的故事。这部长达 19 分钟的短片犹如一则新闻报道，以越南特色美景为背景，为观众提供了丰富多彩的生活片段，例如一场婚礼、交通堵塞、街头抢劫等，引人入胜，妙趣横生。由陈氏河庄（Tran Thi Ha Trang）执导的《寻找归属》在 2021 年新加坡国际电影节"东南亚短片大赛"单元展映，同时获得 2020 年越南金风筝奖"最佳短片"。作为越南河内戏剧电影大学电影艺术学院毕业生，陈氏河庄还凭借此片获得母校举办的 2020 年校友及学生短片节一等奖。该片讲述了一个住在城市的男孩和他的父亲在雨季回到乡村参加祖父葬礼的故事：面对陌生的村庄，男孩被房子里的蚂蚁吸引，他跟随蚂蚁穿越梦境，梦中，生者和死者团聚在一起。影片通过黑白单色和彩色的镜头交互剪辑，以一种视觉实验的方式表现生命和自然的联系。导演映罗（Anh La）的处女作短片《瑰》（*Côi*，2020）讲述一个住在墓地的名叫瑰的男孩被一个老太太带去做自己死去女儿丈夫的故事。影片表现手法大胆，叙事风格颇具超越性，同时该片被邀请于2020年鹿特丹国际电影节首映。

另外，越南新导演们同样热衷于制作实验短片。由张明归（Minh Quy Truong）执导的实验短片《树房子》（*Nhà cây*，又名 *The Tree House*，2019）分别在洛迦诺国际电影节、新加坡国际电影节、中国台湾国际纪录片电影节以及西班牙巴利亚多利德国际电影节获得好评，影片由越南、新加坡、法国、德国和中国共同制作完成。该片从未来主义的视角出发，通过对不同居住建筑的描摹，阐释了导演个人对家园这一概念的理解。实验短片《英雄交响曲2020》（*Eroica 2020*，阮黎皇越，2020）将慢节奏的贝多芬第三交响曲（《英雄交响曲》）作为背景音乐，拉长的声音与河内日常生活活动的影像相结合，让观众在这个冗长的时间体验中强化并放大人类生存的视听感受。阮黎皇越制作该片的灵感来自他生活的城市——河内市，他说："2020年，被社会孤立的时间或多或少把我的生活搞得一团糟，几个星期不能出门使我们怀念日常的环境。当我重回常态时，外面的世界和人们的生活让我感动。我渴望为这一生保留一份'记录'，因为疫情还没有结束。"

2017年由阮潘草丹（Nguyễn Phan Thảo Đan）制作的动画短片《无脸》（*Pas D'yeux*，又名 *Vô Diện*）获越南金风筝奖"最佳短片"。该片讲述了一个从画板跳进现实的无脸纸男孩寻找自己面容的故事。影片将纸男孩的虚构形态与现实世界的非虚构时空相结合，描绘出一幅游离在理想与现实边缘的梦幻图画。无脸纸男孩指代的迷茫年轻人在浮躁的社会里逐渐迷失自我，却又积极乐观地捡起地上的粉笔为自己勾勒出微笑的面孔，从而传达出年轻人在矛盾的情境下依然向往快乐的精神状态。

纪录短片方面，大多是以人物为主体的纪录片类型。由阮严仁（Nguyen Nghiem Nhan）执导的纪录短片《秋水：陶之梦》（*Thu Thuy:Mosaic Dreams*，2018）获得2018年巴塞罗那星球电影节"最佳纪录片奖"和"最佳视觉效果奖"以及2018年好莱坞国际电影节"最佳纪录短片奖"。这部纪录片通过对越南女性视觉艺术家阮秋水（Nguyen Thu Thuy）和她的公共艺术作品的描写，呈现了越南陶艺术的美丽。而阮秋水也凭借该片获得了美国顶级短片电影节（Top Shorts Film Festival）"最鼓舞人心的女性奖"（Inspiring Woman in a film）。除此之外，还有记录作家平凡生活的《献给文章先生》（*Dành Tặng Ông Điểu*，阮贤英），该片获得2015年越南金风筝奖"最佳短片"以及金莲花奖"最佳观众纪录片""最佳第一部纪录片"。另外，聚焦手语群体日常的《另辟蹊径》（*Cách Khác*，罗松林 Lã Tùng Lâm，2015）同样获得了 2015 年越南金风筝奖"最佳短片"。

第四节　2015—2024 年越南视听重要代表作——《凤扣》

电视剧《凤扣》（如图 8-6 所示）由黄俊英（Huynh Tuan Anh）执导，这位 1982 年出生的年轻导演从他熟悉的喜剧片类型中跳脱出来，怀有抱负与野心，试图实现一次越南古装宫斗剧的新突破。

图 8-6　越南电视剧《凤扣》剧照

剧集以一流的实力派演员阵容、取材真实的历史人物故事、大量实景与恢宏场面制作、精致的越南本土服饰，借助网络平台实现了广泛的海外传播。故事围绕真实历史人物——"慈裕博惠康寿太太皇太后"展开，她本名范氏姐（也称范皎月），11 岁入宫，历经 90 载的时代风云，见证了越南最后一个封建王朝——阮朝由盛到衰，直至灭亡，沦为法国殖民地的悲剧史。

然而影片的重心却没有放在历史上，而是为了迎合市场，主要做宫斗剧情的展开。无论如何，这部代表当代越南古装剧制作水平且走出国门的剧集，在服装道具、置景、宫斗剧情与人物表演等多个方面都有所突破。

一、侧重个人情感叙事：宫斗剧情与精湛表演

首先，剧集的突破在于侧重个人情感叙事。如前所述，该剧重点并非从宏观层面关注历史风云、社会时代变迁，而是首先聚焦在个人命运上。正如剧集宣传语"一生一世，生离死别，而今而后，我还有谁"的描绘，《凤扣》以人物作为故事的切入点，以宫斗为核心，描绘了妃子们争权夺势及在历史的洪流中女性命运的浮沉与坎坷。在众多人物中，范皎月、阮芳任、武团媛、阮净川、绍治帝、太皇太后等形象的塑造让人印象深刻，剧中人物个性特点突出，遭遇截然不同。如范皎月与阮芳仁和阮净川虽同为妃子，但阶位不同，形成了鲜明对抗，构成宫斗剧的基本情节模式。

其次，精湛的表演也是该剧的有力砝码。剧集启用一批中老年实力派演员，虽在网络饱受诟病，认为长相不突出，但在表演过程中，"真实不出戏"也成为众多网友的褒扬评价。这也从表演层面看出，剧集的大制作精良范本不仅仅体现在外部包装上，还体现在内部表演上。

二、精良制作：服装道具精细与历史空间真实

《凤扣》的成功，除去剧本与表演，更重要的是制作精良。制作团队在摄影、美术、置景等方面进行改良与努力，让这部剧呈现出优良的质感。

首先是对历史年代的真实还原。制作布景团队力求真实精细，极力还原了那个时期的场景。大到大南帝国首都——顺化城的大全景、各个宫里面的内部布景，小到主角佩戴的配饰珠钗、范皎月所穿的五身短袄，甚至一闪而过的摆件、香炉、座椅，剧中的每一个镜头都充满了历史感，既符合时代气息又散发着生活的温度，让观众产生了极强的沉浸感。

其次是对地域文化的充分挖掘。场景还原大南帝国都城的建筑景貌，太皇太后宫中的布景、家具摆放位置，向我们还原了当时阮朝的一代风华。同时，本剧也是越南为数不多的古装剧中使用本民族服饰——奥黛，作为主要服装的剧集，依然在承载地域文化的弘扬与传播。

最后是诗意化的镜头运用。该剧的镜头调度根据环境进行了风格调整，远景宫殿戏份用十分冷静的运镜，从客观的视角去反映当时建筑的高大雄伟。偏写实风，更像一个老者徐徐地讲述着沧桑巨变。同时，剧集用了大量的运动镜头去体现矛盾冲突和宏大的场面，造成气势磅礴又逼真的视觉感。

当然，该剧也存在不少问题。例如，实景中插入户外置景，导致画面不实，情节略显拖沓，不够紧凑等。然而，不得不说其勇敢的突破与尝试，令越南古装片整体制作水平上升了一个台阶。

综上所述，《凤扣》的顺利"出海"，尤其得到我国的广泛关注，不仅因为其制作精良、表演精湛等突破了如《李公蕴：到升龙城之路》等以往越南古装片"太中国化"的问题，而且在人物传记为主的类型中，加入了迎合市场的宫斗元素，关注女性命运。《凤扣》成为近年来越南电视剧、网剧中值得借鉴的典范。

补充资料：

一、2015—2021 年越南电视剧、网剧片目

片名	导演	上映时间	类型	集数
《欢喜冤家》 （*Oan Gia Khó Tránh*）		2015	剧情	30
《悲伤有眼》 （*Nỗi Buồn Có Mắt*）	阮光明	2015	剧情	30
《单身抗战》 （*Chiến Dịch Chống Ế*）		2015	喜剧、爱情	不详
《宰相刘仁澍》 （*Tể tướng Lưu Nhân Chú*）	杜明俊	2015	传记、历史	5
《命运转角》 （*Góc Khuất Số Phận*）	李克 Lynh	2015	剧情	30
《天使面具》 （*Mặt Nạ Thiên Thần*）	邓越宝	2015	剧情	30
《穿越森林之路》 （*Đường Xuyên Rừng*）	春强	2015	剧情、战争	25
《奠边之路》 （*Đường Lên Điện Biên*）	Bùi Tuấn Dũng	2015	剧情、战争	25
《美人关》 （*Ải Mỹ Nhân*）	春福	2015	剧情	30
《太阳之歌》 （*Khúc Hát Mặt Trời*）		2015	剧情	24
《化解仇恨》 （*Hận Thù Hóa Giải*）	黎明	2015	剧情	不详
《芝宝，芥末和你》 （*Zippo，Mù Tạt Và Em*）	重桢 / 裴进辉	2016	剧情	36
《两个妻子》 （*Hai Người Vợ*）	武越雄	2016	剧情、家庭	32
《神秘的双胞胎》 （*Song Sinh Bí Ẩn*）		2016	剧情	34
《白菊花》 （*Hoa Cúc Trắng*）	丁泰瑞	2016	剧情	32
《八卦图阵》 （*Trận Đồ Bát Quái*）	阮氏竹梅	2016	剧情	45

片名	导演	上映时间	类型	集数
《头号男人》 （Khi Đàn Ông Là Số 0）	李克玲	2016	剧情、喜剧、家庭	14
《深渊沉默》 （Lặng Yên Dưới Vực Sâu）	陶维福	2017	剧情	32
《亚当的秘密》 （Bí Mật Của Adam）	Nam Trần Bá	2017	剧情、喜剧、同性	9
《冤家路窄》 （Oan Gia Bùm Chéo）	何智光	2017	剧情、喜剧、爱情	200
《教父女儿》 （Con Gái Bố Già）	阮芳田	2018	剧情	47
《幸福来迟》 （Hạnh Phúc Muộn Màng）		2018	剧情	不详
《西贡美人》 （Mỹ Nhân Sài Thành）	黎恭北 Le Cung Bac	2018	剧情	49
《热血少年团》 （Active Boys）	胡士后	2018	校园	12
《铁玫瑰》 （Hoa Hồng Thép）	阮成荣	2018	剧情	不详
《教父女儿》 （Con Gái Bố Già）	阮芳田	2018	剧情	47
《俄罗斯恋歌》 （Tình Khúc Bạch Dương）	阮德孝 / 武长科 / 阮梅贤	2018	剧情	36
《有儿有女》 （Gạo Nếp Gạo Tẻ）	武石草	2018	剧情	102
《太阳的后裔》 （Hậu Duệ Mặt Trời）	陈宝禄	2018	剧情	24
《媳妇命》 （Phận Làm Dâu）	不详	2018	剧情	30
《城市女郎》 （Những Cô Gái Trong Thành Phố）	武长科	2018	剧情	30
《爸爸是全部》 （Bố Là Tất Cả）	阮光明	2018	剧情	不详
《孩子，回家吧！》 （Về Nhà Đi Con！）	宝清	2019	剧情	29
《爱情绝杀》 （Tiến Bromance）	Dược sĩ Tiến	2020	惊悚、同性、犯罪	10
《凤扣》 （PhượngKhấu）	黄俊英 （Huynh Tuan Anh）	2020	剧情	11

片名	导演	上映时间	类型	集数
《爱情与野心》 （*Love and Ambition*）	裴进辉	2020	剧情	60
《苹果树花开》 （*Cây Táo Nở Hoa*）	不详	2021	剧情	70

二、2013—2023 年越南视听作品金风筝奖获奖记录

金风筝奖获奖记录				
年份	获奖作品	导演 / 演员	奖项	类型
2023	《璀璨的灰烬》	裴硕专	金风筝奖	电影
	《姑婆家》	黄镇成	金风筝奖	电视剧
	《稻草妈妈》	阮芳田	金风筝奖	电视剧
	《起源》		金风筝奖	动画
	《陷阱》	阮胡智	金风筝奖	纪录片
2021	《灿烂的黑夜》	Aaron Toronto	金风筝奖	电影
	《十一个月零五天》	黎道玉玲 / 阮德晓	金风筝奖	电视剧
	《珍惜阳光明媚的一天》		金风筝奖	电视剧
	《来自星星的少女》		银风筝奖	电影
	《红色黎明》	阮青云	银风筝奖	电影
	《小红豆的奶奶》		金风筝奖	动画
	《两只手》	Dang Thi Linh	金风筝奖	纪录片
2020	《老父亲》	黄镇成	金风筝奖	电影
	《剩女大作战》	Namcito	银风筝奖	电影
	《状元阿迪》	潘嘉日灵	银风筝奖	电影
	《鳄鱼档案》		金风筝奖	电视剧
	《放疗栓塞》		金风筝奖	科普片
	《范玉石——爱民重义 的医师》		金风筝奖	纪录片
	《神剑传说》		金风筝奖	动画片
	《一旦回去》		金风筝奖	短片
2019	《孩子，回家吧！》	阮名勇	金风筝奖	电视剧
2017	《惦记何人》	刘仲宁 / 裴寿盛	金风筝奖	电视剧

金风筝奖获奖记录				
年份	获奖作品	导演 / 演员	奖项	类型
2016	《西贡：我爱你》	李明胜	金风筝奖	电影
	《无面》	阮潘草丹	金风筝奖	短片
	《资料片大学教程》研究工程	陈清协教授、博士	最佳电视剧、电影理论批评研究工程奖	研究批评
	《回归之日》		金风筝奖	纪录片
	《布衣英雄》		金风筝奖	动画片、电影
	《芝宝、芥末与你》	重桢 / 裴进辉	金风筝奖	电视剧
	《预防海岸侵蚀》		金风筝奖	科学片
2015	《中奖》	达斯廷阮	金风筝奖	电影
	《无色彩虹》	阮光线	金风筝奖最佳电影、男主角	电影
	《中奖》	宁杨兰玉	金风筝奖最佳女主角	
	《青春岁月》	雅芳	金风筝奖最佳电视剧女主角	电视剧
	《鸟群归回》/《太阳之歌》	越英 / 光俊	最佳电视剧男主角	电视剧
	《别的做法》/《送给调老人》	吕松林 / 阮贤英	最佳短片奖	电影
2013	《天命英雄》	武国越	最佳影片、最佳导演	电影
		男主角黄东	最佳男主角	
	《陈首度太师》	陶维福	最佳编剧奖、最佳导演和最佳电视剧奖。	电视剧
	《纸船》	壬明玄	最佳电视剧金风筝奖、最佳男女主角金风筝奖	电视剧
	《丹顶鹤群归来》		金风筝奖	动画

（李昕婕　撰稿）

第九章

新加坡视听产业与创作

新加坡视听产业与创作的发展走向和国家历史变迁紧密相连，在找寻国家战略定位的同时，视听产业的审美风格也在一定程度上彰显了国家力量与民族话语的特点。总体来说，新加坡电视产业因历史条件起步较晚，企业化过程符合国家政治、经济的发展趋势，其早期的戏剧创作多由香港电视人参与，因此电视剧及电视节目的制作风格和制播策略与中国香港视听产业发展特点相似。同时，因与华人的地缘性渊源，新加坡电视剧涵盖深刻的家庭伦理观念，其中怀旧年代剧与都市时装剧是电视剧创作的主要类型。总之，新加坡视听产业与创作秉持多元民族共融的价值理念，呈现出特有的风土民情与艺术风格。

第一节 新加坡视听产业创作简史及产业状况

截至 2023 年，作为多种族国家的新加坡总人口约 591.76 万，常住居民约 414.93 万人，新加坡公民的四大族群中，华人约占总人口的 74.05%，马来族约占总人口的 13.53%，印度裔约占总人口的 9.03%，欧亚裔 / 混血等其他族群约占总人口的 3.39%。[1] 人口的组成特点影响了新加坡历史命运的书写方式。新加坡电视业坚守多民族性的发展趋向，在全球化语境的观照下探寻本土叙事的新出路。总之，新加坡视听产业的发展经历了从被动到主动、从国有到私有的变化过程，为大众文化的多样性发展打下了坚实的产业基础。

一、新加坡视听产业发展简史

1. 新加坡视听产业的诞生（1963—1980）

1936 年，作为英国殖民地的新加坡首个电台频道于 6 月 1 日正式开播。1942 年，新加坡进入日据时期，日军占据星州、马来西亚两地电台电波，直到 1943 年结束。1957 年，马来西亚独立。1959 年新加坡进一步取得自治地位，并于 1963 年 9 月脱离英国统治，正式加入马来西亚联邦。马来西亚广播电视台于 1963 年 1 月 21 日设立新加坡分台 [Radio and Television of Malaysia, Singapore，简称 RTM（S）]，RTM（S）在历史记忆中被认知为新

---

1 新加坡统计局网站，https://www.singstat.gov.sg。

加坡的第一家电视台。

1963 年 2 月 15 日新加坡开启试点电视广播服务，广播持续了 1 小时 40 分钟，标志着新加坡电视台正式开播。新加坡文化部部长为电视台的开播发表演讲，从而成为首位出现在新加坡电视台的人。新加坡电视台播出的第一个节目是自制的时长 15 分钟的纪录片，名为 *TV Looks at Singapore*。该片主要探讨了广播电视对新加坡人日常生活的作用和潜在影响。1963 年 4 月 2 日，第五波道以新加坡的四种官方语言（英语、中文、马来语和泰米尔语）播放节目。1963 年 11 月 23 日，第八波道开播，主要播放中文和泰米尔语节目，而英语和马来语节目则保留在第五波道上。

1965 年 8 月 9 日，新加坡脱离马来西亚成为一个拥有主权的、民主、独立的国家。1965 年 12 月 22 日，新加坡成立共和国。马来西亚广播电视台新加坡分台更名为"新加坡广播电视台"（Radio and Television of Singapore，简称 RTS），亦是新加坡文化部广播署。1974 年 7 月 7 日，新加坡广播电视台开始试播彩色电视节目，同年 8 月 1 日正式播出彩色电视节目，其播出的首个彩色电影节目是 1974 年世界杯决赛。值得一提的是，同年新加坡国庆阅兵式首次以彩色电视画面通过四种语言播出。1978 年 7 月 1 日起，随着新加坡政府推出"普通话运动"，电视上的短剧和广告不再使用汉语方言。

2. "新广"时期：视听产业的私有化尝试（1980—1994）

1980 年 2 月 1 日起，新加坡文化部（现为文化、社区和青年部）下属的新加坡广播电视台根据议会法案部分私有化，并重新以新加坡广播局（Singapore Broadcasting Corporation，简称"新广"或 SBC）的名义成立，新的广播局保持了新加坡电视节目的实际垄断地位。1982 年 7 月 24 日，新加坡广播局成立戏剧处，开始有系统地制作本土电视剧，并由当时香港丽的电视台的编剧梁立人（Lap-Yan Leung）出任首任戏剧处总监。

1984 年，新加坡广播局推出了第三个免费电视频道，即第十二波道，播放原本分别由第五波道播出的马来语节目，以及第八波道播出的泰米尔语节目。同时，新加坡广播局开设了两个广播电台，分别是"Perfect 10"和"YES"，后者主要播放普通话音乐。此外，新加坡广播局于 1990 年 8 月 1 日开始在其电视频道上播放立体声广播。

1988 年 2 月 27 日，新加坡广播局举办了第一届《才华横溢出新秀》（*Star Search*），为广播电视娱乐业带来了新面孔。郑惠玉（Zoe Tay）在首届比赛中脱颖而出，成为新加坡最著名的电视明星之一。1994 年 2 月 26 日，新加坡广播局举行了首届"红星大奖"（Star Awards），用以表彰奖励优秀的电视剧、电视节目及电视人才。

1994年1月1日，第十二波道开始在黄金时段播出马来语节目，第五波道改为全英语播出，并开始24小时不间断播出电视节目。

3.从"新视"到"新传媒"：视听产业的本土化发展（1994—2001）

1994年10月1日，新加坡广播局私有化，更名为"新加坡国际传媒机构"（Singapore International Media，简称SIM），同时分化为三个独立的公司，分别是"新加坡电视机构"（Television Corporation of Singapore，简称"新视"或TCS）、"新加坡广播机构"（Radio Corporation of Singapore，简称"新电台"或RCS），以及"新加坡电视12"（Singapore Television 12，简称"新视12"或TV12）。原"新广"的第五波道、第八波道、第十二波道分别更名为"新视第五波道""新视第八波道""新视第十二波道"。1995年，新视国际频道在中国台湾启播，由台湾新视国际股份有限公司（Television Corporation of Singapore International，简称TCSI）经营，以播放第八波道的中文剧为主。（台湾有线电视后因频道过剩而经营困难，新视国际频道于2000年3月1日退出中国台湾市场。）

1995年9月1日，新视第八波道转型为全华语电视频道，原本在第八波道播出的泰米尔语节目完全移动到第十二波道播出。而第十二波道也拆分为播放马来语和泰米尔语节目的"Prime 12"，以及播放英语体育、儿童节目和纪录片的"Premiere 12"。

1999年3月1日，新加坡国际传媒机构改组，更名为"新加坡传媒机构"（Media Corporation of Singapore，又名"新传媒机构"，简称"新传媒"或MCS），并于同日开播了新闻频道，即亚洲新闻台（Channel NewsAsia，简称CNA）。

2000年1月30日，Prime 12和Premiere 12分别被"朝阳频道"（Suria）和"聚点频道"（Central）取代，后者被分为三个部分，分别是播放儿童节目的"儿童聚点频道"（Kids Central）、播放泰米尔语节目的"泰米尔聚点频道"（Vasantham Central），以及播放艺术、文化类节目的"艺术聚点频道"（Arts Central）。

4.新传媒集团：视听产业的商业化转型（2001年至今）

2001年2月12日，新加坡传媒机构顺应媒体自由化的发展趋势，为凸显其企业形象重组为"新传媒集团"（Mediacorp Pte.Ltd.简称"新传媒"或

Mediacorp），从而完成了由政府部门到名义上的商业机构的转变，其唯一股东是淡马锡控股公司（Temasek Holdings）。新视及新视12更名为"新传媒电视"，新电台更名为"新传媒电台"，此后，新传媒成为新加坡唯一的免费电视经营者。

2001年，新加坡政府向新加坡报业控股（Singapore Press Holdings）经营的报业传讯（SPH Media Works）授予了新的免费无线许可证，该公司的两个电视频道于2001年5月6日正式开播，分别是英文频道"电视通"（TV Works，后改名为"i频道"），以及中文频道"U频道"（Channel U）。

2004年12月31日，因电视市场的恶性竞争愈加剧烈，加上时任内阁资政的李光耀表明，"新加坡地方太小，不宜拥有多于一间电视台"，新传媒电视及报业传讯双方出于利益考虑决定合并，并于2005年成立了新公司，即新传媒电视控股（私人）有限公司（简称"新传媒电视"）。原报业传讯的"i频道"因新加坡英语电视市场过小等在合并后停播，原报业传讯的"U频道"更名为"新传媒U频道"。原新传媒的第五波道和第八波道分别改名为"5频道"和"8频道"。

2007年1月1日，新传媒电视第一个高清频道"Channel HD5"启播，该频道为5频道的高清版本。2008年10月19日，新传媒电视开设面向印度裔观众（非单指泰米尔语族）的全天候频道"春天频道"（Vasantham），从而取代了泰米尔聚点频道，同时儿童聚点频道和艺术聚点频道合并为以播放儿童、艺术和体育节目为主的"奥多频道"（Okto）。

2013年12月13日，新传媒将旗下7个免费电视频道转为数字地面广播传输，使用DVB-T2标准，并于2016年实现全部频道高清化。直到2018年12月31日，新加坡电视停止传统"模拟电视"（或"类比电视"）的播放，全面进入数码电视时代。2019年2月1日起，新传媒旗下所有电视频道的模拟电视信号完全停播。

因为收视率不理想等问题，奥多频道于2019年5月1日停播，原本奥多频道的儿童节目继续在5频道播出，体育赛事则通过5频道和其他频道，以及新传媒网络影音平台"Toggle"[1]继续播放。

---

1 2020年"Toggle"更名为"meWATCH"。

5. 付费视听服务的发展

1991 年，"新加坡电缆电视"（Singapore Cable Vision，简称 SCV）成立，政府有意将有线电视作为维持其对广播电视控制的一种手段，故大力支持有线电视业。1999 年，SCV 完成新加坡国家有线电视网的建设，共耗资约 6 亿新加坡元。

2002 年 7 月，新加坡主要电信运营商之一的星和电信（StarHub Limited）完成了对 SCV 的收购，并将其更名为"星和有线电视"（StarHub Cable Vision），该付费平台提供 40 多个国际新闻、电影、娱乐、体育、音乐和教育频道。2007 年，星和有线电视改名为"星和视界"（StarHub TV）。2009 年 6 月 30 日，星和视界改为以数字方式传输电视节目，模拟频道全部停播。星和视界是新加坡首个被新加坡媒体发展管理局[1]纳入"公共服务广播竞争基金计划"（PSB Contestable Funds Scheme）的付费电视业者。

新加坡另一家付费电视服务平台是作为"新加坡第一电信运营商"的新加坡电信有限公司（Singapore Telecommunications Limited，简称"新电信"或 Singtel）运营的"新电信电视"（Singtel TV），其前身为"新加坡电信 IPTV"（Singapore Telecom IPTV）。该收费电视服务于 2007 年 7 月 1 日开通，它使用基于微软与爱立信合作开发的 Mediaroom 端对端软件平台，通过新电信光纤网络传输电视节目。此外，该服务允许在任何电视机上观看多媒体内容（包括线性频道和点播内容）。

二、新加坡视听产业发展概况

新加坡本地观众长期以来习惯将"新传媒"视为无线（免费）电视，将"星和"和 Mio TV（2007 年新电信推出的网络电视）视为有线及网络（付费）电视，前者生产并播映大量本土电视节目，而后者以提供国外频道和节目为主，因此大多数新加坡观众对新传媒保持一定的观看黏性。

电视剧方面，新加坡本土剧集大多通过新传媒制播。1982 年，新广自制单元剧《实里达大劫案》（*Seletar Robbery*）（如图 9-1 所示）的播出标志着新

---

1 新加坡媒体发展管理局（Media Development Authority，简称 MDA）于 2016 年 4 月与新加坡资讯通信发展管理局（Infocomm Development Authority of Singapore，简称 IDA）重组为新加坡资讯通信媒体发展局（Info-communications Media Development Authority of Singapore，简称 IMDA）及政府科技局（Government Technology Agency of Singapore，简称 GovTech），前者将着重于发展和监管资讯通信业与媒体业，后者则专门负责政府机构的资讯科技服务。

加坡首部本土电视剧的诞生。新广于 1983 年成立华语戏剧处，由中国香港导演赖水清监制、多位港人编剧导演共同制作的《雾锁南洋》（*The Awakening*，1984）大获成功，奠定了新加坡华语电视剧的美学基础。英文戏剧处成立于 20 世纪 90 年代初，《同一屋檐下》（*Under One Roof*，1995）的播出为新加坡电视剧的商业化发展指明了方向。

图 9-1　单元剧《实里达大劫案》剧照

　　从电视剧产量上来看，20 世纪 80—90 年代，新加坡华语电视剧年产量较为稳定，并呈现小幅度上升态势，但 20 世纪末的亚洲金融危机使得其产量明显下滑。进入 21 世纪，新加坡经济渐趋稳定，加上独立影视制作公司的参与，新加坡华语电视剧的产量和质量都有了较大改善。2020 年受新冠疫情影响，新加坡电视剧整体产量明显下降。近几年影视行业逐步进入恢复期，电视剧的制作与产出趋于平稳（见表 9-1）。

表 9-1　1982—2023 年新传媒华语电视剧产量 [1]

年份	1982	1983	1984	1985	1986	1987	1988	1989	1990	1991	1992	1993	1994	1995	1996	1997	1998	1999	2000	2001	2002
数量（部）	10	13	10	10	10	9	13	15	18	18	19	23	23	25	30	32	27	21	13	18	19

年份	2003	2004	2005	2006	2007	2008	2009	2010	2011	2012	2013	2014	2015	2016	2017	2018	2019	2020	2021	2022	2023
数量（部）	15	20	20	24	24	27	25	19	16	22	21	19	21	18	28	24	14	16	18	16	

　　新加坡电视剧的叙事主题与其社会背景及大众的主流意识观念是分不开的，通过电视剧的题材、风格和价值观念便可见观众的审美趣味。新加坡资讯通信媒体发展局于 2016 年推出了全新的"新加坡电视观众测量"综合系统（Singapore Television Audience Measurement，简称 SG-TAM），该服务能够更精准地追踪包括电视频道及网络平台上的收视情况。从 2023 年收视情况来看，新加坡本土电视剧类型多样，最受观众欢迎的依然是令人捧腹的喜剧类型。例如，《黄金巨塔》（*Strike Gold*，如图 9-2 所示）聚焦一栋组屋里的居民

1　新传媒官方网站，https://www.mediacorp.sg。

图 9-2 电视剧
《黄金巨塔》剧照

讲述小市民的现实生活。

可以看出，身处于经济恢复期的观众在电视剧的选择上更倾向于轻松幽默的剧集，从而体现出电视剧的"解压"功能。另外，家庭剧是新传媒自制剧的核心类型。例如，《陪你到最后》（ *Till the End* ）、《整你的人生》（ *Fix My Life* ）、《送餐英雄》（ *Cash on Delivery* ）、《家人之间》（ *Family Ties* ）皆获得不俗的收视成绩（见表 9-2）。

表 9-2　2023 年新传媒本地剧收视排名 [1]

排名	剧名	类型	每集平均触及人数（网络平台及电视）
1	《黄金巨塔》（ *Strike Gold* ）	喜剧、贺岁	50.76 万
2	《遇见你，真香》（ *Love at First Bite* ）	剧情、爱情	49.62 万
3	《陪你到最后》（ *Till the End* ）	剧情	46.56 万
4	*Shero*	剧情、动作、爱情	45.50 万
5	《欧巴，我爱你！》（ *Oppa, Saranghae!* ）	剧情、爱情、喜剧	44.69 万
6	《整你的人生》（ *Fix My Life* ）	剧情	44.65 万
7	《送餐英雄》（ *Cash on Delivery* ）	家庭	44.33 万
8	《金色大道》（ *All That Glitters* ）	剧情、爱情、悬疑	43.55 万
9	《家人之间》（ *Family Ties* ）	剧情、家庭	42.43 万
10	《密宅》（ *Silent Walls* ）	剧情、悬疑、爱情	41.27 万

1　蔡欣盈.《黄金巨塔》摘 2023 年本地戏剧收视冠军［EB/OL］.（2024-01-13）［2025-02-18］. https://www.zaobao.com/entertainment/story20240112-1461651.

值得一提的是，获得 2024 年红星大奖"最佳电视剧"的《金色大道》（*All That Glitters*，袁树伟、任海曜，2023）于 2024 年 6 月登陆奈飞，证明了新传媒在内容创作上的实力。《金色大道》由曾经撰写时代剧《小娘惹》的编剧洪荣狄（Hong Rong Di）撰写，讲述了生活在底层社会的三个好朋友——六木、金条和建志扣人心弦的成长故事。这并非新传媒与奈飞的首次合作，早在 2022 年 4 月奈飞将亚洲新闻台的纪录片《铁窗背后》（*Inside Maximum Security*）推送给东南亚 11 个地区的订阅用户。总之，新加坡电视剧的发展方向随着观众愈加挑剔的口味变得更加多元，题材也更新鲜多样。而电视剧的审美趣味逐渐向轻松愉快的生活题材倾斜，具有创新叙事策略的剧集更能吸引观众的视线。

电视节目方面，根据新加坡资讯通信媒体发展局统计的近三年免费电视频道播放的热门本土电视节目情况来看，各个频道的受众因语言及民族文化的差异而有所不同，因此新传媒针对各频道制作的本土节目类型多样，最大限度地满足不同频道受众的观看需求，其中大型公共活动，以及民族节日的特别节目最受观众欢迎。新加坡观众最喜爱的综艺节目多集中在音乐类，大众通过听觉感官获得简单且直接的心理愉悦，不同民族的观众通过音乐产生内在的情感连接与共情（见表 9-3、表 9-4）。

表 9-3　近三年新加坡免费电视频道最受欢迎的电视节目内容（前三名）[1]

频道名称	2023	2022	2021
5 频道（Channel 5）	2023 年新加坡国庆庆典（National Day Parade 2023）	2022 年新加坡国庆庆典（National Day Parade 2022）	2021 年新加坡国庆庆典（National Day Parade 2021）
	2024 年新传媒跨年演唱会（Let's Celebrate 2024）	2023 年新传媒跨年演唱会（Let's Celebrate 2023）	2022 年新传媒跨年演唱会（Let's Celebrate 2022）
	2023 年国庆群众大会（National Day Rally 2023）	2022 年国庆群众大会（National Day Rally 2022）	2021 年国庆群众大会（National Day Rally 2021）
8 频道（Channel 8）	2023 年红星大奖颁奖典礼（Star Awards 2023-Awards Ceremony）	2022 年红星大奖颁奖典礼（Star Awards 2022-Awards Ceremony）	2021 年红星大奖颁奖典礼（Star Awards 2021-Awards Ceremony）
	贺岁节目"哈皮兔宝庆团圆"（Lunar New Year's Eve Special 2023）	贺岁节目"旺虎泰哥旺得福"（Lunar New Year's Eve Special 2022）	贺岁节目"福满牛年 MooMoo 乐"（Lunar New Year's Eve Special 2021）

---

[1] 新加坡资讯通信媒体发展局网站，https://www.imda.gov.sg。

频道名称	2023	2022	2021
8 频道 （Channel 8）	2023 年新加坡国庆庆典 （National Day Parade 2023）	2022 年新加坡国庆庆典 （National Day Parade 2022）	新加坡派·2021 春到河畔 （River Hongbao 2021）
U 频道 （Channel U）	远方的华人 第 2 季 （The Chinese Footprint S2）	当你老了 （As You Grow Old）	我们是同乡 （We Came This Far）
	极境之旅 第 2 季 （Forbidding No More S2）	稀游记之你还好吗? （Find Me A Singaporean: The Pandemic Special）	在地好食材 （Local Fine Produce）
	把握好食机 （Tender Loving Food）	铁窗背后 （Inside Maximum Security）	邻里来爆料 （Neighbourhood Fixer）
亚洲新闻台 （Channel NewsAsia）	新加坡总统论坛 （Singapore Presidential Forum 2023）	国庆节集会 （National Day Rally 2022）	国庆节致辞 （National Day Message 2021）
	国庆节集会 （National Day Rally 2023）	国庆节致辞 （National Day Message 2022）	2021 年新加坡国庆庆典 （National Day Parade 2021）
	新加坡总统告别和宣誓就职仪式 （Singapore President- Farewell and Swearing-in Ceremony）	亚洲卧底 第 9 季：海底海盗 （Undercover Asia Sr9: Pirates of the Seabed）	国庆节集会 （National Day Rally 2021）
奥多频道 （Okto）	停播		
朝阳频道 （Suria）	2023 年开斋节特别节目 （Sinar Lebaran 2023）	2022 年开斋节特别节目 （Sinar Lebaran 2022）	2021 年开斋节特别节目 （Sinar Lebaran 2021）
	儿童歌唱比赛 （Juara Mic Junior Berhari Raya 2023）	2022 年新加坡国庆庆典 （National Day Parade 2022）	2021 年朝阳频道颁奖典礼 （Pesta Perdana 2021）
	2023 年音乐庆典 （Muzika Ekstravaganza 2023）	哈芝节特备综艺节目 （Rayakustika 2022）	2021 年颁奖典礼 （Anugerah 2021）

频道名称	2023	2022	2021
春天频道 （Vasantham）	2023年屠妖节（排灯节）特别节目 （Amarkala Deepavali 2023）	2022年屠妖节（排灯节）特别节目 （Amarkala Deepavali 2022）	2021年屠妖节（排灯节）特别节目 （Amarkala Deepavali 2021）
	2023年新加坡国庆庆典 （National Day Parade 2023）	2022年国庆节致辞 （National Day Message 2022）	2021年国庆节致辞 （National Day Message 2021）
	春天之星 （Vasantham Star 2023）	2022年春天频道颁奖典礼 （Pradhana Vizha 2022）	2021年春天频道颁奖典礼 （Pradhana Vizha 2021）

表 9-4 2023 年新传媒综艺节目收视排名 [1]

排名	节目名称	类型	每集平均触及人数 （网络平台及电视）
1	《权听你说 3》 （Hear U Out S3）	真人秀、脱口秀	51.07 万
2	《缤纷万千在昇菘（第 32 系列）》 （The Sheng Siong Show S32）	综艺	46.83 万
3	《星牌运动员》 （The Star Athlete）	运动、真人秀、脱口秀	45.88 万
4	《衣衣不舍》 （Fashion Refabbed）	真人秀、脱口秀	45.15 万
5	《小团剧》 （The Reunion）	真人秀、脱口秀	43.02 万
6	《三吃客》 （Foodie Trio）	真人秀	42.56 万
7	《权听你说 4》 （Hear U Out S4）	真人秀、脱口秀	42.18 万
8	《上蔡乐》 （Rookies' Kitchen）	真人秀、脱口秀	42.16 万
9	《游走的歌王》 （Battle of the buskers）	音乐、真人秀	41.85 万
10	《缤纷万千在昇菘（第 33 系列）》 （The Sheng Siong Show S33）	综艺	41.56 万

---

1 蔡欣盈.《黄金巨塔》摘 2023 年本地戏剧收视冠军［EB/OL］.（2024-01-13）［2025-02-18］.
https://www.zaobao.com/entertainment/story20240112-1461651.

国庆庆典、红星大奖颁奖典礼，以及各频道的跨年晚会和节日庆典在年度收视排行榜上独占鳌头。每年新加坡国庆日（8月9日）庆典期间都会举行精彩纷呈的庆祝活动，观众可以通过新传媒收看现场实况直播，内容包括阅兵、游行、集体表演及烟花晚会等。新传媒从2019年起通过其旗下的网络电视平台，以4K解析度的超高清影像直播国庆庆典。2023年，新加坡总统大选的相关节目备受大众关注，反映出新加坡群众参与国家大型公共活动的积极性。国家媒体承载着大众对于政府的依赖和信任，因而从侧面体现了新加坡大众在心理归属及文化身份层面上对国家公信力的认同。

总之，群体族裔在新加坡这片土地上抒发了天然的文化意识，多元民族传统在不同程度上体现了隐形的源文化。他们在电视媒体中寻求共同话语，大型公共活动、全民选秀、民族节日及选举所代表的公共话语，恰好能够迎合并满足新加坡散居民族在寻找身份根源过程中的文化特征。

第二节　2015—2024年新加坡视听产业重要现象

新加坡作为一个多民族、多宗教、多语言共存的国家，从独立后政府就将经济发展、社会稳定，以及种族和谐作为国家发展的首要目标。新加坡视听产业根据受众的不同族群文化特性，顺应观众需求趋于多元化，其传播的文化内容能够有力地营造和睦的社会，培养并塑造国家意识及民族观念。

在此基础上，新加坡电视剧蕴含的家庭观念推动了新加坡人的文化认同。跨国合作的合拍剧、翻拍剧为世界观众呈现了新加坡极具特色的民族文化风格及成熟的影视制作体系。另外，展现多种族传统文化融合的美食类电视节目，给新加坡视听产业的发展增添了别样的风采。

一、家庭伦理剧展现儒家思想价值观

因华人的地缘性渊源，新加坡本土电视剧的创作理念深受儒家思想影响，家庭伦理剧备受华人观众欢迎，剧中所体现的世俗性和大众性形成了新加坡电视剧的鲜明特点。新加坡本土电视剧中，家庭伦理剧通过平民视角走进观众视线，这类剧集通常表现小人物的家长里短，受众年龄层较广，因此在新加坡电视荧屏上占有一席之地。家庭伦理剧在新加坡历年最高收视率电视剧榜单中占有较大的比重，在本土剧的不同发展阶段都有能够代表不同时代审美趣味的典型剧集。

20世纪80年代，新传媒华语戏剧处的成立为家庭伦理剧的产生和发展奠定了基础。三十集的《豪门内外》（Tycoon，1985）讲述了一个豪门家族兴衰的过程。该剧融入了深刻的伦理思想，家族成员为争夺财产互相残害，"因果报应""父慈子孝"等传统观念在剧中体现得淋漓尽致。此外，《吾爱吾家》（Home Is Where Love Is，1985）、《家和万事兴》（Under One Roof，1986）、《变迁》（Moving On，1987）、《牛车水人家》（Teahouse in Chinatown，1988）、《似水柔情》（When Hearts Touch，1988）、《亲心唤我心》（A Mother's Love，1989）等剧，皆表现了时代变化对人物命运的影响，同时呈现了较为直接、朴素的伦理价值观念。

进入20世纪90年代，新加坡社会经济发展稳定，都市言情剧颇受观众欢迎。相比之下，家庭伦理剧产量渐少，但不乏一些描绘现实情境、突出时代特征的电视剧，如《欣欣向荣》（Sweet Dreams，1990）、《戏剧人生》（Terms of Endearment，1992）、《卿本佳人》（Ride the Waves，1993）、《美梦成真》（Dreams Come True，1994）、《潮州家族》（The Teochew Family，1995）、《高家万岁》（My Family, My Wife，1997）、《家人有约》（Stand by Me，1998）等。其中《潮州家族》具有浓重的时代色彩，该剧的故事背景从20世纪40年代的广东潮汕横跨到20世纪90年代的新加坡，讲述了中国潮州米商蔡家历时五十余载的兴衰起伏及爱恨情伤。《潮州家族》播出后获得极高的收视率及口碑，高品质的制作及潮州文化的精准呈现受到观众的广泛好评。另外，《家人有约》以其动人的情节和演员精湛的演技广受欢迎，获得当年红星大奖"最佳电视剧"奖和"最佳男女主角"奖。该剧讲述住在一起的一家七口在经历大儿子车祸后一改当初冷漠的家庭氛围，家庭成员从此学会理解彼此、互相扶持，令人回味的家族情感也让观众自省，对民众产生了一定的教育、感化作用。

21世纪以来，家庭伦理剧的产量逐步回升，经历了20世纪90年代末亚洲金融危机，"劫后重生"的新加坡电视剧在传媒行业激烈竞争的环境中开启了新的旅程。反映家庭凝聚力的《家事》（My Home Affairs，2000）、讲述了退休父亲和四个子女温馨故事的《好儿好女》（Viva Le Famille，2002）、讲述性格泼辣的母亲和三个女儿历经社会动荡开始互相理解的《九层糕》（Beautiful Connection，2002）、传递生育观的《我家四个宝》（Baby Boom，2003）、讲述新加坡荷兰村卖椰浆饭一家人情感故事的《荷兰村》（Holland V，2003，如图9-3所示）、讲述经营餐馆的三代人情感故事的《喜临门》（Double Happiness，2004）等，这些电视剧以小人物的生活琐事为叙事主体，通过轻松、温馨的剧情，以及积极向上的人生观抚慰现实世界里的观众。值得一提的是，《九层糕》和《荷兰村》分别获得当年红星大奖"最佳电视剧"奖和"最高收视率电视剧"奖，其中《荷兰村》作为新传媒第一次制播长篇电视剧，共播出了125集。

图 9-3 电视剧
《荷兰村》剧照

此后，新传媒在家庭伦理剧的制作上愈加成熟，围绕"家和万事兴"等和谐共处的价值观念展开叙述，题材新颖，手法多样。例如，围绕一间工厂展现家族情感的《同心圆》（*Portrait of Home*，2005）、努力在大家族中营造团结氛围的《至尊红颜》（*Women of Times*，2006）、推崇"孝"观念的《小娘惹》（*The Little Nyonya*，2008）、探讨夫妻双方家庭关系问题的《企鹅爸爸》（*Daddy at Home*，2009）、表现三个性格迥异的姐妹学习知足常乐道理的《喜事年年》（*Prosperity*，2011）、呈现一家人其乐融融欢聚一堂的《双星报喜》（*Double Bonus*，2012），以及融合穿越元素的《祖先保佑》（*Blessings*，2014）及《祖先保佑2》（*Blessings 2*，2018），另外还有充满励志意味的《虎妈来了》（*Tiger Mum*，2015）、展现婆媳关系与婚姻问题的《家有一保》（*Don't Worry, Be Healthy*，2016）和《最强岳母》（*Mightiest Mother-in-Law*，2017）、讲述家庭琐事的《一切从昏睡开始》（*While You Were Away*，2019）、凸显奇幻叙事风格的《男神不败》（*Super Dad*，2020）和《心里住着老灵魂》（*Soul Old Yet So Young*，2021）、讲述破碎的家庭重新获得团聚的《多年后的全家福》（*Home Again*，2022）、讲述同一天出生的三兄妹成长故事的《家人之间》（*Family Ties*，2023）、反思家庭教育问题的《孺子可教也》（*Born to Shine*，2024）等。这些家喻户晓的电视剧在探讨家庭问题的同时，也为社会传播了积极和谐的道德观念与审美价值。

二、跨国合拍剧、翻拍剧风格多元

21世纪初，新传媒和报业传讯展开了激烈的收视竞争，"在此期间两家公司的亏损总额超过两亿新加坡元"[1]。但与此同时，长达四年的竞争促使两家公司都有了更具战略性的发展，生产出一批经典、优秀的电视剧和电视节目。其

1　https://biblioasia.nlb.gov.sg/vol-12/issue-1/apr-jun-2016/singapore-tv/#:~:text=Lau%20Joon-Nie%20charts%20the%20rise%20of%20Singaporean%20television，foreign%20competition%20posed%20by%20the%20arrival%20of%20cable. https://biblioasia.nlb.gov.sg/vol-12/issue-1/apr-jun-2016/singapore-tv.BiblioAsia。

中，新传媒积极购买电视版权，不仅购入 8 部美国最受欢迎连续剧的版权，同时改编了金庸同名小说《笑傲江湖》（*The Legendary Swordsman*，2000），包括新传媒自制的热门情景喜剧《啊，女孩》（*Ah Girl*，2001）在内，这个时期的新传媒播出剧皆获得了较好的口碑。但是，昂贵的版权费用并不利于长期发展，新传媒打开了新的思路，跨国合拍剧由此诞生。

1. 华语合拍剧形式多样

在华语合拍剧中，武侠剧与古装剧类型较为突出。比如，新加坡和中国共同制作的根据古龙武侠小说《陆小凤》改编的《陆小凤之决战前后》（*Master Swordsman Lu Xiaofeng*，2001）、《陆小凤之凤舞九天》（*Master Swordsman Lu Xiaofeng 2*，2001），以及根据中国民间传说改编的古装剧《青蛇与白蛇》[1]（*Madam White Snake*，2001）皆获得了较好的收视成绩。除此之外，新加坡与中国合拍的讲述嫦娥和后羿之间唯美爱情故事的古装神话剧《奔月》（*Moon Fairy*，2003）在新传媒 8 频道播出后颇受好评，该剧使用大量视觉特效，场景恢宏奇特，为观众呈现出中国古代神话光怪陆离的奇异境界。

除此之外，不乏一些类型独特的连续剧。例如，新传媒 8 频道播出的《舞出彩虹》（*The Rainbow Connection*，2005）是新传媒首部将舞蹈作为叙事核心元素的青春偶像电视剧，该剧讲述六个热爱舞蹈的年轻人为了实现梦想历经重重困难的故事。《舞出彩虹》由新加坡与中国共同制作，但因类型较为前卫，收视表现并不出色。华语合拍剧的题材也很多样。比如，新加坡报业传讯与中国香港亚洲电视联合制作的通过股票市场众生相表现人生百态的《胜券在握》（*Cash Is King*，2002）、新传媒与中国香港亚洲电视合拍的讲述律师女儿帮助母亲打赢官司的《法内情 2002》（*Law 2002*，2002）、新传媒和中国台湾地区合拍的围绕竞技游泳讲述励志故事的《任我遨游》（*The Champion*，2004）、新加坡与中国合作的讲述因手机错误连线而彼此纠缠的都市爱情剧《爱情占线》（*A Mobile Love Story*，2008）、由中国上海东飞影业与新加坡哇哇映画合作的都市爱情奇幻轻喜网络剧《被风吹过的夏天》（*Summer Wind*，2022）等。

值得一提的是，由新加坡和中国台湾地区合作的《你那边怎样，我这边 OK》（*All Is Well*，2019，如图 9-4 所示）于新加坡和中国台湾两地实景拍摄。

1　2001 年 9 月 17 日在新加坡首播，2001 年 7 月 8 日在中国台湾首播。2010 年，为庆祝中华人民共和国与新加坡建交 20 周年，中国中央电视台购买了该剧在中国大陆的版权，并将其命名为《青蛇外传》于 10 月 17 日在 CCTV-1 午间黄金档播出。

图 9-4 电视剧
《你那边怎样，我
这边 OK》剧照

该剧以 2016 年轰动中国台湾的自动提款机吐钞盗领案件为故事背景，剧情通过双叙事线并行展开，一条故事线发生在新加坡，另一条发生在台北。观众可以选择只看其中一条戏剧线，也可以串联起来同时观看，两条戏剧线互相补充解释，新颖的叙事策略吸引了大批年轻观众。新加坡故事线于每周一至周五晚 9 点在新传媒 8 频道播出，中国台湾故事线则于同一日晚 10 点在新传媒 U 频道播出。尽管复杂的剧情令观众表示晦涩难懂，但这部剧在跨文化合作的创新方式上有了突破性发展。

2. 与马来西亚合作频繁

新加坡与马来西亚合作的电视剧大多由新传媒和马来西亚电视台 ntv7 联合制作，并且以重新翻拍的新传媒经典电视剧为主。比如：《情有可缘》（*Falling in Love*，2006）翻拍自新传媒电视剧《二分之一缘分》（*You Are the One*，2005），该剧讲述了一个中餐馆的厨师和他三个女儿的家庭故事；《原点》（*The Beginning*，2006）翻拍自"新传媒一姐郑惠玉"主演的新传媒电视剧《长河》（*Rising Expectations*，1997），该剧围绕四个年轻人讲述他们互相扶持的成长故事；《美丽的气味》（*The Beautiful Scent*，2007）翻拍自新传媒电视剧《情来运转》（*My Lucky Charm*，2005），该剧讲述了四个年轻人的喜乐爱情故事；《天使的烙印》（*Fallen Angel*，2009）翻拍自新传媒电视剧《天使的诱惑》（*The Wing of Desire*，2002），该剧围绕两个家庭的爱恨纠葛讲述两代人的悲喜命运；《大城情事》（*Where the Heart Is*，2008）翻拍自新传媒电视剧《家事》（*My Home Affairs*，2000），该剧围绕经营糕点店的一家人讲述家族命运的兴衰起伏；《幸福满贯》（*My Destiny*，2008）翻拍自新传媒电视剧《家财万贯》（*The Ties That Bind*，2004），讲述一家三兄妹的家庭故事；《快乐一家》（*Welcome Home, My Love*，2009）翻拍自新传媒电视剧《好儿好女》（*Viva Le Famille*，2002），该剧通过轻松幽默的叙事氛围讲述家人之间相处的情感琐事。

新传媒与马来西亚电视台 ntv7 共创的全新剧集大多是爱情剧和家庭剧。例如：《爱在你左右》（*Love Is All Around*，2007）讲述一对情侣在历经苦难后重修旧好的爱情故事；《男人当家》（*Man of the House*，2007）围绕一个好好先生的退休生活展现了普通人的现实生活；《都市恋人的追逐》（*Addicted to*

Love，2008）讲述了四个女人的都市爱情故事；《还我情真》（*The Thin Line*，2008）描写两代人错综复杂的家庭伦理关系；《有你终身美丽》（*Her Many Faces*，2008）讲述四个女人的工作和爱情的故事；《谈谈情，舞舞狮》（*Lion Heart*，2009）以农历新年为故事背景，围绕年轻一代舞狮人的现实生活讲述舞狮界的辛酸与苦乐；《美食厨师男》（*Romantic Delicacies*，2009）围绕两家传统面馆，讲述两家人之间的亲情、爱情和友情故事；《家在半山芭》（*My Kampong Days*，2009）以坐落于半山芭的一栋旧式楼宇为背景，讲述了马来西亚不同种族的底层生活困境；《我爱麻糍》（*Friends Forever*，2010）讲述在一个俱乐部工作的十个年轻男女之间的爱情和友情故事；《星光灿烂》（*The Glittering Days*，2010）讲述了一群热爱唱歌的小人物的励志故事；《血蝴蝶》（*Injustice*，2010）描绘了错综复杂的两代人的恩怨及家族斗争的故事；《断掌的女人》（*Destiny in Her Hands*，2011）讲述女主角历经多重困难，最终打破世俗偏见走向美好人生的故事；悬疑剧《庭外和解》（*Justice in the City*，2012）围绕两个民事诉讼律师讲述人性与法律冲突的故事；奇幻爱情剧《糊里糊涂爱上它》（*Absolutely Charming*，2012）讲述被贬下凡化身为丑女的狐狸精爱上人类的故事。

三、多元民族语境下美食类电视节目传递文化共情

新加坡热播的电视节目以大众普遍关注的民生题材为主，内容多为衣食住行，其中，美食类节目备受追捧。新传媒早期制作的美食类节目较为传统，如《美食寻根》（*Food Hometown*）、《三菜一汤》（*3-Plus-1*）等，这些节目获得了广泛的观众基础，为新传媒创作更多美食类节目奠定了思想根基。

《名厨出走记》（*Love on the Plate*）于 2010 年首播，主持人钟琴与九位世界名厨抛下万事俱备的厨房走入农家村落、流落荒山野岭，在深入了解当地的生活环境和风土民情的同时，厨师们就地取材并烹制美味佳肴招待村民。他们为获取食材徒步冒险的过程不仅为观众呈现了当地的自然风光，也展示了厨师们高超的厨艺。在此期间，名厨们努力制作菜肴时流露的真实情感令众人感动。此外，名厨们还会在节目中给观众传授独家厨艺和食谱。《名厨出走记》在 2011 年获得红星大奖"最佳综艺节目"奖，随后推出的第二季依然好评如潮。

《食在好源头》（*Food Source*）于 2011 年首播，在节目主持人食力哥（Pornsak Prajakwit）的带领下，节目组去往食材源头探索其培育、种植或养殖的过程，随后再邀请名厨向观众示范处理食材的最佳方法。该节目于 2011 年入围红星大奖"最佳综艺节目"奖。此后制作的《食在好源头》第二季和第

三季分别获得2012年和2013年红星大奖"最高收视率节目"奖。节目的成功离不开食力哥的主持能力，食力哥来自泰国，性格活泼，精通普通话、潮州话、广东话、马来语、英语和泰语，是双语电视节目及活动的热门主持人选。

于2015年首播的《美食世家》（Food Empire）通过介绍新加坡饮食名家及其代表菜肴，讲述了新加坡美食遗产背后的动人故事。无论是代代相传的老菜谱，还是独创的热门美食，餐饮小贩和厨师们都在节目中展现了炉火纯青的烹饪技艺。节目详尽地记录了新加坡的代表菜肴，如辣椒蟹、肉骨茶、海南咖喱饭等地道美食的历史由来及其口味特色。与此同时，节目基于新加坡多族群的社会特征，也特别介绍了代表不同族裔的经典食物，如月饼、咖喱和肉干等。《美食世家》第二季于2018年在U频道播出，获得2018年电视节目收视率冠军。第二季节目将镜头投向新加坡美食名家的第二代掌门人身上，并且展现了更为家常的饮食习惯。例如，在描述新加坡的代表性早餐时，节目选择了咖椰烤面包、椰浆饭及印度煎饼作为叙述主体，同时为观众展示了面条料理和鸡肉料理等食物的特色做法，接地气的节目内容为《美食世家》本土化传播提供了广泛的群众基础。

《看在食物的份上！》（For Food's Sake!）另辟蹊径，节目通过揭开食材背后所隐藏的社会问题，探讨日常出现在餐盘里的普通食物对人类和地球的影响。独具视角的《看在食物的份上！》于2018年首播，隔年便推出第二季，获得普遍好评。近年来，新加坡物价上涨，日常食材如鸡肉、大米、香蕉等价格也都受到影响。《看在食物的份上！》探访了餐饮业者、供货商等相关群体，追踪食物采购链条，进而追问推动食品价格上涨的社会因素，剖析国际事件与餐桌之间看起来不太可能的联系，从而揭开价格丑闻、环境污染、劳动力短缺及神秘疾病等社会问题对人类的影响。

2019年3月，新加坡正式向联合国提交申遗文件，要把"新加坡小贩文化"纳入联合国教科文组织"非物质文化遗产代表名录"，从而进一步保留和发扬新加坡众多小贩美食与手艺，同时让全世界了解新加坡独特、丰富的饮食文化。新加坡南洋学会会长许振义表示："新加坡'小贩文化'的特别之处就在于不同族群的饮食可以出现在一起，而来自不同族群的食客虽然各有不同的饮食禁忌或民族文化差异，但却能接纳在同一个小贩中心用餐，同时在行为上还能照顾其他族群的禁忌。"[1]由此，《我们的社区饭厅》（Hawkers in Our

---

1　李晓渝.新加坡的"小贩文化"[J].共产党员，2019（15）：63.

Centre，如图 9-5 所示）应运而生，该
节目于 2019 年底播出，仅播两期便获
得新传媒亚洲新闻台当年收视率冠军。
节目分别以"没有小贩，新加坡就不会
有今天的样子"和"保存小贩文化，保
存小贩"为主题介绍新加坡的热门美食
与小贩中心，同时通过小贩食客、小贩
经营者、历史学家、城市规划建筑师等

图 9-5　电视节目
《我们的社区饭
厅》剧照

群体的视角，梳理了新加坡小贩文化的发展历史，为观众呈现了新加坡饮食文
化与城市之间的关系。《我们的社区饭厅》除了记录不同时代小贩制作美食的
变化，还展现了小贩文化与新加坡城市建设的矛盾，从而传递社区饭厅所坚守
的文化精神与价值。总之，新加坡美食节目中所表现的文化普泛性是这类节目
拥有广泛受众的主要因素。

于 2019 年首播的烹饪游戏类节目《三把刀》（King of Culinary）邀请三
名资深厨师与素人选手比拼厨艺，来自民间的烹调选手如果战胜名厨将会获得
由主厨签名的刀具和丰厚的奖金。该节目一经播出便广受好评，继而在 2020
年播出第二季，同时获得 2021 年红星大奖"最佳综艺节目"奖。同一时期的
《古早味侦探》（Old Taste Detective，2019）、《阿公来做饭》（Ah Gong Can
Cook，2019）、《小贩学院》（Hawker Academy，2020）、《怡凤和妹妹的厨房》
（YiFong & Eleanor's Kitchen，2020）、《星·料理》（LNX x Hawker，2021）、
《糖朝冠冕》（Creme De La Creme，2021）等美食类节目皆受到观众热捧，由
此可见因新冠疫情影响而居家的观众对美食类节目的热衷和偏爱。值得一提的
是，2021 年开播的《特别的食物给特别的你》（Cooking for a Cause）围绕在
特殊时期通过食物传递温情与爱心的慈善家和志愿者们，表现在共同体话语
下食物带给人类的共情与力量，从而通过节目鼓励当时正在经历新冠疫情的
观众。

除此之外，还有很多表现饮食文化多样性的美食类节目获得不俗的收
视成绩，如跟随多位名厨回到各自的家乡，请他们为心目中最想感谢的一位
恩人烹煮佳肴的《名厨上菜》（Cook for U）、展现国际饮食特色的《吃·东
西》（World Food）、通过旅行探索日常菜系来源的《食材地图》（Our Daily
Food）、品尝与体验昂贵食物的《有何贵食》（Deluxe-licious）、给远在他
乡的亲人带去家乡美食的《幸福乡味》（Taste from Home）、通过对食物的
不同感受记录生活故事的《百味人生》（Food of Life）、传授烹饪秘方与技
巧的《料理的秘密》（Food Secrets）、品味世界各地标志性美食的《民族

味》（*National Flavours*）、探索和搜寻新加坡最美味肉类菜肴的《无肉不欢》（*Meat and Greed*）、揭示隐藏在亚洲最具代表性美食背后故事的《上食堂》（*Food Notes*）、与旅行者和食品冒险家一起探索世界食材的《辣椒猎人》（*Chilli Hunter*）、邀请祖母们展示自己珍贵食谱的《阿嬷来做饭》（*Ah Ma Can Cook*）、让大厨走进监狱并利用有限食材给囚犯们烹制美食的《监狱料理》（*Prison Food*）、通过烹饪菜肴分享人生故事的《阿顺有煮意》（*Dishing with Chris Lee*），以及《传说中的料理》（*Legendary Cuisines*）、《吃出一碗文化》（*Culture in A Bowl*）、《大飨宴》（*The Banquet*）、《寻味地图》（*A Taste of History*）、《大厨驾到》（*Chefs on Wheels*）、《4大名厨》（*The 4 Chefs*）、《两代美味关系》（*Taste of Love*）、《三吃客》（*Foodie Trio*）等家喻户晓的美食类节目，这些美食类电视节目展现了新加坡多元民族话语下人们对饮食多元化的期待与愿景，以及通过代表性食物传递文化共情。

第三节　2015—2024年新加坡视听内容创作概况

近年来，新加坡视听创作类型多元。电视剧创作方面，家庭伦理剧、怀旧年代剧，以及都市时装剧是最受新加坡观众欢迎的电视剧类型，但也不乏出现一些奇幻风格的剧集。电视节目方面，除了表现多种族文化并行发展的大型电视活动，资讯节目占据了各个频道的黄金时段，其中讲述的极具深度的社会话题吸引了大批观众。此外，近两年独立影视公司的发展逐渐成熟，使新加坡视听产业展现了新的活力。

一、新加坡电视剧创作概况

追溯至20世纪60—70年代，新加坡电视上播出的电视剧大多是外购剧，其中侦探剧居多，如《天堂执法者》（*Hawaii Five-0*）、《托马》（*Toma*）和《洋场私探》（*Mannix*）等，也因如此，新加坡观众对悬疑推理剧情有独钟。但是，大量引进的犯罪剧逐渐被指责为致使新加坡青少年暴力的诱因，以及社会犯罪率上升的罪魁祸首。与此同时，1979年"讲华语运动"的推动使得新加坡媒体一律不能播放未经许可的方言节目，而外购剧因需要制作华语配音使播映成本大大增加。直到20世纪70年代后期，新加坡经济飞速发展，大众的生活质量提升，本土意识觉醒，这才推动了新加坡自制电视剧的发展。1979年新加坡出台《广播法》限制了电视上外国节目的数量，这一举措促使当时的新广开始培养自己的演员、导演和编剧团队。1981 年，新广开始尝试自行制作电视剧。1982 年 7 月 25 日，自制电影《实里达大劫案》的播映引起一时轰动，这也是新加坡本土剧首次拍摄飞车和开枪镜头，令观众大为惊叹。于是新广便定这天为"自制剧集诞生日"，由此开启了新加坡自制电视剧的历史。此后，单元剧《小 DD》（*Little DD*，1982）、《晚来风急》（*Evening Breeze*，1982）与《圣淘沙之旅》（*The Diamond Chase*，1982）的创播逐渐形成了新加坡本土剧初期的朴素风格。1983 年播出的经典喜剧《新兵小传》（*Army Series*）因其搞笑幽默的叙事风格受到不同年龄层观众的喜爱，饰演主人公的年轻演员王玉清也成了当时新加坡的初代偶像。

1. 华语电视剧的发展

为寻求创新，新广于 1983 年成立华语戏剧处，吸纳了梁立人等多位中国香港及中国台湾地区的电视剧创作人制作了数百部电视连续剧，正因如此，20 世纪 80 年代的新加坡电视剧与中国香港影视剧风格颇为相似，收获了大批华人观众。1984 年，华语戏剧处制作的《雾锁南洋》（*The Awakening*）获得巨大反响，这是一部讲述新加坡早期华人移民故事的系列剧，该剧的监制赖水清和编剧等大多数工作人员皆是中国香港人。《雾锁南洋》由"地久天长"和"狮城拂晓"两个部分组成，"双生双旦"的主角模式极具开创性，新颖的叙事策略与气势磅礴的拍摄手法充分激发了新加坡观众的爱国情怀，这部历史剧由此成为新加坡电视剧发展史上的滥觞之作。

第二部本土长篇电视剧《吾家有子》（*Growing Up*，1984）再次大获成功，该剧讲述了郑氏一家人在新加坡经历一系列考验和磨难的故事。剧中演员令人信服的表演、高质量的剧本，以及对新加坡独立后历史记忆的真实描述，受到观众的普遍认可。此后至 1987 年，自制电视剧逐渐占据新加坡荧幕的主要位置，当时第八波道每周有五天在晚间时段播放自制电视剧。

同时，新广积极拓展海外业务，并向其他广播电视机构出售新加坡本土电视剧的播放版权。如今，大量的新加坡电视剧在中国、澳大利亚、印度尼西亚、马来西亚、菲律宾、泰国、越南播出，从而提高了新加坡本土明星的知名度。20 世纪 80—90 年代，新加坡电视剧在中国广受欢迎。据统计，我国在 1984—1999 年共引进新加坡电视剧 48 部[1]，其中反响比较大的有《人在

1　潘娜.中国引进的海外电视剧（美日韩除外）回顾［EB/OL］.（2011-09-17）［2025-02-18］. https://rirt.cuc.edu.cn/2011/0917/c3801a93371/page.htm.

旅途》（*Takeover*，1985）、《调色板》（*Paint a Rainbow*，1987）、《出人头地》（*Finishing Line*，1990）、《法网情天》（*Hidden Truths*，1993）等。此后，新加坡华语电视剧也有意识地将故事背景设置在中国，从而拉近新加坡华人与中国观众的心理距离，如《新上海假期》（*A Romance in Shanghai*，1996）、《都是夜归人》（*Living by Night*，1997）、《神雕侠侣》（*The Return of the Condor Heroes*，1998）等。

2. 英文电视剧的发展

新加坡英文电视剧的发展较为艰难，英文戏剧处成立于 20 世纪 90 年代初。在美国热门肥皂剧《豪门恩怨》（*Dallas*）和《鹰冠庄园》（*Falcon Crest*）的前执行制片人乔安妮·布拉夫（Joanne Brough）等一些外国作家团队的帮助下，英文戏剧处于 1994 年制作完成了第一部新加坡英文电视剧《海的主人》（*Masters of the Sea*）。但是，新加坡观众对这部剧反应冷淡。一方面他们无法理解剧中讲述的中国航运家族的故事走向；另一方面观众谴责了剧中演员蹩脚的英语发音。

直到 1995 年《同一屋檐下》播出，该剧引发了观众的强烈共鸣，获得强烈反响。《同一屋檐下》讲述了居住在中产阶级郊区的公共住宅里"新加坡最有趣的一家人"的故事，剧中人物的性格立体、鲜活。《同一屋檐下》在播出的九年时间里乃至今日都被称为新视最成功的商业作品之一，同时获得了"亚洲电视大奖"的多个奖项。此后，英文戏剧处继续推出现代题材电视剧，如《三个房间》（*Three Rooms*，1997）、《VR 英雄》（*VR Man*，1998）、《旋转》（*Spin*，1999）等，颇受观众好评。

受 20 世纪 90 年代末亚洲金融危机影响，观众更倾向于选择剧情轻松的情景喜剧，从而获得更为愉悦的观看体验，从而间接推动新加坡本土喜剧的发展，喜剧类型电视剧成为 20 世纪 90 年代电视荧屏上非常重要的组成部分。例如，《鬼马家族》（*Phua Chu Kang*，1997）在这股浪潮中以其令人愉快的颠覆性故事情节使观众获得欢乐。剧中说着新加坡式英语的男主角葛米星（Gurmit Singh）受到观众们的喜爱，这部剧也是新加坡播出时间最长的英语情景喜剧；《福满人间》（*Wok of Life*，1999）讲述了主人公在 20 世纪 60 年代和 20 世纪 90 年代两个时空穿越的故事。这部发生在福满楼菜馆的喜剧为观众呈现了不同时代的历史特色，以及令人捧腹的故事情节。剧中还展现了几道能够体现人物情感的新加坡经典菜肴，如代表师公夫妻爱情的彩虹粥、代表阿南和恋人充满爱情味道的银河芝麻糊等。

3. 台庆剧的创作特点

近年来，高投入、大制作的新传媒台庆剧备受观众瞩目，其在主题与立意层面展现了新加坡社会的主流意识观念。从新传媒各类重头剧的创作发展走向便可以了解新加坡电视剧风格概貌的变化。台庆剧中，表现新加坡历史变迁的怀旧年代剧类型占较大比重。

《黄金路》（*Golden Road*，2007）是新传媒为庆祝独立制播戏剧 25 周年的纪念剧。该剧故事背景跨越二十余年，围绕两家人的命运变迁，通过融入两代人的情感纠葛，展现了女主角笑姑勇敢、积极向上的性格特点。《黄金路》中也出现了《实里达大劫案》《牛车水人家》《金枕头》《荷兰村》等经典剧集的著名场面，勾起了观众的美好回忆。

《小娘惹》（*The Little Nyonya*，2008，新传媒 45 周年台庆剧，如图 9-6 所示）从计划拍摄到制作完成耗费约两年时间，动用约 150 名员工，并且在播出前两个月便开始大力宣传。该剧围绕足不出户的娘惹们，通过讲述大家族女性为争宠而明争暗斗的矛盾故事，展现了善良女孩月娘不屈不挠的一生。《小娘惹》打破了《雾锁南洋》创造的收视纪录，该剧的热播让具有地方代表性的娘惹文化受到更多人的关注。

图 9-6　电视剧《小娘惹》剧照

2019 年，中国中央电视台、爱奇艺与新加坡长信影视文化等共同出品并翻拍了新版《小娘惹》，于 2020 年在上海广播电视台东方影视频道首播。

新传媒台庆剧中，怀旧类型的剧集不胜枚举，如讲述几个家族两代人历经三十年时代变迁的《当我们同在一起》（*Together*，2009，新传媒 46 周年台庆剧）、讲述 20 世纪 30—40 年代新加坡歌舞演员故事的《星洲之夜》（*A Song to Remember*，2011，新传媒 48 周年台庆剧）、展现新加坡社会中下层的两家人命运变迁的《对对碰》（*It Takes Two*，2012，新传媒 49 周年台庆剧）、讲述为新加坡独立而奋斗的家族命运故事的《信约：动荡的年代》（*The Journey: Tumultuous Times*，2014，新传媒 51 周年台庆剧）、展现住在同一个社区三个年轻人成长故事的《大英雄》（*Hero*，2016，新传媒 53 周年台庆剧）、讲述传统潮州饼店中的励志故事的《祖先保佑 2》（*Blessings 2*，2018，新传媒 55 周年台庆剧）等，这些剧集为观众呈现出新加坡时代变迁与人物命运变化之间的内在联系。

除此之外，新传媒台庆剧也擅于制作都市题材的现代剧。《志在四方》

（*The Dream Makers*，2013，新传媒 50 周年台庆剧 ）、《志在四方 2》（*The Dream Makers 2*，2015，新传媒 52 周年台庆剧 ），以及该系列的前传《第一主角》（*The Lead*，2017，新传媒 54 周年台庆剧 ）围绕一群电视台职场人讲述他们之间的爱恨纠葛，同时为观众呈现当代青年人的事业观。

另外，新传媒制作的重头剧敢于尝试多种叙事风格与类型。例如，讲述因车祸昏睡十余年的女孩为找到杀害其家人的真凶与嫌疑人斗智斗勇的悬疑剧《破天网》（*Breakout*，2010，新传媒 47 周年台庆剧 ）、讲述一群年轻有为的武术高手为了重振道馆而克服重重困难故事的《致胜出击》（*The Good Fight*，2019）、讲述明朝女侠罗明依穿越到现代帮助李时珍的后代重振中药事业的《我的女侠罗明依》（*A Quest to Heal*，2020 ）、讲述越南女孩为寻找妹妹远嫁新加坡的《过江新娘》（*My Star Bride*，2021 ），以及围绕三个好兄弟为改变命运在成长路上迷失自我的悬疑剧《金色大道》（*All That Glitters*，2023 ）等。

二、新加坡电视节目创作概况

20 世纪 70 年代中期，包含娱乐内容的节目约占新加坡广播电视台综合节目总播出量的 74%，其中以电视剧为主，其次是电视节目。新加坡广播电视台每年约有 120 万美元的预算费用用于从海外购买电视节目版权，因此新加坡约 60% 的娱乐节目是从北美进口的。[1] 而自制的电视节目只占播出量的约 40%，其中中文综艺节目和马来语音乐节目是最受欢迎的类型。

1. 新加坡电视节目的发展特点

21 世纪初，新传媒在和报业传讯的竞争中，买下《谁想成为百万富翁》（*Who Wants to Be a Millionaire*）、《最薄弱环节》（*The Weakest Link*）和《幸运之轮》（*The Wheel of Fortune*）等益智博彩类电视节目的版权并进行本土化改编，节目一经播出便受到观众热捧，使新传媒获利颇丰。2002 年，"在这些热播节目播出的 4 个月里，新传媒 5 频道更是将游戏类节目的播出时间比例从 8% 提高到 20%"。[2]

新加坡的电视生态中另一个不可忽略的部分，便是依附在新传媒和几个以

---

1 https://biblioasia.nlb.gov.sg/vol-12/issue-1/apr-jun-2016/singapore-tv。

2 https://biblioasia.nlb.gov.sg/vol-12/issue-1/apr-jun-2016/singapore-tv/#:~:text=Lau%20Joon-Nie%20charts%20the%20rise%20of%20Singaporean%20television,foreign%20competition%20posed%20by%20the%20arrival%20of%20cable。

播出纪录片和纪实节目为主的国际频道下的 30 余家独立电视制作公司。"新加坡的制作公司起步得很晚，于 20 世纪 80 年代中期开始萌芽，这些制作公司发展至 2003 年才组织起来成立'新加坡独立电视制作公司协会'（AIPRO），从而为自己争取相关的权益。这些制作公司的业务 70% 以上是为当时媒体发展管理局的'公共服务广播'（Public Service Broadcast，简称 PSB）制作电视节目（简称公视节目）。"由于新加坡并没有公共电视台或频道，因此公视节目就散播于新传媒的各个频道之中。简而言之，独立电视制作公司在新加坡政府的间接支持下才得以生存。

新传媒旗下的影视制作公司包括新传媒制作（负责华语及英语影视制作）、新传媒鹰眼制作（负责马来语及泰米尔语影视制作）、卡尔德科特国际制作公司（Caldecott Productions International），以及一家专门制作电影的子公司即新传媒星霖电影公司（Raintree Pictures）。除此之外，新加坡独立影视制作公司也逐步崭露头角。例如，由资深电视节目、电视连续剧制作人刘健财（Low Kian Chye）创立的哇哇映画（WaWa Pictures Pte Ltd）、作为首家在新加坡证券交易所上市的新加坡电影制作公司全亚影视娱乐（mm2 Asia Ltd），以及制作出多个冒险类节目的堂堂映画（August Pictures Pte Ltd）等。独立电视制作公司将电视节目、电视连续剧及电影制作等业务扩展至全球，同样为新加坡视听产业贡献了优秀的作品。

2. 颁奖典礼及大型电视活动

红星大奖是新加坡最高级别的电视颁奖晚会，也是每年新传媒表彰有突出表现的电视工作者及团队的盛会。红星大奖于 1994 年创办，通过 8 频道播出，设有演技、主持、戏剧、节目等类型的不同奖项。另外，获得 10 次"最受欢迎男女艺人"奖项的明星将会赢得"超级红星"奖，获得过该奖项的包括郑惠玉（Zoe Tay）、李南星（Jonathan Lee Nam Heng）、周初明（Chew Chor Meng）等新加坡家喻户晓的电视明星。另外，朝阳频道为表彰马来语电视工作者的颁奖礼（Pesta Perdana），以及春天频道为嘉奖泰米尔语电视工作者的颁奖礼（Pradhana Vizha）都是新加坡电视观众每年最为期待的盛会。

"才华横溢出新秀"（Star Search）是新传媒于 1988 年创办的为挖掘新鲜演艺人才设立的选秀比赛，每两年举办一届。[1] 参赛者在比赛期间通过舞蹈、即兴表演、问答演讲等环节来施展演艺才能。除了本土评审员，该比赛也邀请

---

1 《才华横溢出新秀》于 2010 年之后暂停了 9 年，2019 年回归。

外国明星加入评审团,来自中国的梅艳芳、周润发、张柏芝和刘德华都曾受邀参与过"才华横溢出新秀"的评审工作。除了丰厚的物质奖励,获胜者还会获得新传媒公司的全职合同,而其他被认可的入围者通常也会得到电视合约。1999 年,"才华横溢出新秀"将赛区范围扩大到马来西亚、中国等国家和地区。

朝阳频道和春天频道播出的新加坡特色节庆活动的实况节目,同样为新传媒带来了收视热潮,节目中展现的民族风情和节日氛围为新加坡电视业的本土化发展奠定了基础。朝阳频道每年播出的开斋节特别节目(Sinar Lebaran)不仅举办群星聚集的音乐会,还向观众展现活动盛况,如详细介绍用丝绸或手工蜡染制作的民族特色服装等。春天频道播出的屠妖节(排灯节)特别节目(Amarkala Deepavali)每年的平均收视率为 9%,[1] 热闹非凡的倒计时秀在展现印度歌舞华丽表演的同时,精美的刺绣纱丽服同样让观众目不暇接。

3. 资讯节目的创作特点

近年来,新加坡资讯节目因其内容广泛、贴近民生、角度新颖等特点受到越来越多观众的欢迎,因此大多资讯节目被安排在黄金时段播出。2006 年红星大奖设置"最佳资讯节目"奖项,不仅展现了此类节目为社会带来的深刻影响,也在一定程度上鼓励了资讯节目幕后的工作者。资讯节目大多采用深度报道或连续报道的形式,反映客观真实的生活原景。但是不乏出现不同的观点,如"这类感性的资讯节目因太过沉重,使得黄金时段的节目不够多元化,同时缺乏娱乐元素"[2]。但这并不影响资讯节目在新加坡视听产业中的重要地位。

其中,大多资讯节目走访世界各国,探究社会问题,以真情感染观众。《一人行,暖人心》(Going Miles, Spreading Smiles)通过采访在没有机构赞助、没有财政支持情况下单枪匹马飞到国外帮助弱势群体的志愿者,传播他们纯粹且温暖的动人故事,从而启发更多人加入爱心义工的行列;《线人》(Fixer)将目光聚焦在不同国家和地区的底层群体身上,通过调查和暗访为观众呈现社会表象下隐藏的众多问题,包括环保问题、治安问题、大众心理问题、贫富差距问题等,从而引发社会普遍反思;《地球那一边》(Somewhere Out There)走访世界各地被遗忘的角落,呈现底层大众艰难的生活状况,从

---

1 新传媒官方网站,https://www.mediacorp.sg。
2 黄少伟 . 本地感性资讯节目太沉重?〔EB/OL〕.(2022-07-06)〔2025-02-18〕. https://www.zaobao.com/zentertainment/movies-and-tv/story20170705-776516.

而探索生命的意义；《印象亚洲》（*Faces of Asia*）走进亚洲人的现实生活，如通过观察日本足不出户的宅居青年、对房子热切追求的新加坡人，或者一夜爆红的越南及中国网红等，进而了解这些新生现象下更深层的社会意义；《极境之旅》（*Forbidding No More*）踏足伊朗、古巴、朝鲜等由于国际贸易制裁或烦琐的签证手续等因素而让游客望而却步的神秘国度，通过节目镜头的真实记录，带领观众深入了解当地的文化风情。

　　另外，还有一些资讯节目将未成年人作为观察对象，引发观众的共情与思考。例如，《童工》（*Innocence Lost*）通过记录贫困家庭的孩子在各类工作中的状况及生活状态，从而展现在恶劣境况中成长的被剥夺上学权利的未成年人，进而探讨处于青春期的青少年的身心健康；《小当家》（*Little Maestros*）围绕因家境贫困而早早扛起家庭重任的小孩，通过聆听他们的故事了解孩子们内心的辛酸与痛苦，从而呼吁社会加强对该群体的关注，该节目获得 2018 年红星大奖"最佳资讯节目"奖；《边缘儿童》（*Forgotten Children*）毫不畏惧地审视当今世界各地处于贫困中的儿童所面临的最紧迫的问题，通过对社会儿童议题的深刻讨论，进而挖掘其背后的社会和历史因素，该节目获得 2023 年红星大奖"最佳资讯节目"奖。

　　还有一些角度新颖的资讯节目，如《分界线》（*Between Two Worlds*）另辟蹊径，将镜头对准生活在各个国家"边界"的少数群体，如柬埔寨洞里萨湖浮动的村庄、位于西班牙最南端的直布罗陀，以及的的喀喀湖的乌鲁斯族等。通过记录这些少数者的生存现状，探讨新移民时代下人们对自我身份的认知与困境。获得 2014 年红星大奖"最佳资讯节目"奖的《边城故事》（*Borders*）通过记录生活在边境的人们，展现隔着边界线的两地人在政治、经济等问题上的态度差异。《战地食谱》（*Wartime Food*）通过现代餐桌上的美食追溯不同国家在战争年代里充满勇气和智慧的故事，如节目展现了波兰、韩国、柬埔寨、德国等不同国家餐桌上的美食，通过追忆战争史来感受不同国家、不同民族的智慧与韧性。

　　2019 年，新加坡受到新冠疫情侵扰。资讯节目紧跟热点，如新传媒 8 频道于 2020 年制作的《星期二特写：一米的距离》（*Tuesday Report: One Metre Apart*，如图 9-7 所示）将镜头对准因为新冠疫情而重新调整生活方向的人们，探讨新冠疫情给人们的生活所带来的冲击。节目从人文关怀的角度，记录了新加坡人如何在特殊时期适应新的生活，同时展现了人世间的真善美。2021 年播出的《岛屿温度》（*Heart Warmers*）挖掘新冠疫情中的暖人故事，聚焦一群默默奉献的人们，记录了他们在艰难时期无私地帮助他人、用爱传递力量的动人故事。这些资讯节目紧追时事，恰逢其时，贴近生活，在非常时期向观众传

图 9-7 电视节目《星期二特写：一米的距离》剧照

递积极向上的正能量，从而在一定程度上安抚了人心。

话题深刻的资讯类节目是新加坡电视节目创作的一大亮点，这类节目将自己置身于国家立场，展现宏大格局与权威高度，将视野扩大至全世界，从而在探讨社会问题时呈现出独特的视角，充分调动观众参与各类话题的讨论，有利于提升全社会的思想高度。

第四节　2015—2024 年新加坡代表性视听内容分析

建构在多元种族文化之上的新加坡视听产业，其制播主题大多围绕民族和谐与国家认同的观念进行阐释。无论是电视剧还是电视节目，其中所蕴含的伦理道德观及文化价值为新加坡多元民族共治的目标起到了推动作用。电视剧作品中，作为新加坡具有时代意义的年代剧《信约》，以及展现当代人情感特征的都市剧"志在四方"系列，都在一定程度上呈现出新加坡视听产业独特的戏剧风格和艺术价值。

一、"信约"三部曲：从身份迁徙到国族认同

为迎接新加坡建国 50 周年，新传媒 8 频道策划并制播了"史诗级"电视剧"信约"三部曲，分别为《信约：唐山到南洋》（*The Journey: A Voyage*）、《信约：动荡的年代》（*The Journey: Tumultuous Times*）、《信约：我们的家园》（*The Journey: Our Homeland*）。该剧于 2013 年首播，至 2015 年完结。"信约"三部曲集结了李南星（Jonathan Lee Nam Heng）、黄俊雄（Elvin Ng）、欧萱（Jeanette Aw）等新加坡最当红的电视明星，以及新传媒顶级制作团队共同完成。通过多种渠道宣传，该系列成为国家记忆式的名篇巨作。新传媒与新加坡大众书局（Popular Holdings Limited）联合出版由该剧改编的漫画同样受到了热捧。"《信约：唐山到南洋》一经发售，销量超过 1 万本，它由六个部分组成，每个部分针对中小学生都有对短句和成语的注解，以便学生的理解和学习。"这些宣传举措旨在帮助年轻人更深入地了解新加坡历史，并且有利于爱国精神的传承，加深新加坡人的国族认同感。

剧名"信约"意味着新加坡人的国家信条，即诚信不欺、仁义及对国家忠诚。建国后，新加坡人共同朝着"一个国民，一个新加坡"的目标努力，不分种族、宗教和语言的民族意识让新加坡迅速成长为一个自由、独立的移民国家。"信约"三部曲通过重述新加坡历史，带领观众重温国家信念的力量。该系列主要讲述从福建、广东、海南等地漂泊到南洋的第一代新加坡华人先辈的奋斗历程。该系列融合励志、爱情、家庭伦理等元素，历经三代人的起起伏伏跨越近百年，从英殖民地时期、马来西亚时代到走向新加坡独立与建国，真实地还原了新加坡在不同时期的代表性事件，细致刻画了新加坡华人从异乡情结到国族认同的思想转变过程。

作为三部曲开篇的《信约：唐山到南洋》（如图 9-8 所示）讲述 20世纪 20—30 年代中国底层群体在内忧外患的局面下被迫远离家乡，前往"星马"寻求新的生活。剧情片头回忆了新加坡"建国之父"——李光耀在国庆庆典的身影，与现在发达的国家风貌及现代建筑楼群交相辉映，进而再次回溯到早年作为

图 9-8 电视剧《信约：唐山到南洋》剧照

英国殖民地的新加坡旧时光景，观众也随着时光倒叙将记忆拉回到百余年前的移民轮渡上。身为客家人的张天鹏、张天鹰兄弟俩，以及洪石、林鸭子夫妇经历一路坎坷，面对眼前陌生的"石叻坡"（早期华人对新加坡的旧称），他们秉持"没有领地的客家人到哪都是客，但哪里都能成为领地"的乐观态度，历经主客角色的思想转变，漂泊的身份随着新的国家记忆逐渐在他乡扎下了根。张氏兄弟追求进步，努力奋斗，历经打拼最终立足星洲。剧中正直守信、吃苦耐劳的开国先辈与阴险狡诈的初代华商形成两股对抗势力，不同意识观念的交锋形成强烈的戏剧氛围，引人入胜。

《信约：动荡的年代》是三部曲中最受好评的一部，获得 2015 年红星大奖"最佳电视剧"奖项。该篇章将故事背景设定在新加坡建国前 20 年的时间段落中，真实地呈现了从日军占领"新马"到新加坡获得民族独立的历史过程，人物命运也随着局势的动荡而起伏变幻。1941 年 12 月，日军空袭新加坡，英军节节失利，张氏兄弟在战火中离散，新加坡沦陷，危难中的新加坡华人命运多舛。此篇章中，张氏及洪氏家族的第二代承托起故事的主体，张天鹏之子张晏和洪石之子洪当勇因政治观念不同成为对立的两派。在处理两种不同的政治倾向上，该剧以二者的死亡结局向大众宣告其中立态度。1965 年

8月9日，新加坡脱离马来西亚宣告独立。张氏与洪氏家族的第三代人在剧末登场，展现出昂扬的斗志。该剧播放了李光耀的真实录音，宣布新加坡人有信心、有能力建设自己的家园。从临危受命与外敌抗争，到教导下一代保家卫国，身处南洋的华人移民在文化身份的迁徙过程中逐渐形成新的国家认同。

独立后的新加坡百废待兴，该系列的最终篇章《信约：我们的家园》故事背景横跨20余年，从充满挑战的建国初期到欣欣向荣的80年代，勤劳勇敢的新加坡华人为创造幸福生活努力奋斗。第三代年轻人在此时已将新加坡视为身份的归属之地，他们的追求目标从国家层面转移到民生问题。继承娘惹糕点店的洪氏后代充分将新加坡文化融入自身民族意识中，呈现出文化共融的多元表达。其中，充满纪实意味的真实事件贯穿全剧，如1964年的"居者有其屋"的组屋计划，以及1979年的"讲华语运动"等。这些事件的发生发展与主角命运紧密相连，既表现了新加坡建国后趋于稳定的社会风貌，也深刻地影响着华人对其文化身份的认同态度。剧中五个年轻人分属不同的社会身份，他们成长为工程师、公务员，或是店铺经营者，新一代华人在新加坡共同开启了多彩的人生旅程。

纵观全剧，新加坡华人对身份的追求从未停止，他们追忆复杂历史，在寻根记忆里对未来生活充满期待，却也在建构新的国族意识过程中重新认识自己。

二、"志在四方"系列：现代都市人的励志群像

图 9-9　电视剧
《志在四方》剧照

都市题材现代剧《志在四方》（*The Dream Makers*，2013）（如图 9-9 所示）作为新传媒 50 周年台庆剧，演员阵容及制作团队实力强大，由新传媒当红女星郑惠玉、陈莉萍、欧萱、瑞恩等主演，导演黄芬菲（Wong Foong Hwee）、卢燕金（Yin Kam Loo）和林明哲（Mingzhe Lin）都是新传媒的"收视保证"。其中，黄芬菲曾执导《星锁》（*Looking for Stars*，2002）、《拍·卖》（*Secrets for Sale*，2011）、《微笑正义》（*Poetic Justice*，2012）等热播剧集，同时凭借《志在四方》获得 2014 年红星大奖"最佳导演"奖。该剧的编剧洪汐（Rebecca Leow）曾撰写过《小孩不笨2》（*I Not Stupid Too*，2006）、《结婚那件事》（*The Wedding Diary*，

2011）及《再见单人床》(*Pillow Talk*，2012）等经典现代都市剧，同时凭借《志在四方》获得 2014 年红星大奖"最佳剧本"奖。《志在四方》播出后颇受好评，获得 2014 年红星大奖"最佳电视剧""最佳男主角""最佳男配角""最佳女配角"等 9 个奖项，是当年红星大奖中获奖最多的电视剧。同时《志在四方》也是新传媒在 2013 年中国国际影视展上重点推介的电视剧之一，该剧于 2014 年底在中国中央电视台电视剧频道播出。作为新传媒 52 周年台庆剧的《志在四方 2》乘胜追击，获 2016 年红星大奖"最佳电视剧"奖。

《志在四方》讲述了一群青年男女在职场上成长的励志故事，表现出造梦青年的人生态度，为观众呈现新生代的社会群像。该剧围绕电视台不同场域的工作场景，紧扣电视台各类核心工作事务，为主要人物铺陈叙事背景的同时，满足了观众对电视台这个"造梦工厂"的好奇心。剧中的周薇芸、姚朱康莉、费丽霞等中年女性是当代独立女性的代表，在精英文化的熏染下拥有较高的审美趣味和价值判断力。

但是，周薇芸和姚朱康莉不可避免地受到传统旧观念的影响，如周薇芸作为社会精英代表，却认为不婚主义是对社会不负责任，然而，与她相恋十年的男友竟有妻室，道德秩序的崩塌使周薇芸成为众矢之的，为此，她被剥夺了为自己辩护的道德话语权。同样，在职场上如鱼得水的姚朱康莉努力让自己扮演好生活中所有的女性角色，特别是她一再强调自己的夫姓"姚"，以及在"黄金单身"周薇芸面前炫耀自己作为母亲和妻子的身份，这些具有一定认知局限的观念潜移默化地将姚朱康莉规训，并将其束缚在传统秩序塑造的思想牢笼中。

代表年轻一代的三线演员赵非儿和演艺组导播方彤琳，她们是电视台的新人，也是当下追逐个性与梦想的自由个体。赵非儿梦想自己成为电视台一姐，聪明活泼的她常年在剧组跑龙套，在名和利的诱惑下，她违背道德原则，不惜在《都市真心话》节目上说谎欺骗观众，从而博得同情和关注度。此后，赵非儿如愿坐上电视台一姐的"宝座"，但同时她也在建构理想身份的过程中反复放低底线，拜金主义风潮下的贪婪欲望和她内心的道德标准来回博弈，致使她常常陷入混乱的道德秩序中。与之相较的是，把王家卫视为偶像的方彤琳积极乐观，她常将王家卫的电影风格运用到电视节目的拍摄中，尽管遭到很多同事的不解和非议，但坚持做自己的方彤琳最终奋斗成为电视台最受瞩目的节目主持人。赵非儿和方彤琳都是在职场中展现个性的自由个体，她们各自的选择绘制了不同的人生色彩。

《志在四方》所塑造的男性形象更像是对女性人物的修饰和陪衬，无论是和周薇芸从朋友变为恋人的电视台当红主持人余凡，还是身为姚朱康莉丈夫的整形医生姚建国，又或是在赵非儿和方彤琳之间徘徊的广告导演蓝钦辉，以及作为电视台艺人管理部副总裁的杜展鹏，这些男性角色丰富了该剧性格迥异的人物形象，使剧中的女性角色更立体、丰满。余凡让周薇芸的爱情及人生更加完整，姚建国让姚朱康莉看清了自身的不足，蓝钦辉让方彤琳更加明确了自己的奋斗目标，也让赵非儿清晰地认识名和利的虚无，可以说，这些男性角色的出现促使现代女性意识合理化，从而使剧中女性角色成长为更加自由的个体。

作为新传媒52周年台庆剧的《志在四方2》集结新传媒大小花旦郑惠玉、黄碧仁、欧萱、瑞恩同台飙戏，大结局共有102万观众观看。第二部延续了前一部的人物发展主线，剧情也更深入地讲述了电视台幕后工作人员的职场故事，从而探讨当下社会职场人内心的真实世界。第二部新增了两个重要角色，分别是在周薇芸调任戏剧组工作后，接任她之前综艺工作的林韬，以及与周薇芸有直接竞争关系的戏剧分组副总裁官谢恩，三人在剧中斗智斗勇，展现各自独特的处事魅力。

《志在四方2》共赢得2016年红星大奖的12个奖项，打破红星大奖史上得奖最多电视剧的纪录。"志在四方"系列的成功让新传媒紧接着制作了该系列前传《第一主角》（*The Lead*，2017），同时《第一主角》也是新传媒华语戏剧处迈入35周年的纪念剧。该剧紧扣电视台分家等真实事件，讲述主角们一起到电视台参加演员训练班，而后各自展开演艺之路的故事。值得一提的是，该剧播映结束后，新传媒很长一段时间没有制作长达30集的电视剧。[1]

受中国香港电视剧风格影响的新加坡都市时装剧，虽不及TVB有一套紧追市场需求的运作模式，但仍呈现出朴素的审美特征，以及独特的叙事风格和节奏。

补充资料：

一、1994—2024年新加坡红星大奖获奖电视剧

年份	最佳电视剧	最佳电视剧入围名单	最高收视率电视剧
1994	《双天至尊》（*The Unbeatables*）	—	—
1995	《缘尽今生》（*Chronicle of Life*）	—	—

---

1 直到2020年4月，《单翼天使》（*My Guardian Angels*）以30集的形式播出。

年份	最佳电视剧	最佳电视剧入围名单	最高收视率电视剧
1996	《豆腐街》 (*Tofu Street*)	《潮州家族》 (*The Teochew Family*) 《金枕头》 (*Golden Pillow*)	—
1997	《和平的代价》 (*The Price of Peace*)	《双天至尊2》 (*The Unbeatables 2*) 《真命小和尚》 (*The Royal Monk*) 《悲情年代》 (*Longing*) 《错爱今生》 (*The Choice Partner*)	—
1998	《家人有约》 (*Stand by Me*)	《不老传说》 (*Immortal Love*) 《欲望街车》 (*Driven by a Car*) 《神雕侠侣》 (*The Return of the Condor Heroes*) 《卫斯理传奇》 (*Legend of the Golden Pearl*)	—
1999	《出路》 (*Stepping Out*)	《医生档案2》 (*From the Medical Files 2*) 《东游记》 (*Legends of the Eight Immortals*) 《步步为赢》 (*Out to Win*) 《福满人间》 (*Wok of Life*)	—
2000	《琼园咖啡香》 (*Hainan Kopi Tales*)	—	《笑傲江湖》 (*The Legendary Swordsman*)
2001	《三个半女人》 (*Three Women and a Half*)	《法医X档案》 (*Beyond the Axis of Truth*) 《我来也》 (*Heroes in Black*) 《何日军再来》 (*In Pursuit of Peace*) 《星锁》 (*Looking for Stars*)	—

年份	最佳电视剧	最佳电视剧入围名单	最高收视率电视剧
2002	《九层糕》 （*Beautiful Connection*）	《考试家族！》 （*No Problem!*） 《顶天立地》 （*The Reunion*） 《豹子胆》 （*The Vagrant*）	《九层糕》 （*Beautiful Connection*）
2003	《荷兰村》 （*Holland V*）	《好儿好女》 （*Viva Le Famille*） 《孩有明天》 （*A Child's Hope*） 《我家四个宝》 （*Baby Boom*） 《春到人间》 （*Springs of Life*） 《双天至尊3》 （*The Unbeatables 3*）	《荷兰村》 （*Holland V*）
2004	《孩有明天2》 （*A Child's Hope 2*）	《无炎的爱》 （*Always On My Mind*） 《三十风雨路》 （*An Ode to Life*） 《喜临门》 （*Double Happiness*） 《真心蜜语》 （*Room in My Heart*）	《三十风雨路》 （*An Ode to Life*）
2005	《有福》 （*A New Life*）	《法医X档案2》 （*Beyond the Axis of Truth 2*） 《同心圆》 （*Portrait of Home*） 《任我遨游》 （*The Champion*） 《赤子乘龙》 （*The Dragon Heroes*）	—
2006	《星闪闪》 （*The Shining Star*）	《刑警二人组》 （*C.I.D.*） 《爱情零度C》 （*Love at 0℃*） 《蓝色仙人掌》 （*Rhapsody in Blue*） 《大男人，小男人》 （*Measure of Man*）	—

年份	最佳电视剧	最佳电视剧入围名单	最高收视率电视剧
2007	《破茧而出》 （*Metamorphosis*）	《宝贝父女兵》 （*Like Father, Like Daughter*） 《幸福双人床》 （*Mars vs Venus*） 《十三鞭》 （*The Homecoming*） 《最高点》 （*The Peak*）	《宝贝父女兵》 （*Like Father, Like Daughter*）
2008	从 2009 年起，红星大奖从每年 12 月改为 4 月举行，且为表扬上一年度的作品及电视人才，因此，2008 年没有举办		
2009	《小娘惹》 （*The Little Nyonya*）	《不凡的爱》 （*By My Side*） 《心花朵朵开》 （*Love Blossoms*） 《一切完美》 （*Perfect Cut*） 《黄金路》 （*Golden Road*）	《小娘惹》 （*The Little Nyonya*）
2010	《当我们同在一起》 （*Together*）	《企鹅爸爸》 （*Daddy at Home*） 《煮妇的假期》 （*Housewives' Holiday*） 《一切完美 2》 （*Perfect Cut 2*） 《团圆饭》 （*Reunion Dinner*）	《煮妇的假期》 （*Housewives' Holiday*）
2011	《破天网》 （*Breakout*）	《红白喜事》 （*New Beginnings*） 《走进走出》 （*The Family Court*） 《最火搭档》 （*Unriddle*） 《我在你左右》 （*I'm with You*）	《我在你左右》 （*I'm With You*）
2012	《边缘父子》 （*On the Fringe*）	《星洲之夜》 （*A Song to Remember*） 《警徽天职》 （*C.L.I.F.*） 《甘榜情》 （*Kampong Ties*） 《拍·卖》 （*Secrets for Sale*）	《四个门牌一个梦》 （*Love Thy Neighbour*）

年份	最佳电视剧	最佳电视剧入围名单	最高收视率电视剧
2013	《再见单人床》 （*Pillow Talk*）	《我们等你》 （*Don't Stop Believin*） 《千方百计》 （*Game Plan*） 《微笑正义》 （*Poetic Justice*） 《最火搭档2》 （*Unriddle 2*）	《我们等你》 （*Don't Stop Believin*）
2014	《志在四方》 （*The Dream Makers*）	《信约：唐山到南洋》 （*The Journey: A Voyage*） 《警徽天职2》 （*C. L. I. F. 2*） 《96°C 咖啡》 （*96°C Café*） 《X元素》 （*Beyond X*）	《警徽天职2》 （*C.L.I.F. 2*）
2015	《信约：动荡的年代》 （*The Journey: Tumultuous Times*）	《逆潮》 （*Against the Tide*） 《祖先保佑》 （*Blessings*） 《警徽天职3》 （*C. L. I. F. 3*） 《三个愿望》 （*3 Wishes*）	《三个愿望》 （*3 Wishes*）
2016	《志在四方2》 （*The Dream Makers 2*）	《118》 《起飞》 （*Crescendo*） 《信约：我们的家园》 （*The Journey：Our Homeland*） 《虎妈来了》 （*Tiger Mum*）	《虎妈来了》 （*Tiger Mum*）
2017	《大英雄》 （*Hero*）	《警徽天职4》 （*C. L. I. F. 4*） 《美味下半场》 （*Fire Up*） 《绝世好工》 （*The Dream Job*） 《你也可以是天使2》 （*You Can Be an Angel Too 2*）	由于电视收视率的计算方式有变，2017年以后将不再颁发最高收视率电视剧奖

年份	最佳电视剧	最佳电视剧入围名单	最高收视率电视剧
2018	《卫国先锋》 （*When Duty Calls*）	《相信我》 （*Have a Little Faith*） 《最强岳母》 （*Mightiest Mother-in-Law*） 《知星人》 （*My Friends from a far*） 《Z世代》 （*While We Are Young*）	—
2019	《祖先保佑2》 （*Blessings 2*）	《给我一百万》 （*A Million Dollar Dream*） 《西瓜甜不甜》 （*Say Cheese*） 《VIC 维多利亚的模力》 （*VIC*） 《你也可以是天使3》 （*You Can Be an Angel Too 3*）	—
2020	2020年红星大奖颁奖礼因新冠疫情取消		
2021	《我的女侠罗明依》 （*A Quest to Heal*）	《森林生存记》 （*A Jungle Survivor*） 《你那边怎样，我这边OK（新加坡篇）》 （*All Is Well-Singapore*） 《警徽天职之海岸卫队》 （*C. L. I. F. 5*） 《天空渐渐亮》 （*Day Break*） 《阴错阳差》 （*Hello from the Other Side*） 《我的万里挑一》 （*My One in a Million*）	—
2022	《过江新娘》 （*My Star Bride*）	《卧虎藏鬼》 （*Crouching Tiger Hidden Ghost*） 《触心罪探》 （*Mind Jumper*） 《过江新娘》 （*My Star Bride*） 《心里住着老灵魂》 （*Soul Old Yet So Young*） 《肃战肃绝》 （*The Takedown*）	—

年份	最佳电视剧	最佳电视剧入围名单	最高收视率电视剧
2023	《你的世界我们懂》（*Your World in Mine*）	《黑天使》（*Dark Angel*） 《哇到宝》（*Genie in a Cup*） 《卫国先锋2》（*When Duty Calls S2*） 《你也可以是天使4》（*You Can Be an Angel S4*）	—
2024	《金色大道》（*All That Glitters*）	《送餐英雄》（*Cash on Delivery*） 《欧巴，我爱你》（*Oppa, Saranghae*） *Shero* 《陪你到最后》（*Till the End*）	—

二、1998—2024年新加坡红星大奖获奖电视节目

年份	最佳综艺节目	最佳综艺节目入围名单	最佳资讯节目	最佳资讯节目入围名单	最高收视率节目
1998	《搞笑行动》（*Comedy Night*）	《城人杂志》 《强中自有强中手》 《异度空间》 《嬷青有约》	—	—	—
1999	《城人杂志》（*City Beat*）	《强中自有强中手》 《搞笑行动》 《绝对星闻》 《奇趣搜搜搜》	—	—	—
2000	《城人杂志》（*City Beat*）	—	—	—	—
2001	《百万大赢家》（*Who Wants to Be a Millionaire*）	《名人Tic Tac Toe》 《城人杂志》 《大小通吃》 《欢乐巅峰》	—	—	—
2002	《创业无敌手》（*The Mission*）	《城人杂志》 《美味天王》 《欢乐巅峰》 《百万大赢家》	—	—	—
2003	《小小儿戏》（*Innocent Moments*）	《搞笑行动2003》 《亲劲十足》 《创业无敌手2》 《百万大赢家》	—	—	—

年份	最佳综艺节目	最佳综艺节目入围名单	最佳资讯节目	最佳资讯节目入围名单	最高收视率节目
2004	《我是创新王》（ *Creatively Mine* ）	《物物大交换》《明星好帮手》《流星校园》《秀出真我》	—	—	—
2005	《有话好好说》（ *Say It if You Dare* ）	《陪你去Shopping》《缘来就是你》《男得风光》《有话就说》	—	—	—
2006	《摆家乐》（ *Home Decor Survivor* ）	《神机妙算》《我的导游是明星》《吉屋出售》《排排站，查查看》	《惊叹号！》（ *Y Do You Care!* ）	《孙子智慧》《我们的大日子》《特写：好人好事2》《特写：家传菜5–异国风味》	《明星偶像》
2007	《有话好好说3》（ *Say It if You Dare 3* ）	《代你看世界》《爱在小红点》《名厨上菜》《才华横溢出新秀2007》	《稀游记》（ *Find Me a Singaporean* ）	《设计达人》《史迹密码》《异乡人，新鲜事》《星期二特写：闲人免进》	《摆家乐2》（ *Home Decor Survivor 2* ）
2008	从2009年起，红星大奖从每年12月改为4月举行，且为表扬上一年度的作品及电视人才，因此，2008年没有举办				
2009	《心晴大动员》（ *Life Transformers* ）	《抢摊大行动》《艺点心思》《Smart 省钱王2》《至尊厨王2》《非常 Superband》	《星期二特写：生死一线》（ *Tuesday Report: In the Face of Death* ）	《与心共舞》《美食寻根》《青涩部落格》《我们的大日子2》《星期二特写：SARS后的天空》	《心晴大动员》（ *Life Transformers* ）
2010	《国记交意所》（ *It's a Small World* ）	《三菜一汤2》《艺点心思2》《优游天下》《女王本色》	《明星志工队》（ *Stars for a Cause* ）	《消失地平线》《美食寻根2》《不平凡的人》《一房世界》	《芳心有李》（ *The Wedding* ）
2011	《名厨出走记》（ *Love on a Plate* ）	《梦·窑匠》《食在好源头》《小兵迎大将》《回家走走》	《星期二特写：三天两夜》（ *Tuesday Report: 3 Days 2 Nights* ）	《美差事·苦差事》《上食堂》《传说中的料理》《仁心侠旅》	《心晴大动员2》（ *Life Transformers 2* ）

年份	最佳综艺节目	最佳综艺节目入围名单	最佳资讯节目	最佳资讯节目入围名单	最高收视率节目
2012	《旧欢·心爱》（Renaissance）	《食在好源头2》《回家走走2》《小村大任务》《铁路次文化》	《星期二特写：谢幕人生》（Tuesday Report 2011: Applaud to Life）	《美差事·苦差事2》《吃出一碗文化》《爸爸秘笈》《星期二特写：人·情·味》	《食在好源头2》（Food Source 2）
2013	《小毛病，大问题！》（Body SOS!）	《走遍天涯打工乐》《那些年，我们一起看电视》《自由脚步》《邻里合作社》	《稀游记3》（Find Me a Singaporean 3）	《人间·事》《大飨宴》《快红时代》《星期二特写：人·情·味2》	《食在好源头3》（Food Source 3）
2014	《快乐速递》（The Joy Truck）	《好好说，慢慢讲》《寻U先锋》《识货衙门》《校园Superstar 2013》	《边城故事》（Borders）	《星期二特写：星洲头家》《巨工厂2：新加坡出品》《上班不留白》《星期二特写：生活气场2》	《排排站，查查看4》（Where the Queue Starts 4）
2015	《快乐速递2》（The Joy Truck 2）	《超龄插班生》《小毛病，大问题3》《食在好源头4》《邻里厨王》	《星期二特写：星洲头家2》（Tuesday Report: The Towkays 2）	《寻味地图》《有话要说》《职业交换生》《到底住哪里？》	《便宜有好货》（Cheap and Good）
2016	《歌台星力量》（Ge Tai Challenge）	《小毛病，大问题4》《那些年，我们一起玩的游戏》《小店铺》《名厨出走记3》	《星期二特写：广厦千万间》（Tuesday Report: Where The Home Is）	《这样是怎样？》《我家在这里》《寻找毅中人》《星期二特写：生命·线》	《歌台星力量》（Ge Tai Challenge）
2017	《爱心72小时》（Hearts & Hugs）	《黑黑真好玩》《大厨驾到》《欢喜就好》《四大名厨》	《这个乡镇好独特》（Unique Towns）	《童工》《游市集》《星期二特写：家庭兵团》《星期二特写：一生·护事》	由于电视收视率的计算方式有变，2017年以后将不再颁发最高收视率综艺节目奖
2018	《阿嬷来做饭》（Ah Ma Can Cook）	《大声说出我爱你：妈妈的礼物》《超人哪里找？》《说走就走，短假游》《玉建煌崇 电视版》	《小当家》（Little Maestros）	《线人》《一人行，暖人心》《民族味》《星期二特写：情牵新马》	—

年份	最佳综艺节目	最佳综艺节目入围名单	最佳资讯节目	最佳资讯节目入围名单	最高收视率节目
2019	《歌台星力量：兴·旺·发》（*Ge Tai Challenge 2018*）	《谢谢你不离不弃》《周公找茶》《两代美味关系》《我赚到了！》	《买卖》（*Business As Usual*）	《线人2》《边缘青年》《星期二特写：情牵新马2》《钟声响起2》	—
2020	2020年红星大奖颁奖礼因新冠疫情被迫取消				
2021	《三把刀》（*King of Culinary*）	《阿公来做饭》《我是媒体人》《小贩学院》《家简尘除》《众里寻一2》《怡凤和妹妹的厨房》	《线人3》（*Fixer S3*）	《寻医》《我·董·你2》《极境之旅》《星期二特写：一座山一条河》《星期二特写：漂洋过海来这里》《星期二特写：一米的距离》	—
2022	《神秘嘉宾》（*The Inner Circle*）	《糖朝冠冕》《小岛国 大发现》《权听你说2》《神秘嘉宾》《街坊请关照》	《特别的食物给特别的你》（*Cooking for a Cause*）	《特别的食物给特别的你》《印象亚洲》《爱不罕见》《星期二特写：星洲头家3》《我们是同乡》	—
2023	《阿顺有煮意》（*Dishing with Chris Lee*）	《陪你看星星》《权听你说3》《家简尘除2》《三把刀》	《边缘儿童》（*Forgotten Children*）	《当你老了》《当我们不在一起》《稀游记之你还好吗？》《古早味侦探3》	—
2024	《三吃客》（*Foodie Trio*）	《游走的歌王－大决赛》《权听你说4》《小团剧》《星牌运动员》	《狮城奇案之罪案现场2》（*Inside Crime Scene S2*）	《极境之旅》《古早味侦探4》《光照不到的角落》《战地食谱》	—

（张霖　撰稿）

第十章

巴基斯坦视听产业与创作

巴基斯坦的媒体格局从发展之初到进入 21 世纪发生了根本性的转变。在 2002 年广播电视产业向私营商家打开大门之前，巴基斯坦只有一个国有电视频道和一个国有广播电台。到 2019 年初，据巴基斯坦电子媒体监管局（PEMRA）的统计数据，该国总共拥有 88 个电视频道（包括新闻和娱乐频道）和 209 个广播电台。同期的新闻记者人数从 2000 人激增至 20000 余人，与媒体行业相关的从业人员总数达到 250000 余人。媒体行业规模的扩大是在经济基本面改善、人均收入增加和消费增长、私人收入盈余不断增加，以及广告行业不断扩大的背景下进行的。同时，传统视听媒体与新媒体之间的融合也是巴基斯坦国内当前的一大趋势，盖洛普（Gallup）巴基斯坦 2018 年的数据显示，在受众群体份额排名前 40 位的新闻媒体实体中，巴基斯坦国内至少有七个媒体集团拥有不止一种媒体——包括电视、广播、印刷和互联网。这种横向的跨媒体集中度扩大了受众范围，以及这些集团公司的影响力。此外，国家一直以来都是巴基斯坦公营及私营媒体部门最重要的资金来源之一，甚至自 2002 年巴基斯坦开始实行自由化的政治经济制度后也是如此。无论是广播还是电视产业，在巴基斯坦历史上，政府广告一直是其收入支柱。联邦和省级政府经常在黄金时段购买主要电视频道的节目时间，以补贴其财务运作经费。但自 2018 年 7 月大选以来，情况一直在发生变化，巴基斯坦新任总理伊姆兰·汗（Imran Khan）执政后，大幅削减了政府的广告支出，迫使媒体裁掉超过 2000 个工作岗位，一些电视频道甚至被关闭。2020 年的新冠疫情几乎中断了巴基斯坦电视剧的制作，2022 年及 2023 年新冠疫情虽逐渐得到控制并趋于尾声，但其电视剧年产量依然持续下降并维持在新冠疫情前的一半左右。巴基斯坦网剧虽然于 2019 年兴起，但目前其产量和影响力仍极为有限。巴基斯坦近年来的电视节目主要集中在游戏、音乐、脱口秀及体育等几大类，其中不乏对西方发达国家电视节目形态的模仿。下面将分别描述巴基斯坦广播产业和电视产业的历史和现状。

第一节 巴基斯坦视听产业简史

巴基斯坦广播产业已有近百年的发展历史，电视产业也走过了半个多世纪的发展历程，包括广播、电视和新媒体在内的视听产业都经历了从国有化到国有私营并存且自由化程度较高的发展过程，并都较早地接受了西方媒体的介入。

一、巴基斯坦广播产业简史

1928 年在拉合尔基督教青年会（简称 Y.M.C.A）的大楼上安装了一个传输距离不足 13 公里的小型无线电发射器，这是巴基斯坦最初的无线电实验。1937 年，由马可尼贸易公司参与成立的一座小型广播站开始运行。这些都是只能传输中波信号的区域性广播站。1936 年马可尼贸易公司在白沙瓦地区首设广播电台，其发射功率是拉合尔电台的 2 倍，但该电台于 1939 年被移交给政府。早期电台多由政府直接控制，1972 年多数电台移交巴政府控制下的半官方机构巴基斯坦广播公司（PBC）管理。[1]

PBC 成立于 1947 年 8 月 14 日，曾是全印度电台（All India Radio）的直属分支。独立初期仅在达卡、拉合尔和白沙瓦拥有三座广播电台，后于 1948—1970 年在卡拉奇、拉瓦尔品第、海得拉巴、奎达、伊斯兰堡、木尔坦等主要城市设立站点。20 世纪 70 年代后逐渐向偏远地区铺开。

1949 年，PBC 启动了对外定期服务，中国、印度，以及一些中东和中亚国家都与巴基斯坦开展了广播信息交流。巴基斯坦广播共有 16 种对外播出语言，包括英语、中文、达里语、普什图语、哈扎拉吉语、波斯语、印度语、古吉拉特语、泰米尔语、僧伽罗语、尼泊尔语、突厥语、俄语、阿拉伯语、土耳其语和孟加拉语。1973 年巴基斯坦世界服务广播公司（Radio Pakistan World Service）成立，主要为巴基斯坦侨民提供服务。

1997 年，信息联邦部门实现了 PBC 新闻处理系统的计算机化，新闻公告也可以在网络上以文本形式和音频形式传输。1998 年 PBC 开始调频传输。[2] 2002 年巴基斯坦成立电子媒体管理局（PEMRA），此后更多调频电台得以发展。截至 2009 年，巴基斯坦已有 40 个广播电台。然而，在兴办电台的浪潮后，PEMRA 细化了创办条件，放缓了审批电台申请的步伐，申请价格随之飙升，使广播市场逐渐被实业家、大型媒体公司、封建领主或政客控制。[3]

早在 1949 年，BBC 就通过建立乌尔都语广播电台开始对印巴实施政治影响。1966 年，BBC 乌尔都语服务平台正式建立并开始运作。至 20 世纪 90 年代末，BBC 乌尔都语频道已成为巴基斯坦最大的新闻广播服务频道。1998 年该频道在印巴两国拥有 2000 万听众，而 2009 年却减少到 1300 万，这催生了

1　金强.巴基斯坦大众传媒研究［M］.北京：中国传媒大学出版社，2017：173.
2　金强.巴基斯坦大众传媒研究［M］.北京：中国传媒大学出版社，2017：174-175.
3　金强.巴基斯坦大众传媒研究［M］.北京：中国传媒大学出版社，2017：194.

具有强大竞争力的新型大众传播媒体。此后，BBC乌尔都语台通过建立网站进行无线传输、进入调频广播领域等方式应对竞争。2007年巴基斯坦出台了抑制国外公司参与广播的法律，BBC开始调整策略，通过各地调频电台重新播送。尽管如此，BBC在巴基斯坦民众中的认可度仍然高居不下，尤其是在局势不稳定的普什图语地区，BBC还推出了普什图语广播节目，丰富的战地采访经验是其吸引受众的一大因素。

此外，巴基斯坦的境外电台还有由美国之音VOA援助的Radio Deewa、由美国国会出资设立的自由欧洲电台在该地区设立的普什图语电台Radio Mashaal和Radio Azadi，以及英国政府扶持的Radio Dilbar。2009年4月开始，塔利班电台也开始对巴基斯坦境内的部分普什图语地区进行广播。[1]

二、巴基斯坦电视产业简史

1961年，与日本电器株式会社签署合资协议的著名实业家赛义德·瓦吉德·阿里（Sayyid Wazed Ali）在一项私人工程中委托巴基斯坦工程师乌拜杜·拉赫曼（Ubaidu Rahman）为其电视项目的负责人。1962年，在经过了一系列的传送测试后，此项目被阿尤布·汗政府以为了"更大的巴基斯坦国家利益"之名而接管。阿尤布·汗总统在1963年重新任命拉赫曼在信息部接手与日本电器株式会社的合资公司合作中继续开发巴基斯坦电视台。该项目是在巴基斯坦拉合尔电台的一个设有发射塔和录音棚的外景场地上的帐篷中开始的。

1964年11月，第一个官方电视台开始从拉合尔向外传输信号，1965年达卡、拉瓦尔品第—伊斯兰堡建立电视台，1966年卡拉奇中心成立。巴基斯坦电视有限公司（Pakistan TV Co., Ltd, PTV）成立于1964年，成立之初仅有30名员工，1976年开始向外进行彩色传输。随着技术进步及教育需求的增长，巴基斯坦政府联合部分民营风险投资筹建了巴基斯坦电视学院，并于1987年开始对有志于从事媒体工作的学生授课。20世纪80年代末，PTV开始了早间播送。1991—1992年，PTV开发了全面卫星广播服务。PTV数字电视卫星广播于1999年推出，并于2001年有了自己的卫星波束。

1992年巴基斯坦首个卫星频道PTV-2开播，1998年更新为PTV World世界频道，其节目拥有良好的观众口碑，PTV-1也更名为PTV Home家庭频

---

1 金强.巴基斯坦大众传媒研究［M］.北京：中国传媒大学出版社，2017：194-195.

道。1998 年 PTV 与民营公司精华娱乐网专门为欧洲，以及随后的美洲观众推出了 PTV 精华频道，该频道于 2005 年脱离 PTV，成立了独立的"精华电视频道"。2006 年 PTV 针对欧美观众推出了 PTV Global 全球频道。2007 年，PTV News 新闻频道开播。近年来又成立了 PTV Sports 体育频道，在国内外重要赛事期间通过陆地波束和卫星波束加以传输。

2004 年之前，巴基斯坦仅有 PTV 一家本土电视台，2009 年时巴基斯坦已拥有 60 个私营电视频道。2002 年之前，巴基斯坦只有唯一的私营电视频道——网络电视营销频道，该频道不允许播放政府新闻与时事内容。2002 年，巴基斯坦政府开始允许私营电视频道公开报道政府活动，播出时事内容，这种新政策进一步推动了巴基斯坦私营传媒业及全行业的发展。此后，巴基斯坦首个私人卫星频道"印度视角"、ARY 数字台、GEO TV、Hum TV 等纷纷开播。在接收境外电视频道方面，巴基斯坦夏利马尔电视网起到了关键性作用。1974 年巴基斯坦为保护濒临消失的民族传统文化艺术成立了夏利马尔录制及广播公司（SRBC），以磁带为介质记录艺术家、诗人、作曲家的作品及《古兰经》。随着技术的进步和盗版业的猖獗，巴基斯坦政府于 1988 年在 SRBC 的旗下成立了"人民电视网"，后更名为夏利马尔电视网。至 20 世纪 90 年代中期，该网在巴基斯坦实现了全覆盖。该网播放的第一个电视节目是美国 CNN 国际频道的节目，后 BBC 国际频道的节目也成为其主打栏目。1990 年，夏利马尔电视网与一家民营企业合作开办了巴基斯坦第一家民营电视频道"网络电视营销频道"（Network Television Marketing），随后德国之声（DW）也入网，夏利马尔电视网节目成为 CNN、BBC、DW 和网络电视营销频道的合作产品，其节目在巴基斯坦受到极大的欢迎。1999 年该频道曾因为资金缺乏而一度停播，直到 2001 年才逐渐恢复。巴基斯坦作为一个发展中国家，大部分农村地区的电力系统及其他配套设施仍不够完善，广播对于传播海量信息仍具有非常重要的作用。2015 年 7 月，由中央人民广播电台主办、国家新闻出版广电总局研修学院协办的"一带一路广播随行"国际论坛在北京举行，巴基斯坦国际广播电台台长胡尔什得·艾哈迈德·马里可（Hulster Ahmed Mariko）在论坛中表示："虽然现在有卫星电视、互联网等各种媒介平台，但电台仍是最重要的大众媒介之一，现在全世界有 44 万个电台，在全球更好地使用电台这个平台，可以帮助我们更好地传递信息。"[1]

1　央广网.巴基斯坦国际广播电台台长：电台是国家文化交流的最好渠道［EB/OL］.（2015-07-06）［2025-02-18］. http://news.cnr.cn/special/gblt/news/20150706/t20150706_519087736.shtml.

第二节　2015—2024 年巴基斯坦广播产业发展现状

一、概况

根据 2018 年盖洛普公司在巴基斯坦的调查结果，排名前十位的新闻广播电台的累计观众份额占全国所有新闻广播电台观众份额的 48.20％，排名前四位的广播电台所有者拥有 35.60％ 的观众份额，因为他们占有了在市场上排名前十位的电台中的七家，其余电台所拥有的观众份额比例为 12.60％（如图10-1 所示）。在巴基斯坦各类媒体广告份额占比方面，广播电台所占份额落后于电影以外的其他媒体，在 2016—2017 年，广播电台广告收入总额为 30亿巴基斯坦卢比，约合人民币 1.5 亿元，占据了所有媒体广告收入的 3%；在2017—2018 年，广播电台广告收入有所下滑，总额为 25 亿巴基斯坦卢比，约合人民币 1 亿元，在所有媒体广告收入中的占比基本维持在 3% 左右。与2016—2017 年相比，广播电台广告收入减少了 5 亿巴基斯坦卢比（约合 410万美元），收入下降了 17%，但份额没有变化。在 2017—2018 年广播媒体的前十大广告客户（作为产品类别）中，私营部门（尤其是消费品、房地产、电信和家电行业）再次占据主导地位。

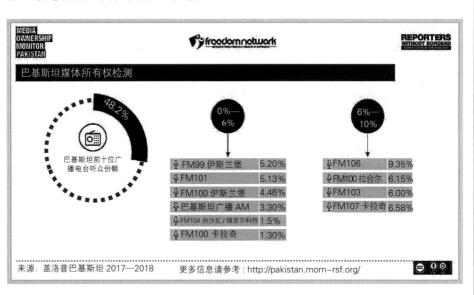

图 10-1　巴基斯坦前十位新闻广播电台观众分布

PBC 现如今也提供多种服务，包括家庭服务（家庭网络）、世界服务（针对海外巴基斯坦人）、外部服务、PBC 新闻、新闻与时事频道、FM101（为主要城镇和城市服务）和国家声音档案等。其中，PBC 新闻广播服务包括 31 种语言的 149 个日常新闻简报，其播报内容覆盖了全球大部分国家和地区的新闻、体育、商业和天气预报等信息。[1] 目前，尽管在该行业中有自由化趋势，但 PBC 仍占据主导地位，特别是在农村地区，PBC 的 69 个频道包括中频（33 个）、短波（7 个）、调频（29 个），覆盖了 80% 的巴基斯坦陆地信号，人口覆盖率高达 96.5%，其调频的收听率约占全国电台总收听率的 40%，长期受众达 9550 万，已在包括乌尔都语地区在内的 33 个城市中使用 20 种语言进行广播。[2]

二、存在的问题

近年来，巴基斯坦广播产业的发展进入了新的瓶颈期，巴基斯坦私营部门拥有 140 多个正在运行的 FM 广播电台。但随着电视完全占据主导地位，政府不时地颁发新的电视台许可证，巴基斯坦广播电台的广告市场逐渐萎缩，听众人数的增长也渐趋停滞，行业内部呼吁改革的声音越来越高。2015 年，在由 PEMRA 与 BBC 世界广播公司共同举办的研讨会上，巴基斯坦私营广播电台所有者反映，在与国营电台的竞争中，他们没有获得公平的竞争环境及应有的关注。他们通过投资数百万巴基斯坦卢比来获得许可，而收入的一部分却被许多并未获得 PEMRA 许可的国有调频广播分走。

在巴基斯坦，的确存在公营电台和私营电台之间的不公平竞争问题。巴基斯坦国家广播电台和其他许多由巴基斯坦军方运营的广播电台均不受 PEMRA 管辖，其管辖范围仅限于私营广播部门。因此，除了政府，其他任何人都不会监视巴基斯坦国家广播电台和由巴基斯坦军方运营的广播电台。但对于私人电台来说，这种模式对经济破坏的最大方面是，这些国家广播公司不仅吃掉了数百万巴基斯坦卢比的年度政府补助，而且被允许从私营市场上抢走广告。

每年巴基斯坦广播产业这块蛋糕的价值在 40 亿巴基斯坦卢比左右（约合人民币 2 亿元），而且多年无增量，因此 PEMRA 发放越多的私营广播电台许可，就意味着更多的竞争者涌入市场来分割同一块蛋糕。在邻国印度，许可证的拍卖在过去十年中仅进行了两次，而在巴基斯坦已进行了超过七次。私营电

1　金强. 巴基斯坦大众传媒研究［M］. 北京：中国传媒大学出版社，2017：175.
2　金强. 巴基斯坦大众传媒研究［M］. 北京：中国传媒大学出版社，2017：194.

台所有者普遍认为巴基斯坦广播业不需要更多的电台，而只需要更好的电台。此外，巴基斯坦政府还不允许私营电台播放国外节目内容，而国家电台却可以播放，因此，专家们要求政府放宽监管条件。私人商业电台许可证持有人还要求 PEMRA 严格执行非商业电台许可证持有人仅在其权限和范围内运行。他们建议 PEMRA 和私人电台许可证持有者共同制定内容存储库，以克服内容短缺的问题。巴基斯坦私人广播公司还提出了针对调频广播行业的监管评级机制，以便根据调频广播电台的覆盖范围和收听人数公平分配广告业务。要想使调频电台生存下来，巴基斯坦私营广播业必须在激烈的竞争中为自己创造一个细分市场。

　　就节目内容而言，调频广播在巴基斯坦基层传播教育、信息和娱乐大众方面发挥了积极作用。巴基斯坦调频电台中的音乐节目占比很大，广播也一度被认为是保护一种语言的终极工具，巴基斯坦广播电台播放的一些经典歌曲的表现也近乎完美。[1] 然而私营广播业界也意识到单纯的音乐不会让听众长时间黏附在其收音机上，私营电台必须为听众制作具有创新性和趣味性的内容。另外，长时间播放广告也只会最终吓跑听众。私营广播电台也很难改善节目质量，一个所有者往往在不同城市拥有超过两个或三个许可证，在位于首都伊斯兰堡的电台通常能够盈利，但需要用这部分利润来养活一些位于诸如阿伯塔巴德、韦哈里等小城市的电台。当前巴基斯坦私营电台还依靠脱口秀来吸引听众，但如果电台之间能够联网，听众则可以有更加多样化的选择，节目的品质也可以得到提高。[2] 电台私有化之后，人们更关心经济效益，内容的重要性反而退居其次，这在一定程度上使广播产业陷入了困境。事实上，即便是离市中心远一点的乡村地区，人们对信息的需求层次也上升了，普通巴基斯坦民众也想收听新闻、体育赛事，了解新技术，收听优美的文学作品及散文。这些新现象与人们长期以来对广播的固有印象形成了鲜明对比，广播过去被认为是一种次要和被动的媒介，但当一些巴基斯坦私营媒体开始打磨内容时，听众流量便开始增长。一旦提高了节目的制作水平，资金也就开始慢慢地注入。

　　巴基斯坦广播电台在偏远地区依旧具有很大的影响力，但也面临人才短缺和广告流失的问题。比如，农村地区的广播频道几乎无法向人才支付应有的报

1　KHAN A Z.This is radio in pakistan［EB/OL］.（2016-02-07）［2025-02-18］. https://www.thenews. com.pk/tns/detail/560319-radio-pakistan.

2　RASHID H .The challenges blighting pakistan's radio industry［EB/OL］.（2015-12-07）［2025-02-18］. https://www.fnpk.org/the-challenges-blighting-pakistans-radio-industry/.FREEDOM NETWORK.

酬，甚至连像样的节目制片人都无法保证。人才凭志愿提供服务，真正的员工只有销售人员，他们主要负责将节目时间出售给任何想购买的人。位于巴基斯坦开普省和西北联邦部落地区的电台面临的窘境是，电台可能仅拥有一个想做广告的客户，客户想要播出的内容还不一定完全合规，但如果拒绝这唯一的客户，电台就不能维持。这给偏远地区的电台销售部门带来了巨大的压力，他们不得不努力寻找本地广告商以适应不断增长的运营成本。

三、发展的新趋势

近年来，一些巴基斯坦私营广播业开始关注电台的品质，促使内容成为广播业发展的主要推动力。一些频道已经成为城市或社区的代言人，并因此而聚集了足够的销售量以继续发展；另一些频道已经对听众的音乐需求有了充分的把握，使观众更加关注节目本身，以降低电台对主持人的依赖。[1]

巴基斯坦第一个商业调频广播电台为卡拉奇的FM100，它是巴基斯坦调频广播的先驱者之一，最初在三个城市进行广播，如今已覆盖9个不同城市约8000万人口，并继续在多个平台上推陈出新。该电台成立于1994年，于1995年3月作为该国第一个商业调频电台开播，为听众带来了一种更加新颖、更加年轻化的听觉体验。电台成立之初在巴基斯坦的卡拉奇、拉合尔和伊斯兰堡三座大城市以100 MHz的频率启动了调频广播，汽车制造商也逐渐将调频收音机安装在汽车和公共交通工具上，使得该电台得以拥有更加广泛的受众。之后，PEMRA又向FM100颁发了新许可证，因此它现在可以在九个城市播放。2012年，海得拉巴和拉希姆亚尔汗加入其中，随后是古杰拉特、阿伯塔巴德、木尔坦和耶鲁姆。现在，大约有8000万人可以接收该电台。并且在此之后，巴基斯坦总共出现了约145个有执照的商业调频电台和另外45个非商业电台。

FM100为巴基斯坦带来了全新的广播方式，整个包装和风格都针对该国的新生代听众，它把关注点集中在年轻人身上，推出了富有创意的节目来迎合他们的偏好，电台主播也成功地打动了全国广播听众的心，甚至从其他形式的电子娱乐媒体抢走了大批观众。FM100的主播很受欢迎，现在该电台全天候提供直播娱乐节目，推广巴基斯坦音乐，并提供定期播出的节目，包括乌尔都语流行音乐、旁遮普语音乐、西方音乐、最新电影，以及吟游诗一般充满意

1　KHAN A Z.This is radio in pakistan［EB/OL］.（2016-02-07）［2025-02-18］. https://www.thenews.com.pk/tns/detail/560319-radio-pakistan.

趣的民歌。由于巴基斯坦也是一个多语言、多民族的国家，甚至每个地区都有自己的文字，如信德省使用信德语、开普省及俾路支省使用普什图语和俾路支语、旁遮普省有旁遮普语、官方语言为乌尔都语及英语，除了这几大主流语种，还有不少小语种存在，针对国情，FM100 广播节目 70% 以上都为本地播放，所有城市都有本地工作室和音乐图书馆；广播节目主持人讲当地语言，因此每个城市的听众都有自己的电台。但广告客户通常希望在 FM100 的全国网络上播出内容，然后由 FM100 通过互联网进行分发。

FM100 在旗下的九个电台的节目中采用乌尔都语，再加上几个小时的英语音乐，另外一些节目则采用各地语言，通过播放本地语言的音乐、推广本土潮流来赋予电台节目地方特色。

与传统的调频传输一样，当今电台的音频服务可通过电话线获得。这项服务在没有无线电信号和互联网的地区很受欢迎。不同的移动和固定电话运营商通过其交互式语音响应（IVR）服务提供这些服务；用户必须拨打运营商提供的号码才能收听现场广播。电台必须与运营商签订合同，服务不是免费的，用户按分钟计支付费用，这也为广播电台和运营商带来了收入。除此之外，该电台现在已经通过互联网扩大了覆盖范围，走上了传统媒体与新媒体的融合之路。

FM100 的社交媒体活动旨在最大限度地吸引受众，电台时常更新 Facebook 和网页，以向观众和客户提供有关电台节目的每日时间表、主持人资料和档案等所有信息。截至 2021 年初，已有巴基斯坦广播（Radio Pakistan）、夏玛尔广播（Shamal Radio）、SAMAA FM（卡拉奇、伊斯兰堡、拉合尔、白沙瓦、锡亚尔科特、巴哈瓦尔布尔）、FM100（伊斯兰堡、拉合尔、卡拉奇）、亚洲声音电台（Asian Sound Radio）等 100 多个电台开通了网上浏览服务（Online Streaming），走上了融媒体之路。巴基斯坦广播还向旅居加拿大的巴基斯坦移民开通了多伦多电台（Radio Pakistan Toronto），日本的 NHK 也开通了乌尔都语新闻电台（NHK-Radio News in Urdu）。巴基斯坦著名电视台 SAMAA、Dunya TV、GEO、Aaj、Express 等也都开通了电台及网上收听服务。向不在无线电台覆盖范围内的用户提供实时网上浏览服务，以使电台变得更加全球化，这也有助于通过电台将巴基斯坦推向世界。[1]

1　JACKSON W. Pakistan radio pioneer FM100 continues growth［EB/OL］.（2018-03-09）［2025-02-18］. https://www.radioworld.com/news-and-business/pakistan-radio-pioneer-fm100-continues-growth.

第三节 2015—2024 年巴基斯坦电视产业发展现状

根据 2018 年盖洛普公司在巴基斯坦的调查结果，排名前十位的电视新闻频道的累计观众份额占该国所有电视新闻频道观众份额的 80%，前四位的电视新闻频道拥有 55% 的观众，前十位中排名后六位的电视新闻频道占有约 25% 的观众。排名第一的为 GEO 集团旗下的 GEO News，排名第二的为 ARY 集团旗下的 ARY News，GEO 和 ARY 都是巴基斯坦著名的影视传媒集团，除了经营电视台，两大集团还涉足电影、电视的制作与发行，ARY 集团几乎参与了所有巴基斯坦高票房影片的发行活动；排名第三的是巴基斯坦国家电视台新闻频道（PTV News），属于国有性质；排名第四和第五的分别是 Samaa TV 和 Aaj News（如图 10-2 所示），后者也是一个传媒集团，旗下还拥有巴基斯坦排名第一的财经纸媒《商业纪事报》（*Business Recorder*）。上述电视媒体基本上都是复合型传媒集团。

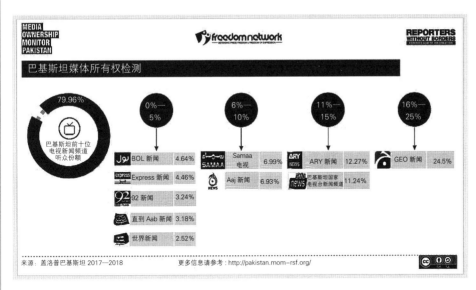

图 10-2　巴基斯坦前十位电视新闻频道观众分布

在巴基斯坦各类媒体广告份额占比方面，电视媒体所占份额遥遥领先其他媒体。2016—2017 年，电视广告收入总额为 420 亿巴基斯坦卢比，合人民币 20 多亿元，占据了所有媒体广告收入的 48%；2017—2018 年，电视广告收入及占比均有所下滑，总额为 380 亿巴基斯坦卢比，合人民币不到 20 亿元，占据了所有媒体广告收入的 46%。与 2016—2017 年相比，电视广告收入减少了 40 亿巴基斯坦卢比（约合 3330 万美元），收入减少了 9.5%，份额减少了 2%。在 2017—2018 年电视媒体的十大广告客户（作为产品类别）中，私营部门特别是消费品和电信行业，在新闻频道和非新闻频道中均占据主导地位。电视频道成为广告收入的最大吸金媒体，2017—2018 财年的广告收入，在排名前 15 位的电视频道中，有 7 个是新闻频道，其余是娱乐频道。在这些新闻频道中，GEO News 和 Dunya News 收入排名前五，两家收获了近 45 亿巴基斯坦卢比（约合 3750 万美元），整个电视行业排名前 15 位的频道广告收入总额为 260 亿巴基斯坦卢比（约合 2.16 亿美元）。其中，最大的单项冠军是 GEO TV，其新闻（GEO News）和娱乐（GEO Entertainment）频道均排在前 5 位，并获得 50 亿巴基斯坦卢比（约合 4160 万美元）的收入（如图 10-3 所示）。

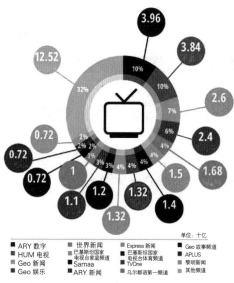

频道	巴基斯坦卢比（单位：十亿）	份额
ARY 数字	3.96	10%
HUM 电视	3.84	10%
Geo 新闻	2.6	7%
Geo 娱乐	2.4	6%
世界新闻	1.68	4%
巴基斯坦国家电视台家庭频道	1.5	4%
Samaa	1.4	4%
ARY 新闻	1.32	4%
Express 新闻	1.32	4%
巴基斯坦国家电视台体育频道	1.2	3%
TVOne	1.1	3%
乌尔都语第一频道	1	3%
Geo 故事频道	0.72	2%
APLUS	0.72	2%
黎明新闻	0.72	2%
其他频道	12.52	32%
总计	38	100%

来源：极光 / 盖洛普巴基斯坦 2017—2018　　　　更多信息请参考：http://pakistan.mom-rsf.org/

图 10-3　2017—2018 年巴基斯坦电视支出分解

2015—2017 年，巴基斯坦的广告市场规模从 669 亿巴基斯坦卢比（约合 5.833 亿美元）增长到 877 亿巴基斯坦卢比（约合 7.333 亿美元）。但在 2018 年 7 月大选之后，巴基斯坦最富裕的省份旁遮普省、信德省和伊斯兰堡联邦政府将其广告预算削减了 70%，使媒体行业财务状况恶化，陷入了困境。在此背景下，巴基斯坦视听产业内部也是几家欢喜几家愁。比如，使用巴基斯坦国语乌尔都语的电视频道就承接了电信公司从前投放在英文报纸上的广告，成了其中的受益方，原因是英语读者人数趋减。同时，在电视产业内部，自2015年以来关闭了两个英语新闻频道：Dawn TV（英语）和 Express 24/7（英语）。之前这二者属于巴基斯坦最大的两家媒体公司，随着收视率急剧下降，广告业务压缩，被迫关闭。

巴基斯坦国家电视台主要是在关乎国家和国际利益的话题上进行电视转播。私营电视频道和私营调频电台如雨后春笋般增长，为人们提供了新的娱乐平台。新技术目前正在引发整个巴基斯坦媒体格局的变革，媒体被视为民主国家的第四大支柱。因此，巴基斯坦视听媒体在提供信息和报道新闻事件的关键功能方面应承担更多的责任。

第四节　2015—2024 年巴基斯坦新媒体产业发展现状

截至2022年1月，巴基斯坦的总人口为2.273亿。2021—2022年，巴基斯坦的人口增加了430万，增幅为1.9%。巴基斯坦48.5%的人口为女性，51.5%的人口为男性。2022年初，巴基斯坦约37.8%的人口居住在城市，62.2%的人口居住在农村地区。巴基斯坦人口的中位年龄是23.2岁，其总人口中近七成人口年龄在34岁以下，其中24岁以下人口超过五成，因此其总体人口年龄结构十分年轻化，这对于新媒体产业的发展是一个十分有利的因素。

截至2022年1月，巴基斯坦有8290万互联网用户，互联网普及率达到总人口的36.5%。2021—2022年，巴基斯坦互联网用户增加了2200万，增幅为35.9%。但这些用户数据也表明，2022年初，巴基斯坦仍有1.444亿人没有使用互联网，这意味着63.5%的人口依然处于离线状态。这主要是因为新冠疫情持续影响着对互联网的研究，实际互联网用户数据可能高于上述数据。

截至2022年1月，巴基斯坦有7170万社交媒体用户，相当于总人口的31.5%，但需要注意的是，社交媒体用户可能并不代表个人。Meta的广告资源中公布的数据显示，截至2022年初，Facebook在巴基斯坦拥有4355万用户，其广告覆盖率相当于总人口的19.2%，相当于当地互联网用户群（不分年龄）的52.5%，在当地广告受众中有19.1%为女性，80.9%为男性。但Facebook

将其平台的使用限制在 13 岁及以上的人群中，因此 2022 年巴基斯坦仅有 27.5% 的"合格"受众使用 Facebook。

Facebook Messenger 是一个提供文字和语音服务的即时通讯软件与应用程序，于 2011 年 8 月 9 日上线，用户可以通过网站或移动装置向其他用户传送文字、图片、动画、语音和短片等多媒体讯息（甚至进行语音通话），而无须额外付费。截至 2014 年 11 月，Facebook Messenger 在全球已有约 12 亿用户。2022 年初，Facebook Messenger 在巴基斯坦拥有 1260 万用户，其广告覆盖率相当于总人口的 5.5%，相当于当地互联网用户群的 15.2%（不分年龄），其广告受众中有 21.6% 为女性，78.4% 为男性。

谷歌广告资源的最新数据表明，2022 年初 YouTube 在巴基斯坦拥有 7170 万用户，这一数字意味着 YouTube2022 年广告覆盖率相当于年初总人口的 31.5%，相当于当地互联网用户总数（不分年龄）的 86.5%。YouTube 在巴基斯坦的广告观众中有 28.0% 为女性，而 72.0% 为男性。

2022 年初，Instagram 在巴基斯坦拥有 1375 万用户。这个数字表明，Instagram 在巴基斯坦的广告覆盖率相当于年初总人口的 6.0%，相当于当地互联网用户群（不分年龄）的 16.6%。但 Instagram 将其平台的使用限制在 13 岁及以上的人群中，因此 2022 年巴基斯坦仅有 8.7% 的"合格"受众使用 Instagram。Instagram 在巴基斯坦的广告受众中有 34.8% 为女性，而 65.2% 为男性。

字节跳动广告资源中公布的数据显示，截至 2022 年初，TikTok 在巴基斯坦拥有 1826 万年龄在 18 岁及以上的用户，其广告覆盖了巴基斯坦 18 岁及以上所有成年人中的 13.5%，相当于当地互联网用户群（不分年龄）的 22.0%。TikTok 在巴基斯坦的广告受众中有 17.8% 为女性，82.2% 为男性。

Snapchat 是一款由斯坦福大学学生开发的图片分享软件应用。利用该应用程序，用户可以拍照、录制影片、撰写文字和图画，并传送到自己在该应用上的好友列表。这些照片及影片被称为"快照"（Snaps）。2022 年初，Snapchat 在巴基斯坦拥有 1880 万用户。这个数字意味着 Snapchat 在巴基斯坦的广告覆盖率相当于年初总人口的 8.3%，相当于当地互联网用户总数（不分年龄）的 22.7%。但 Snapchat 也将其平台的使用限制在 13 岁及以上的人群中，因此 2022 年巴基斯坦仅有 11.9% 的"合格"受众使用 Snapchat。Snapchat 在巴基斯坦的广告受众中有 31.1% 为女性，67.9% 为男性。

推特广告资源中公布的数字显示，2022 年初推特在巴基斯坦拥有 340 万用户，该数字意味着推特在巴基斯坦的广告覆盖率相当于年初总人口的 1.5%，相当于当地互联网用户群（不分年龄）的 4.1%。推特将其平台的使用限制在 13 岁及以上的人群中，因此 2022 年巴基斯坦仅有 1.5% 的"合格"受众使用推特平台。[1]推特虽是著名的社交媒体平台，但在许多国家的用户比例却不及上述其他平台，这与推特用户多为官方性质、所涉议题多为政论性质有一定关系，尤其在巴基斯坦这样一个人口年龄结构较低龄化的国家，文娱功能突出的新媒体平台会比政论功能突出的平台所吸引的用户更多。

2022年初，巴基斯坦的蜂窝移动连接数为1.869亿，相当于总人口的82.2%。值得注意的是，世界上许多人使用两个及以上的移动连接——一个用于个人使用，另一个用于工作。因此，移动连接数据显著超过总人口数并不罕见。2021—2022年，巴基斯坦的移动连接数量增加了990万，增幅为5.6%。

由此可见，在巴基斯坦这样一个人口基数较大且增速较快、人口年龄结构较低龄化的国家，新媒体视听产业的普及率还不算高，也因此还有着极大的发展空间。新媒体产业的快速发展会促进男女平等等现代意识在巴基斯坦更加深入民心，更多的女性在未来成为新媒体用户的潜力也会被逐渐释放出来。

第五节　2015—2024年巴基斯坦视听内容创作概况

巴基斯坦视听内容创作以电视剧为主，也包括部分电视节目。大部分巴基斯坦电视剧都使用乌尔都语，但也有不少使用信德语、普什图语、旁遮普语或俾路支语等地方语言。与其他国家一样，巴基斯坦电视剧也反映了该国的文化，20世纪70—80年代通常被认为是该国电视剧的黄金年代。巴基斯坦电视剧不但吸引了大批本国观众，在邻国印度和包括阿富汗、尼泊尔、孟加拉国在内的其他南亚各国也颇受欢迎。巴基斯坦网剧于2019年兴起，但目前其产量和影响力仍极为有限。巴基斯坦近年来的电视节目主要集中于游戏、音乐、脱口秀及体育等几大类，其中不乏对西方发达国家电视节目形态的模仿。

一、巴基斯坦电视剧题材及进口情况

许多巴基斯坦电视剧都是根据乌尔都语小说改编而成的。在1969年《上帝之城》（*Khuda ki Basti*，伊什拉特·安萨里，1969）等首批巴基斯坦电视剧播出后，许多作家成为电视剧作家，如乌梅拉·艾哈迈德（Umera Ahmed）

1　KEMP S. DIGITAL 2022：PAKISTAN［EB/OL］.（2022-02-16）［2025-02-18］. https://datareportal.com/reports/digital-2022-pakistan.

和法哈特·伊什蒂亚克（Farhat Ishtiaq），两人既撰写文摘，又从事电视连续剧剧作。

巴基斯坦国家电视台曾经从 20 世纪 80 年代起主导巴基斯坦电视剧市场，然而进入数字化时代后，其国营体制导致电视剧制作理念与技术均未及时更新，因此一度受到了印度 Zee TV、Sony TV、Star Plus 等外来电视台的强烈冲击，迫使巴基斯坦国家电视台在制作电视剧时从叙事模式、颁奖典礼到电视剧内容等方面都进行了一系列改革，并积极利用 YouTube 国际新媒体平台播放本土剧，使得巴基斯坦传统电视剧再次焕发青春并触达更多国家和地区的观众。2012 年冬天，土耳其肥皂剧在巴基斯坦的收视率达到一个新高峰，大约有 1/3 的家庭通过卫星电视收看土耳其电视剧，随后在互联网上该片的点击率更是屡创新高。巴基斯坦与土耳其有着相似的文化背景，所以土耳其的影视产品更容易受到巴基斯坦影视节目进口商的青睐，其在巴基斯坦观众中也较易产生共鸣，广泛的受众自然会带来较好的商业价值。

尽管 2013 年巴基斯坦议会中有议员提出"打击进口电视剧"的议案，但巴基斯坦本土电视台反而增加了土耳其电视剧的进口量，主要是因为巴基斯坦电视剧行业竞争十分激烈，各大电视台和制片公司只能采取大胆的措施来吸引观众，其客观结果是巴基斯坦观众获得了更多元的选择。

1. 2015—2024 年巴基斯坦电视剧产业

2015—2024 年巴基斯坦电视剧产业经历了由新冠疫情前的高产到新冠疫情期间产量逐年下降的过程。2015 年巴基斯坦电视剧年产量约为 50 余部，2016 年巴基斯坦电视剧年产量升至 70 余部，2017 年产量下降至 60 余部，2018—2019 年巴基斯坦电视剧年产量激增且保持在 80 余部。2020—2021 年，巴基斯坦电视剧产量跌至 50 余部。2022—2023 年新冠疫情虽逐渐得到控制并趋于尾声，但其电视剧年产量依然持续下降并维持在 40 余部。巴基斯坦大部分电视剧使用官方语言乌尔都语，也有部分使用旁遮普语或普什图语等语言，其中 2017 年拍摄了较多的普什图语剧集。

2020 年的新冠疫情几乎中断了巴基斯坦的电视剧制作，使得很多电视台面临着无新剧可放的局面，然而封城期间人们对于电视节目内容的需求却激增，因此造成了电视剧及电视节目市场较大的供需矛盾，不少优质电视剧开始在电视台进行二轮播映。2020 年夏季，巴基斯坦电视行业逐渐复工复产，然而在严格的疫情防控措施下，电视剧拍摄速度缓慢。巴基斯坦几大主要私营娱乐公司的经营状况均受到不同程度的影响，GEO 娱乐的复工复产率仅达到 20%—25%，HUM 电视台的斋月特别剧因为无法完工而不能正常播映，ARY

公司称其损失比预期值要低。

2022 年巴基斯坦电视剧行业尽管有所减产，但其作品继续在全球范围内赢得关注，其产业发生了重大范式转变，终于开始逐渐摆脱传统的爱情故事套路。2015—2024 年，最受欢迎的电视剧如下。

（1）HUM 电视台播出的电视剧

《我和你》（*Hum Tum*，丹尼斯·纳瓦兹，2022）是一部巴基斯坦斋月特别电视喜剧连续剧。该剧围绕一个社区的两所房子展开，其中一所住着聪明的女孩，另一所住着彬彬有礼的男孩。该剧受到了观众的积极评价，在巴基斯坦、印度、阿联酋、英国和孟加拉国获得了一致好评。该剧在 Twitter 和 YouTube 上广为流行，是 YouTube 上观看次数最多的巴基斯坦电视剧之一，观看次数超过 6 亿次。

《月光石》（*Sang-e-Mah*，赛伊夫·哈桑，2022）是一部电视剧三部曲中的第二部，其中心情节的灵感来自莎士比亚的《哈姆雷特》，讲述了巴基斯坦部落地区一个家庭的故事，揭示了人们如何因为不真实的传统而不得不牺牲自己的生命和爱情的现实情形。该剧围绕年轻人希尔曼德（Hilmand）决定为父亲报仇而展开。它重点关注部落地区以"卡格"（ghag）形式对妇女的压迫，也涉及宗教间的和谐。"ghag"为普什图语单词，大致意为社区男性成员发出的呼吁或公告，强迫年轻女孩与其结婚，经历"卡格"的女性将终生蒙受羞辱。该剧发布的所有预告片的观看次数均高达 830 万次。截至 2023 年 8 月 23 日，该剧第一集在 YouTube 上的观看次数超过 2800 万次，最后一集的观看次数超过 1200 万次。截至 2023 年 8 月 23 日，YouTube 上所有剧集的总观看次数超过 2.99 亿次。

图 10-4　电视剧《对手》剧照

图 10-5　电视剧《禁忌之舞》剧照

《对手》（*Raqeeb Se*，卡希夫·尼萨尔，2021，如图 10-4 所示）讲述了一个经典爱情故事，剧中一些巴基斯坦国宝级演员的表演令人难忘。

电视剧《禁忌之舞》（*Raqs e Bismil*，瓦贾哈特·拉乌夫，2021，如图 10-5 所示）讲述了一个为追求真爱而牺牲的故事。

此外，电视剧《陷阱》（*Phaans*，赛义德·艾哈迈德·卡姆兰，2021，如图 10-6 所示）涉及人际关系的阴暗面，以及由此而来的精神和身体虐待。尽

图 10-6 电视剧
《陷阱》剧照

图 10-7 电视剧
《旅程已结束》剧照

图 10-8 电视剧
《初恋》剧照

管也有不少电视剧以强奸和性虐待为题材，但该剧凸显了下层社会在这种情况下所面临的压力。电视剧《旅程已结束》（*Safar Tamam Hua*，谢赫拉扎德·谢赫，2021，如图 10-7 所示）从第一集开始就以不同的方式描绘了家庭关系，丽佳是第一个引起观众注意的角色，她有一些明显的认知障碍，行为非常天真和孩子气，她由卡拉抚养长大，而卡拉自己有贾玛尔和萨米两个儿子。上述人物及其关系是本剧的基本架构。

（2）ARY 集团推出的电视剧

《我的伴侣》（*Mere Humsafar*，卡西姆·阿里·穆里德，2021）是一部巴基斯坦爱情剧，该剧于 2021 年 12 月 30 日至 2022 年 9 月 29 日在 ARY Digital 播出。故事围绕一个女孩哈拉展开。该剧在全球范围内获得了很高的评价，尤其是在印度、尼泊尔、孟加拉国和阿联酋等国家。[1] 此外，该剧还在 Twitter 上流行，也是 YouTube 上观看次数最多的巴基斯坦电视剧之一，观看次数超过 10 亿次。

《刺》（*Dunk*，巴达尔·穆罕默德，2020）在 ARY 数字平台上获得了很多好评，其故事情节涉及性骚扰等社会问题，且每一集都会开启新的故事篇章，新颖的内容与形式使其受到了广泛关注。

电视剧《初恋》（*Pehli Si Muhabbat*，安朱姆·沙扎德，2021，如图 10-8 所示）讲述了两个相爱的人如何面对艰难的环境，一路勇敢地战斗，并将不可能变为可能的历程。

（3）GEO 集团推出的电视剧

《上帝与爱》（*Khuda Aur Muhabbat*，

1　People are thirsty for mellow love stories: Farhan Saeed on 'Mere Humsfar' success［EB/OL］.（2022-04-16）［2025-02-18］. https://tribune.com.pk/story/2352856/people-are-thirsty-for-mellow-love-stories-farhan-saeed-on-mere-humsfar-success.prTribune.

阿卜杜拉·卡德瓦尼，2021，如图 10-9 所示）第三季是一部描绘精神恋爱的剧集：女主马希来自一个富有而有影响力的家庭，男主则是女主哥哥的司机，二人相爱却面对世俗压力而无法在今生相守，在经历了一系列关乎生死的跌宕起伏后，以罗密欧与朱丽叶式的结局收场。该剧是 YouTube

图 10-9　电视剧《上帝与爱》（第三季）剧照

上观看次数最多的巴基斯坦电视剧，39 集的观看次数超过 20 亿次，总观看时长超过 500 亿小时。

电视剧《不幸的婚姻》（Fitoor，西拉杰·乌尔·哈克，2021）讲述了一个超越一切的爱情故事，因为一个恋爱中的人注定会忘记过去的烦恼和未来的不确定性：主人公之一海德尔尽管是一名成功的建筑师，但他仍感到自己的爱情生活缺乏，因为他始终生活在对爱情的记忆中；出身中产阶级的迪尔纳辛深深地爱上了她最好朋友的兄弟哈姆扎，两人承诺永远在一起，却没有意识到他们在生活中必须克服的困难；迪尔纳辛决定活在当下，但当她与海德尔相遇时，她的生活却发生了不幸的转折。

2. 2015—2024 年巴基斯坦网剧

巴基斯坦网剧兴起于 2019 年，由于巴基斯坦受众更加习惯从电视渠道收看连续剧，所以迄今为止网剧的数量仍极为有限。作为巴基斯坦网剧元年，2019 年的网剧作品较多。《我的爱人，我的朋友》（Meray Dost Meray Yaar，梅林·贾巴尔）于 2019 年 10 月 26 日在 Geo Entertainment 和 YouTube 上首播。该剧由 GroupM ESP 和 LU 巴基斯坦公司联合制作，由阿西姆·阿扎尔（Asim Azhar）、茜拉·莎洛兹（Syra Shehroz）和哈隆·沙希德（Haroon Shahid）担任主演。该剧讲述了大学生们的爱情故事。第二季于 2020 年 10 月 18 日首播，共 7 集。《无耻求婚》（Shameless Proposals，哈尼·哈龙，2019）由萨迪亚·贾巴尔（Sadia Jabbar）以其名下制片公司的名义制作、萨吉·古尔（Saji Gul）撰写。该系列第一集于 2019 年 3 月 29 日在线播出，它成为 2019 年在巴基斯坦推出的第二部网络连续剧。《夏日之恋》（Summer Love，穆罕默德·穆尔塔扎·阿里扎伊，2019）由巴基斯坦 Cornetto 公司制作，讲述了性格截然不同的两人——奈达和萨米的生活。该剧的发行权由数字平台 Teeli 收购，并于 2019 年 6 月 4 日首播。

综上所述，巴基斯坦当前的卖座电视连续剧主要由 HUM 电视台、ARY 集团和 GEO 集团三大私营传媒集团制作、发行与播出，爱情与两性关系，以及家庭伦理道德依然是巴基斯坦电视剧的主题。近两年来，部分剧集摆脱了单纯以爱情为主线的叙事模式，勇敢地直面社会禁忌，取得了较大突破。此外，许多巴基斯坦电视剧在电视台播出时都会同步上传至 YouTube 新媒体平台，单纯地为网络平台制作的网剧也逐渐兴起，并获得社会关注。

二、巴基斯坦电视节目

巴基斯坦近年来的电视节目主要集中于游戏、音乐、脱口秀及体育等，其中不乏对西方发达国家电视节目形态的模仿，2015—2024 年较为知名的节目包括以下四类。

1. 游戏类

《吉托巴基斯坦联盟》是巴基斯坦斋月真人秀电视游戏节目，名人在室内游戏中相互竞争。这是游戏节目《吉托巴基斯坦》的特别"联盟"版。该节目于 2014 年 5 月 18 日开播。它被称为巴基斯坦"最大的游戏秀"。节目的参与者是从演播室观众中随机挑选的，需要通行证才能参加演出。该节目分为几个部分，每个部分都会为参赛者提供奖品，若要获得奖品就必须完成主持人提出的一系列挑战或游戏任务。该节目偶尔会从其他城市转播，转播地点包括拉合尔、伊斯兰堡、费萨拉巴德、木尔坦和迪拜等。每年斋月期间，该节目每天晚上播出。节目由法哈德·穆斯塔法（Fahad Mustafa）主持，从 2020 年斋月开始在 ARY Digital 上播出特别版。2020 年斋月期间，受新冠疫情影响，该节目的形式发生了变化，演播室观众也被取消。节目引入了基于"联赛"的形式，代表五个主要城市的球队将相互竞争，每支球队都由一位名人领导。每集都会抽选新的参赛者，同时保持社交距离，得分最高的两支球队将有资格进入最后的附加赛。公众可以通过现场通话参与节目。

巴基斯坦电视节目《奇观》(*Tamasha*) 是一档乌尔都语电视真人秀节目，在巴基斯坦 ARY 数字频道播出，它遵循流行的所谓老大哥模式，该模式由荷兰的恩德摩尔（Endemol）和班尼杰（Banijay）开发。在该模式中，许多参赛者（称为"室友"）住在专门建造的房子里，与世隔绝。巴基斯坦版本有名人作为室友。每周，瓦齐尔以外的所有室友都会被提名，面临被驱逐出房子的可能。许多免疫任务都在一周内进行，室友们有机会在那一周保护自己。每周末，被提名的室友都会面临公众投票，得票最少的室友会被逐出房子。虽然所有规则从未被告知给观众，但最突出的规则却清晰可见。

"囚犯"不得使用乌尔都语以外的任何语言交谈。他们不应该篡改任何电子设备或房子里的任何东西。除非获得允许，否则他们任何时候都不能离开房屋。房屋内不允许身体和言语暴力，直到灯灭了他们才能入睡，早上播放起床曲时他们也无法入睡。节目的冠军会获得250万巴基斯坦卢比（约合8700美元）左右的奖金。

类似的节目还有 *BOL House*，该节目由印度真人秀 *Bigg Boss* 改编而成，在 BOL Network 上播出，同时也可以在线观看。该系列第一季于2021年12月18日首播。该节目的拍摄地点是位于卡拉奇的 BOL House，这里是 BOL Network 总部的一部分。第二季与第一季一样，参赛者从2022年1月4日至2月4日在房子里住了30天，直到产生四名决赛选手。该系列节目由阿米尔·利亚卡特·侯赛因（Aamir Liaquat Hussain）主持。

CMK（*Croron Mein Khel*）是在 BOL Entertainment 上播放的巴基斯坦游戏节目，也是巴基斯坦最著名的游戏节目之一。它的口号是"百万游戏"（Kyunke yeh khel hai croron ka）。*CMK* 于2018年12月6日 BOL 娱乐频道开播。

《获胜的力量》（*Jeet Ka Dum*）是 Hum TV 在巴基斯坦播出的电视游戏节目。该节目由演员费萨尔·库雷希（Faisal Qureshi）主持，从卡拉奇进行现场直播。该节目为家庭及其孩子举办活动和比赛。

《沙恩·拉马赞》（*Shan-e-Ramazan*）是由 ARY Digital 直播电视特别传输的宗教类竞赛节目。传播内容包括背诵《古兰经》《谢里夫》等。该节目由 ARY Digital 的巴基斯坦新闻主播兼主持人瓦西姆·巴达米（Waseem Badami）主持。

2. 音乐类

巴基斯坦音乐类电视节目《可口可乐工作室探索者》（*Coke Studio Explorer*）是由音乐家阿里·哈姆扎（Ali Hamza）和佐海布·卡齐（Zohaib Kazi）创作的巴基斯坦网络电视音乐系列。作为新模块的一部分，它是可口可乐工作室的衍生作品。该系列节目没有采用原始格式的录音室录音设置，而是跟随卡齐和哈姆扎与二人在巴基斯坦五个地区发现的但基本上不为人知的艺术家进行现场音乐合作。该节目于2018年7月3日开始在可口可乐工作室的官方 YouTube 和 Facebook 频道上播出，并于2018年7月11日结束了五集。

《可口可乐工作室2020版》（*Coke Studio 2020*）于2020年12月4日开始播出，并于2020年12月25日结束。该节目由罗海尔·哈亚特（Rohail

Hyatt）制作、可口可乐巴基斯坦公司发行。2020年可口可乐工作室以全女性歌曲《不会断裂》（*Na Tutteya Ve*）拉开帷幕。该节目是可口可乐工作室历史上最短的一季，一个月内总共发布了12首原创歌曲，并附有修改后的视频格式。该节目还与来自包括黎巴嫩、尼泊尔、土耳其和塞尔维亚等世界各地的国际音乐家合作。2020年5月，该节目因新冠疫情被取消。2020年10月，可口可乐巴基斯坦公司发布广告，宣布特别版可口可乐工作室2020版回归。由于新冠疫情而大幅削减预算后，该节目被缩短。所有排练都是远程进行，歌手和音乐家采取分开录制的方式。也因为新冠疫情，本赛季被称为可口可乐工作室2020特别版。

《维乐声音站》（*Velo Sound Station*）是巴基斯坦的一个电视节目和音乐节目，以资深和新兴艺术家的现场录音室录制的音乐表演为特色。该剧由比拉尔·马克苏德（Bilal Maqsood）和雅希尔·贾斯瓦尔（Yasir Jaswal）执导，前者也是该剧的执行制片人。《维乐声音站》第一集于2020年11月20日播出。

3. 脱口秀

《雷哈姆·汗秀》（*Reham Khan Show*）是黎明新闻2015年的一档巴基斯坦脱口秀节目，由英国驻巴基斯坦记者雷哈姆·汗主持。该节目于2015年5月24日首播。该节目的形式涉及来自各个领域的人物，他们为提升巴基斯坦的形象做出了贡献，并成为观众的灵感源泉，他们被邀请并讲述其生活故事。

《和萨米娜·皮尔扎达一起》（*With Samina Peerzada*）是一档由萨米娜·皮尔扎达主持的巴基斯坦网络电视脱口秀节目，于2017年12月22日在YouTube上首播。该系列节目由皮尔扎达与Dot Republic Media首席执行官穆罕默德·阿德南·巴特（Muhammad Adnan Butt）合作创作。每集都是单独赞助的，并由皮尔扎达采访一位巴基斯坦名人，讲述他们的旅程、挣扎、挑战和成功。

《它不会像这样工作》（*Aisay Nahi Chalay Ga*）是一档巴基斯坦时事和政治脱口秀节目，最初由Bol News的阿米尔·利亚卡特·侯赛因主持。该节目涵盖巴基斯坦的头条新闻和时事。

《和伊法特·奥梅尔说一切》（*Say It All with Iffat Omer*）是由伊法特·奥梅尔主持的巴基斯坦网络电视脱口秀节目，于2019年8月12日在YouTube上首播。该剧由纳贾姆·塞西（Najam Sethi）创作、梅兰·卡里姆（Meeran Karim）制作。每集均单独赞助，并采访一位巴基斯坦名人，了解他们的日常。

4. 体育类

《ARY 名人联盟》是一档巴基斯坦体育电视节目，巴基斯坦名人以室内板球比赛形式相互竞争。第二季于 2022 年首播。其模式为六支球队各进行 10 场比赛，每胜一场积 2 分，输一场积 1 分，无结果积 1 分。小组赛前四名的球队获得附加赛资格。

2020 年巴基斯坦超级联赛原定于 2 月 20 日至 3 月 22 日举行，该赛事曾在迪拜等地举行，而 2020 年是这项年度赛事第一次在巴基斯坦举行。beIN 亚太区董事总经理麦克·科尔（Mike Kerr）表示："在澳大利亚 2020 年板球锦标赛的重要一年中，我们很高兴获得 2020 年巴基斯坦超级联赛的直播权，这将进一步扩大我们向该国订阅者提供的体育服务范围。"

综上所述，巴基斯坦视听产业的发展经历了从政府严格管控到私营媒体蓬勃发展的过程。近年来由于巴基斯坦国内政治经济形势不稳定及新冠疫情的影响，包括视听产业在内的整个巴基斯坦媒体行业都受到了一定冲击。但应看到，巴基斯坦视听产业由于与西方媒体合作的历史相对较长，依然具备一定的不可替代的传统优势。这些都值得我国参考并由此探索出一种与"一带一路"共建国家开展媒体合作的恰当模式。

（王珊、袁梦、王昊宇　撰稿）

第十一章

蒙古国视听产业与创作

第一节 蒙古国视听产业创作简史及产业状况

一、蒙古国本土视听媒体概况

蒙古国本土视听媒体主要是在传统广播电视台的基础上发展的。蒙古国广播媒体有 56 个 FM 电台营业执照，到 2022 年有 46 个在经营。蒙古国国家广播网现覆盖蒙古国地域面积的 90%，总人口的 80%。但是，由于模拟接收器的供应和减少，接收信息技术的选择变多，广播受众的数量急剧下降。广播所有制分为国家所有、公共所有、非政府机构、私人经营等类型。在目前经营的广播媒体中，有 72% 属于私有经营、13% 属于非政府组织、15% 属于公共所有或国家所有。随着互联网的发展，9 家广播电台的节目内容可以通过智能手机收听。

蒙古国电视台包括公共电视台和私营电视台。公共电视台主要是"蒙古国家公共电视台"（MNB）。20 世纪末，蒙古国出现私营电视台。1992 年，成立乌兰巴托广播电视台，这是蒙古国最大的私营电视台。1996 年，蒙古国第一家商业电视台"MN-25 频道"成立。另外，私营电视台还有蒙古国电视 5 台（TV5）、蒙古国教育电视台（ETV）。1995 年起，蒙古国开始播出有线电视台，有"桑斯尔""黑目"两个平台，基本实现了数字化和高清化。1998 年，蒙古国通过了《蒙古国新闻自由法》，禁止政府对大众媒介进行监督，于是蒙古国媒体数量猛增，加之互联网平台技术的发展，媒体数量和播出渠道增加了不少。

2008 年 8 月 10 日蒙古国第一家高清电视台——蒙古 HD 电视台获得许可并播出。主要播出节目内容为 Show 类节目，革新了传统节目的风格。

2022 年蒙古国境内运营的电视媒体数量为 115 家。2022 年，地方电视台播放量减少，乌兰巴托电视台播放量增多，国家电视台播放量没有变化。同时，全国辐射量实现了大幅增长，增长率达到 51%，本地辐射量也有 32% 的增长，部分领域甚至实现了四倍的增长。

国家电视台和乌兰巴托电视台播放率较高，地方电视台逐步缩减。

截至 2022 年，共有 31 家被许可使用卫星、IPTV、无线地面网络、有线、互联网及 OTT 技术提供的多频道电视广播服务。从蒙古国的活跃受众数市场份额来看，8 家公司占据了整个市场的 97%。这 8 家公司分别是影视有限责任公事、DDesh 电视有限责任公司、天空媒体有限责任公司、NBC 全国广播公司、蒙古国卫星网络有限责任公司、蒙古国电信有限责任公司、新太空电缆和桑萨尔数字有限责任公司。

对外传播方面，"蒙古之声广播电台"使用汉语、蒙古语、俄语、英语、日语五种语言播出。

在电视媒体中，蒙古国家公共电视台、乌兰巴托电视台、蒙古国电视 5 台等影响较大。另外，较有影响的频道还包括：C1、ETV、NTV、Eagle NEWS、SBN、NBS、TV8、TM、MASS TV、OTV、Global TV、Fashion、TV9、Movie Box、Dream Box、Seven TV、VTV、Royal、Like、HTV 等。

蒙古国电视台大多数以播出影视剧、娱乐、购物、新闻节目为主，频道体系不完整，没有专业的纪录片、音乐、教育、儿童等方面的频道。

蒙古国家公共电视台是蒙古国官方的、国家注资的国有电视台。蒙古国家公共电视台成立于 1967 年，最初设有 2 个频道，即二频道和四频道。当时，二频道每周二、四、六、日播出本国节目；四频道直接转播苏联卫星电视节目。周一到周五每天 6 小时，周六、周日分别播出长达 15—16 个小时的节目。1981 年起播放彩色电视节目。随着无线电技术的更新，以及 1991 年广播卫星的使用，目前蒙古国家公共电视台已经覆盖了蒙古国全境。

蒙古国电视 5 台成立于 2003 年，是私营电视台，播出 1 个地面频道和 2 个有线频道，隶属于 Cegeen Dalai 集团。截至 2016 年，该台每天播出 1320 分钟（22 小时）电视节目。TV5 的全职员工约 100 名，另有 70 多名兼职员工。该台曾 3 次获得蒙古国"年度最佳电视"奖，在观众规模、影响力等方面均在蒙古国居于前列。TV5 的宗旨是通过政治、社会、经济、工业、体育和艺术等类型的节目，促进国家和社会发展。基于这一宗旨，该台的座右铭是"让我们发展蒙古"（Let's Develop Mongolia）。TV5 注重新兴媒体发展和应用，在蒙古国率先进入互联网和云电视领域。蒙古国电视 5 台非常注重与中国媒体的合作，已经播出了多部中国优秀影视剧。2016 年 10 月 1 日"中蒙文化合作暨'电视中国剧场'启动仪式"就是中国中央电视台、内蒙古广播电视台与蒙古国电视 5 台联合举办的。

蒙古乌兰巴托广播电视台成立于 1992 年，1997 年改名蒙古之声，是私营媒体，也是蒙古国实力最强的广播电视媒体之一。该台是一个综合型媒体，播出三个电视频道和一个调频广播频率，发行名为《一周》的杂志。该台第一频道是综合频道（UBS）、第二频道是牧业频道、第三频道是环球频道（Global TV）。该台的电视节目较为综合，包括电影、电视剧、新闻和综艺等。2016

年该台播出的节目中，60% 为自制节目，40% 为引进和合拍节目。该台的新闻节目注重对国家和社会发展的促进作用，新闻内容注重"建设性"，而非"批判性"或"对抗性"。

蒙古国教育电视台成立于 2010 年 7 月 18 日，是在蒙古国收视率排名第三的综艺教育类频道，该台的多数节目都是国外官方授权引进的。该台从国外引进的节目有 *Your face sounds familiar* 和俄罗斯著名的智力竞赛节目等。该台的工作宗旨是通过综艺节目对观众传播知识，其中具有代表性的一个节目是《财主大考验》。

蒙古国电视 9 台（TV9）成立于 2003 年 5 月，主要传播蒙古国历史、文化、宗教等，同时也有国内国外发生的新闻事件的报道。

二、蒙古国外国视听媒体概况

蒙古国视听媒体制度与西方媒介制度相同，因此在蒙古国的视听媒体中，外国媒体占据比较大的比例。早期，在广播电视媒体方面，美国彭博电视（Bloomberg TV）在蒙古国播出了本土化频道"彭博电视蒙古频道"（Bloomberg TV Mongolia），节目以译制配音播出彭博电视的英语节目为主，也有当地制作的节目。Eagle NEWS 创办于 1996 年，是美国与蒙古国联合创办的频道，节目信号通过卫星覆盖蒙古国全境。另外，美国有线电视新闻网（CNN）、福克斯新闻网（Fox News）、探索（Discovery）频道等，英国广播公司世界新闻台（BBC World News）、英国广播公司知识频道（BBC Earth）等，日本 NHK World 频道、NHK World Premium 频道，韩国 KBS 电视台国际频道（KBS World）、阿里郎英文国际（Arirang TV）、YTN World 频道等，以及俄罗斯第一频道、文化频道等，都在蒙古国播出。美国、英国、日本、韩国和印度电视节目也在蒙古国播出多年。就在蒙古国播出的境外频道的数量而言，美国、俄罗斯和中国相对较多。2016 年，在乌兰巴托电视台等平台上传输的电视频道共 96 套，其中蒙古国本土频道 47 套、中国 7 套、俄罗斯 10 套、美国 23 套。

中国电视业在蒙古国的发展主要涉及四个方面：一是内蒙古蒙古语卫视频道在蒙古国的播出；二是中国影视剧在蒙古国媒体的播出；三是中国广播影视机构在蒙古国运营有线、数字地面、移动等播出平台；四是中蒙媒体在广播影视领域的交流合作。内蒙古蒙古语卫视频道是国内唯一用蒙古语播出的卫星电视频道，信号覆盖亚太 53 个国家和地区。内蒙古蒙古语卫视频道在1997 年通过有线电视网络在乌兰巴托市落地，截至 2016 年已在蒙古国 21 个省市相继落地入户，收视人数突破 240 万，占该国总人口的 85% 以上。近几年，内蒙古蒙古语卫视频道先后开办了符合蒙古国观众收视趣味的《男儿三艺》《蒙医蒙药》《蒙古历史》《出彩蒙古人》等一大批周播栏目，成为蒙古国观众了解中国、了解内蒙古的重要信息渠道。2016 年，内蒙古广播电视台蒙古语第二频道——蒙古语文化频道通过新兴媒体平台开始在蒙古国传输播出。中国电视剧在 1996 年前后开始进入蒙古国，此后，《西游记》（杨洁，1986）、《成吉思汗》（王文杰、诺明骅日，2002）、《李小龙传奇》（李文岐，2008）等中国电视剧都曾在蒙古国热播。一些影视剧还曾创造收视奇迹，如 2009 年 10 月蒙古国电视 9 台在黄金时段翻译播出了中国电视剧《我的丑娘》（单联全，2008），在蒙古国各电视频道播出的电视剧中一直保持收视率第一。2014 年，中蒙双方将加强在教育、卫生、文化、人文领域的交流与合作。中方在此后 5 年向蒙方免费提供 25 部中国优秀影视剧译作，并加强双方在影视剧节目制作、播放、交流等方面的合作。2016 年，《北京青年》（赵宝刚、王迎，2012）和《青年医生》（赵宝刚、徐萌，2014）分别在蒙古国家公共电视台和蒙古国电视 5 台播出。在有线、数字地面电视平台运营方面，内蒙古广播电视机构起到了积极作用。1995 年 8 月，内蒙古自治区广播电影电视局与内蒙古宝通公司及蒙方公司在蒙古国乌兰巴托市创建了中蒙合资桑斯尔有线电视公司。该公司是蒙古国广电行业第一家经营有线电视的公司，覆盖乌兰巴托市 90% 的楼房用户，最高峰时用户终端将近 10 万个，可收看 100 套以上电视节目。此后，该公司用户逐年流失，到 2016 年仅剩 1.8 万户模拟用户。2015 年 6 月，桑斯尔数字电视有限公司开始在乌兰巴托市实施无线数字电视建设项目，2016 年初正式投入运营。数字地面电视平台上传输 36 套标清节目、4 套高清节目，并支持车载电视等移动接收功能。

三、蒙古国网络视听媒体情况

2022 年蒙古国媒体研究院的数据显示，有推特网页的电视台占 23%、有 Facebook 网页的电视台占 89%、有自己网页的电视台占 17%。电视通过互联网向观众发布新闻和信息的人数正在增加。所有电视中有 89% 在其官方 Facebook 网页上发布信息，比 2021 年同期增长 6%。67% 的电视台有自设社交媒体网站和社交媒体在线直播。其中 30% 以上电视台每天播放 1 次或一次以上的直播。除了有 20 个可以通过其官网查看的电视外，www.looktv.mn 可在线观看 32 个频道，www.motv.mn 可在线观看 41 个频道，www.skyqo.mn 可在线观看 33 个频道，www.voo.mn 可在线观看 41 个频道。受众可以运用智能手机应用程序观看网站上的频道内容。

现在大部分电视剧在各电视台和网络平台播出，很少有独立的网络电剧。据了解现在有个别的个人、工作室、创作团队尝试制作一些网络节目，如每集15分钟左右的连续剧。这些作品的特点是时长较短、剧情简单，主要体现一些社会现象。

代表性团队平台有VOO广播与媒体制作公司的VOO App、网站VOO.mn及相关平台上的账号，通过该App可购买观看自制的系列剧、连续剧、短视频等作品。Facebook账号VOO有46万粉丝，32万点赞（截至2024年6月14日）。类别有电影库、少儿、视频库、卡拉OK、电影院Cinema、电视，以及用户管理的基本内容。代表作品有短视频《特别的结果》（*Onts Dund*）、《野老大》（*Orcool*）、《吸引力》（*Mesmersm*）等。蒙古国有影响力的社交平台有Facebook、Instagram、TikTok、YouTube。比如，以Facebook为例，关注度和点赞数量前十的媒体账号有news.mn、Conin hachin、amjilt.mn、Tsahiur.mn、isee.mn、tur.mn、itoim.mn、unuudur.mn、websate、ХрН д ОрбеН ц ar，除此之外，还有jirgee.mn、arslan.mn、urug.mn、gogo.mn、ikon.mn、mass.mn、medee.mn、mglradio.mn、olloo.mn、paparazzi.mn、shuud.mn、tovch.mn、ub.life等。

2023年，蒙古国Facebook用户达到230万，占全国人口的67.2%，占13岁以上人口的94.1%。女性用户比男性用户活跃2倍。总用户的52.4%为女性用户，47.6%为男性用户。18—34岁的年轻用户为最活跃用户。最近两年研究显示45岁以上用户持续增长。

第二节　2015—2024年蒙古国视听产业重要现象

一、娱乐节目收视率十年间从第五上升为第一

蒙古国娱乐节目从2016年开始一直占据收视率第一，类型有知识文化类、户外运动类、比赛选秀类等。蒙古国娱乐节目不仅收获了很多的观众，也获得了政府的支持，以及许多广告商的喜爱，并且其播放量也稳步提升。因此，蒙古国电视娱乐节目与传统影视类节目间的竞争激烈。在2014年，蒙古国娱乐节目的观看人数占总观众数量的2.8%，然而经过短短几年的发展，到2017年蒙古国娱乐节目的观看人数已经达到总观众数量的8.1%。蒙古国电视娱乐节目表现出的种种新形式，获得了很多电视观众的青睐。蒙古国娱乐节目中购买官方版权的娱乐节目占据着很大的比例。如《蒙古达人秀》（*Awyaaslag*

Mongolchuud，2015）节目以当年收视率最高的成绩在影视行业中站稳了脚跟，占总观众数量的30.7%（2015年12月13日的统计）。《蒙古达人秀》获得了"Got talent"在蒙古国播放的官方特权，说明蒙古国广播电视迎来了新的阶段，也让蒙古国的广播电视得到了进一步发展。购买国外官方版权，在使得蒙古国娱乐节目得到了革新的同时，也使蒙古国娱乐节目的制作想要融合本国文化成为一个难点。2014年蒙古国娱乐节目收视率在电视行业中排名第五，2015年排名上升至第二，直至2016年及以后，蒙古国娱乐节目一直稳居收视率第一。

二、重视本国文化艺术、历史等内容制作

研究者认为随着引进节目的增多，本国文化的传播受到了挑战，尤其对于年轻人的影响巨大。研究者曾做过一项街头调查，大部分蒙古国年轻人在日常生活中都在听欧美音乐。另外，受韩国肥皂剧的影响，韩国文化在蒙古国青少年中盛行。2015年，蒙古国教育电视台的本国文化内容节目占比为40.8%。为了保护本国文化，监管部门增加了相关文化保护的法律法规，规定蒙古国所有播出的频道、有线电视等渠道中蒙古国文化内容需要占不低于50%的份额，并且2021年蒙古国相关部门限定了电视广播节目内容的制作要求。具体要求有尊重本国文化、历史、习俗、传统，维护民族团结等。

相关研究显示，在蒙古国符合公众需求的节目排行榜中，TV show、竞赛类节目分别排在第二位和第三位，此两类内容中大部分是关于本国文化艺术的内容，说明文化艺术类内容深受观众喜爱。MNB2022年的内容中有专门针对文化艺术的板块，分别是文化遗产、文化艺术团队等方向的内容。2022年后半年，MNB共播出时长91400分钟，其中文化艺术类节目时长13710分钟，占比为15%，共制作了16种文化艺术认知类节目，分别为：

《金色的酥油灯—2022》儿童歌曲那达慕，两期，100分钟；

《星期五》娱乐秀，24期，1200分钟；

《公共top10》歌曲排行榜，24期，1200分钟；

《蒙古文化遗产》，36期，2880分钟；

《四个难关》娱乐节目，24期，1200分钟；

《震撼世界的艺术》，2期，30分钟（NHK引进节目）；

《16mm电影计划》，10期，270分钟；

《文化瑰宝》，30期，1500分钟；

《国家top21》，歌曲排行榜，16期，430分钟；

《生活秘诀》文化节目，32期，960分钟；

《罗密欧—朱丽叶》蒙古国中小学话剧大赛，1 期，120 分钟；

《成功之路》竞赛节目，24 期，40 分钟；

《戈壁草原》交响音乐会，2 期，120 分钟；

《守护边疆》，2 期，120 分钟；

《赢书》，32 期，1920 分钟；

《传播文化》，16 期，1620 分钟。

其中传播文化类 2 个、艺术演出类 6 个、音乐类 4 个、认知类 4 个。

UBS 长期以来致力于文化艺术类节目的创作，推动文化交流。2022 年后半年的统计数据显示，总共播出时长 99153 分钟，其中文化艺术类节目时长 12890 分钟，占比为 13%。包括以下 7 类文化艺术认知类节目：

《全球最佳歌曲》，75 期，2250 分钟；

《娱乐新闻》，72 期，3600 分钟；

《模特大赛》，1 期，100 分钟；

《美妆奥林匹克大赛》，50 期，2150 分钟；

《晚间节目》，32 期，2890 分钟；

《我的声音》，75 期，2250 分钟；

《抑或是否》，75 期，2250 分钟。

在 UBS 的节目内容中竞赛类节目占比较多，共播出过十余种真人秀类竞赛节目，一般一年举办一次。

另外，在 SBN 的节目内容中，文化艺术类节目占比 12%。文化艺术类节目承担本国文化艺术传播的重要任务。

三、科普类节目逐年增加

从 2015 年开始，蒙古国视听媒体关注日常生活无法观察到的内容，如医学领域、自然领域，制作一系列科普类节目，具体包括科技类、自然类、宇宙探险类、健康类、历史、文化、习俗类、教育类、话题类、儿童类、民族运动类等。

1. 科技类

《问答》是 TV9 播出的问答形式的科技类节目。节目内容为不限专业领域的问题，让参与者答题过关。参与者排成一排，每人有三次机会，轮流回答 100—150 道题（即兴回答），节目时长为 30—50 分钟。

《网络医生》是通过网络咨询发病原因、预防方法及医生建议等。人们越来越关心自己的身体健康，这是一档满足了受众需求的节目。此节目是蒙古国最好的健康科普类节目。

除此之外,《答对就赢》也受到观众的欢迎。

2. 自然类

《生物世界》是一档自然类节目,该节目让人们了解生态知识、了解所生存的世界、了解如何保护自然环境等内容。

《大哥的旅行》是一档自然生态的科普类节目。主要受众是少年儿童,能够帮助孩子们在旅行中了解自然生态环境,并通过植树、爬山等日常实践活动来切身体验自然生态的相关知识。

3. 教育类

《沉淀》和《民族文字》是两档语言文字教育类节目,旨在保护民族语言文字。

《这个怎么做的》是一档目标受众为全年龄段的,记录日常用品、食品的制作过程的科普类节目。

还有一档医疗人文真人秀广播节目——《103》(蒙古国国家广播),主要记录和解说医疗团队的工作情况,包括肿瘤治疗和急诊,受到受众的好评。

4. 话题类

这里的话题类节目(talk show)指的是多人围绕一个话题讨论、辩论的一种节目类型。这类节目成为受众热爱的一类节目。话题类节目的话题涉及财经、政治、文化及社会问题。具体来说,有城市规划、燃气质量、高等教育立法、各阶段教育、传媒自由、人工智能、网络暴力、医疗保险、土壤和空气污染、物价、贿赂、政党、交通堵塞、畜牧草原退化、牧民的社会问题等。

蒙古国观众喜爱这类节目的原因有三个方面:一是话题为大家关注的热点话题;二是谈话嘉宾包括各个领域的专家,提出各自解决问题的方案或者观点;三是关注舆论,代表公众利益。比较受观众喜爱的话题类节目包括《开放瞬间》《解决方案》《谈话》等。其中《开放瞬间》有时采用直播形式播出,采用"金三角"原则,提供三个不同的观点,让嘉宾进行争论,从而吸引受众。

蒙古国研究者认为这类节目存在以下三方面的不足:一是主持人的问题不清晰、啰唆、有歧义、跑题等;二是节目的中间部分过于冗长,偏题及问题提出不准确等;三是节目结构过于简单。

5. 儿童类

从 2005 年开始蒙古国儿童类节目数量增加。2006 年 MNB 的研究调查显示，蒙古国 TV9、SBN、TV8、MNB 等频道开始重视儿童类节目制作。2010 年开始儿童类节目类型增多，视频制作进入新的发展阶段，类型有动画、视频、电视节目、科普类等。

从 2018 年开始儿童类节目收视率下降，节目类型减少。比如，MNB 电视台的儿童类节目播出时间占比不足 5%，之前收视率最好的 TV9 的儿童节目《劳劳的朋友们》和 SBN 的儿童类节目《娜荷芽》从日播节目改为周播节目。

从 2019 年蒙古国相关部门开始重点扶持本土动画片《妈咪》，力求提升儿童认知能力，并且增加父母及其他儿童监护人的参与度。这也成为蒙古国儿童节目发展的一次转折。该动画片成功播出后，蒙古内容创作公司与 MNB 合作制作了同名儿童电视节目。2023 年数据显示，2019 年蒙古国本土动画片收视率整体提升。

2023 年，蒙古国儿童节目代表作品有《咚咚》《五岁儿童的秘密世界》《儿童声音》等。近年来，通过网络渠道扩大本土儿童节目的传播力，同时制作有竞争力的本土儿童节目，使其能与网络上的国外儿童节目竞争。竞争的制作环境有利于本土文化、思想领域和媒体市场的发展。

蒙古国大部分儿童节目在综合频道播出，专业儿童频道为 MACC Media 团队的"Dream Box"频道，已播出近二十年。节目类型有儿童电影、多媒体内容等。青少年主要通过社交网络观看节目，因此要不断增加网络播出渠道。

第三节　2015—2024 年蒙古国视听内容创作概况

2015 年，蒙古国电视台大量引进世界知名电视公司节目的版权，并将其改编为蒙古国本土的节目。

2023 年的数据显示，MNB 一周的节目数量为 184 个，每天播出的节目数量为 24—28 个。一个月的节目数量为 736 个（取样为 2023 年 10 月），一周中节目数量最多的为周二（28 个节目），周六最少（24 个节目）。

蒙古国视听节目创作的主要功能是及时传播信息、提供娱乐、启蒙大众，因此主要类型有新闻类、社会节目、宗教类、儿童节目、体育、娱乐、音乐、教育、影视剧情类、电视文艺片、电视系列剧等。

MNB 每日播出时间为 17 小时，每周为 119 小时，周一至周五早中晚主要以固定的新闻内容为主，周六、周日新闻节目没有固定播出时间。2023 年 10 月的一项调查表明，在 475 个小时的节目中，文艺节目（包括电影和电视剧）140 小时，社会类节目 133.2 小时，新闻类节目 93.2 小时，其他节目 108.6 小时。观众喜欢的节目主要是影视剧，工作日播出的影视剧会在周末的上午重播。社会类节目中主要包括名人人物专题、时政专题、青年专题等展现社会问题的节目。以信息传播为目的的节目占 63.2%，包括具有研究结论的纪实类节目、专题、财政信息、国际事件及热点话题分析等。另外，MNB 最有意义的节目类型为教育类节目，2023 年 10 月的一项调查表明：教育青少年，提高认知能力的节目一个月播出 30 小时 20 分钟，一周 7 小时 30 分钟，其中包括传统蒙古语课程和读书节目；少儿节目播出 11 小时 20 分钟，主要以卫生、安全教育为主的科普节目。MNB 公共频道内的体育节目在每天新闻节目播出后 10 分钟，以体育新闻的形式播出。音乐节目有《文化宝库》《艺术电视》、*Turn in* 等。其中:《文化宝库》《艺术电视》节目内容是艺术领域的新闻和亮点等；*Turn in* 的内容主要是当代音乐、歌曲等。健康节目一般在周五、周六、周日播出，时长为 1 小时。

民族文化类内容，包括物质文化和非物质文化及习俗等内容这类大型节目所占时长为 5 小时 40 分钟。比如，电视节目《蒙古文化遗产》的内容包括历史、考古、文字、物质文化、非物质文化等，该节目会邀请专家、学者、文化传承人，以对谈的形式，把蒙古国人民日常的生活习俗等，以纪实和艺术结合的方式展现给观众，有助于民族文化的保护和传承。这类内容在各个频道重复播出，以此提高关注度。

MNB 一天的节目从早晨 7:00 的国歌开始，重要的节目类型为Infortainment（娱乐 Entertainment 和信息 information 的结合体，是一种包含资讯娱乐化或者娱乐资讯的节目类型），具体内容包括新闻、资本市场、体育竞赛、天气预报、当日特邀嘉宾访谈、热点话题等，还有以已婚女性为目标受众的家居类节目，24:00 在国歌声中结束，播出时间 17 小时。

一、电视剧（含网络剧）

电视剧主要以家庭伦理剧为主，历史题材等其他类型较少见。收视率高的有以下七部。

（1）《完美生活》

蒙古国教育电视台播出的 24 集电视剧，由 Hulegu Pictures Studio 制作，讲述了一位与命运抗争的伟大女性的故事。

（2）《媳妇儿们》

UBS 播出的 20 集电视剧。该剧以受教育程度、习俗不同的四个家庭的生活为主要内容。制片人是 Q. 阿木日吉日嘎拉、B. 巴拉哈扎布，执行导演是 J. 巴雅尔，导演是 D. 敖特根吉雅，编剧是 B. 奥嫩，摄影是 D. 奇仁其木德，主演是 T. 巴图其其格、L. 德米德巴特尔、X. 道尔吉苏荣等。

（3）《满屋子女儿》

NTV 播出的 20 集电视剧，由 Nomadia Pictures Studio 制作。故事改编自俄罗斯电视剧《爸爸的女儿们》。该剧以诙谐幽默的方式表现单亲父亲抚养五个女儿的酸甜苦辣。制片人是 A. 巴雅尔巴图，编剧是 P. 图拉嘎，总导演是 C. 阿木尔毕力格，总摄影是 C. 孟和朱拉，音乐是 C. 阿木古郎图日，主演是 E. 白嘎丽、N. 宏格尔朱拉、C. 诺敏、A. 额尔德尼其其格等。

（4）《信号灯》

蒙古国教育电视台播出的 20 集电视剧，由 Hulegu Pictures Studio 制作。该剧以红黄绿三种颜色为代表，展现三十出头的三位小伙子有趣的日常生活。制片人是 D. 巴图巴雅尔、X. 吉布胡浪，总导演是 A. 巴图图希格，摄影是 C. 特木尔、H. 苏德纳木彻仁，作曲是 H. 巴图孟克，音乐是 G. 巴图吉日嘎拉，美术是 B. 恩和巴雅尔、G. 呼日勒图拉嘎，主演是 D. 恩和巴雅尔、A. 乌尼尔吉日嘎拉、T. 巴日胡。

（5）《双白线》

蒙古国家公共电视台制作播出的 10 集电视剧。该剧以检察官的工作和日常生活为题材，通过一位女检察官在工作、生活中遇到的喜怒哀乐，表现了真理必胜的人生道理。制片人是 L. 音吉吉日嘎拉、L. 朝格巴特尔，编剧是 A. 阿木尔赛罕，总导演是 N. 成吉斯，作曲是 B. 朝格图德力格尔，主演是 E. 德力格尔其其格、O. 贝力古台、Q. 恩赫台本、O. 孟和图拉嘎。

（6）《顽皮的邻居》

蒙古国家广播电视台制作播出的 50 集电视剧，讲述了一个首都家庭的有趣生活。编剧是 Q. 敖都玛、O. 乌仁图雅、Q. 乌日柴胡，制片人是 G. 纲图雅，总导演是 M. 巴达日其，主演是 G. 米格玛日娜仁、C. 萨仁图雅、A. 阿拉坦图日。

（7）《世界还未到末日》

蒙古国电视 5 台播出的 53 集电视剧，由 Gegeen Production 制作。一部探讨人类道德问题的作品，当有人为了贪婪而践踏别人的生活，甚至改变他人的命运时，就会有人为了诚实和真理不惜牺牲自己的生命。导演是 N. 巴图巴雅尔，编剧是 D. 敖特根苏荣、Sh. 娜仁。该剧改编自 L. 萨仁图雅的文学作品，在 "Mongolian academy awards" 影视那达慕中获得优秀作品奖。

二、娱乐综艺节目（含网络综艺）

娱乐综艺节目主要传播内容是音乐及艺术文化，年轻人对音乐行业的历史了解得并不多，因此要为那些想要学习的人和想要实现自己梦想的人提供更多的机会。目前的娱乐节目主要是真人秀，观众通过观看真人秀，了解不同人的生活状态，从而思考自己的生活。

1.《蒙古达人秀》

此节目是通过购买版权引进的国外优秀节目，时长 60 分钟。其内容与大家所熟悉的各国的达人秀节目一致，可以表演各种才艺，只要符合观众审美、内容积极向上即可。参与者都是普通人，达人秀节目的具体内容包括演唱歌曲、跳舞、笑话、柔术、魔术、诗歌和绘画等。裁判都是明星，由一位歌唱家、一位音乐制作人、一位专业演员、一位专业主持人组成。《蒙古达人秀》表现形式所占比例最高的是唱歌，占比为 60%。蒙古国是一个地广人稀，有着辽阔草原的国家，多数人都过着游牧生活，间接地为歌唱，尤其是唱蒙古长调提供了优美的自然环境。在蒙古国，唱歌是多数人表达内心的主要表现形式之一。《蒙古达人秀》中跳舞这一表现形式占比为 23%，蒙古国人民热爱跳舞，顶碗舞、筷子舞等在世界上都有着极高的名气，在蒙古国娱乐节目中舞蹈是不可缺少的一项节目类型。该节目受众群体不限，成为家喻户晓、茶余饭后讨论的话题。

2015 年、2016 年、2018 年分别播出了三季，共计参与人数 8500 余人。2015 年度冠军为 Egeshiglent Chimee 组合、2016 年度冠军为 O. 恩和额尔德尼、2018 年度冠军为 C. 毕力格图。Makcima Media Company 的研究显示，该节目在 2016—2018 年被誉为"质量最上乘"的电视节目。

2.《跟他一样》

该节目的形式就如节目名称一样，就是跟着他人做事、表演，即模仿。时长为 120 分钟，选手主要是以模仿世界名人为主，点评家以选手模仿名人的表现为基础选出最佳模仿达人。该节目就是在观众中识别熟悉歌曲和表演才能的人，以确定谁是最有活力、最勤奋、最有才华，以及模仿力最强的人。八个参与者在一个节目上模仿同一个明星演唱，谁模仿得最像，谁就会赢得冠军。参与者可以是演员、歌手、模特等，最好要具备一定的演艺技术。这是一种有趣和愉快的方式。该节目具有社会意义，能够让观众和参与者认识世界音乐。

3.《八十万的机会》

这是蒙古国教育电视台播出的一档益智类娱乐节目，购买英国 Chanel 4 电视台的 *The Million Round Drop* 节目版权。该节目于 2011—2020 年播出，时长为 40—60 分钟。2011 年获得 Altan Shonhor 那达慕大奖最佳舞台奖，2013 年获得蒙古国优秀益智节目奖。

该节目是蒙古国文化知识类节目里面的佼佼者，所提到的问题主要与蒙古国传统习俗、世界各国文化相关。该节目的受众主要是青中年。

截至 2020 年，该节目制作了 150 余期。Makcima Media Company 的研究显示，2016 年、2017 年，该节目被评为"最佳品质节目"。

4.《蒙古国下一个顶级模特》

这是蒙古国教育电视台播出的购买 CBS 版权的真人秀节目，于 2017—2018 年播出，时长为 60 分钟。此节目属于竞技类选秀节目，是一档以选拔优秀模特为主要目的的节目。此节目体现了年轻人的行为方式，为如何与他人交流，以及如何说他们之间的语言提供了平台。

5.《大众沙发》

该节目由蒙古国收视率排名第二的 Mongol TV 制作，于 2017 年播出，共播出 78 期，参加人数 300 多人。《大众沙发》问世之前在蒙古国没有这类节目。观众认为那些嘉宾观看节目时与家人分享的心理感受比较有趣。观众对节目的态度很乐观。

6.《鲨鱼坦克》

这是由蒙古国 Mongol TV 制作的购买版权的节目，是一档商业领域的真人秀节目。2017 年，每周日播出，三个月共播出 12 期，两季共播出 21 期，参加人数达到 3000 多人。该节目开创了蒙古国商业领域真人秀的先河，于是吸引了商业研究者、从商者和其他领域的大批观众。参加节目的嘉宾对胜出的项目方案做投资，对创业人员给予帮助，这一点得到了观众的一致好评。

7.《妻子的指示》

该节目于 2020 年首次在蒙古国 NTV 播出，时长为 60 分钟。该节目突破了饮食类节目的瓶颈，成功吸引了大批观众。饮食类节目之所以能吸引各个年龄段的观众，是因为可以通过节目使他们学习各类美食的烹饪手法，这是节目的优点。除此之外，观众可以从节目中可以感受到家庭的温暖，领悟到夫妻之间的信任和尊重、听取对方建议的耐心、接受对方的缺点等。

8.《财主大考验》

这是一档购买版权的真人秀节目，2018 年该节目第一次在蒙古国播出。该节目主持人拜访家人并提出一系列问题，家人通过回答问题获得现金奖励。该节目每周六播出，共播出 61 期，参加人数为 500 多人。这个节目由在蒙古国收视率排名第三的 Edu TV 主办。《财主大考验》比起同类型节目，在内容和质量方面都很突出，吸引了大批观众。

9.《今晚住你们家》

TV25 于 2006 年播出的真人秀节目，时长 60 分钟。2007 年获得 Altan Shonhor 那达慕大奖的最佳主持人奖。截至 2021 年，共播出 1000 多期。节目内容主要是表现每户人家都不一样，真实地呈现家庭生活，没有任何修饰，包括家庭内部的快乐、痛苦、幸福、郁闷等状态。

三、其他视频内容样式（如微短剧、短视频等）

1. 谈话节目

《掌纹》是一档时长为 60—90 分钟的谈话节目。2014—2018 年，节目名称为《指纹》，在 ETV 播出，改为《掌纹》后在 C1 播出。主要谈话嘉宾是从健康卫生、体育、艺术、教育、时政、商业等领域选出的有杰出成就的人，主要讨论的内容是他们的成败得失、经验教训等。截至 2022 年，共播出 170 多期节目。

《红色话筒》是 2019 年 NTV 播出的一档谈话节目，时长为 60—90 分钟。节目主要讨论政治、社会、财政等热点问题，邀请当事人作为嘉宾。为了得到全面的答案，依据证据，采用追问、质问等形式。Makcima Media Company 的研究显示，该节目在 2019 年和 2020 年被评为"最有品质的谈话节目"。

《明亮的夜晚》是 MNB 播出的一档谈话节目，时长 60 分钟，主持人为 Yolk（男）和朱拉吉日嘎拉（女），播出时间为 2014—2021 年。主要内容是艺术领域有名望的艺术家和作品的回忆。编导是 B. 巴图巴特尔，制片人是 Y. 孟克图雅，摄像是 N. 阿吉吉日嘎拉等，音乐是 M. 嘎拉桑日嘎查。节目主旨是把艺术家的作品留存下来，而把艺术家的形象留存在荧屏里（如图 11-1 所示）。

图 11-1　谈话节目《明亮的夜晚》节目画面

《爱吧》是 MNB 播出的节目，节目主旨为"只要能看见发现，哪里都有爱"。每期节目根据主题，选择不同的嘉宾，进行一对一访谈。本节目的特点为包装优质、谈话场景的选择让嘉宾和观众都感到舒服。本节目的创新点是打破了以往谈话节目只邀请名人的惯例，选择各领域有突出贡献的，或者

图 11-2 谈话节目《爱吧》节目画面

图 11-3 历史文化类节目《永恒的旋律》节目画面

有爱心的普通人参加。本节目符合观众对普通人爱的智慧，以及经验分享的期待，因此，一直有较好的收视率（如图 11-2 所示）。

2. 历史文化类节目

《永恒的旋律》是 MNB 播出的一档历史文化类节目。2018 年播出，节目时长不同，一般 50—90 分钟。主持人为 B. 意德胜好日劳，同时邀请一位蒙古国音乐家来一起主持，如 N. 占亲脑日布等（如图 11-3 所示）。

3. 动画片

《特别的结果》是由 Monanimeishn 有限责任公司制作、于 2017 年播出的二维动画短片。该短片以幽默诙谐的方式反映当下社会发生的现象和行为。

4. 系列微短剧

《野老大》于 2023 年 10 月与观众见面，是蒙古国 Central 电视台的系列情景剧作品，每集 12 分钟，导演是安哈巴雅尔。作品主要讲述在当今社会中的一位凡事不成功、一辈子靠别人养活的 "orcool" 的生活故事。

《吸引力》由蒙古国几位年轻人一起创建的 Mesmersm 团队（公司）创作，其意义是给予大家正能量，带大家往积极、美好的方向发展。在最近几年，他们创作电影、文艺片等成为蒙古国在 YouTube 影响力和收视率最好的节目，该团队成员 Gremix 还是 YouTube 平台上粉丝最多的发布者。

第四节　2015—2024 年蒙古国代表性视听内容分析

蒙古国学者近几年较多地开始分析节目内容，尤其对影响大、收视率高的节目，其中有早间资讯和娱乐结合的节目《早晨》、人物专访类节目《蒙古

100 位名人》、谈话节目《你好，好》，以及科普类节目《生物世界》。

一、Infortainment 节目——《早晨》

信息娱乐化或者娱乐资讯都属于 Infortainment 节目，蒙古国视听节目学界和业界对此没有本土化翻译，直接沿用了英语的这个复合词。这类节目中的代表作品为 MNB 播出的一档早间栏目《早晨》。节目播出时间为 7：00—9：00，并于 13：00—15：00 重播。一般时长为 120 分钟，以科普、新闻、嘉宾访谈为主要内容。

在近 120 分钟的节目中，嘉宾采访、访谈和嘉宾时间占 93 分钟，涉及话题丰富，包括各个领域的嘉宾，如艺术家、专家、民间组织创始人、经理等。

二、人物专访节目——《蒙古 100 位名人》

这是 Hero Entertainment Studio 制作的人物传记类系列节目，2012 年开始播出，时长为 45—210 分钟。节目旨在对 20 世纪蒙古国社会、政治、文化、科学、艺术、体育、商业领域的有影响力的人物，运用生命史的方法，传播其事迹，发扬其精神，并以两位主持对一位嘉宾进行访谈的形式，记录影像，留存为历史资料。截至 2021 年，节目共邀请了 65 位名人，制作了 54 期。

在节目的创作过程中，对于嘉宾的选择比较慎重，这一点是本节目的优点。节目开始先介绍嘉宾的特点，包括名字、故乡及从事的职业等。之后根据嘉宾的特点提出不同的问题，层层深入。另外，主持人也是节目成功因素之一。主持人包括 B. 拉哈巴苏荣和 P. 阿诺金。B. 拉哈巴苏荣是蒙古国著名的作家，作品涉猎多个体裁，有诗、散文、长篇小说、剧本，以哲学的思辨著称，是一位受人尊敬的作家，被评为"人民的作家"。P. 阿诺金是记者、诗人、作家，蒙古国国会议员，他的言论常常受到国民的广泛赞誉。他本人研究政治、社会等多个领域，因此在访谈话题的把握上具有优势。二人的主持风格从容淡定，话题分析细致入微。两位主持人的风格互补，成为访谈能够深入下去的重要因素。

相关数据显示，这档节目与其他访谈类节目相比，由于其嘉宾选择的广泛性而受众数量众多。

除此之外，《女主人》《张嘴说话》也是受众喜欢的人物专访节目。《女主人》是影像生活有限责任公司制作的一档聚焦家庭女主人的优质家庭生活类节目。《张嘴说话》是蒙古国 TV25 播出的一档社会、政治类话题的访谈节目。

三、访谈节目——《你好，好》

本节目是 USB 的一档谈话类节目，2007 年开始播出，时长为 60 分钟。人物专题类谈话节目要求主持人对嘉宾有深入的了解和研究，从而塑造人物形象。而嘉宾本人也是观众期待的看点。此节目是 YouTube 平台上关注度最高的节目之一。至今，该节目播出了 17 年，是一档具有生命力的节目。

本节目的特点是场景选择优质，访谈形式轻松自由，包装要素炫酷，画面拍摄有创意，节目设置多个环节，如播放录像、歌曲等。此外，节目的音乐风格有轻松娱乐，打动人心，让嘉宾陷入哭、笑、沉思等体验。

《你好，好》的结构分析见表 11-1、表 11-2、表 11-3。

表 11-1 节目开始——导入部分的分析

时间	结构	内容、主旨、目的	画面	谈话内容 / 音乐
00—0.13 13 秒	片头	出现片名	以画中画的形式出现往期节目嘉宾，最后画面定格，出现片名	片头音乐
0.13—1.17 1 分 04 秒	导视 出现本期节目的预告	以主持人和嘉宾的经典谈话内容来吸引观众	剪辑画面集锦 感动的谈话内容 触动人心的瞬间 嘉宾的回忆时刻	
1.17—1.35 18 秒	吉布呼浪的歌曲	表明音乐为作曲家嘉宾的作品	歌手演出的各类画面	歌手的演唱画面
1.35—2.25 50 秒	两位嘉宾谈话部分	引导部分	主持人和嘉宾的画面轮换出现	生活、艺术作品等谈话内容
2.25—2.42 17 秒	歌曲《妈妈熬的奶茶》	作曲家的作品，通过这些观众熟悉的作品，吸引观众，给观众思考时间	歌曲的 MV 作品	流行音乐歌手萨仁图雅歌曲 MV

表 11-2 节目关键部分的分析

时间	结构	内容、主旨、目的	画面	谈话内容 / 音乐
2.42—3.23 41 秒	片头 主持人问候 介绍嘉宾	主持人问候 介绍嘉宾	主持人问候 介绍嘉宾	刚其木格
3.23—6.10 2 分 47 秒	话题开始	艺术家如何看待四季变化，比如温暖的风会瞬间勾起人的回忆	嘉宾的中景 谈话内容：（省略）	
6.10—6.55 45 秒	关于树叶的浪漫诗歌	诗	树叶 秋天的森林	嘉宾朗诵这首诗抒情的背景音乐

时间	结构	内容、主旨、目的	画面	谈话内容 / 音乐
6.55—7.57 1分2秒	提问、嘉宾的画面、广为人知的歌曲剪辑	人生之秋、飞翔的鸟、善良的额吉等歌曲的谈话	主持人和嘉宾的画面	谈话内容：（省略）
7.57—12.40 4分43秒	关于嘉宾作品	嘉宾的画面 谈话内容		
12.40—13.05 25秒	善良的额吉的歌曲MV	曲子和歌词对额吉的歌颂	善良的额吉的歌曲MV	背景音乐：善良的额吉
13.05—19.15 6分10秒	刚其木格的谈话	主持人和嘉宾的认识过程等谈话内容		什么时候怎么开始创作作品的
19.15—20.20 1分5秒	邀请神秘嘉宾	神秘嘉宾是日本研究者特穆尔巴特尔	神秘嘉宾进入演播室的画面	嘉宾惊讶、开心等表情的画面

表 11-3 节目发展部分的分析

时间	结构	内容、主旨、目的	画面	谈话内容 / 音乐
20.20—28.40 8分20秒	主持人、嘉宾、神秘嘉宾三人的谈话部分	关于刚其木格以及作品演出	以往嘉宾各类的演出的画面和节目名称	谈话内容
28.40—29.35 55秒	广告时间：关于各类演出时间信息			
29.35—30.7 32秒	片花	嘉宾	空镜头画面	
30.7—30.20 13秒	节目片花			
30.20—35.00 4分40秒	四位演唱《茶》	关于歌曲的谈话老前辈的回忆	演播室演唱MV	拉手风琴
35.00—35.25 25秒	主持人赞美嘉宾	嘉宾回忆歌曲创作的过程	主持人画面	谈话内容
35.25—39.15 3分50秒	关于爱的谈话	借助歌曲两位嘉宾相识的过程		谈话内容
39.15—39.30 15秒	吉布呼浪的《妈妈熬的茶》		演出画面 背景音乐	
39.30—42.45 3分15秒	演播室谈话	坚毅的人的谈话		嘉宾谈话内容
42.45—43.00 15秒	歌曲的伴奏		家庭相册画面	
43.00—46.20 3分20秒	刚其木格的谈话	恋爱经历度过艰难的日子	刚其木格的画面	谈话内容

时间	结构	内容、主旨、目的	画面	谈话内容 / 音乐
46.20—47.00 40 秒	MV	歌曲	MV	歌曲
47.00—49.34 2 分 34 秒	嘉宾谈话	嘉宾的作品、喜爱的观众	心动时刻 泪流瞬间	
49.34—50.10 36 秒	歌曲 MV			
50.10—50.40 30 秒	嘉宾谈话			
50.40—52.30 1 分 50 秒	嘉宾谈话			
52.30—53.00 1 分 30 秒	嘉宾谈话			
53.00—54.40 1 分 40 秒	嘉宾作品作为礼物赠送	介绍作品	谈话的画面	关于一首诗
54.40—59.40 5 分	歌曲	歌手唱歌	歌手唱歌	演播厅的舞台
59.40—59.45 5 秒	节目片花			
59.45—1.03.33 3 分 48 秒	结尾—感谢			
1.03.33	节目介绍			

从表 11-1、表 11-2、表 11-3 可以看出，本节目具备完备的前期策划，注重编辑，既有艺术性，也具备理性智慧和感性情感。整个节目运用了音乐、MV、歌曲等，塑造了丰富的嘉宾形象。这类访谈节目力求通过谈话及其他要素，呈现一个有血有肉的人。这类节目很受观众青睐，因此各类电视台及制作公司都喜欢制作这类节目。

四、科普类节目——《生物世界》

图 11-4　科普类节目《生物世界》片名

《生物世界》是蒙古国一档重要的自然类科普节目，时长为 30 分钟，以项目"生物世界系列"的形式制作完成。项目时间为 2013—2025 年。项目主持人、总摄影是 Y. 刚巴雅尔，制片和总导演是 M. 宝音巴达日呼，摄影是 D. 巴图尼格塔（如图 11-4 所示）。

蒙古国有 138 种哺乳动物、487 种鸟类、22 种爬行动物、75 种鱼类、6 种两栖动物。蒙古国的摄影和电影发展了 80 余年，但是没有关于野生动物的图片和视频资料库。

2013 年 10 月，由生物学家、摄影师、记者、纪录片导演组成了野生动物保护委员会，并启动此项目。此项目旨在用影像记录自然原生态、文化历史、科学认知、生态教育等方面，并准确地解释生物界。项目成果形成蒙古国野生动物图片和视频资料库。前五年节目组行走了 16 万千米，拍摄了 138 种哺乳动物、近 500 种鸟类，制作了 80 多期节目，并已经全部播出。截至 2021 年，制作的 107 集系列节目、11 部纪录片成为项目组的重要成果。比如，拍摄了蒙古国"国熊"（蒙古语 Mazaalai），它是一种戈壁熊，全球不足 30 只，濒临灭绝（如图 11-5 所示）。

图 11-5　科普类节目《生物世界》节目画面

2014 年 1 月开始在蒙古国 NTV、教育频道、MNB 播出。

节目形式丰富多样，包括游记、风光片、采访日记、访谈等，节目内容是拍摄罕见的、生活在原生态环境里的稀有的野生动物。截至 2023 年，制作了 120 多集。

创作者在 2014 年"巴拉道尔吉"优秀作品竞赛中获得特等奖，2019 年以"戈壁五大奇观"为题收入《蒙古国百科全书》。蒙古国从 1990 年以来，未曾制作自然生态类的节目，因此这个项目具有里程碑意义。

（额尔德尼其其格、温都日胡宝力高　撰稿、翻译；C. 阿木日图布新、G. 乌云其木格、B. 青照日格　收集、提供资料）

第十二章

哈萨克斯坦视听产业与创作

中亚深居亚欧大陆腹地，自古以来多元文明融汇于此，形成了独特的地域文化，为亚洲和世界多元文化发展贡献了重要力量。昔日的古丝绸之路，肩负着历史的重托，在共建"一带一路"倡议背景下，正谱写出今日新亚欧大陆桥的壮阔诗篇。

哈萨克斯坦作为中亚政治、经济、文化的杰出代表，自独立伊始便打破了苏联时期封闭僵化的文化发展模式，电视剧、综艺等视听艺术样式得到了前所未有的发展。近年来，随着全球化浪潮的不断推涌、网络技术的革新，网剧、网络大电影、微电影、短视频等多样品类的视听作品在数量和质量上得到巨大提升。但囿于市场单一、节目类型同质化、原创性不足，以及国外节目比重较大等因素影响，一定程度上制约了哈萨克斯坦视听产业的发展，同时也昭示着国内制作机构加大了对视听产业资本和劳动力等生产要素投入的可能。作为中亚地区文化发展的中坚，哈萨克斯坦视听产业创作内容也成为其他中亚国家视听产业创作与发展的重要来源。

第一节　哈萨克斯坦视听产业状况

相较于电影产业而言，哈萨克斯坦电视剧、综艺等视听内容的发展，未能走出一条定调于国际化的发展思路。现阶段，由哈萨克斯坦文化和体育部牵头的广播电视基础设施建设正在扎实推进，建立起以全国性电视频道为主的数字化视听网络平台。视听产业发展机遇与挑战并存，如何在风起云涌的数字化时代立足，坚持"内容为王"，走出一条专业化、品牌化的视听产业化之路是当下从业者亟须思考的课题。

一、加强基础设施建设，促进视听产业布局

1912 年，哈萨克斯坦历史上第一个无线电广播电台——哈萨克广播电台成立。历经百余年发展，现已建成以国家广播电视公司（Kazteleradio）为代表的现代化企业运营网。2014 年 7 月 2 日，在阿斯塔纳[1]工业论坛框架内，哈萨克斯坦共和国电视台（Kazteleradio JSC）正式启动了哈萨克斯坦互联网电视——加拉姆电视（Galam TV）建设项目，旨在促进国家广播电视事业的发

1　阿斯塔纳为哈萨克斯坦共和国首都，2019 年 3 月 20 日更名为努尔苏丹。

展。时下，哈萨克斯坦电视频道不仅可以在国家卫星网和地面数字网免费使用，而且可以在互联网上免费使用加拉姆电视，可以让用户随时随地通过多种智能终端设备观看标清和高清格式的国内外视听内容。到 2022 年底，五年内数字广播网络覆盖人口比例由 74% 提升至 95%，城市和农村分别可以保证提供 30 个和 15 个电视频道的视听内容服务。

政府对基础设施项目建设投入的增加，为哈萨克斯坦视听产业的进一步发展创造了良好的业态环境。从加拉姆电视建设项目实施以来，2015 年产业红利期增长势头显著，到 2019 年，哈萨克斯坦电影、电视节目及音像制品产业增速趋缓。2024 年上半年产业规模总额为 258 亿坚戈，较 2023 年同期减少 0.3%。从产业布局来看，电影、电视节目及音像制品产业服务主要集中在文化之都阿拉木图，产业规模总额达 178 亿坚戈，占全国产业规模总额的 65.7%；努尔苏丹产业规模总额为 51 亿坚戈，占全国产业规模总额的 24.3%，位居全国第二。由此，哈萨克斯坦电影、电视节目及音像产业发展规模稳步发展，但地域分布失衡阻碍了哈萨克斯坦电影产业的集约化、规模化发展。

二、坚持电视频道专业化实践，积极促进媒介融合探索

由于哈萨克斯坦广播电视网络的数字化升级和硬件设施的建设为视听内容的发展奠定了坚实的基础，广播电视数字化为更多用户提供了全天候"伺服服务"，多种多样的节目内容可供广大用户选择。哈萨克斯坦广播电视网按照运营性质和信号覆盖范围可分为全国性电视频道（强制性/免费）、全国性电视频道（非强制性/免费）和地方电视频道三种类型。

1. 全国性电视频道（强制性/免费）

全国性电视频道（强制性/免费）强制为广播电视用户提供免费视听内容服务，其广播电视信号覆盖哈萨克斯坦全境。据笔者统计（见表 12-1），全国性电视频道（强制性/免费）创办城市主要分布在首都努尔苏丹和哈萨克斯坦最大城市阿拉木图，频道专业化类型主要以综合频道为主，提供休闲娱乐视听内容占比为 33%，现已全部实现频道数字化网络播出。

表 12-1 全国性电视频道（强制性/免费）情况

名称	创办组织	创办城市	频道类型	网络播出
Qazaqstan	哈萨克斯坦国家电视广播股份公司	努尔苏丹	综合	有
Хабар（哈巴尔）	哈巴尔通讯社股份公司	努尔苏丹	综合	有

名称	创办组织	创办城市	频道类型	网络播出
Хабар 24（哈巴尔24）	哈巴尔通讯社股份公司	努尔苏丹	信息	有
Balapan	哈萨克斯坦国家电视广播股份公司	努尔苏丹	育儿	有
Ел Арна	哈巴尔通讯社股份公司	努尔苏丹	电影	有
QazSport	哈萨克斯坦国家电视广播股份公司	努尔苏丹	运动	有
Первый канал Евразия（欧亚第一频道）	«Евразия+ОРТ» 有限责任公司	努尔苏丹	综合	有
Astana TV	«Нур Медиа» 有限责任公司	努尔苏丹	综合	有
КТК	商业电视台股份公司	阿拉木图	信息、娱乐	有
Мир	哈萨克斯坦 «Мир» 国际电视广播股份公司公司代表处	努尔苏丹	综合	有
НТК	独立电视台有限责任公司	阿拉木图	娱乐	有
Седьмой канал（第七频道）	«Эра-ТВ» 有限责任公司	努尔苏丹	综合	有
31 канал（第31频道）	«ТРК "31 канал"» 有限责任公司	阿拉木图	信息、娱乐	有
СТВ	«Рахат-ТВ» 有限责任合伙企业	阿拉木图	信息、娱乐	有
Almaty TV	«南方首都» 电视广播公司股份公司	阿拉木图	综合	有

2. 全国性电视频道（非强制性／免费）

全国性电视频道（非强制性／免费）为广播电视用户提供可供用户选择的免费视听内容服务。全国性电视频道（非强制性／免费）（见表 12-2）创办城市主要分布在努尔苏丹、阿拉木图和其他少数城市。频道专业化类型丰富多样，主要有综合、信息、家庭、教育等类型。其中，提供休闲娱乐视听内容与全国性电视频道（强制性／免费）相比增至 53%，频道数字化网络播出占比仅为 13%。

表 12-2　全国性电视频道（非强制性／免费）情况

名称	创办组织	创办城市	频道类型	网络播出
Atameken Business	«Atameken Business Channel» 有限责任公司	努尔苏丹	信息	有

名称	创办组织	创办城市	频道类型	网络播出
Hit TV	«Shahar» 电视广播公司有限责任公司	阿拉木图	家庭、娱乐	有
Kazakh TV	哈巴尔通讯社股份公司	努尔苏丹	教育	有
MuzZone	"ТАН" 媒体集团	阿拉木图	音乐	有
ON TV	«ТАН» 电视广播有限责任公司	阿拉木图	信息、娱乐	有
QazSport	哈萨克斯坦国家电视广播股份公司	努尔苏丹	运动	有
Setanta Қазақстан	«Эра-ТВ» 和 «Setanta Sports» 有限责任公司	努尔苏丹	运动	
Алау-ТВ	«Алау-ТВ» 有限责任公司	科斯塔娜	信息、娱乐	有
Асыл арна	«Асыл арна» 有限责任公司	阿拉木图	伊斯兰宗教教育	有
Ел арна	哈巴尔通讯社股份公司	努尔苏丹	娱乐	有
Жетісу	«Жетысу» 电视台有限责任公司	塔尔迪库干	综合	有
Мир	哈萨克斯坦 «Мир» 国际电视广播股份公司公司代表处	努尔苏丹	综合	有
Новое телевидение	«TV-арт» 公司有限责任公司	卡拉甘达	信息、娱乐	有
ТДК-42	«Серик» 有限责任合伙企业	乌拉尔斯克	信息、娱乐	有
Твоё ТВ	«ТВ-29» 电视公司有限责任公司	铁米尔套	信息、娱乐	

3. 地方电视频道

地方电视频道在模拟广播频率和有线网络上为居住在同一服务范围内或附近的广播电视用户提供视听内容服务。地方电视频道（见表 12-3）创办城市广泛分布于全国各地，频道专业化类型主要以提供娱乐和信息服务为主，频道数字化网络播出比例达 50%。

表 12-3 地方电视频道情况

名称	创办组织	创办城市	频道类型	网络播出
ALVA TV	«АЛВА» 信息文化中心有限责任公司	济良诺夫斯克	信息、娱乐	有
Арта ТВ	«Арта» 有限责任公司	埃基巴斯图兹	信息、娱乐	有
Әл-Фараби		沙乌尔德	信息、娱乐	

名称	创办组织	创办城市	频道类型	网络播出
Икар ТВ	«Телескоп» 有限责任公司	肯套	信息、娱乐	
Ирбис ТВ	«Арна» 新闻社有限责任公司	巴甫洛达尔	信息、娱乐	
Миг ТВ	«Миг» 有限责任公司	塔尔加	信息、娱乐	有
Отырар-TV	«Собкор» 有限责任公司	奇姆肯特	信息、娱乐	有
Первый Северный	«Информцентр» 有限责任公司	彼得巴甫洛夫斯克	信息、娱乐	有
Сфера	«Сфера» 电视广播公司有限责任公司	铁米尔套	信息、娱乐	有
ТВК-6	«Байуаков ТВК-6» 有限责任公司	塞米伊	信息、娱乐	
ТВС	«ТВС» 电视公司	鲁德内	信息、娱乐	
Тұран-Түркістан	«Туран Туркистан» 有限责任公司	突厥斯坦	信息、娱乐	

受经济困局影响，独立后的哈萨克斯坦广播电视基础设施建设相对滞后，严重制约着视听产业规模化发展。依靠全球数字化迭代升级，哈萨克斯坦政府致力于区域数字化中心建设，提出了"数字哈萨克斯坦2020计划"，改变原有发展思路，将新技术直接应用于广播电视网络平台数字化建设，既省去了设备更新的成本，又促进了新技术的迅速推广。哈萨克斯坦视听产业数字化进程因"站在巨人的肩上"得以实现，为内容产品开发开辟了道路，促进了媒介融合的发展。

三、新冠疫情加速国内视听产业结构调整

2019年末，新冠疫情开始向全球蔓延。2020年3月13日哈萨克斯坦境内首次发现两例确诊病例，疫情防控任务趋紧。2020年3月16日，哈萨克斯坦总统托卡耶夫宣布哈全国进入为期一个月的国家紧急状态，后又两次延期，至2020年5月11日最终解除国家紧急状态。受疫情防控政策影响，在新冠疫情尚未得到有效控制前，商业娱乐中心、电影院、剧院等大量人员聚集公共场所停止营业，禁止举办各类公共性文体活动。电影业遭遇了前所未有的危机，影院关闭、电影拍摄计划延期，电影业发展处于停滞状态，部分影视公司日常经营活动举步维艰，而大量中小影视公司不得不宣告破产。以哈萨克斯坦电影制片厂为中心，众多中小影视公司的影视产业市场格局面临重新洗牌。新冠疫情防控期间互联网和传统电视媒体成为人们居家防疫的休闲娱乐方式，成为更多视听用户的选择。艺术家们通过多种多样的艺术表现形式，提供如线上戏剧、线上演唱会等多种视听内容，在线上传达协力抗疫的呼声，新冠疫情防

控期间哈萨克斯坦国内影响力较大的两次线上演唱会分别是在 2020 年 5 月 13 日和 2020 年 5 月 21 日举办的迪玛希（BASTAU live Show）在线演唱会，以及为纪念哈萨克斯坦文化和艺术工作者日，哈萨克斯坦文化和艺术领域工作者举办的线上演唱会。

伴随互联网经济的兴起，大量用户转向网剧、手机游戏等娱乐产品，网剧、网络大电影、微电影、短视频等网络视听产品迅速兴起，为视听产业的发展注入了新动力。哈萨克斯坦电影市场 18—24 岁的电影观众占总观影人数的 70%，年轻一代的电影观众亦是互联网的主要用户，受新冠疫情影响，其他年龄段电影用户流入网络视听市场的数量均有不同程度的增长，原有占比 19% 选择互联网观影的用户数量陡增。新冠疫情在很大程度上促进了互联网产业和互联网视听内容产品的发展，加速了哈萨克斯坦国内视听产业的结构调整。后疫情时代，广大用户观看行为、观看方式的改变，必将为产业升级和产业结构的调整带来巨大的影响。

第二节　2015—2024 年哈萨克斯坦视听创作概况

2015—2024 年哈萨克斯坦视听产品创作数量因国内和中亚市场需求扩大而稳步增长，电影、电视剧、综艺、微电影、短视频已成为重要的视听创作类型和方向，其制作能力、商业化、市场化水平得到进一步提高，但主题陈旧、原创性不足、节目类型同质化、国外引进节目比重大等因素严重制约了视听创作的发展。2019 年末受新冠疫情影响，网络视听产品市场份额迅速扩张，哈萨克斯坦视听产业发展和内容创作出现了较大的调整。

一、电视剧创作概况

电视剧作为反映哈萨克斯坦国内政治、经济、文化、社会生活的晴雨表，成为观众的重要娱乐选择。随着互联网普及、网络用户数量的不断增长，电视剧创作市场将朝着更深广的方向发展。为保护青少年成长、满足分众化、创作自由度和市场投放精准度需要，哈萨克斯坦电视剧按照叙事内容实行分级管理，大致分为 6 岁以上（6⁺）、12 岁以上（12⁺）、14 岁以上（14⁺）和 16 岁以上（16⁺）四类。TV-14 作为哈萨克斯坦电视剧专业频道，服务范围辐射哈萨克斯坦全境。

喜剧、伦理剧是最受国内观众欢迎的电视剧类型，历史、战争、犯罪等类型共同组成哈萨克斯坦电视剧内容市场。从内容方面来说，电视剧创作陷入了人物传记、史诗神话的怪圈。哈萨克斯坦前总统纳扎尔巴耶夫就曾对当下国内电视剧创作现状提出"不要过度卷入历史题材、要关注更多现代哈萨克斯坦建设与变化"的建议。电视剧创作内容主题陈旧、原创性不足、表达能力弱，纠缠于传统叙事的套路，阻碍了当下哈萨克斯坦电视剧的创作发展。

图 12-1　电视剧《哈萨克汗国》剧照

1.《哈萨克汗国》

为纪念哈萨克汗国建国 550 周年，哈萨克斯坦电影制片厂推出了以"哈萨克汗国"IP 为代表的动画、电影、电视剧等系列作品（见表 12-4），作为"精神文明复兴"举措的重要组成部分，再现了哈萨克斯坦广阔的草原上哈萨克汗国的辉煌历史。"哈萨克汗国"IP 已成为哈萨克斯坦国家形象的新名片，它成了国内视听创作的典型代表。迄今为止，动画长片、电影、电视剧均已问世。2016 年 5 月，由鲁斯坦·阿卜杜拉舍夫执导的动画长片《哈萨克汗国》（如图12-1所示）首发。2017 年 10 月，该片获得了第十届国际动画电影盛会"最佳动画片"奖。与此同时，电影和电视剧版拍摄计划正在有条不紊地进行中。电影版《哈萨克汗国》于 2017 年 1 月 5 日首映，最终赢得了 7200 多万坚戈总票房，刷新了国产电影票房新纪录；电视剧版第一季《哈萨克汗国——不败之剑》和第二季《哈萨克汗国——黄金王座》分别于 2017 年 3 月和 2019 年底上映。

表 12-4　"哈萨克汗国"系列 IP 开发情况

版本	发行年份	导演	制片
动画	2016	鲁斯坦·阿卜杜拉舍夫	塞人动画工作室 哈萨克电影制片厂
电影	2017	鲁斯坦·阿卜杜拉舍夫	哈萨克电影制片厂
电视剧	2017/2019	鲁斯坦·阿卜杜拉舍夫	哈萨克电影制片厂

2.《父亲的房子》

《父亲的房子》（卡纳加特·穆斯塔芬）从 2014 年开始，历时六年完成了对三兄弟与命运抗争励志故事的讲述。老大阿里舍尔通过自身努力一跃成为高级经理人，但个人生活陷入了无法进入主流社会的困境，这给他带来了诸多烦恼；老二米德尔·道勒，前运动员、现任教练，与年轻歌手琳达的遇见，改变了他对原有生活的态度，使他重新迈向追逐梦想的道路；老三麦迪和父母共同经营家庭农场，父母无微不至的关爱令他不能自由呼吸，因而他希望摆脱父母的"控制"，成为人生的主宰者。三兄弟都不甘臣服于宿命的安排，力图打碎生活和命运的枷锁，导演将他们独立的家庭生活故事交织在一起，极大地激发了广大观众的追剧热情。根据观众需要一再增加电视剧播出内容，该剧创造了哈萨克斯坦电视剧市场 100 集以上的播出纪录。

哈萨克斯坦首部"肥皂剧"《十字路口》自 1996 年播出以来，在哈萨克斯坦电视剧创作发展史上产生了巨大影响。电视剧的发展很大程度上体现了哈萨克斯坦的社会生活和历史变迁，也集中提出了社会问题。近年来，哈萨克斯坦电视剧创作市场不断加强国际合作，2003 年与俄罗斯合拍的《每个人都将蒙受苦难》、2013 年和俄罗斯、乌克兰合拍的《别无选择》促进了哈萨克斯坦电视剧市场对外交流合作，为电视剧市场国际化、市场化的进一步发展奠定了坚实基础。哈萨克斯坦政府将文化产业作为国家内涵式发展的重要组成部分，积极发挥哈萨克民族文化在国家政治、经济、外交等领域的重要作用。以此为目标，哈萨克斯坦国产电视剧产业的发展未来可期。

二、综艺节目创作概况

哈萨克斯坦人民能歌善舞，其独具特色的民族文化形成了哈萨克斯坦综艺节目创作内容纷繁多样的特点。哈萨克斯坦综艺节目创作正在如火如荼地展开——音乐、舞蹈、美食等创作内容为广大用户提供休闲、娱乐服务，真人秀、脱口秀、访谈等多种节目类型全面发展。2017 年 1 月，哈萨克斯坦青年歌手迪玛希参与中国湖南卫视原创歌手真人秀节目《歌手》，引发两国观众对该节目的热议，掀起了综艺节目集中创作的热潮。

哈萨克斯坦综艺节目自 2003 年开始，由国外引进购买版权进行本土化制作，如国际知名美国音乐选秀节目《X 音素》(*The X Factor US*)。此后，国外综艺节目制作模式源源不断地涌入国内，一定程度上活跃了哈萨克斯坦国内综艺节目市场。但是动力不足、原创性差和对国外版权依赖导致哈萨克斯坦综艺节目创作的主动权逐渐丧失。2003—2015 年，哈萨克斯坦综艺节目情况见表 12-5，国外节目版权和改编节目占国内综艺节目总量的 50%，国内原创综艺节目生存空间受到严重挤压。

表 12-5　哈萨克斯坦综艺节目情况

发行年份	节目名称	来源	类型
2003	《哈萨克斯坦超级巨星》	国外版权	综艺、选秀
2011	《X 音素》	国外版权	音乐、真人秀
2011	《四千万坚戈》	原创	益智、游戏
2013	《完美新娘》	改编	爱情、真人秀
2013	《哈萨克斯坦好声音》	国外版权	音乐、选秀
2013	《跳舞！跳舞！》	改编	减肥、真人秀
2014	《傍晚茶》	原创	访谈、脱口秀
2014	《家·体重》	改编	减肥、真人秀
2015	《美食屋》	原创	美食、生活服务

1. 哈萨克斯坦好声音

2013 年夏季《哈萨克斯坦好声音》鸣锣开张，第一季导师由 Medeu Arynbaev、Nurlan Alban、Almas Kishkembaev 和 Madina Sadvakasova 组成。作为一档专业音乐评论节目，每一季会邀请四名国内知名音乐人组成导师队伍，导师依据学员声音盲选，挑选自己心仪的队员组成战队，负责培训本队学员并参加战队间音乐对抗赛。

该节目模式引自《荷兰好声音》，改变了以往声、台、形、表的综艺节目选秀标准，以"声音"本位作为评判学员能否晋级的唯一标准，通过导师与学员间的交流，实现了导师与学员的双向互选。

2.《完美新娘》

同样在 2013 年，哈萨克斯坦综艺节目市场推出了一档真人秀节目——《完美新娘》。节目改编自 ABC 电视台真人秀节目《单身汉公寓》（*Bachelor of Residence*），由哈萨克著名制片人维吉尼亚·沃兹莫鲁金亲自挂帅，采用时下风靡全球的节目类型——真人秀，架起了节目同广大观众间的桥梁。但该节目集中体现的是为了金钱、爱情钩心斗角，倡导"金钱至上"，为资本逐利的资本主义价值观念成为收视率的重要保障，对正确价值观的引导产生了消极影响。

哈萨克斯坦视听创作市场集中发力，累计推出三档全新季播节目，分别是《哈萨克斯坦好声音》、《完美新娘》和《跳舞！跳舞！》。国内原创综艺节目市场受到了国外综艺节目模式的严重挤压，仅有少量原创节目实现突围，如脱口秀节目《傍晚茶》、生活服务节目《美食屋》等。

补充资料：

一、哈萨克斯坦共和国广播电视业发展史简表

年份	内容	影响
1912	历史上第一个无线电广播电台——塔什干广播电台成立	服务范围覆盖整个土耳其斯坦，受众覆盖1/3哈萨克斯坦人口
1927	奥伦堡广播电台授权运营发布哈萨克斯坦时事新闻	真正意义上哈萨克斯坦广播电台出现
1958	哈萨克斯坦电视中心起用	阿拉木图、乌斯季卡缅诺戈尔斯克、卡拉干达电视广播业务运营，促进了哈萨克斯坦广播电视业发展
1964	哈萨克斯坦社会主义共和国通信部、无线电通信、广播和电视局成立	协调和指导广播电视业规范化和标准化发展
1990	哈萨克斯坦广播电视信号实现全国覆盖	基本落实广播电视基础设施工程建设，为内容发展奠定基础
1991	哈萨克斯坦广播电视台数量达1096个	加速广播电视网产业布局
1997	哈萨克斯坦政府颁布1419号法令，成立国家广播电视公司，公司性质为企业化运营的公共事业机构	主要承担哈萨克斯坦广播电视节目播出任务
2014	哈萨克斯坦互联网电视加拉姆电视建设项目启动	促进国家广播电视产业发展、内容升级，实现广播电视系统数字化

二、2015—2024年哈萨克斯坦电视剧代表作品[1]

发行年份	电视剧名称	中文译名
2024	60 кг	《60千克》
2023	Бесплатный адвокат	《免费律师》
2022	Королева двора	《宫廷女王》
2022	Игрок	《玩家》
2021	5:32	《5:32》
2021	Сержан Братан	《谢尔詹·布拉坦》
2021	ОМИР	《奥米尔》
2021	Эскорт	《护送》

---

1 笔者据 https://myshows.me/search/all/?country=KZ&sort=6d 整理而成，年份采用倒序。由于哈萨克斯坦实行哈萨克语和俄语两种通用语言，文章中外文名以官方发行时名称为主。

发行年份	电视剧名称	中文译名
2020	Дневник новой русской Чего хотят женщины	《新俄罗斯人日记——女人想要什么》
2020	Зомбеты	《僵尸》
2020	Шекер	《谢克尔》
2020	Северная звезда	《北极星》
2020	Саке	《清酒》
2020	Копы	《警察》
2020	Отражение радуги	《彩虹倒影》
2019	Пацанские истории	《男孩往事》
2018	Киберзащитники	《网络卫士》
2017	Қазақ Хандығы	《哈萨克汗国》
2016	Адалиты	《ADALITS》
2016	Адалиты	《阿达利特人》
2016	Золушка Зауре	《灰姑娘祖尔》
2016	Zёбра	《斑马》
2015	Патруль	《巡逻》

（赵金波　撰稿）

第十三章

以色列视听产业与创作

以色列位于西亚西部的巴勒斯坦地区，其官方语言为希伯来语。根据2023年底的数据，以色列总人口达到984万，其中犹太人占73.2%，阿拉伯人占21.1%，其他族群占5.7%。[1]作为唯一以犹太人为主体民族的国家，以色列因拥有来自多地的移民而呈现出多元的文化环境。

受政治、宗教方面的影响，以色列的视听产业起步较晚，直到20世纪60年代末才成立了第一家公共电视台。进入20世纪80年代，以色列视听产业开始迅速发展，电视频道的增加标志着这一行业的兴起。随着经济和科技的蓬勃发展，以色列的影视制作公司开始每年制作出大量高质量的电视剧和综艺节目。这些作品不仅在以色列国内受到欢迎，而且在国际市场上也获得了广泛的认可，其视听产业也展现出强大的生命力和发展潜力。进入21世纪，以色列的视听产业继续稳步前行。原有的电视台进行了改革，电视播放渠道类型日益多样化。市场上不断涌现出新的影视制作公司，视听内容在数量和质量上都实现了显著提升，整个产业呈现出欣欣向荣的景象。

第一节　以色列视听产业创作简史及产业状况

以色列电视行业的发展历程标志着一个国家文化和媒体产业的成熟。该国电视行业起步于20世纪60年代末，第一家国家公共电视台成立于1968年。随后第二广播电视管理局（Second Authority for Television and Radio），以及以色列有线和卫星广播委员会（CCSB）成立，从而促进了当地电视行业的兴盛，并催生了商业电视台的出现。进入21世纪，以色列电视行业迎来了新的发展阶段，两大电视服务商YES和HOT崛起，成为家庭收视的主要渠道。

以色列电视剧最初以家庭短剧和教育电视剧为主要形式，随着1970年首部电视喜剧《鲁尔》的播出获得大量观众追捧，以色列开启了自制本土题材电视剧的时代，并于2010年正式步入发展期。与电视剧相比，以色列综艺节目的发展起步较晚，经历了从模仿海外模式到自创节目的转变。进入21世纪，以色列综艺节目实现了产业上的成熟，不仅丰富了国内观众的文化生活，也为国际媒体市场贡献了独特的内容和形式。

1　http://www.mofcom.gov.cn/article/zwjg/zwdy/zwdyxyf/202402/20240203475268.shtml。

一、以色列视听产业发展历史概述

1. 初创期

1948 年以色列建国之初，电台广播业已在运作，而电视行业直到 1966 年才开始起步。最初成立的是以色列电视教育中心，主要播放学校课程和成人教育课程，并不属于传统意义上的电视节目。以色列政府于 1968 年成立第一家国家公共电视台，即第一频道（Channel 1）。至此往后 20 年间，以色列都只有一家公共电视台，所播放的电视节目也局限于教育节目和公共广播节目两种类型。

20 世纪 60 年代，以色列民众普遍对电视节目持有偏见。对于电视节目的引入，以色列的犹太人持反对态度。他们认为这会减少国人的阅读时间，而且以英语为媒介语的西方节目会对刚复兴的官方语言——希伯来语产生冲击，从而影响以色列的文化发展。[1] 这种反对情绪导致了电视行业发展的进一步受阻，直到政府解除对电视台的管制后，视听产业才在 20 世纪 80 年代开始复苏。

2. 发展期

20 世纪 80 年代，以色列政府放松对电视台的管制，新电视台如雨后春笋般出现。20 世纪 90 年代，随着录像机和卫星天线的普及，公共电视台的垄断局面被打破，观众开始享受到更加丰富和多元的电视节目。

电视行业的发展与负责管理商业广播电视台的机构密切相关。第二广播电视管理局于 1993 年成立，标志着电视行业管理体制的重大变革。第二频道（Channel 2）作为第一家商业电视台，由科舍（Keshet）、泰拉德（Telad）和雷舍特（Reshet）三家私营企业共同经营。根据规定，第二频道必须播出 50% 的原创节目，并播出一定数量的犹太文化遗产节目。此外，管理局还成立了以色列新闻公司（Israeli News Company），负责制作第二频道播放的新闻广播节目。

随着"新自由主义私有化"（Neoliberal Privatization）[2] 的进程及"第二广播电视管理条规"（Second Authority for Television and Radio Law）的确

1　魏春洋，林雪丽.以色列电视业简介［J］.中国电视，2006（11）：78.
2　新自由主义私有化：一个包含了政治学和经济学的政策模型，旨在将经济控制权力从公共部门转移到私人部门。这类政策的目的在于增强自由市场资本主义（free market capitalism）的运作，同时限制政府的经济支出、管理和公共所有权。

立，以色列电视剧实现了从单频道向多频道的过渡并达到了创作巅峰。[1] 这项立法一方面授予商业频道经营许可，另一方面要求广播事务管理局（The Broadcasting Authority）以阿拉伯语进行电视节目制作来呈现以色列的文化多样性。这个时期，以色列出现了第 1 家私人电视台和 7 家地方有线电视台，这些有线电视台共有 50 个频道，能收看阿拉伯国家、法国、德国、美国、英国等国家和地区的电视节目。

2000 年 7 月，以色列第一家卫星直播电视服务商 YES 开始向国民提供直接广播卫星（DBS）服务。这一创新举措，由以色列有线和卫星广播委员会负责监督和管理，确保了服务的专业性和规范性。卫星直播电视的引入，为以色列电视观众提供了多样化的频道选择，包括本土频道和阿拉伯频道。2000 年，《有线电视和卫星电视法》（The Cable and Satellite Television Law）的修订进一步推动了有线和卫星电视的普及，将近 80% 的当地家庭安装了有线或卫星电视。至 2002 年 8 月，全以色列大约有 25% 的观众成为 YES 卫星直播电视的用户，其中小城镇或农村用户为主要的消费主体。[2] 得益于以色列政府促进竞争的政策，另一个商业电视台——第十频道（Channel 10）于 2002 年诞生了。第十频道主要提供原创电视剧、娱乐节目、新闻和外国节目等。

3. 改革期

以色列电视行业的发展经历了从垄断到高度竞争的转变，由最初的 7 家有线电视台合并成三家：马塔夫电视台（Matav）、特维尔电视台（Tevel）和黄金电视台（Golden）。这些有线电视台提供超过 40 个频道，包括家庭、电影、电视剧和购物频道等，全国大约 70% 的家庭缴费收看电视节目。[3] 此外，商业电视频道也开始独立制作电视剧，题材涉及文化冲突、巴以战争等以色列社会敏感话题。

2003 年，HOT 正式成立，与 YES 形成了激烈的市场竞争。HOT 为当地观众提供了大约 200 个本地和外语频道，其中包括一些 YES 无法提供的独家电视频道。根据统计，在 2017 年共有 75% 的以色列家庭通过 HOT 或 YES 收看电视频道。2005 年 4 月，以色列通信部（Ministry of Communications）做出决定，在未来十年只允许两家公司经营第二频道。科

---

1 LAVIE N. Israeli drama：constructing the Israeli "quality" television series as an art form［J］. Media, Culture & Society，2015，37（1）：21.
2 魏春洋，林雪丽. 以色列电视业简介［J］. 中国电视，2006（11）：79.
3 魏春洋，林雪丽. 以色列电视业简介［J］. 中国电视，2006（11）：79.

416 亚洲视听蓝皮书 2015—2024

舍和雷舍特在四家竞争公司中脱颖而出，两家公司每周轮流播放三天或四天，每两年更换一次。

综上所述，以色列电视行业的发展是一个不断适应市场需求的过程。从官方垄断到私企竞争，以色列电视行业的发展不仅满足了观众的多样化需求，也促进了社会议题的广泛讨论和文化多样性的传播。

二、以色列视听内容创作概况

1. 从单一教化功能到多元化创作的电视剧

以色列电视台在发展初期受到了严格的政治和宗教管制，在成立之初，电视台播放的电视剧几乎全部由以色列广播电视局负责制作，这些剧集题材简单，通常具有直接的教育目的，旨在传授知识和信息，而非仅仅为了娱乐。由于社会观念和文化背景的限制，电视剧的创作题材较为单一，产量也相对有限，这种情况一直持续到 20 世纪 90 年代才有所改善。这个时期的主流电视剧分为两种类型：一类是以家庭生活为题材的短剧，如 1968 年播出的首部电视剧《萨米与苏苏》和 1970 年播出的电视剧《塔马里的小屋》，剧集时长皆不超过 30 分钟；另一类则是由广播电视局所制作的教育电视剧，故事情节简单，以英语为语言，主要目的是倡导民众多掌握一门语言，代表作品有《丹与安娜》（1970）、《我们在这里》（1975）和《盖比与德比》（1976）。然而，英语的推广对希伯来语这一复兴中的官方语言构成了挑战，以色列观众对这类剧集的反应较为冷淡。值得一提的是，以色列广播电视局在 1970 年制作的首部电视喜剧《鲁尔》，获得了观众的热烈反馈，正式开启了本土喜剧题材电视剧创作的先河。紧接着，《清洗脑袋》（1974）的播出成为以色列电视喜剧的里程碑。这部剧以其尖锐的讽刺和深刻的社会批判直指族群矛盾和社会政治的混乱现象，不仅引发了广泛的社会讨论，也对后来的电视作品产生了深远的影响。

进入 20 世纪 80 年代末期，以色列政府对电视行业的管制逐步放宽，商业电视台的建立给电视剧的创作带来了新的活力。录像机的普及进一步为影视创作者提供了创作机会。以色列电视剧在文化表达上呈现出丰富多彩的面貌，不仅反映了以色列社会的多样性，也吸收了国际文化的精华，达到了高度的全球化。20 世纪 90 年代至 21 世纪，受《清洗脑袋》的影响，电视剧依然以喜剧和幽默为基调，围绕社会和政治课题进行讽刺和批评。1993 年在第一频道和第二频道播出的《摄影五人组》是以色列首个打破禁忌、大胆讽刺纳粹的电视剧。该剧以犀利的观点吸引了观众的眼球，一些敏感的话题如政治、国家安全、大屠杀和性爱也毫无避讳地呈现在连续剧中，不仅展现了以色列社会的真实面貌，让观众得以一窥其复杂性与多样性，也以轻松诙谐的方式缓解了这些沉重的话题可能带来的紧张感，从而赢得了观众的共鸣和喜爱。《资产阶级》（2000）作为当时以色列最重要的喜剧电视连续剧之一，通过描绘上层资产阶级的生活图景，展现了他们尽管拥有丰富的物质生活却依然感到不满的现实状态，具有强烈的现实意义和社会批判价值。

图 13-1　电视剧《扪心问诊》剧照

2005 年，以色列电视剧领域迎来了一部开创性的作品——《扪心问诊》（如图 13-1 所示），它的出现标志着以色列电视剧在创作题材上的一次重大飞跃。该剧讲述了心理治疗师鲁文通过每周与患者会面，为自己寻求心理治疗的故事。以深刻的洞察力和细腻的情感刻画，深入挖掘了以色列社会普遍存在的心理创伤问题。这些问题往往源于国家长期经历的战争和冲突所留下的深刻阴影，为观众提供了一种身临其境的体验，进而引发共鸣，也为全球观众提供了一个理解和感知以色列人内心世界的新视角。《扪心问诊》共输出至 22 个国家，吸引了荷兰、日本、巴西等其他国家进行翻拍。

自 2010 年起，以色列电视行业步入了一个快速发展的新阶段。这一时期的以色列电视剧题材更加大胆，倾向于讲述与军事相关或具有强烈冲突氛围的故事，从而凸显了以色列复杂的社会结构和深层次的社会议题。

图 13-2　电视剧《战俘》剧照

2010 年播出的《战俘》（如图 13-2 所示）便是其中的佼佼者，这部描绘三名以色列士兵在黎巴嫩被囚禁 17 年后重返家园的电视剧，不仅在以色列国内取得了巨大成功，而且成功输出至 30 个国家。美国 20 世纪福克斯电视工作室于 2011 年收购了该剧，并将其改编为 96 集的《国土安全》（Homeland），该剧荣获金球奖、黄金时段艾美奖等多项大奖，受到了国际社会的广泛认可。此外，2013 年两部质量上乘的电视剧《人质》和《施蒂瑟尔》也取得了较突出的成绩。前者输出至 18

个国家并于法国 Canal +、美国奈飞、德国 RTL 犯罪频道、英国 BBC 商店等平台播出；后者则在各种国际艺术节上频频亮相，同时被法国 Pretty Pictures 制片公司和瑞士 AXESS 电视台购买国外发行权，大部分剧集在欧美及亚洲国家获得不错的反响。对于以色列电视剧的成功，《国土安全》的制片人阿莱克斯·甘萨表示当地的电视行业仍处于刚发展的状态，因此题材和叙事方式都不受限制，而这些新颖的内容正是它在市场上备受青睐的原因。[1]2015 年以后，以色列电视剧在题材上呈现出更加多样化的趋势，满足了不同年龄层观众的观剧需求。除了战争题材电视剧继续受到关注，情感剧、犯罪悬疑剧、青少年成长题材等不同类型的剧集也逐渐崭露头角，日益受到当地观众的喜爱，这进一步丰富了以色列电视剧的艺术景观和社会影响力。

2. 从海外模仿到本土创新的综艺节目

在以色列，由于政府和宗教的多重管制与限制，综艺节目这一具有显著娱乐性质的节目形式相对较晚起步，直到 1978 年才正式亮相，比电视剧晚了十年。这一时期的综艺节目主要以脱口秀为主。进入 20 世纪 90 年代，以色列的综艺节目开始逐渐泛娱乐化。受到美国综艺浪潮和商业频道成立的双重影响，以色列创作者得以获得更充裕的资金，向国外购买版权，进行本土化改编。这一现象不仅反映了全球化进程中以色列对本土文化的保护，也体现了其对外来文化的包容和开放态度。

以色列的首档综艺节目是 1978 年播出的《泽湖泽》，这是一档综合性现场脱口秀，内容涵盖体育时事、电影评论、观众问答等。它是播放时间最长的以色列电视综艺节目，从首播到 1998 年停播，历时整整 20 年，奠定了以色列脱口秀节目的基础模式，之后的《椅子之间》（1985）和《娱乐管理局》（1993）都是与其形式相似的节目。此外，20 世纪 90 年代的以色列综艺节目受到美国盛行的电视游戏节目的影响，开始引进并本土化制作外国节目。例如，《命运之轮》（1993）改编自《财富之轮》（美国一档热播综艺），参赛者通过转动轮盘猜测单词或短语中丢失的字母来进行比拼，获胜者能得到一定的奖金。另一档节目《让我们做个交易吧》（1994）则改编自美国同名综艺节目。这两档节目在本土化过程中，除了将使用语言从英文转换为希伯来语，还在一些细节上进行了适当调整。

进入 21 世纪，以色列各大影视公司开始逐步减少对海外热播节目版权的

1　唐苗. 以色列电视节目模式的国际化及启示 [J]. 对外传播，2018（8）：77.

依赖性购买，转而大力投资本土综艺节目的创新与制作。这一战略转移不仅激发了以色列节目模式的多样化发展，而且成功地将接近 200 个包括真人秀、游戏等在内的综艺节目输出至欧美和东南亚等国家，在全球影视市场中占据了一席之地。据报道，以色列已经成为英国和荷兰之外，美国电视节目模式的第三大来源国。[1] 然而，以色列的本土市场相对狭小，综艺节目制作经常面临经费上的制约。多数节目的制作成本仅有几万美元，难以与那些耗资巨大的海外节目在阵容和场景的豪华程度上相媲美。面对这一挑战，以色列采取了"先锋主流"（Edgy Mainstream）的创作方法，以主流且符合观众口味的内容为核心，通过新颖的包装方式，以创意取胜。

以 2002 年推出的音乐游戏节目《我们不会停止歌唱》为例，这档节目以其创新的模式和引人入胜的内容，自首播之日起便迅速赢得了观众的青睐。该节目巧妙地将游戏环节与以色列的国家历史，以及当时的国际背景紧密结合，通过一系列富有挑战性的互动，考验参与者对希伯来语歌曲的熟悉程度。《我们不会停止歌唱》不仅是一档娱乐性的音乐节目，而且深刻地体现了对文化知识的重视和传承。在这一成功经验的基础上，以色列节目组借鉴了美国当红节目《美国偶像》（American Idol），于 2003 年推出了深受观众喜爱的《一颗新星的诞生》。2010 年，一档新节目《谁还站着？》（如图 13-3 所示）横空出世。

这档节目凭借其独特的淘汰机制，不仅在本土取得成功，更输出至 15 个国家，并激发了各国根据这一模式制作本土节目的热潮，如中国版的《一站到底》和美国版的《谁还在站？》。2015 年以后，以色列综艺节目继续在模式上进行突破，并且不断丰富节目内容，取得了极高的成就。

图 13-3 综艺节目《谁还站着？》节目画面

综上所述，以色列电视行业的迅速发展得益于 20 世纪 80 年代末政府对电视台的宽松化管制。自此之后，以色列视听内容得到了丰富和发展，许多优秀的电视剧和综艺节目进入市场。在电视剧领域，以色列通过《扪心问诊》《战俘》《国土安全》等剧集实现了从教育题材向多样化题材的跨越。在综艺

1　唐苗.以色列电视节目模式的国际化及启示［J］.对外传播，2018（8）：76.

节目方面，以色列从最初的模仿到自制，成功地成为多国电视节目模式的来源国。尽管以色列电视行业历史不长，但在短期内取得了显著的发展成果。

第二节　2015—2024 年以色列视听产业重要现象

自 2015 年起，以色列的电视行业持续发展，原有的电视台也陆续进行改革。第二频道被关闭，新频道第十三频道（Channel 13）成立。经过这一系列的重整，截至 2018 年，以色列的电视播放渠道已扩展至五种，每年能够制作大约 200 小时的电视剧集。以色列电信行业的先进发展为 IPTV[1] 和 OTT 业务的兴起提供了坚实的基础。互联网的普及极大地改变了观众的收视习惯，越来越多的用户倾向于选择更为便捷和灵活的播放平台，如 OTT 电视[2]，以及移动设备上的视频点播服务。

随着电视播放渠道的日益增多，影视制作行业迎来了前所未有的新机遇。这一变革吸引了越来越多的创作者投身于以色列视听内容的创作领域，他们带着创意和热情，为观众带来了多样化的故事和视角。同时，众多企业也敏锐地捕捉到了这一市场的巨大潜力，纷纷想在这一蓬勃发展的领域中占据一席之地。不同规模的影视制作公司和工作室如雨后春笋般涌现，它们不仅为市场带来了丰富多样的视听产品，也在质量上不断突破，达到了新的高度。在这一繁荣景象中，科舍媒体集团（Keshet Media Group）以其卓越的业绩和创新能力，成为行业的佼佼者，其成功案例为以色列电视产业的繁荣提供了有力证明。

一、电视播放渠道的变革与发展

1. 传统电视频道的合并与整合

2015 年，在《以色列公共广播法》（*Israel Public Broadcasting Law*）的基础上，以色列成立了以色列公共广播公司（Israeli Public Broadcasting Corporation，简称 IPBC），以法定的公共电视公司取代了原有的以色列广播

1　IPTV 指所有以宽带网络发送的电视频道，是电信网、计算机网和有线电视网背景下产生的电视业务。
2　OTT 电视又称网络电视，通过互联网上的流媒体服务来提供视频内容。

局。由于两大机构的交接一直处于混乱的状态，以色列广播局直到 2017 年才在时任总统的指令下强制关闭。IPBC 接手后，原第一频道改名为 Kan 11，原第三十三频道（Channel 33）改名为 Makan 33。2017 年 11 月 1 日，以色列通信局宣布关闭第二频道，并特许科舍和雷舍特两家公司成立独立的频道，科舍 12（Keshet 12）和雷舍特 13（Reshet 13）于同日正式投入运营。2018 年 6 月，由于第二频道关闭和拆分引发了财务危机，由 RGE 媒体集团运营的商业电视台第十频道（Channel 10）与雷舍特 13 进行了合并。这一合并过程涉及了雷舍特与第二广播电视管理局之间的多轮沟通与协商，最终在 2019 年 1 月 16 日，新频道第十三频道（Channel 13）正式成立。

截至 2018 年，以色列拥有五种主要的传统电视播放渠道，包括公共电视台、三个商业电视频道、有线电视、卫星直播电视和教育电视。这些渠道每年能够生产约 200 小时的电视连续剧，并且每年能够将 15—20 部电视节目出售给其他国家的发行商。以色列电视节目特别强调"本地含量"，以保护犹太文化及维护希伯来语在社会中的正统地位。公共和商业电视频道上的播放时间有三分之一必须是本地内容，并且不包含新闻和体育节目。

传统电视播放渠道的运营资金来源呈现多样性。教育电视和公共电视台主要依靠政府及民众提供的资金，其他渠道则通过用户付费订阅的方式获得资金。公共频道 Kan11 每天播放 18 小时，所有以色列住户每年需支付 125 美元作为执照费。教育电视台由教育部全权负责，每天为不同年龄段的观众播放 8 小时的教育节目。商业频道科舍 12 和第十三频道每天播放 20 小时，运营资金主要来源于广告销售收入。有线电视和卫星电视台提供本国及其他国家的频道，通过客户的订阅费运营。

2. IPTV 和 OTT 电视的普及

近年来，以色列的传统付费电视业务整体呈持续下滑态势，即便是一度市场占有率极高的有线电视也未能幸免。这一现象主要归因于 IPTV 的普及，以及新兴媒体平台的崛起，两者的迅猛发展对传统播放渠道构成了显著的冲击。2017 年 4 月，以色列的两家付费电视运营商——伙伴传播公司（Partner Communications）和以色列通信公司（Cellcom），开始推出各自的 IPTV 业务。前者在其平台上播出 40 多个电视频道，后者则主打低价 IPTV 业务，将宽带、移动通信、固话和电视组成四网合一套餐。[1] 尽管 IPTV 的推出吸引了

---

1 李宇. 以色列电视业发展现状研究［J］. 现代视听，2020（3）：78.

众多以色列电视用户的注意，但服务的合法性问题和视频质量等潜在问题仍然令部分用户望而却步。

与 IPTV 的受欢迎程度相比，OTT 电视在以色列的普及程度更是有过之而无不及。以色列电信业的高速发展是 OTT 业务得以迅猛增长的主要驱动力。便捷高效的视频平台和多样化的节目内容，更贴合年轻人和上班族追求"观剧自由"的生活方式。2016—2018 年，OTT 业务的数量从 6 个增长至 10 个，并持续增加，显示出强劲的增长势头。OTT 业务的收入早在 2016 年就达到了 2000 万美元，2019 年更是达到了 5800 万美元。2014 年，以色列通信公司推出了"通信电视"（Cellcom TV）的 OTT 业务，用户订阅后即可通过电视机顶盒、智能手机、平板电脑等设备观看各种影视作品[1]。此后，伙伴传播公司、HOT 和 YES 也相继推出了自己的 OTT 电视平台。到了 2020 年，CHAIFLICKS 和 IZZY 等犹太流媒体平台推出，专注于播放与犹太和以色列文化、遗产和经验相关的电视节目、电影和纪录片，进一步丰富了以色列的网络视听内容。

随着传统电视频道的衰退和新型 IPTV 及 OTT 电视服务的兴起，以色列媒体消费模式经历了现代化的转变。这一变化与电信业的增强和观众需求的多样化紧密相连，以色列电视行业正通过不断地探索和创新来适应全球化时代下媒体市场的新趋势。

二、影视制作企业的成熟与市场贡献

2015—2024 年，以色列电视行业呈现出百花齐放的状态，无论是大型影视企业还是小型制作公司，都经历了显著的成长和发展。各个制作公司之间的竞争日益加剧，激发了以色列电视产业的创新活力，推动了高质量电视剧和剧本的创作。

1. 大型影视企业的稳定输出

大型影视企业大多在以色列电视业的萌芽期成立，凭借市场先机积累了雄厚的财力，每年产出大量的电视节目或电视剧。这些作品不仅在本地获得了高收视率，而且在国际市场上展现出较高的竞争力和影响力。大型影视企业如科舍媒体集团、多里媒体公司（Dori Media Group）、约夫·格罗斯制作公司（Yoav Gross Productions）和阿纳尼通讯公司（Ananey Paramount）在九年间生产了大量优质的电视剧和综艺节目。

1　李宇. 以色列电视业发展现状研究［J］. 现代视听，2020（3）：78.

科舍媒体集团自1993年成立以来便以其创新性内容吸引了大量观众，其推出的商业电视频道科舍12在市场份额上占据了主导地位，占比达到了45%。科舍媒体集团不仅制作了如《战俘》《明日之星》《当英雄飞翔》等热门剧集，而且通过海外模式改编和原创节目模式的创作，有效地建立了全球贩卖节目模式的产业链。[1]多里媒体公司成立于1996年，首次将阿根廷肥皂剧引进以色列市场并取得巨大成功，随后与阿根廷联合制作了多个类型节目，如《反叛之路》《扪心问诊》《拉洛拉》等，并在2015年后推出了18部不同语言的电视剧和9档综艺节目及真人秀。

约夫·格罗斯制作公司自2000年成立以来专注于制作各类优质电视节目，包括电视连续剧、纪录片、电影、商业广告及新媒体内容。2015—2024年，该公司制作了17部电视剧和12档不同类型的节目，包括《以利沙》《鳏夫》《蒂托和罗霍》等，产量非常可观。1996年成立的阿纳尼通讯公司作为派拉蒙流媒体集团（ViacomCBS）的一部分，旗下拥有多个成功的儿童频道，如尼克儿童频道（Nickelodeon）。尼克儿童频道创作了大量具有"尼克式狂野和幽默"的高质量作品，并成功地输出海外。

2. 中小型影视公司蓬勃发展

中小型影视制作公司的成立时间几乎都晚于2000年，虽然它们的发展历史相对较短，但已经逐步在电视行业中崭露头角。中小型影视公司虽然在生产规模上尚不能与大型影视企业相提并论，但它们推出的作品同样具有代表性。除了几家擅于创作及输出视听内容的制作公司，阿玛扎模式公司（Armoza Formats）以制作及改编电视节目模式为主要业务，可谓百花齐放。

成立于2006年的柯达公司是中小型影视制作公司中的佼佼者，该公司以创新性内容在短短7年内推出了3档电视连续剧和15档电视节目，其代表节目《互联》（2015）创下了以色列有线电视的最高收视率。[2]茉莉花电视（Jasmine TV）近年来也表现强劲，其作品《听见你的回声》（2021）和《教训》（2022）均获得了观众的热烈反响，后者还摘下了2023年以色列电视学会奖最佳剧集的奖项。

苏玛宇酷制作公司（Sumayoko）成立于2009年，设有专业创意团队研究和创作电视、电影及新媒体原创内容。该公司在2015年推出了电视剧《摩

1　唐苗.以色列电视节目模式的国际化及启示［J］.对外传播，2018（8）：78.

2　http://www.koda.co.il/formats/connected%e2%80%8b/。

萨德101》，成功地将它卖给特纳广播拉丁美洲公司和奈飞。盛哈制作公司（Shenhar Productions）成立于2014年，是一家以制作微电影和纪录片为主的媒体公司，从2017年开始业务拓展到电视剧领域，《女继承人》（2021）便是其代表作之一。荷兹利亚工作室（Herzeliya Studios）也以电视剧《战斗军医》（2016）、《犹大》（2017）、《自治》（2018）等作品在行业中占据了一席之地。

阿玛扎模式公司自2005年成立以来，迅速成为国际市场上领先的节目模式创作者和发行商，制作了超过100种节目模式，并在各类节目中取得了优异的成绩。以综艺节目《我们能做到！》（2015）和电视剧《人质》（2013）为例，前者在超过25个国家和地区播出，后者则荣获各大奖项并备受观众好评。2019年，阿玛扎模式公司加入英国ITV工作室，进一步扩大了其在全球范围内的影响力，并成功为《追逐》（2017）、《以色列爱情岛》（2023）和《1%俱乐部》（2022）等节目进行了本土化改编。

总而言之，以色列的视听产业从2005年至2024年整体呈向上发展的态势。传统电视频道的整合不仅优化了管理架构，也提升了运营效率。随着网络技术的发展，宽频电视和网络电视服务应运而生，对传统电视频道构成了挑战，并逐步改变了以色列电视产业的版图。此外，电视剧、综艺节目及各类节目模式不断涌现，为以色列的视听市场注入了新的活力。

第三节　2015—2024年以色列视听内容创作概况

以色列电视剧涵盖了战争、犯罪、情感伦理到社会现实等广泛领域，这些丰富的题材不仅深受广大观众的喜爱，也在商业市场上取得了显著的成功。既在以色列国内受到追捧，又在国际电视节和各个颁奖典礼上屡获殊荣，赢得了全球观众和评论家的高度评价。以色列电视剧制作人的创新精神不断推动着题材的拓展和内容的深化，为观众带来了新颖且多元的视听体验。此外，以色列的迷你剧虽然产量有限，但依然以引人入胜的剧情赢得了观众的青睐，成为该国电视剧产业的重要组成部分。

以色列的综艺节目是创新精神的生动体现，节目创作者非但墨守成规地重复以往的节目模式，反而积极寻求突破，从纪实到生存类综艺节目都有所涉及。在创新的同时，创作者们始终坚持将犹太文化的传统价值观融入节目创作中，既保持了文化传承，又实现了自我突破。

一、电视剧：多元题材与冲突叙事

以色列电视剧在内容上形成了"冲突"风格，这些冲突既包括战争、恐怖主义、宗教和显性的政治冲突，也包括日常挑战。[1] "冲突"不仅是以色列电视剧的一个显著特征，也是其叙事结构中不可或缺的核心元素，贯穿于各个题材和形式的剧集中。

1. 战争题材

以色列与周边国家的战争从未真正停歇，纷乱的战局给该国电视剧提供了丰富的创作素材。战争题材剧集的叙事视野不局限于战场的硝烟与士兵英勇无畏的颂歌，它们更深刻地触及了人们在战乱中所经历的疲惫、恐惧、无奈和忧虑等复杂的情感状态。长期居住在以色列的人民和将士饱受战争的困扰及其所带来的创伤，电视剧中人物的心理状态能让两者之间产生高度的共鸣，这也是战争题材在以色列受欢迎的主要原因。

《高墙边的混乱》（2015）作为一部讲述巴勒斯坦和以色列冲突的战争片在IMDb评分网站上获得了8.2分，并且是第一个被冠以"Netflix原创剧集"的以色列剧集，同时巩固了奈飞对以色列电视的兴趣和信心。[2] 《泪之谷》（2020，如

图 13-4 所示）通过叙述 1973 年 10 月 6 日阿拉伯国家对以色列的突袭及三位被遗落在战场中的人物的生存故事，展现了战争的残酷与人性的坚韧。《战斗军医》（2016）和《自治》（2018，如图 13-5 所示）同样聚焦战争与士兵，前者在 YES 频道取得了平均 59%的订阅客户观看率，后者荣获 2018 年日内瓦国际电影节最佳电视连续剧金奖。2023 年播出的《红色的天空》首次将以色列信号情报部门的秘密工作搬上荧幕，从以往的武器战争转变为信息战，可见以色列电视剧创作者们从来没有停止对于战争题材的创作。

图 13-4　电视剧《泪之谷》剧照

以色列战争题材电视剧还精于展现人物内心的矛盾和外界冲突。《基帕

1　唐苗.以色列电视节目模式的国际化及启示［J］.对外传播，2018（8）：77.

2　KAMIN D. Netflix picks up Israeli political thriller 'Fauda'［EB/OL］.（2016-11-08）［2021-02-18］. http://variety.com/2016/tv/global/netflix-israeli-politicalthriller-fauda-1201912287/.

426　亚洲视听蓝皮书 2015—2024

特·巴泽尔》（2017）深入探讨了主角在自我认知与宗教信仰之间的内心挣扎，展现了在封闭环境中对自我表达的强烈渴望。《长官》（2021）则讲述了主角诺亚如何在一次训练中克服社交恐惧，与一群缺乏纪律的士兵建立有效沟通的故事。该剧不仅赢得了观众的好评，还在2021年以色列电视学会大奖中荣获10项大奖。

图 13-5　电视剧《自治》剧照

2. 犯罪题材

犯罪题材从 2015 年以来就颇受以色列观众青睐，IMDb 网站上排名前 30 的以色列本土电视剧中有 8 部是犯罪题材作品。犯罪类电视剧的制作一直是美国电视剧创作者的特长，诸如《疑犯追踪》《毒枭》《希区柯克悬念故事集》等都备受当地观众的喜爱。在以色列电视最先出现的那几年，电视剧主要都从美国和英国进口，近几年也大量引进各类美国电视节目，足以让以色列观众接受美国人的观剧品位。[1] 此外，以色列电视产业的国际化战略也在犯罪题材电视剧的成功中发挥了关键作用。以色列电视公司在将产品推向国际市场的过程中，不仅注重适应目标国家市场需求，也致力于展现自身的特色。因此，犯罪题材电视剧在以色列的频繁产出可以说是以色列电视产业国际化战略的必然成果。

以色列近年来制作的优秀犯罪题材作品包括《你的荣耀》（2017，如图 13-6 所示 ）、《老鼠》（2020）、《边框》（2023）等。《你的荣耀》以其暗黑风格和对复杂人性的深刻揭露而著称，该剧不仅在法国里尔剧集展（Series Mania Festival）中荣获评审团大奖，也在 2020 年被美国影视公司

图 13-6　电视剧《你的荣耀》剧照

1　唐苗 . 以色列电视节目模式的国际化及启示［J］. 对外传播，2018（8）：78.

改编成美版。《沙中的线条》（2021）则是《高墙边的混乱》导演的另一部力作，通过讲述一名侦察警察在经历部下玩忽职守、战友牺牲等重重困难后的心路历程，及其如何接受现实、摆正自我、巩固民心、打击犯罪的感人故事。

3. 情感伦理题材

情感伦理题材在以色列电视剧中占据了重要位置，这类剧集通常采用喜剧的形式，以轻松愉快的氛围展现日常生活中的冲突和挑战。情感伦理剧集的内容与观众的日常生活息息相关，促使人们对以色列社会中职场、家庭和校园等不同领域的问题进行反思。

图 13-7　电视剧《好警察》剧照

《好警察》（2015，如图 13-7 所示）是一部以色列警察喜剧，通过描绘一名郊区派出所警务人员的日常生活和工作，展现了他在家庭、情感和职场上所遭遇的各种挑战。《你住在哪里？》（2015）是一部关于过去和未来、传统和进步、自我实现和家庭价值观冲突的电视剧。剧中老一辈选择在故乡过着传统的生活，而新一代则更愿意去别的国家展开新生活，深刻反映了现代以色列年轻人在自我实现与家庭责任之间的挣扎。《厨师》（2020）讲述前高科技工作者尼姆罗德东山再起的故事，将他与狂热厨师兼老板多里及才华横溢的新厨师萨拉共同奋斗的经历呈现在屏幕前。2021 年 10 月播出的《悲伤的城市女孩》则聚焦于年轻女孩之间的友谊，通过刻画她们在面对生活挑战时的相互扶持，展现了女性之间的情感纽带和共同成长。

4. 社会现实题材

社会现实题材的电视剧以其深刻的社会关怀和伦理探讨吸引了广泛的观众关注。这类剧集通常聚焦于在社会中引起广泛争议的话题，如民族关系、心理与行为障碍患者的社会待遇问题，以及女性争取身体自主权的斗争等，通过戏剧化的叙事手法，引发公众对这些敏感议题的反思和审视。

2018 年播出的《自闭也有爱》是一部苦乐参半的电视剧。该剧围绕三个自闭症的室友及他们的人际关系、工作环境、社会习俗等的展开，让观众以一种新颖、有趣的方式来重新审视自己的生活。《自闭也有爱》是唯一一部在翠贝卡电影节（Tribeca Film Festival）上播放的非英语电视剧。2022 年，电视剧《教训》播出后引发社会的热烈讨论。该剧探讨了以色列社会中存在的道德问题，如阿拉伯人的待遇、青少年与成年人之间的权力动态、社交媒体对个人生活的影响等。[1] 2023 年，电视剧《一个有效的身体》讲述了一对没有孩子的夫妇寻找代孕的故事。电视剧播出后引起了广泛的社会关注，开启了一场关于生育、家庭和女性身体自主权的全国性辩论。

5. 其他题材

不同题材的电视剧陆续出现在观众视野，崭新的主题和形式为以色列视听市场注入了新的血液。无论是歌舞类型的电视剧，还是强调五感刺激的玄幻、冒险类题材都有一定数量的代表作品，凸显了本土电视剧多元化的创作现状。

首先是科幻、玄幻类电视剧。这类题材以超自然生物为主角，将故事背景设定在虚拟世界。在一众战争、犯罪悬疑题材的现实向剧集中，科幻、玄幻类电视剧的出现确实让人眼前一亮。值得一提的是，虽然这类剧集不再以现实或日常生活为背景，但故事内核仍然离不开"冲突"和情感的展现。

其次是青春校园剧。这类作品以青少年为主要受众，聚焦于"成长"的主题。《崛起》（2020）将背景设定在 1946 年，讲述特殊青少年在农场里进行秘密训练的故事。他们生活在随时遭遇危险的环境中，必须团结一致通过艰苦的训练任务才能继续生存下去。在 2020 年播出的《间谍》中，三兄妹在父母遇到生命威胁时组建了一个名为"间谍"的秘密特遣队，最终成功拯救了父母和国家。在《天空》（2021）里，埃里克等人无意中发现了女主角是外星人的秘密。在守护秘密的过程中，几个人闹出了许多啼笑皆非的事情，这些不平凡的冒险让他们对友情、信任和责任有了更深刻的理解。

最后是歌舞电视剧。这类题材最早的作品是 1989 年的《最后的自由》，并且在 2021 年再次成为热门的创作选项。《听见你的回声》（2021）和《女继承人》（2021）不约而同地讲述了主角在追求梦想的道路上遭遇了波折和挑战，克服重重障碍后成为优秀音乐人的故事。《月光之年》（2022）则是一部音乐自传剧（musical autobiographical drama series），其新颖的形式具有先锋的意义。

由此可见，以色列的电视剧以"冲突"作为核心元素，在创作上不仅延续了传统，还致力于开拓新的题材、内容、方向，追求更加优质多面的电视剧类型。多部电视剧获得国际奖项证明了以色列内容创作者能够熟练地掌握各类型

---

1 BERGER E. "The Lesson," a gripping drama from Israel, casts spotlight on thorny social issues［EB/OL］.（2023-06-30）［2025-02-18］. https://www.jpost.com/israel-news/culture/article-748321.

题材，并在扎实的基础上继续拓展新的领域。

二、综艺节目：形式突破与内容创新

以色列的综艺节目走过了一段由形式上的创新探索到内容本质的回归之旅。在早期的发展阶段，以色列的综艺界在节目形式上不断地进行大胆尝试和创新，催生了一批成就斐然的融合类型综艺节目，融合类型综艺至今仍在当地电视节目市场享有一席之地。此后推出的生存类真人秀虽在节目模式上大有突破，但播出后反响平平。生存类真人秀的失败让以色列电视节目创作者认识到一味地在形式上突破无法改变综艺节目固化的现状，他们选择回归本质，将创作的重心放在如何提升节目内容的质量和深度上。以色列的综艺节目可分为以下几种类型。

1. 融合类型电视综艺

在综艺节目方面，以色列制作公司一直致力于创新、突破原有的模式，发展更多不同类型的节目。柯达公司自创立以来推出了许多令人眼前一亮的节目，其中最成功的一种模式便是结合了现实、戏剧和纪录片的融合类型电视（melting-genre television）。其中，《互联》（2009）是以色列有史以来收视率最高的有线电视节目，至2024年已播出长达15年。其模板成功销往全球22个地区和14个国家，2015年播出的美国版本成为当年美国本土收视率最高的综艺节目。[1] 节目组挑选了六位在性别、年龄和背景上各具特色的参与者，并为他们提供了相机，邀请他们记录下近一年来的日常生活。这些参与者用镜头捕捉自己最真实的瞬间。通过这些珍贵的影像，节目深刻地展现了不同背景人们之间的内在联系和共通性。《互联》通过这种新颖的模式，成功地将自己打造成为融合电视类型的典范。

另一档成功的节目《记录中》（2019）在以色列有线电视的收视率排行榜上排名第四。这档节目通过镜头深入记录了由三位才华横溢的喜剧演员所扮演的六位虚构角色的日常生活。《记录中》巧妙地将现实主义、戏剧张力和纪录片的真实性融为一体，在带给观众欢笑的同时，也不乏深刻的情感触动。优秀的收视率不仅反映了观众对于融合类型电视模式节目的高度认可，也证明了这种创新型节目在市场中的强大吸引力和参考价值。

1　http://www.koda.co.il/formats/connected%e2%80%8b/。

2. 生存类真人秀

生存类真人秀是一种在多国流行的电视节目类型，参赛者需在特定的环境下依靠有限的资源生存下去或是在众多的参赛者中脱颖而出。以色列在这一领域的制作经验尤为丰富。

科舍媒体集团推出的《2025》（如图13-8所示）以其独特的概念和制作规模引

图 13-8 综艺节目《2025》节目画面

起了国际市场的关注。与传统的生存类真人秀不同，《2025》融合了虚拟货币交易和未来城市生活元素，为12名参赛者提供了一个为期六个月的科幻生存挑战。节目组在制作层面上进行了大胆的投资，耗资1674万美元打造了一个占地面积超过6000平方米的"未来城市"，内部配备了约150个摄像头，以及酒店、剧院、商场等完善的设施。此外，制作团队将现代科技与生存挑战相结合，为观众呈现了前所未有的科幻感和未来感。尽管《2025》在概念上颇具创新性，但其首播收视率和观众反馈却未达到预期，仅有21.1%的收视率，约57.6万的观众收看。[1]

3. 相亲类真人秀

2023年，真人秀节目《犹太媒婆》在奈飞播出后受到了多国观众的热烈欢迎和喜爱。有别于以往以色列综艺节目因形式新颖而备受追捧的情况，《犹太媒婆》的火红显然与其内容本身有更密切的关系。节目以犹太传统文化中的"做媒"（Shidduch）为切入点，不仅成功地维护和推广了犹太文化，同时也满足了当代年轻男女在心理和情感层面的需求，实现了文化传承与现实需求的双重满足。

"做媒"又称"Shidduch"，是一种在犹太文化中已有数百年历史的婚介传统，在正统犹太社区中，这一制度是单身人士寻求伴侣、以结婚为目标的重要相亲方式。在节目中，媒人阿莉扎·本·沙洛姆（Aleeza Ben Shalom）以其

---

1 影视产业观察.《2025》：你从未见过的科幻真人秀！［EB/OL］.（2019-04-18）［2025-02-28］. https://piaofang.maoyan.com/feed/news/66126.

敏锐的洞察力和丰富的经验，深入了解每位客户的个性化需求，为九名犹太单身人士精心安排合适的潜在伴侣，并提供专业的指导和建议。

以色列综艺节目的制作者一直在创作上进行反思和探索，无论是《互联》和《2025》在节目模式上的创新尝试，还是《犹太媒婆》中传统文化的回归，都体现了他们在追求节目质量和深度上的不懈努力。总体而言，2015—2024年，以色列综艺节目的发展呈现出多元化和深度化的趋势。

三、迷你剧：罪案叙述与题材创新

迷你剧（TV mini series）是一种集数有限的连续性剧集形式，一般少于10集，总集数时长控制在13小时以内。相比于传统电视剧单集时间长、集数多、故事情节不断延长、播出时间跨度长等结构特征，迷你剧在限定集数内讲述一个完整独立的故事，播出时间一般不超过三个月。迷你剧不仅在电视上播出，视频平台也是其播出的主要渠道。

同传统电视剧类似的是，迷你剧同样以"冲突"为主，出于篇幅的限制，多以犯罪纪录片的形式呈现。此外，部分惊悚和战争题材的迷你剧也取得了不俗的成绩，显示了以色列迷你剧在题材上的广泛探索和创新能力。

四、犯罪纪录剧

犯罪纪录剧这一电视节目类型在美国极为盛行，它通过演员的表演或对案件相关人员，如警察、同事、记者等的深入访谈，生动重现案件的始末。以色列的制作团队不仅掌握了这一类型的叙事技巧和制作水准，而且在此基础上融入了本土文化和社会背景，创作出了一系列具有以色列特色的犯罪纪录剧。

《真理之影》（2016）以其引人入胜的叙事和深刻的社会意义，斩获奈飞史上观看次数最多的真实犯罪剧的殊荣。该剧的播出不仅在观众中引起了巨大反响，而且触发了一场关于以色列司法系统的广泛讨论和媒体风暴，引发了公众对司法公正与程序透明度的深思。凭借其卓越的艺术成就和制作水准，《真理之影》斩获了多个电视奖项。此外，《耶路撒冷区》（2019）和《动机》（2020）也获得了不错的成绩。前者揭露了耶路撒冷区执法人员打击罪犯时的辛苦和不易；后者则聚焦一起青少年射杀家人事件，并邀请到了事件的当事人在片子里进行访谈。

五、其他题材

虽然惊悚和战争题材在迷你剧领域并不常见，但以色列的创作者们在这些领域的探索却取得了显著成功。这些作品的成功不仅打破了题材的界限，也展现了以色列迷你剧在内容创新上的无限潜力和多样性。

惊悚心理剧《迷失的爱丽丝》(*Losing Alice*, 2020)探讨了女性中年危机这一话题，尽管部分观众对剧情的结局表示不满，但其在当地的好评显示了以色列迷你剧在探讨社会问题上的深度。另一部战争题材的《我们的男孩》(*Our Boys*, 2019)，讲述了犹太和巴勒斯坦少年遭哈马斯武装分子残忍杀害的故事。该剧播出后反响热烈，荣获 2019 年以色列电视奖最佳剧集、最佳剧本、最佳电视剧演员等 17 个奖项。

综上所述，电视剧、综艺节目和迷你剧构成了以色列视听产业的三大支柱。这些作品不仅在艺术性上取得了显著成就，而且在市场价值上也表现出了巨大的潜力和影响力。电视剧和迷你剧以其独特的"冲突"风格，通过多样化的题材和形式，深入挖掘并展现了以色列社会的复杂性和多样性，综艺节目则在短短几年内实现了形式和内容上的创新与突破。整体而言，以色列的视听市场正展现出一种生机勃勃且充满创新精神的景象。

第四节　2015—2024 年以色列代表性视听内容分析

以色列近年来在电视制作领域取得了令人瞩目的成就，无论是电视剧还是综艺节目，都在全球范围内赢得了观众的广泛认可和高度赞誉。其中，《高墙边的混乱》(*Fauda*, 2015)和《互联》以其卓越的艺术表现和深刻的社会影响力，成为杰出代表。《高墙边的混乱》作为以色列电视剧的佼佼者，不仅在本土受到热烈欢迎，也赢得了海外观众的喜爱，并获得了主流媒体的一致好评。该剧深刻展现了以色列电视剧中特有的"冲突"风格，并在这一基础上进行了创新性的探索，融入了多元化的视角和思考，展现了以色列电视剧的深厚内涵和独特魅力。《互联》是一档具有开创性的综艺节目，截至 2024 年已经播出了 11 季，每一季的收视率都非常可观。该节目以真实且生活化的内容吸引观众，使之产生共情并带给他们心灵上的慰藉。

《互联》是一档结合了现实、戏剧和纪录片的融合类型电视节目，打造了开创性的节目模式，并且获得了观众的认可和喜爱。《互联》由柯达公司制作，截至 2024 年，已经播出了十一季。其中前八季都成为收视率最高的有线电视节目，还多次荣获以色列奥斯卡电视奖（第二季、第三季、第五季和第六季）。《互联》的成功不仅在以色列国内引起了广泛关注，而且其节目模式也被全球多个国家的制作公司购买，包括丹麦、法国、印度、芬兰等 17 个国家。2015 年，柯达公司在原有节目模式的基础上进行了创新和改革，制作了美版《互联》，并在美国 AOL 频道播出。这一版本同样获得了巨大成功，成为当地有线电视收视率最高的系列之一，进一步巩固了《互联》作为一档国际性电视节目的地位。

一、内容简介

《互联》每季邀请 5—6 名参与者，以前所未有的方式观察他们的真实生活，证明这些背景经历截然不同的人实际上存在着某种联系。每位参与者都被要求用一台手持摄影机记录他们为期一年的生活，必要时配偶、家庭成员和朋友也会加入拍摄中。参与者每周都会将所记录的生活片段呈交给节目工作人员进行后期制作，导演和创作者将数千小时的原素材编辑成每集 22 分钟、一季大约 35 集的节目。待后期制作结束，参与者们会被邀请前来一起观看成品，随后讨论并决定是否播出。这种以 Vlog 形式记录生活的新尝试获得了大部分观众的认可。观众在播出平台（YouTube）纷纷留言，表示"节目让人耳目一新……让我在日常生活的挣扎中找到美丽和爱情""这是有史以来最好的节目，它让观众看到生活可以变得生动而美丽""我从他们每个人的人际关系中学到了东西"等。

二、创作背景

《互联》的创作初衷是揭示人与人之间的内在联系，即使他们在表面上看似毫无关联。HOT 程序开发总监兼采购推广总监塔利·戈伦（Tali Goren）提出他们想打造一档生活化的节目，一档"让观众看起来像照镜子，但不会令你感觉消极、自卑，反而让你体验良好的节目"。戈伦在阐述《互联》与另一档以色列综艺节目《老大哥》的区别时，强调了《互联》更贴近普通人的真实生活。与《老大哥》中参与者在持续的监控下选择性地展示生活不同，《互联》的参与者面对的是未经修饰的日常挑战，包括与孩子、配偶和工作的互动，这种真实性更容易激发观众的同理心和同情心。制片人摩根·史柏路克（Morgan Spurlock）亦指出，该系列试图突破传统虚拟真人秀节目的局限，通过展现原始情感和真实故事来吸引观众。

《互联》第一季于 2009 年首播，采用了全女性阵容，展示了五名年龄各异女性的真实生活。初始的全女性阵容一度导致观众误以为这是一档专为女性设计、目标受众仅限于女性的节目。然而，戈伦对此观点持反对态度，她观察到许多男性也在积极观看该节目。因此，在第一季节目获得成功后，制作组就推出了全男性阵容版本，打破了性别界限，证明了男性同样愿意并且能够展示自己的完整自我和内心世界。经过两季全女性阵容和两季全男性阵容的尝试,《互联》在第五季做出了创新性的调整,决定让男女共同参与节目,不再区分性别版本。这一决策再次证明了参与者之间共享的联系已经超越了性别的界限。

三、创作特点

《互联》以其深刻的共性,成功地触动了观众的情感共鸣。该节目巧妙地融合了参与者的意识流和潜意识层面,无论是镜头前直接表达的内容,还是那些隐含未说的情感和故事,都为观众提供了丰富的解读空间。由原以色列制作团队打造的美版《互联》共有六名参与者:德里克,一位梦想当喜剧演员的美国非裔;妮娜,刚得知自己怀孕的室内设计师;洛里,准备投入一段婚姻的首席执行官;罗西,一个患有癌症且同时被告知怀孕的播音员;乔纳森,一位敏感且自卑的创作者;伊莱和伊多,一对同性伴侣。六组参与者在种族、性别、生活经历、教育背景上都有很大区别。这些参与者的故事虽然各有特色,但都反映了普通人在日常生活中所面临的喜怒哀乐。观众通过他们记录的生活片段,能够发现参与者所遭遇的问题与自己的生活经历有着惊人的相似之处。例如,乔纳森和罗西都经历了亲人重病的打击,他们在照顾病人的过程中所表现出的痛苦和挣扎,触动了许多观众的心弦。此外,德里克追梦的故事则是现代年轻人为理想而奋斗的缩影。那些有着相似经历的观众在看到他的故事时,很容易回想起自己曾经或正在经历的挑战。德里克与母亲在理想、工作和价值观上的分歧和争执,也是许多家庭中常见的现象。通过他们的对话,观众能够更深入地理解代际的沟通和理解问题。

《互联》最吸引观众的特点是真实且生活化,节目中拥有大量的个人独白和参与者与身边人的对话,他们将自己最私密的想法和情感清晰地呈现在观众面前。每集的内容都围绕参与者的生活展开,他们拍摄的都是自己生活中真实的矛盾与困境,所探讨的也离不开亲情、友情、爱情、生老病死等话题。以洛里为例,身为首席执行官的她在事业上有所成就,然而面对男朋友的三个孩子时,如何成为一名合格的准继母成了她前所未有的挑战。在努力改善关系的过程中,她多次质疑自己的能力及与伴侣的关系,所幸伴侣的体谅和开导给了她动力,她也最终获得了孩子的认可。罗西刚被确诊患上癌症时,情绪一直处于低落的状态,未婚夫的陪伴让她走出了低谷。德里克在追求梦想的路上与母亲有过多番争执,经过沟通后都达成了和解。此外,其中一位参与者妮娜记录了自己分娩的过程,让观众得以见证一个新生命诞生的奇迹,以及丈夫在陪产过程中的感人表现。在长达一年的拍摄中,他们跨越了各种障碍,许多事情在节目结束录制时都得到了一个好的结果或是正在往美好的方向发展。尽管未来的生活充满不确定性，参与者和观众都无法预知，但节目倾向于以大团圆式的结局结束，这在一定程度上为观众提供了心理上的慰藉和希望。

《互联》以其突破性的拍摄手法，颠覆了传统电视节目的制作模式，将内容创作的主导权完全交给了参与者。这种创新的制作方式，不仅赋予了参与者在影片走向、拍摄场地、器材使用，以及与嘉宾互动等方面的完全自主权，而且从根本上重新定义了电视节目的叙事结构和观看体验。在以色列的综艺节目历史中，节目录制往往局限于摄影棚内，如竞技类节目《谁还站着？》和众多歌唱类节目，或者在特别建造的地点进行，如《老大哥》和《2025》。相比起千篇一律的拍摄地点，《互联》将拍摄权力下放给参与者的做法极大地提升了节目的新鲜感和真实性，为观众呈现了更加多样化和个性化的视角。节目中，参与者可以根据自己的意愿选择拍摄地点，无论是工作场所、活动现场，还是家中的梳妆台前都能够成为他们表达自我、分享故事的舞台。便携式相机的使用进一步降低了拍摄的技术门槛，使参与者能够更加灵活和自由地捕捉生活中的瞬间。此外，节目内容的策划和制作也完全由参与者自主决定，没有任何硬性的要求和限制。例如，德里克在酒吧表演脱口秀的场景，以及他与母亲一起观看喜剧的温馨画面，都是他个人选择记录的生活片段。

四、总结

《互联》作为一档电视节目，不仅在全球范围内成功输出了一种全新的节目模式，而且赢得了观众的广泛认可与支持。它的成功在于其强烈的共性和生活化特征，自由的拍摄场地和内容也创造了一个新颖的节目录制模式，为观众带来了前所未有的观看体验。同时，《互联》还为融合类型电视节目的发展奠定了坚实的基石，如同一公司制作的《记录中》便是在既有模式上进行创新。从各个层面来看，《互联》都是一档不可多得的综艺节目，不仅在以色列电视发展史上占有一席之地，也在全球范围内产生了深远的影响。

结　语

以色列视听产业的发展历程不仅标志着国内产业的成熟，也反映了社会文化的变迁和国际参与度的提升。自电视行业初创期开始，以色列经历了从建立最初的公共电视台，到商业电视台的兴起，再到21世纪的数字化与网络化转型的历程。传统电视台的改革和网络电视服务的普及不仅改变了观众的收视习惯，也使以色列视听产业的版图发生了根本性的变化。同时，这一过程也见证了以色列电视剧从教育功能连续剧到多样化题材剧集的跨越，综艺节目也从模仿海外模式发展到自主创新的节目形式。

2015—2024 年，以色列各种类型的视听企业蓬勃发展，而且稳定地向市场输出高质量作品。电视剧、综艺节目、迷你剧和各类节目模式的涌现，为市场注入了新的活力，推动产业的多元化发展。在电视剧和迷你剧领域，以色列作品不仅在艺术上取得了显著成就，而且在市场价值上也表现出了极高的潜力和影响力。综艺节目则展现出了对创新的不懈追求，不断探索新的表现形式和内容，成功地在创新与传统文化维护之间找到平衡点，满足了国际市场的多元需求。

以色列视听产业的发展历程充分证明了其在内容创作、技术创新和市场拓展方面的强大能力。随着技术的不断进步、全球化趋势的加深，以及观众需求的日益多元化，以色列视听产业正以其独特的文化视角和创新能力，继续推动内容创新，加强与全球市场的互动，同时保持对本土文化的深度挖掘和传承，为全球视听艺术的繁荣贡献着自己的力量。

补充资料：

一、2015—2024 年以色列重点视听内容创作年表

序号	剧名（中文）	剧名（英文）	年份	制作公司	类型
1	《高墙边的混乱》	*Fauda*	2015	遥远之路制作公司	动作、剧情、惊悚
2	《互联》（美版）	*Connected*	2015	柯达公司	真人秀
3	《好警察》	*The Good Cop*	2015	约夫·格罗斯制作公司	喜剧
4	《以利沙》	*Elisha*	2015	约夫·格罗斯制作公司	喜剧
5	《假旗》	*False Flag*	2015	科舍媒体集团	剧情、惊悚
6	《摩萨德 101》	*Mossad 101*	2015	苏玛宇酷制作公司	剧情
7	《战斗军医》	*The Exchange Principle*	2016	荷兹利亚工作室	剧情
8	《真理之影》	*Shadow of Truth*	2016	EGG	迷你剧、记录、犯罪
9	《乌里和埃拉》	*Uri and Ella*	2016	约夫·格罗斯制作公司	喜剧、剧情
10	《摩萨德内部》	*Inside the Mossad*	2017	DocPlay 制作公司	迷你剧、记录
11	《你的荣耀》	*Your Honor*	2017	柯达公司	犯罪、剧情、惊悚
12	《犹大》	*Juda*	2017	HOT，荷兹利亚工作室	动作、犯罪、剧情

序号	剧名（中文）	剧名(英文)	年份	制作公司	类型
13	《基帕特·巴泽尔》	*Kipat Barzel*	2017	阿博特 - 巴尔凯制作公司	剧情
14	《库夫拉》	*Kfula*	2018	约夫·格罗斯制作公司	家庭
15	《当英雄飞翔》	*When Heroes Fly*	2018	斯皮罗电影公司	动作、剧情
16	《自闭也有爱》	*On the Spectrum*	2018	苏玛宇酷制作公司	喜剧、剧情
17	《自治》	*Autonomies*	2018	联合影城	剧情
18	《皇后区》	*Queens*	2018	以色列恩德莫尔公司	犯罪、剧情
19	《2025》	*2025*	2019	科舍媒体集团	真人秀
20	《十二分》	*Douze Points*	2019	菲玛电影公司	迷你剧、喜剧、惊悚
21	《耶路撒冷区》	*Jerusalem District*	2019	以色列公共广播公司，柯达公司	迷你剧、记录、犯罪
22	《记录中》	*On the Record*	2019	柯达公司	真人秀
23	《鳏夫》	*The Widower*	2019	约夫·格罗斯制作公司	喜剧、剧情
24	《我们的男孩》	*Our Boys*	2019	科舍媒体集团	剧情、犯罪
25	《间谍》	*Spyders*	2020	阿纳尼通讯公司，纳兹制作公司	动作、剧情、家庭
26	《崛起》	*Rising*	2020	阿纳尼通讯公司，纳兹制作公司	剧情片
27	《迷失爱丽丝》	*Losing Alice*	2020	多里媒体公司	剧情、爱情、惊悚
28	《德黑兰行动》	*Tehran*	2020	科斯莫特电视，唐纳和舒拉制作公司	剧情、惊悚、动作
29	《老鼠》	*Rats*	2020	约夫·格罗斯制作公司	惊悚、犯罪
30	《无丁之地》	*No Man's Land*	2020	弗里曼特尔媒体公司，以色列最高法院，玛莎制作公司	剧情、惊悚、战争
31	《泪之谷》	*Valley of Tears*	2020	西区电影公司，以色列公共广播公司	剧情、战争
32	《财产》	*Possessions*	2020	以色列最高法院	剧情、惊悚、犯罪
33	《黎巴嫩—血色边界》	*Lebanon - Borders of Blood*	2020	吉布达贝兹电影制作	迷你剧、记录

序号	剧名（中文）	剧名（英文）	年份	制作公司	类型
34	《动机》	*The Motive*	2020	YES 纪录片制作公司	迷你剧、犯罪、记录
35	《沙中的线条》	*Line in the Sand*	2021	柯达公司	犯罪、剧情
36	《谁死了？》	*Who Died?*	2021	阿尔察制作公司	喜剧、剧情
37	《天空》	*Sky*	2021	阿纳尼通讯公司	剧情、科幻、悬疑
38	《奥斯陆之谜》	*The Girl from Oslo*	2021	怪物脚本 AS 公司	剧情、惊悚
39	《长官》	*Dismissed*	2021	黑羊影视制作公司，以色列公共广播公司	喜剧、剧情
40	《女继承人》	*The Heiress*	2021	盛哈制作公司	剧情、音乐
41	《未知者》	*Alumim*	2021	以色列公共广播公司	迷你剧、犯罪、惊悚
42	《悲伤的城市女孩》	*Sad City Girls*	2021	HOT，约夫·格罗斯制作公司	喜剧、剧情
43	《听见你的回声》	*The Echo of Your Voice*	2021	茉莉花电视	剧情、音乐
44	《教训》	*The Lesson*	2022	茉莉花电视	剧情
45	《月光之年》	*Moon Years*	2022	ADD 机构	剧情、音乐
46	《看在上帝的份上》	*Sisoo Vesimchoo*	2022	软糖电影公司	剧情、喜剧、音乐
47	《血腥穆雷》	*Bloody Murray*	2022	卡斯蒂娜通讯公司，YES TV	喜剧、浪漫
48	《魔鬼的自白：失落的艾希曼录音带》	*The Devil's Confession: the Lost Eichmann Tapes*	2022	以色列公共广播公司	记录、剧情
49	《卓越者》	*Exceptional*	2022	第八制作，以色列教育公共广播	剧情
50	《美好之城》	*The Good City*	2022	七月八月制作公司	剧情
51	《璨诗》	*Chanshi*	2022	卡斯蒂娜通讯公司	剧情、喜剧
52	《阴暗的天空》	*Murky Skies*	2022	ARTE，第八频道	迷你剧、记录
53	《纳粹杀手的诞生》	*Carthago*	2022	24 草稿工作室	迷你剧、喜剧、历史

序号	剧名（中文）	剧名（英文）	年份	制作公司	类型
54	《一个有效的身体》	*A Body That Works*	2023	库玛工作室	剧情
55	《以父之名》	*In the Name of the Father*	2023	超越创意公司	迷你剧、记录、犯罪
56	《灯芯绒》	*Corduroy*	2023	HOT	剧情
57	《犹太媒婆》	*Jewish Matchmaking*	2023	知识产权公司（IPC）	真人秀
58	《拒绝沉默》	*Unsilenced*	2023	YES 工作室	迷你剧、剧情
59	《红色的天空》	*Red Skies*	2023	尼播内容制作公司	剧情、惊悚
60	《甜心》	*Metukim*	2024	HOT	剧情
61	《蒂托和罗霍》	*Tito and Rojo*	2024	约夫·格罗斯制作公司	剧情
62	《最好的最糟糕的事情》	*The Best Worst Thing*	2024	斯皮罗电影公司	剧情、浪漫
63	《小警察学院》	*Little Police Academy*	2024	阿纳尼通讯公司	家庭
64	《鹿》	*Hazvi*	2024	以色列公共广播公司，库玛工作室	迷你剧、剧情
65	《柏林蓝调》	*Berlin Blues*	2024	多里媒体公司	喜剧、浪漫

二、2015—2022 年以色列重点视听内容获奖列表

序号	剧名	奖项
1	《高墙边的混乱》	● 2015 以色列电视学会大奖（Award of the Israeli Television Academy）中获得两个奖项 ● 2017 以色列电视学会大奖中获得九个奖项 ● 2020 生活艺术节（Life Art Festival）最佳原创音乐
2	《乌里和埃拉》	● 2016 以色列电视学会大奖中获得两个奖项
3	《以利沙》	● 2017 以色列电视学会大奖最佳儿童与青少年剧集
4	《你的荣耀》	● 2017 法国里尔剧集展（Series Mania）最佳剧集
5	《战斗军医》	● 2020 以色列电视学会大奖最佳每日剧集
6	《自治》	● 2018 日内瓦国际影展（Geneva International Film Festival）最佳国际电视剧
7	《自闭也有爱》	● 2016 以色列电视学会大奖中获得四个奖项 ● 2018 法国里尔剧集展评审团大奖 ● 2019 蒙特卡洛电视节中（Monte-Carlo TV Festival）中获得三个奖项 ● 2019 首尔国际电视节（Seoul International Drama Awards）特等奖

序号	剧名	奖项
8	《当英雄飞翔》	● 2018 以色列电视学会大奖最佳视觉效果 ● 2018 戛纳国际电影节最佳剧集
9	《我们的男孩》	● 2019 以色列电视学会大奖中获得十三个奖项
10	《鳏夫》	● 2018 戛纳国际电影节最佳演绎奖 ● 2019 以色列电视学会大奖最佳喜剧系列
11	《泪之谷》	● 2020 以色列电视学会大奖最佳每日剧集
12	《德黑兰行动》	● 2020 以色列电视学会大奖最佳剧集演员 ● 2021 国际艾美奖（International Emmy Awards）：最佳剧集
13	《长官》	● 2021 以色列电视学会大奖中获得 10 个奖项
14	《未知者》	● 2021 以色列电视学会大奖中获得两个奖项
15	《魔鬼的自白：失落的艾希曼录音带》	● 2022 以色列电视学会大奖中获得五个奖项
16	《教训》	● 2022 戛纳国际电影节最佳剧集和最佳表演 ● 2023 以色列电视学会大奖中获得三个奖项
17	《血腥穆雷》	● 2022 法国里尔剧集展最佳喜剧系列
18	《卓越者》	● 2022 以色列电视学会大奖最佳青少年剧情片导演 ● 法国戛纳国际电视影视节展（MIPCOM）多元化电视卓越奖

（徐辉、陈传瑄　撰稿）

第十四章

老挝视听产业与创作

老挝全称老挝人民民主共和国（The Lao People's Democratic Republic），位于中南半岛北部，是东南亚唯一的内陆国，实行社会主义制度。老挝国土面积 23.68 万平方千米，总人口约 750 万人，是多民族国家，官方语言为老挝语。老挝首都位于万象，全国划分为 17 个省、1 个直辖市（万象市）。

历史上，老挝曾是法国保护国，直至 1975 年 12 月才赢得国家独立。老挝的国家经济以农业为主，工业基础薄弱，服务业起步较晚。1986 年起，老挝开始推行革新开放，调整经济结构，传媒业也随之以首都万象为中心起步。总体来看，老挝的视听产业主要服务于官方宣传，普遍面临着资金短缺、技术落后、人才匮乏的困境。

第一节　老挝视听产业创作简史及产业状况

老挝视听产业起步较晚，经历了曲折的发展过程，始终较为弱小。近年来，老挝的电视业在各国的援助支持下渐成规模，电影业发展仍旧时断时续，网络视听业发展显出后发优势。

一、老挝电视业发展情况

老挝信息文化旅游部数据显示，老挝全国共有 37 家电视台。其中，9 家总部位于万象，28 家分布于各省市；29 家为国营，3 家为私营，5 家为国外转播。[1]老挝国家电视台、老挝之星、老挝警察台是当地 3 家主要电视台（见表 14-1）。经过多年发展，老挝的地面电视信号触达率逐渐超过 80%，卫星电视信号已可覆盖全国。[2]在播映节目中，时政新闻多为本地制作，娱乐节目多来自外部引进。

表 14-1　老挝主要电视台

序号	电视台
1	老挝国家电视台（LNTV）
2	老挝之星（LaoStar）

---

1 汪木兰.全媒体时代老挝军队广播电视媒体面临的挑战与对策研究［D］.苏州：苏州大学，2021：19.
2 孔沙万，李丛.老挝媒体概况［J］.中国投资，2018（3）：72-73.

序号	电视台
3	老挝警察台（PSTV）
4	TV Lao
5	MV Lao
6	ESTV 老挝教育电视台

1. 老挝国家电视台

老挝国家电视台始建于 1983 年 12 月 1 日，原名为老挝政府电视台，1992 年更为现名。电视台的总部位于首都万象，当前设有两个频道——LNTV1 和 LNTV3，播出语言包括老挝语、越南语、法语、英语等，主要负责传播党和国家的政策及政府运作情况。

设立初期，老挝国家电视台的硬件设施落后、经费紧张，播出仅可覆盖万象地区，每周播放 2—3 天、每天 2—3 小时，内容多为新闻、电影、纪录片和娱乐节目。电视台的初建得到了法国、越南、澳大利亚、苏联、匈牙利、日本、中国等国家的援助。

1993 年，老挝国家电视台与国家广播电台合并，成立了老挝国家广播电视公司（Lao National Radio and Television Corporation）。在日本和越南等国家的协助下，老挝国家电视台建起了新的电视站中心。中国政府也资助了老挝国家电视台部分技术设备。

1994 年，老挝国家电视台开始通过卫星播放节目，并在各地区建设了自己的电视站台。其中，LNTV1 每天上午六点至十二点半、晚上五点至十一点播出，内容主要为新闻和时政消息。LNTV3 隶属于老挝文化和信息部，初期与泰国合资创办，1999 年开始由老挝国家电视台参与管理，周一至周五上午十二点至下午四点、晚上六点至十点播出，周六、周日上午十二点至晚上十点播出，内容偏娱乐化的电视游戏、剧集、电影等。[1]

至 21 世纪初，日本、中国、法国、越南等国家多次援助老挝改善电视广播条件。经过多轮技术改造，老挝国家电视台逐步实现了 24 小时播放标清节目。其中，日本政府帮助老挝建设了新的节目制作室，配置了节目发射设备、ENG 系统和录像编辑设备、微波中继线路等[2]。2006 年，根据中国援老项目规

1　阿芳.老挝国家电视台的现状与发展建议［D］.上海：复旦大学，2013：11.
2　马.日援助老挝改善电视广播［J］.广播电视信息，1995（8）：38.

定，中国为老挝提供了 7900 万元人民币共建 LNTV3，项目总建筑面积 3294 平方米，配有电视转播车、演播室、自动控制系统及节目编辑制作系统等。2009 年，项目验收通过，LNTV3 具备了高清节目制作能力，节目质量大大提升。

目前，老挝国家电视台的工作人员超过 300 人，日播放节目 18 小时左右，在播节目约有 90 个。其中，LNTV1 约有 65 个节目，LNTV3 约有 25 个节目。电视台的人才力量、播映内容较之前都取得了长足进步。总体来说，老挝国家电视台具有较强的意识形态宣传属性，致力于维护国家政见和民族身份统一，强调本民族文化、道德伦理和价值观念的传播。老挝国家电视台的经费划拨、人员任命均由政府决定，电视节目受到严格审查。此前，LNTV3 就因播出过多的泰国节目而被国家电视台接管；与法国共建的 TV5 也因法语节目过多最终关闭。[1] 如今，老挝国家电视台通过多种形式宣传党的政策、国家法律法规、政府社会经济发展规划，并为各省电视台提供节目资源。但是，囿于经济及技术条件有限、专业人才严重不足，业务能力提升仍然比较缓慢。

2. 地方电视台

老挝共有 17 个省级电视台，但普遍设备落后、技术力量较弱，缺乏独立制作电视节目的能力。仅有琅勃拉邦省、沙湾拿吉省、万象市等主要省市的电视台有能力制作较短的自办节目。

其中，老挝北部地面电视传输网及电视台项目自 2003 年始建，包含乌多姆赛省、南塔省、丰沙里省 3 个地面电视传输网络及电视台，覆盖约 15 万人，是老挝首个地面电视传输网。该项目由中国主控，持续传输包含中国中央广播电视总台、云南卫视、湖南卫视等在内的 20 个中文电视频道的海外传播内容，也帮助老挝当地政府建立起了合理、有效的电视节目监管体系，丰富了当地民众的业余文化生活。[2]

二、老挝电影业发展情况

老挝的电影业发展经历了时断时续、艰难探索的坎坷过程[3-4]，其电影艺术

1　刘琛．老挝电视传媒：历史，身份与意识形态［J］．国际新闻界，2010，32（3）：123-126.
2　老挝北部地面电视传输网及电视台项目［J］．广播电视信息，2023，30（5）：43.
3　沈健．老挝电影，重拾昔日繁荣［J］．世界知识，2022（14）：74-75.
4　覃海伦．老挝电影发展历程及前景探析［J］．东南亚纵横，2012（6）：62-66.

是世界文化园林中一方独特的风景。

1. 老挝电影业经历了曲折的管理体制演变

20 世纪 60 年代，老挝王国政府设立了电影局。1975 年，老挝废除君主制，成立共和国政府，出于对公有制的片面理解，取消了所有私营电影的制作及发行业务。1976 年，共和国政府设立电影局，隶属文化部，主要拍摄政府宣传片和纪录片。1988 年，老挝撤销电影局，改由国家电影公司（National Film Company）管理外国电影进口工作，本土电影业发展陷入停滞。1989 年，老挝进一步严格管理，强调禁止机关单位或个人进口电影片和录像带，重申进口权归中央政府新闻文化部。[1]1991 年，老挝国家电影资料和视频中心（Laos National Film Data and Video Center）成立，主要从事纪录片生产制作。2008 年，老挝政府重新设立电影局，隶属信息文化部，开放民间资本投拍影片，行业开始复苏。

2. 老挝电影创作的发展随社会环境变动起伏

20 世纪 50 年代开始，老挝王国政府开始制作王室主题纪录片，并扶持了少量商业电影创作。与此同时，反对君主专制的老挝爱国阵线也制作了部分带有政治宣传目的的新闻片和纪录片，《集结在两省交界》（*At the Border of the Two Provinces*，1956）等政治宣教色彩浓厚的作品是这一阶段的创作成果代表。

20 世纪 60 年代初，老挝王国军队摄制了故事片《真假朋友》（*True and False Friends*，1961）、《我们的土地》（*Our Land*，1961），本地商业电影正式起步。制片人坎京·班达萨（Bandasak Khamjing）是这一时期的代表人物，他的作品《三个轮子》（*Three Wheels*）获得了广泛好评。20 世纪 60—70 年代，《女孩的命运》（*The Fate of a Girl*）、《当云雾消失的时候》（*When the Clouds and Mist Disappear*）、《伦潘的黑泰人》（*The Black Tai People of Lunpan*）、《沙拉湾女孩的情思》（*The Emotions of the Sarawan Girl*）、《深山猛虎》（*Deep Mountain Tiger*）、《流浪女的眼泪》（*Tears of a Wandering Woman*）、《湄公河两岸》（*On Both Sides of the Mekong River*）、《卡拉吉》（*Karagi*）、《昆鲁与娘蜗》（*Kunlu and Niangwei*）等作品问世。在这些作品中，既有表现普通人爱情和日常生活的作品，也有改编自古典文学的经典之

---

1 蔡文枞 . 老挝的新闻文化事业［J］. 东南亚，1995（3）：53-60.

作，题材广泛、情感真挚，具有较为浓厚的商业气息。同一时期，老挝爱国阵线在解放区制作了《二十年的革命历程》（*Twenty Years of Revolution*，1965）、《旱季的胜利》（*Victory in the Dry Season*，1970）、《自由的土地》（*Free Land*，1970）等表现革命人士英勇斗争的电影作品。

20世纪70—80年代，老挝共和国政府成立后主持拍摄了《全国代表大会》（*National Congress*，1976）、《老城的新生活》（*New Life in the Old Town*，1980）、《猎象者的家园》（*Home to Elephant Hunters*，1982）、《老挝人民民主共和国成立十周年纪念》（*The Tenth Anniversary of the Founding of the Lao People's Democratic Republic*，1985）、《第四次党代会》（*The Fourth Party Congress*，1987）、《建设国家》（*Nation-building*，1987）等作品，专注于将电影作为宣传国家形象的工具。1983年，老挝与越南合拍了彩色故事片《查尔平原的枪声》（*The Gunshots in the Plain of Jars*，宋吉·喷色纳、范祈南，1983），被视为老挝建国后的首部商业电影，但市场反应冷淡。1985年，万象发生大洪水，老挝电影业全部胶片抱憾被毁。1988年，老挝电影局再次组织影片拍摄，讲述普通家庭经历老挝国内战争的黑白故事片《红荷花》（*Red Lotus*，宋欧·苏提鹏，1988）上映。这一影片获得了广泛好评，至今仍常在老挝国家电视台播出。

20世纪末至21世纪初，由维吞·山达拉（Vitun Shandara）执导的《魅力森林》（*Charm Forest*，维吞·山达拉，1997）、《雨后的天空》（*The Sky After the Rain*，维吞·山达拉，2001）、《得意忘形》（*Get Dizzy with Success*，维吞·山达拉，2004）先后问世，这些作品颇具艺术气息，给老挝电影业注入了新的生机与活力。在捷克留学归来的孙奥格·苏特伊温赫（Som Ock Southiponh）创立了老挝国际艺术公司（Lao International Art Company），专注于独立电影创作[1]。2007年，禽流感题材影片《父亲的心肝宝贝》（*Father's Sweetheart*，2007）和聚焦贩卖妇女儿童问题的《生活的教训》（*Life Lessons*，2007）等影片积极反映社会现实热点，获得良好反响。2008—2011年，老挝与泰国合拍了跨国爱情"三部曲"——《早安，琅勃拉邦》（*Sabaidee, Luang Prabang*，萨卡柴·德南、阿努索内·西里萨克达，2008）、《巴色没有回答》（*From Bakse with Love*，萨卡柴·德南，2010）、《你好，老挝婚礼》（*Lao Wedding*，萨卡柴·德南，2011），开启了老挝电影的市场化进程。此外，导

1　王淞可.2010年以来的东南亚独立电影：回溯，正发生，近未来［J］.北京电影学院学报，2023（3）：113.

演阿尼赛·乔拉（Anisay Chola）致力于打造老挝的动作电影，推出了《在地平线上》（*On the Horizon*，阿尼赛·乔拉，2011）等作品。老挝裔美国导演塔维苏·帕沙瓦（Thavisouk Phrasavath）自导自演的纪录片《背叛》（*The Betrayal—Nerakhoon*，塔维苏·帕沙瓦，2008）将镜头投向1961—1975年被迫移民美国的老挝家庭，获得了第81届奥斯卡金像奖最佳纪录片提名，使老挝创作者在国际上获得了关注。

3. 老挝的电影产业处于蹒跚起步阶段

老挝民众多信奉佛教，佛寺是大众的传统文化娱乐场所，现代意义上的文化设施稀缺。19世纪末，老挝为法属殖民地，电影文化随法国殖民者传入了老挝。在20世纪70年代的繁盛时期，老挝全境拥有16家私营影院，主要集中于万象地区，电影商业市场得到了一定程度的发展。20世纪70年代后期，老挝共和国政府取缔了私营电影公司，禁映法国殖民当局和王国政府拍摄的影片，开放了苏联和越南影片进口。20世纪80年代初，老挝政府放宽政策，每年有大约70部来自泰国、英国、印度、中国、法国、意大利和美国的影片投入市场。但是，由于资金匮乏，影院多数无力维持经营。到了20世纪90年代初，全国仅剩4家影院、27家录像放映室和30个流动电影放映队。留存的影院设备老化、场地失修，除放映电影外，也被用作各种庆祝活动的集会场所。直至1995年，老挝都没有属于自己的电影制片厂，仅在新闻文化部下设有一家国营电影录像公司，从事外国电影的引进和翻译配音、录像带租售业务。[1]1995—2003年，老挝完全没有专用影院。2003年，随着第一个现代化的双银幕影院在老挝国际贸易展览和会议中心开业，老挝的商业影院运营再次起步。2005年，老挝国家电影资料和视频中心在万象建起了一间120座的现代化影院。

4. 老挝多次组织国际电影节展交流

2003年，老挝电影资料和视频中心在塔銮节[2]期间举办了电影文化周，展映多国电影。2009年和2011年，老挝在首都万象市举办了两届国际电影节。2010年开始，琅勃拉邦电影节基本固定每年11—12月在老挝的著名古都和佛教中心琅勃拉邦举办，逐渐形成了一定的品牌效应。

---

1 蔡文枞.老挝的新闻文化事业［J］.东南亚，1995（3）：53-60.
2 塔銮节：每年佛历十二月（公历11月）举行，为时半个月左右，是老挝当地最为盛大的宗教节日。

三、老挝网络业发展情况

由于社会和经济条件落后，老挝的互联网从 20 世纪 90 年代末才开始起步。进入 21 世纪，互联网飞速发展，众多境外投资商布局老挝。因此，老挝的互联网普及工作尽管起步较晚，但起点较高。老挝民众并未经历传统的"BP 机""大哥大"时代，直接迈入了智能手机时代。如今，移动互联网已经成为老挝民众接收信息的主要媒介。

政策方面，老挝政府积极推动互联网规范化管理和相关政策法规的制定工作（见表 14-2）。老挝邮电部（Ministry of Post and Telecommunications）是其主管相关政策、设施、安全的职能部门。

表 14-2　老挝互联网相关法律法规 [1]

年份	名称	主要内容
1997	关于引进、使用和管理互联网的第 116 号总理令	提出必须对互联网的引进和使用进行严格监督管理，拟成立一个专门机构管理网络工作
1999	关于国家互联网管理委员会组织及活动的决定	对即将成立的国家互联网管理委员会的组织及活动原则进行了详细规定
2000	关于互联网在老挝的组织、服务、使用的决定	对互联网在老挝的使用进行了详细规定
2000	关于成立国家互联网管理委员会的决定	决定正式成立老挝国家互联网管理委员会（LANIC），由交通运输邮政建设部、新闻文化部、内部部和外交部，以及科学技术和环境委员会（STEA）共同组成，对全国的互联网进行管理并制定相关政策法规
2000	关于授权国家互联网管理委员会检查和管理在使用互联网过程中的错误倾向	详细规定浏览和制作网页应遵循的原则
2000	关于在老挝提供互联网服务和使用互联网的禁止内容	详细规定浏览和制作网页应遵循的原则

运营商方面，老挝全国共有 5 家商业互联网服务供应商，包括环球网络公司（GlobeNet）、老挝电信有限公司（Laos Telecommunications）、星球公司（Planet）、兰善公司（Lanexang）和老挝电信企业（Lao Telecom）。其中，环球网络公司是美国企业，老挝电信有限公司是老挝本土国营企业。政府部门

1　阿芳. 老挝国家电视台的现状与发展建议［D］. 上海：复旦大学，2013：13.

的互联网接入服务由 STEA 专门负责。[1]2017 年，老挝共有 3G 信号传输基站 4668 个，可覆盖 78% 的农村区域；4G 基站 1748 个，可覆盖 43% 的农村区域。[2]随着 5G 时代到来，老挝也开始积极引进 5G 信息服务。

用户方面，老挝的互联网用户以年轻人为主，并呈迅速增长态势。拥有个人社交媒体账号的老挝人占比达到 36%，当地网民可以登陆脸书、推特、油管、抖音等网站，但须遵守《媒体法》（*The Media Law*）、《预防和打击互联网犯罪法》（*Law on Prevention and Combating Cyber Crime*）、《数据保护法》（*Data Protection Law*）等法律规定[3]。起初，老挝的移动通信和上网费用昂贵，可使用地区有限，网速缓慢，这使得 2013 年老挝的移动互联网使用人数占比仅为 2% 左右。[4]到了 2017 年，老挝活跃的互联网用户数量已达到 270 万，并且有用不同运营商分别满足商务活动、家庭联络、上网娱乐功能的消费习惯。2019 年，老挝互联网用户突破 320 万[5]，手机用户量为 565 万，占总人口的 81%。[6]

总体来说，由于基础设施建设不够完善、人才和技术相对落后，老挝的互联网接入速度较慢，移动通信和移动互联网使用费用较为高昂。从内容端来看，互联网上高质量的老挝语内容数量较少，距离满足老挝民众需求仍有一定差距。

第二节　2015—2024 年老挝视听产业重要现象

近年来，老挝视听产业的发展环境较为宽松，吸引了众多国家参与到老挝当地视听产业的建设中来，从而推动了当地产业的不断发展。

一、老挝本土视听产业稳步发展

2016 年，老挝修订了《传媒法》，提倡大力发展大众传媒事务。其中提

1　阿芳．老挝国家电视台的现状与发展建议［D］．上海：复旦大学，2013：13.
2　李庆林，张帅．中国与老挝媒体合作探究［J］．对外传播，2019（5）：34.
3　汪木兰．全媒体时代老挝军队广播电视媒体面临的挑战与对策研究［D］．苏州：苏州大学，2021：19-20.
4　阿芳．老挝新闻业现状及存在问题浅析［J］．新闻传播，2013（3）：257-258.
5　欧阳泰．中国国际广播电台老挝语部的网络平台 CRI-FM93 Facebook 研究［D］．南京：南京艺术学院，2021：17.
6　陈曦．老挝媒体发展的现状与特点分析［J］．传媒，2022（1）：58-60.

到，促进、支持各方面的新闻媒体组织发展，依法为新闻媒体产品的生产、传播和发行提供便利；在国内和国际上对个人、企业和组织依法参与和投资大众传媒的发展实行开放政策等。老挝宽松的政策环境和特殊的地缘位置，吸引了泰国、越南、日本、中国、法国等多个国家到境投资，已有 50 多个国家的影视节目在当地落地。[1]

1. 老挝电视市场开放、竞争较为激烈

当前，老挝本土电视内容以满足居民新闻资讯需要为主。老挝国家电视台两个频道的新闻、文化、知识类节目占比约为 70%；娱乐类节目较少，占比约为 30%。近几年，老挝本土节目制作能力提升，唤起了一批当地中老年观众的共鸣，收获了部分观众。境外播映商中，泰国凭借语言和文化优势，在老挝当地市场占比较高。美国依靠成熟的国际传媒运作经验，在老挝市场亦占有一席之地。[2] 同时，中国企业也在积极进入当地市场，老挝数字电视有限公司（Laos Digital Television Co., Ltd）由云南广播电视台下属企业云南无线数字电视文化传媒有限公司与老挝国家电视台合资设立，是目前老挝最大的电视运营商，覆盖 14 万电视用户；老挝电视有限公司（Laos Television Limited）由中国与老挝信息与文化部合作成立，通过有线网络提供 44 套电视节目，主要服务万象城区[3]；老挝亚太卫星有限公司（Laos Asia Pacific Satellite Co., Ltd）[4]2016 年开始运营卫星电视业务，转播包括老挝语在内的 9 种语言、175 套电视节目，并于 2020 年取得了当地电视频道独立运营牌照[5]。借由各大转播商和电视接收器，老挝观众可以收看到来自 40 余家海外电视台的节目，包括泰国几乎所有的电视节目、美国有线电视新闻网（CNN）、美国家庭票房电视网（HBO）、美国广播公司（ABC）、英国广播公司（BBC）、中国中央电视台（CCTV）等。[6]

但是，老挝本土的视听内容制作公司始终较少。近年来，较为活跃的有老挝艺术传媒有限公司（Laos Art Media Co., Ltd）、老挝塔拉学院机构（Tara

---

1 冯晓华，熊永翔.人类命运共同体视域下中老影视深度互融的思考[J].电影新作，2021（1）：116-122.

2 陈曦.老挝媒体发展的现状与特点分析[J].传媒，2022（1）：58-60.

3 张骞.老挝卫星项目建设的环境条件与风险研究[D].哈尔滨：哈尔滨工业大学，2016：17.

4 http://www.laosat.la。

5 冯晓华，熊永翔.人类命运共同体视域下中老影视深度互融的思考[J].电影新作，2021（1）：116-122.

6 孔沙万，李丛.老挝媒体概况[J].中国投资，2018（3）：72-73.

Academy Agency in Laos）、水准团队媒体（Level Team Media），这些公司都以拍摄轻松的家庭类题材视听作品为主。

2. 老挝电影产业发展处于初级阶段

经过艰难的发展，至 2020 年，老挝共有 4 家影院、17 块银幕，影片年产量为 1—2 部，有 20 余位电影导演活跃于世界各地。为提高老挝电影制作水平，建设电影产业，部分老挝电影人联合发起了"老挝电影新浪潮"运动。[1] 目前，老挝艺术传媒有限公司是老挝最大的电影生产公司，筹备计划生产的电影数量约有 10 部。[2] 2021 年是中老建交 60 周年和"中老友好年"，由老挝财政部与中方合资的老挝国家电影公司正式成立。

3. 脸书、油管在老挝年轻人中广泛普及

对老挝年轻一代而言，脸书是他们获取信息和建立社交的重要渠道。在老挝的 320 万互联网用户中，有 290 万人开通了脸书账号，占比高达 90%。因此，老挝的各类媒体都积极开通脸书官方账号与粉丝互动，并设置了油管账号用于传播视听节目。大数据显示，老挝用户对喜剧、爱情、动作、音乐、歌舞、综艺类内容更为关注。2014 年，中国国际广播电台启动了 CRI-FM 93 脸书主页，以图文、视频形式报道政治、经济、文化发展及重大国际事件等相关内容，并陆续增设了"为你读诗""爱笑办公室"等娱乐类节目板块，在老挝积累了大量受众，关注人数超 110 万，位列老挝媒体关注量排名首位。2018 年，老挝国家电视台设立脸书主页，目前累计关注人数逾 8 万。[3]

4. 老挝的传媒人才培养开始起步

2016 年，老挝国立大学（National University of Laos）[4] 在其文学院下开设了大众传媒专业，提供大众传媒艺术学士学位课程，是老挝唯一一所提供高等传媒教育的大学。学校教学课程涉及新闻学、影视学、传播学内容，但尚未进行专业细分。2018 年，老挝设立了老挝电影学院（Laos Film Academy），旨在培养电影职业性人才。该校由美国大使馆文化中心（United States Embassy

---

1　赖思含，周小港，黄小路.老挝传媒高等教育现状分析 [J].传媒论坛，2020，3（12）：3-4.
2　阿芳.老挝国家电视台的现状与发展建议 [D].上海：复旦大学，2013：28-37.
3　欧阳泰.中国国际广播电台老挝语部的网络平台 CRI-FM93 Facebook 研究 [D].南京：南京艺术学院，2021：17-18.
4　https://www.nuol.edu.la。

Cultural Center）和"YSEALI 未来种子计划"赞助开设，借用老挝国立大学校址，开设制作、导演、摄影、设计、剪辑、声音等课程。学院主要面向高中毕业生招生，同时也有短期培训课程。[1]

二、泰国影响老挝本土视听产业发展

泰国与老挝地域毗邻，部分国土仅有一江之隔。两国的语言、文化、宗教、风俗相近。泰国视听产业相对发达，对老挝本土视听产业的发展产生了深刻影响。

1. 泰国自制视听内容深受老挝观众喜爱

泰国视听内容制作能力强大，尤其是电视节目、电视剧、电影等娱乐类作品，氛围轻松，更易获得老挝观众青睐。对于大多数老挝民众而言，不需翻译就可听懂泰语，因此观看泰国视听作品几乎没有障碍，文化折扣较小。2004年，为保护老挝本土创作的生存与发展，老挝新闻文化部甚至要求公共场所禁播泰国电视节目。但是，由于老挝自产节目并不丰富，而泰国作为老挝的邻国，在语言、文化、风俗等方面与老挝有许多共通的地方，加上泰国广播电视行业十分发达，其制作的影视节目至今在老挝都深受当地民众欢迎，近年来，相关管控已逐渐放宽。

2. 泰国电视频道播放内容符合老挝观众"口味"

因边界毗邻，泰国广电业务和技术发达，信号溢出，使得电视节目在老挝可实现播放，观众也乐于收看泰国电视频道。有调研显示，老挝 3—14 岁的青少年儿童普遍喜爱观看泰国第 3 频道和第 7 频道。这是由于这两个频道的娱乐和广告内容占了频道时长的 80%—90%，既可观看《聪明的一休》（*Clever Ikyu*，矢吹公郎等，1975）、《樱桃小丸子》（*Chibi Maruko-chan*，芝山努等，1990）等日本动画，也有《西游记》（*Journey to the West*，杨洁，1986）等中国电视剧节目，还有体育节目和游戏秀等娱乐内容可供选择。[2]通过锅型接收器，老挝观众可以阅览的泰国电视节目超过 200 套。[3]

---

1 赖思含，周小港，黄小路．老挝传媒高等教育现状分析［J］．传媒论坛，2020，3（12）：3-4.
2 阿芳．老挝国家电视台的现状与发展建议［D］．上海：复旦大学，2013：28-37.
3 冯晓华，熊永翔．人类命运共同体视域下中老影视深度互融的思考［J］．电影新作，2021（1）：116-122.

3. 泰国对老挝的影响由视听内容延伸至社会各方面

泰语与老挝语毕竟是两种语言，但是由于泰语视听内容的广泛传播，老挝语的独立性，尤其是在青少年中的标准使用受到较大干扰。以老挝亚太卫星电视提供的 175 套节目为例，老挝语播出频道仅有 10 套，并且全部为综合类频道；而泰语播出频道多达 57 套，除综合类频道外，还有新闻、农业、娱乐、体育、电影、剧集、动画、纪录、音乐等细分频道。由语言衍生开来，泰国视听内容呈现的本国产品、明星、时尚潮流在老挝受到关注，不少老挝民众崇拜泰国明星，向往泰国经济的繁华，这对老挝的文化、经济，乃至意识形态都产生了潜移默化的影响。

三、中国政府积极援助老挝视听产业建设

中国与老挝山水相连，民众友谊源远流长，双方交流合作不断深化。2009 年，中老两国达成全面战略合作伙伴关系。2013 年，中国国家主席习近平提出建设"新丝绸之路经济带"和"21 世纪海上丝绸之路"的合作倡议。2015 年 12 月，作为共建"一带一路"建设项目之一，中老铁路奠基；至2021 年 12 月，中老铁路全线通车运营，两国民众的联结纽带更为紧实。2016年，两国签署了《中华人民共和国和老挝人民民主共和国关于编制共同推进"一带一路"建设合作规划纲要的谅解备忘录》。2019 年 4 月，《中国共产党和老挝人民革命党关于构建中老命运共同体行动计划》正式签署。在此基础上，中老两国积极开展文化交流与合作，在视听产业领域的交流日益密切。近年来，中国政府积极援助老挝视听产业建设，在以下三个方面取得了显著成效。

1. 中国多次援助老挝广电设施升级改造

老挝内陆国的地理特点限制了其广播通信事业的发展，地面有线电视和微波传输网络发展受到影响。但随着经济发展，以及居民生活水平提高，老挝民众对电视、互联网的使用需求也在增长。2015 年 11 月，"老挝一号"通信卫星发射成功，这是中国在东盟地区的首例"整星出口"项目，也实现了老挝的电视信号覆盖全国。2016 年，中国正式开始参与老挝包括 DTH（卫星电视直播）在内的商业运营活动。自 2017 年起，老挝一号卫星 DTH 运营团队根据中南半岛地区的市场特点，对 DTH 系统设计做出了多轮有针对性的优化改动。[1]

---

1 赵欢，张祥，司华奇，等.老挝一号卫星电视直播系统的设计与运维［J］.卫星应用，2019（8）：53.

2015—2017 年，中国政府积极援助 LNTV3 升级改造，提高了老挝的电视制作能力，让一度停播的 LNTV3 重新焕发了活力。除此之外，技术合作项目完成交接，老挝国家电视台的演播室和发射机房等软硬件设施得到维护更新。2018 年，LNTV3 升级改造项目实施协议签约，进一步提升了两国媒体、电视领域的合作水平。2019 年，LNTV3 改造项目开工，项目总工期 8 个月，改造后的 LNTV3 由原来的标清模拟电视升级为高清数字电视，达到国际先进水平。

2. 中国积极与老挝开展视听内容创作合作

电视方面，2015 年，云南广电传媒集团与老挝国家电视台签约，共同制作影视节目。2018 年，中国湖南广播电视台与老挝国家电视台签署了合作备忘录，就节目制作、人才交流培训、节目内容援助、纪录片拍摄、重要活动开展等达成了初步合作意向。

电影方面，2016 年，于老挝取景拍摄的电影《湄公河行动》(*Operation Mekong*，林超贤，2016) 在中国热映。2018 年，中老合作的首部电影《占芭花开》(*Champa Flower*，金韬、刘全玮，2018) 在老挝首映。[1]

人才培养方面，中国定期派出技术人才到老挝进行业务交流，指导当地工作人员熟悉操作影视设备，极大地提高了老挝影视节目的质量和水平。

3. 中国热情推动视听内容播映走进老挝

2014 年，老挝国家电视台与中央电视台、广西人民广播电台签订新闻服务协议，中央电视台在老挝万象设台，老挝国家电视台与中方合办"中国剧场"栏目，播放中国优秀影视剧作品。2014 年，国产剧《木府风云》(于荣光，2012) 在老挝播出后反响热烈，老挝观众开始关注来自中国的影视剧作品。2015 年，中国云南电视台与老挝国家电视台合作内容开播，"中国剧场"栏目携《舞乐传奇》(于荣光，2013)、《北京青年》(赵宝刚、王迎，2012) 等电视剧节目进入老挝，"中国动漫"栏目中播放了《大闹天宫》(万籁鸣、唐澄，1961)、《哪吒闹海》(王树忱等，1979) 等经典中国动画作品，"中国农业"栏目将热带动植物养殖、耕种相关的农业科技节目带给老挝观众。2016 年，中国广西人民广播电台与老挝国家电视台签署了"中国动漫"合作协议，栏目开播仪式上，动画片《西游记》(方润南等，1999) 成为双方联合译制推广的首个中国动画节目。近年来，《三国演义》(王扶林等，1994)、《琅琊榜》

1　李庆林，张帅 . 中国与老挝媒体合作探究［J］. 对外传播，2019（5）：33.

（孔笙、李雪，2015）、《楚乔传》（吴锦源，2017）、《凉生，我们可不可以不忧伤》（刘俊杰，2018）等国内热播剧，《捉妖记》（许诚毅，2015）、《羞羞的铁拳》（宋阳、张迟昱，2017）、《红海行动》（林超贤，2018）等电影已完成了老挝本土配音播映，在当地受到欢迎。[1]文化、生活、综艺、美食、娱乐节目也在陆续经过译制进入老挝，给当地观众提供了更为丰富的选择。

较长一段时间里，中国电影仅通过电视渠道向老挝观众播放。2017年，中国国际广播电台与老挝国家电影局合作举办了"中国优秀电影走进老挝"巡映活动，在老挝全国8个省份公益放映13场电影，将老挝语配音的《狼图腾》（让-雅克·阿诺，2015）、《滚蛋吧！肿瘤君》（韩延，2015）送给5000多名老挝观众，增进了两国民众的文化交流。[2]2018年，中国电影科学技术研究所与合作厂家共同研发影视节目播放终端，将系统赠送给了中老铁路建设项目施工单位。这一系统可以通过北京的播控平台将加密电影传输到老挝当地，播出2K清晰度、5.1声道的电影节目，在当地的小型影院实现节目自主点播。[3]

实践发现，老挝观众更倾向于收看经过老挝语译制、配音的中国视听内容，对仅有字幕翻译的原声作品接受程度不高。但是，当前可供老挝观众选择的老挝语配音优质片源仍然数量稀少、译制质量参差不齐，中国作品在老挝的影响力相对有限。

第三节　2015—2024年老挝视听内容创作分析

由于缺乏足够的人才、技术、资金支持，老挝本地传媒制作业落后，优质内容产品数量不足。

一、电视节目

总体来看，老挝本土电视节目内容在当地的市场份额占比不高。老挝国家电视台是当地电视节目的主要制作方。在播的90个节目中，约有半数由其

1　罗雪瑜.中国流行文化在老挝的传播与影响［M］//东方文学研究集刊（第9集）.北京：社会科学文献出版社，2021：193-209.
2　徐德霖.到老挝，翻山越岭为你放电影［J］.国际人才交流，2018（8）：37-39.
3　本刊.中国电影科学技术研究所电影播映新模式落地老挝［J］.现代电影技术，2018（8）：63.

自行制作，并且内容多为新闻播报，其他类型节目较少（见表 14-3）。[1] 自成立后，老挝国家电视台只在短期尝试过制作一些谈话节目，播出过少量本土电影，几乎没有自制生产电视剧。

表 14-3　老挝国家电视台的主要自制内容

类型	节目	内容
新闻节目	—	宣传推广老挝人民革命党的发展方针和政府政策，传播信息和知识技术，反对不良社会现象
纪录节目	《老挝之光》	介绍各民族风俗习惯、传统文化、旅游景点
	《这职业也好》	介绍个体经济、私营经济
	《农业服务》	介绍科学的农业生产方法
	《每日交通》	普及交通规则，减少公路事故
	《教育好》	展示教育成果，帮助居民工作、生活
	《老挝产业》	培养本土产业意识，鼓励、指导国货生产
体育节目	—	报道重要体育赛事，传播体育技术
艺术节目	—	介绍作家、音乐家、艺术家的艺术作品制作过程，传播传统文化与艺术
儿童节目	《儿童故事》	讲述儿童故事
	《孩子舞台》	展现儿童个人能力和爱好
	《青年时代》	讲述青年故事

除上述节目外，老挝国家电视台也与日本广播协会（NHK）、越南电视台（VTV）、韩国广播公司（KBS）、韩国首尔广播公司（SBS）等众多国外机构开展了国际交流合作项目（见表 14-4），汲取国际经验，丰富本国创作。由于人才培养是需要长期投入的过程，目前老挝的电视节目制作仍有较大的提升空间。

表 14-4　老挝国家电视台的部分国际合作项目

机构	内容
亚太广播发展机构（AIBD）	派遣记者到马来西亚、印度尼西亚、韩国等地训练
韩国电视台（ARIRANG）	讨论交流节目制作
印度 ZEETV 电视台亚太区	商谈电视剧、电影、节目等内容供应
法语学院	寻求培训和训练经费资助
德国 GOETHE-INSTITUT 项目	联合制作少儿节目，每年派遣 2—4 名工作人员到德国培训

1　赖思含，周小港，黄小路 . 老挝传媒高等教育现状分析［J］. 传媒论坛，2020，3（12）：3-4.

机构	内容
德国教育部	开展全国记者训练活动
中央广播电视总台	联合制作纪录片
中国云南广播电视台	开展交流培训班，培训新闻节目制作、节目策划、后期剪辑、包装制作等内容

二、电影作品

老挝的电影作品产出历来数量不多，合拍影片是老挝电影创作的重要组成部分。

近几年，比较有特色的是美籍老挝裔女导演马蒂·杜（Mattie Do）的恐怖与惊悚片创作。马蒂·杜是老挝难民，成长于洛杉矶，现已返回老挝并致力于将外国合作机制引入老挝电影产业。她也是老挝第一位且是唯一一位女性电影制作人。马蒂·杜的处女作品《唤影》（Chanthaly，2013）是首部由老挝创作的恐怖片，也是第一部在东南亚以外上映的老挝电影。影片讲述了被单亲爸爸抚养长大的卓灵为了探寻母亲的死亡真相，尝试召唤母亲魂灵的故事。凭借本片，马蒂·杜成功入选戛纳国际电影节、TIFF 导演人才实验室和柏林人才计划。她的第二部影片《鬼姐姐》（Nong Hak，2016）由老挝与爱沙尼亚、法国共同出品，讲述了一个农村女孩到万象照顾失明的富裕表姐期间发生的灵异故事，被老挝选送角逐奥斯卡金像奖最佳外语片奖。从第三部影片《返回从前的漫长旅程》（Bor Mi Vanh Chark，2019）开始，马蒂·杜尝试涉猎科幻惊悚题材，讲述了一名老人与一名沉默的鬼魂一起离开农场前往临近乡村的奇幻故事。影片由老挝与新加坡、西班牙共同出品，获得了第 76 届威尼斯国际电影节欧洲电影联盟奖威尼斯日最佳影片提名。柔和细腻的女性视角、东南亚的泛灵内核、境外成长的国际视野，已自然而然地渗透到了马蒂·杜的电影创作中。

同时，中国和老挝的电影合拍也迈出了切实一步。2018 年，电影《占芭花开》在中老两国上映，这是中老电影领域合作拍摄的首部影片，对于两国的电影行业交流和合作具有重要意义。《占芭花开》以两段、两代跨国恋情为线索，既展现了纯真爱情的可贵，也诠释了中老传统友谊的源远流长。影片的拍摄融入了老挝的自然、历史和文化特色，探寻两国传统文化的共同之美，提高了两地观众对于影片的接受度。

对老挝本土观众而言，娱乐类的电影作品更受当地观众喜爱。《天鹅托起乌龟》（Swan Lifts Turtle，普木桑拿·斯瑞沃冈萨，2017）是近年来当地较为热门的电影作品。影片讲述了老挝一家公关公司计划秘密拍摄一部纪录片，呈现一名当地救援人员因害羞而不敢出镜的故事。尽管影片的制作较为稚拙，但因轻松幽默、立足本地，受到了当地观众的广泛认可。

补充资料：

近年老挝主要电影创作年表

年份	片名	出品国	类型
2008	《早安，琅勃拉邦》	泰国、老挝	剧情、爱情
2010	《巴色没有回答》	老挝	剧情、爱情
2011	《你好，老挝婚礼》	老挝	喜剧、爱情
2013	《唤影》	老挝	恐怖
2016	《鬼姐姐》	老挝、爱沙尼亚、法国	剧情、恐怖
2017	《天鹅托起乌龟》	老挝	剧情、喜剧
2018	《占芭花开》	中国大陆、老挝	剧情、爱情
2019	《返回从前的漫长旅程》	老挝、新加坡、西班牙	剧情、科幻、惊悚

（张若琪　撰稿）

图书在版编目（CIP）数据

亚洲视听蓝皮书：2015—2024 / 张燕，周星，李锦云主编. --北京：中国国际广播出版社，2025.4.
ISBN 978-7-5078-5764-1

Ⅰ. G206.2

中国国家版本馆CIP数据核字第2025FW8447号

亚洲视听蓝皮书2015—2024

主　　编	张　燕　周　星　李锦云
责任编辑	屈明飞
校　　对	张　娜
封面设计	赵冰波

出版发行	中国国际广播出版社有限公司［010-89508207（传真）］
社　　址	北京市丰台区榴乡路88号石榴中心1号楼2001
	邮编：100079
印　　刷	北京启航东方印刷有限公司

开　　本	787×1092　1/16
字　　数	550千字
印　　张	29.5
版　　次	2025 年 4 月　北京第一版
印　　次	2025 年 4 月　第一次印刷
定　　价	128.00 元